金江军

著

信息化与中国式现代化

没有网络安全就没有国家安全，没有信息化就没有现代化。

—— 2014 年 2 月 27 日，习近平总书记在中央网络安全和信息化领导小组第一次会议上的讲话

要以信息化推进国家治理体系和治理能力现代化，统筹发展电子政务，构建一体化在线服务平台，分级分类推进新型智慧城市建设，打通信息壁垒，构建全国信息资源共享体系，更好用信息化手段感知社会态势、畅通沟通渠道、辅助科学决策。

—— 2016 年 4 月 19 日，习近平总书记在网络安全和信息化工作座谈会上的讲话

数字经济具有高创新性、强渗透性、广覆盖性，不仅是新的经济增长点，而且是改造提升传统产业的支点，可以成为构建现代化经济体系的重要引擎。

—— 2021 年 10 月 18 日，习近平总书记在主持中央政治局第 34 次集体学习时的讲话

数字政府建设是建设网络强国、数字中国的基础性和先导性工程，是数字时代推进中国式现代化的重要引擎。

—— 摘自 2023 年 4 月 18 日第十二届全国政协副主席、国家电子政务专家委员会主任王钦敏在中央党校主办的《学习时报》是发表的《以数字政府建设全面引领驱动数字化发展》一文。

以数字化驱动引领中国式现代化，是推进强国建设、民族复兴的重要使命任务，是顺应信息革命潮流的战略选择。

—— 摘自 2023 年 4 月 8 日中共中央党校（国家行政学院）常务副校长（副院长）谢春涛在第十七届中国电子政务论坛暨数字变革创新峰会的讲话。

我们必须紧紧抓住信息革命历史机遇，深刻把握中国式现代化的中国特色、本质要求、重大原则，坚定不移以信息化推进中国式现代化，在全面建设社会主义现代化国家新征程上奋力谱写网络强国建设新篇章，为中华民族伟大复兴贡献力量。

—— 摘自中宣部副部长、中央网信办主任庄荣文在 2023 年第 5 期《求是》杂志刊发的《以信息化推进中国式现代化 为中华民族伟大复兴贡献力量》一文。

前　言

习近平总书记在党的二十大报告中提出，从现在起，中国共产党的中心任务就是团结带领全国各族人民全面建成社会主义现代化强国、实现第二个百年奋斗目标，以中国式现代化全面推进中华民族伟大复兴。

随着人类进入信息社会，在数字化时代，要加快建设网络强国、数字中国，以信息化推进中国式现代化，以信息化支撑社会主义现代化国家建设。

本书首先论述了什么是信息化、什么是中国式现代化、为什么要以信息化推进中国式现代化，解读了习近平总书记关于网络强国的重要思想，回顾了从"数字福建"到"数字中国"的发展历程，阐述了物联网、云计算、大数据、人工智能、3D打印、移动互联网、区块链、量子科技、虚拟现实和元宇宙等新一代信息技术应用和产业发展。然后结合党的二十大报告和中央有关政策文件，从数字基建、数字党建、数字政府、数字经济、数字社会和数字生态六个方面论述了"数字中国"。最后从内容安全、技术安全、应用安全、资本安全和攻防安全等方面分析了我国网络安全情况，阐述了为什么说"没有网络安全就没有国家安全"，研究了我国高校网络安全、数据安全及其产业发展、互联网治理新问题，探讨了芯片产业这一关系中国式现代化和国家安全的核心产业。

在编写这本书之前，作者做了大量的调查研究工作，许多党政机关和企事业单位给予了大力支持和积极配合，中央党校省部班、厅局班、中青班和县委书记班的一些学员对本书提出了很好的建议，在此一并表示感谢。由于研究水平、编写时间有限，书中纰漏在所难免，敬请广大读者批评指正。

金江军

2022 年 12 月 24 日

目 录

第一章 绪 论

第一节 什么是信息化　　002
一、人类已进入信息社会　　002
二、什么是信息化　　002

第二节 领导干部的信息化思维　　009
一、什么是信息化思维　　009
二、如何强化信息化思维　　011

第三节 什么是中国式现代化　　017
一、中国式现代化是普遍性和特殊性的有机结合　　017
二、中国式现代化是中国共产党百年接续奋斗的追求　　018
三、以中国式现代化推进中华民族伟大复兴是对人类文明形态的丰富发展　　019

第四节 以信息化推进中国式现代化　　022
一、以信息化推进现代化经济体系建设　　022
二、以信息化推进国家治理体系和治理能力现代化　　024
三、以信息化推进国家安全体系和能力现代化　　028
四、以信息化开创国防和军队现代化新局面　　029

第二章 加快建设网络强国

第一节 互联网发展历程、现状和趋势　　　　　　**035**

　　一、发展历程　　035
　　二、发展现状　　037
　　三、发展趋势　　040

第二节 个人互联网应用情况　　　　　　**041**

　　一、基础应用类应用　　041
　　二、商务交易类应用　　046
　　三、网络娱乐类应用　　052
　　四、公共服务类应用　　059

第三节 工业互联网发展情况　　　　　　**062**

　　一、发展现状　　062
　　二、相关政策　　063
　　三、行业应用　　064

第四节 网络强国战略　　　　　　**070**

　　一、什么是网络强国　　070
　　二、网络强国建设成效　　073

第三章 加快建设数字中国

第一节 数字福建　　　　　　**078**

　　一、"数字福建"建设主要经验　　078
　　二、"数字福建"建设重大成就　　092

第二节 数字浙江 — 116

  一、"数字浙江"建设历程 — 116

  二、"数字浙江"建设成就 — 120

  三、浙江推进数字化改革 — 124

第三节 数字中国 — 131

  一、建设现状 — 131

  二、相关政策 — 133

  三、发展对策 — 140

第四章 新一代信息技术及其应用

第一节 物联网技术及其应用 — 147

  一、物联网技术概述 — 147

  二、物联网技术在党政机关的应用 — 148

第二节 云计算技术及其应用 — 150

  一、云计算技术概述 — 150

  二、云计算技术在党政机关的应用 — 151

第三节 大数据技术及其应用 — 153

  一、大数据技术概述 — 153

  二、大数据技术在党政机关的应用 — 157

第四节 人工智能技术及其应用 — 161

  一、人工智能技术概述 — 161

  二、人工智能技术在党政机关的应用 — 164

第五节 3D 打印技术及其应用　　167

　　一、3D 打印技术概述　　167

　　二、3D 打印技术应用　　169

第六节 移动互联网技术及其应用　　172

　　一、5G 技术概述　　172

　　二、5G 技术在党政机关的应用　　173

第七节 区块链技术及其应用　　175

　　一、区块链技术概述　　175

　　二、区块链技术在党政机关的应用　　179

第八节 量子科技及其应用　　186

　　一、量子通信　　186

　　二、量子计算　　188

第九节 虚拟现实技术应用和产业发展　　191

　　一、虚拟现实技术及其应用　　191

　　二、虚拟现实产业链分析　　192

　　三、虚拟现实产业政策　　193

　　四、虚拟现实产业发展现状　　195

　　五、虚拟现实产业发展对策　　200

第十节 元宇宙技术应用和产业发展　　209

　　一、元宇宙产业发展　　211

第五章 数字基建

第一节 新基建 … 214
　　一、新基建及其相关政策 … 214
　　二、数字基建发展现状 … 216

第二节 通信网络基础设施 … 219
　　一、宽带和5G网络 … 219
　　二、物联网 … 219
　　三、工业互联网 … 224
　　四、卫星互联网 … 225

第三节 新技术基础设施 … 230
　　一、人工智能 … 230
　　二、云计算 … 235
　　三、区块链 … 237

第四节 算力基础设施 … 242
　　一、数据中心 … 242
　　二、智能计算中心 … 247

第五节 数字基建发展问题与对策 … 248
　　一、存在问题 … 248
　　二、发展对策 … 249

第六章 数字党建

第一节 数字党建及其重要意义　　255
一、什么是数字党建　　255
二、为什么要发展数字党建　　255

第二节 数字党建重要论述和相关政策　　257
一、习近平总书记关于数字党建的重要论述　　257
二、数字党建相关政策　　260

第三节 数字党建发展情况　　261
一、发展现状　　261
二、存在问题　　263
三、发展对策　　265

第四节 数字领导力　　268
一、什么是数字领导力　　268
二、为什么要提升数字领导力　　270
三、如何提升党的数字领导力　　272

第五节 以信息化推进新时代党建新的伟大工程建设　　274
一、充分发挥信息化在加强党的全面领导中的作用　　274
二、通过信息化手段加强党的思想建设　　275
三、以信息化完善党的自我革命制度规范体系　　275
四、建设一支适应信息社会的高素质干部队伍　　276
五、以信息化增强党组织政治和组织功能　　277
六、运用信息化手段强化正风肃纪　　278

七、以信息化助力反腐败斗争攻坚战持久战　　279

第七章 数字政府

第一节 数字政府及其相关概念　　281

　　一、什么是数字政府　　281
　　二、数字政府相关概念　　282

第二节 数字政府建设现状和相关政策　　285

　　一、建设现状　　285
　　二、相关政策　　289

第三节 典型案例　　299

　　一、上海"一网统管"助力城市精细化管理　　299
　　二、杭州"城市大脑"赋能治理现代化　　303
　　三、长春市建设全场景城市智能体　　305
　　四、襄阳市以信息化推进城市治理现代化　　309
　　五、株洲市以大数据推进市域治理现代化　　314
　　六、鄂州市以信息化推进社会治理现代化　　318

第四节 以信息化推进应急管理现代化　　322

　　一、新一代信息技术在应急管理中的应用　　322
　　二、国外应急管理信息化发展情况　　330
　　三、国内应急管理信息化发展情况　　333
　　四、应急管理信息化问题与对策　　339

第八章 数字经济

第一节 什么是数字经济   345

第二节 数字经济相关政策   349

    一、综合性政策   349

    二、新一代信息技术产业相关政策   349

    三、"互联网+"相关政策   350

    四、电子商务相关政策   350

    五、新业态新模式相关政策   351

第三节 国内外数字经济发展情况   352

    一、国外数字经济发展情况   352

    二、我国数字经济发展情况   355

第四节 数字经济发展对策   357

    一、大力推进数字产业化   357

    二、大力推进产业数字化   361

    三、优化数字经济发展环境   367

第五节 培育数据要素市场   375

    一、建立和完善数据确权机制   375

    二、建立和完善数据定价机制   377

    三、建立和完善数据交易规则   378

第九章 数字社会

第一节 加快数字社会建设步伐   381

一、发展现状　　381
　　二、相关政策　　382

第二节 推进教育数字化　　384

　　一、教育数字化发展现状　　384
　　二、教育数字化相关政策　　384
　　三、教育数字化发展对策　　386

第三节 实施国家文化数字化战略　　388

　　一、文化数字化发展现状　　388
　　二、文化数字化相关政策　　393
　　三、文化数字化发展对策　　400

第十章 数字生态

第一节 组织管理　　406

　　一、国家层面　　406
　　二、地方层面　　408

第二节 政策法规　　411

　　一、国家层面　　411
　　二、地方层面　　412

第三节 标准规范　　414

　　一、国家层面　　414
　　二、地方层面　　415

第四节 人才队伍　　417

一、我国信息化人才培养情况　　417

　　二、信息化人才的问题和对策　　418

第五节　国际合作　　421

　　一、发展现状　　421

　　二、相关政策　　423

第十一章　网络安全和数据安全

第一节　网络安全内涵及类型　　427

　　一、内容安全　　427

　　二、技术安全　　429

　　三、应用安全　　431

　　四、资本安全　　431

　　五、攻防安全　　432

第二节　没有网络安全就没有国家安全　　433

　　一、政治安全　　433

　　二、经济安全　　435

　　三、核安全　　436

　　四、军事安全　　437

第三节　我国网络安全发展情况　　439

　　一、网络安全基本状况　　439

　　二、网络安全面临形势　　440

　　三、网络安全存在问题　　442

　　四、网络安全发展对策　　444

第四节 高校网络安全问题和对策　　　　　　　　**446**

一、西北工业大学网络安全事件　　　　　　　446

二、我国高校网络安全存在的主要问题　　　　447

三、保障我国高校网络安全的对策措施　　　　448

第五节 数据安全及其产业发展　　　　　　　　**450**

一、什么是数据安全？　　　　　　　　　　　450

二、数据安全产业发展　　　　　　　　　　　451

第六节 加强互联网治理　　　　　　　　　　　　**453**

一、加强算法推荐服务治理　　　　　　　　　453

二、加强短视频治理　　　　　　　　　　　　458

三、加强深度伪造问题治理　　　　　　　　　464

第十二章　芯片产业

第一节 芯片及其主要类型　　　　　　　　　　　**470**

一、电脑芯片（CPU）　　　　　　　　　　　470

二、手机芯片　　　　　　　　　　　　　　　474

三、汽车芯片　　　　　　　　　　　　　　　475

四、图形芯片（GPU）　　　　　　　　　　　476

第二节 我国芯片产业发展历程　　　　　　　　　**478**

一、艰难创业期（1965—1978年）　　　　　478

二、探索前进期（1978—1989年）　　　　　478

三、重点建设期（1990—2000年）　　　　　479

四、发展加速期（2000—2011年）　　　　　479

五、高质量发展期（2012 年至今） 480

第三节 西方国家在芯片领域对中国的遏制 481

　　一、组建芯片四方联盟 481

　　二、制定美国芯片法案 482

　　三、把中国芯片企业列入实体清单 483

　　四、对中国实行芯片领域出口管制 484

　　五、中美在芯片领域进行科技脱钩 485

第四节 我国芯片产业发展现状、问题和对策 486

　　一、发展现状 486

　　二、主要问题 487

　　三、发展对策 489

第五节 我国 EDA 软件发展问题和对策 492

　　一、存在问题 492

　　二、发展对策 494

参考文献 496

后记 501

第一章 绪论

信息化是充分利用信息技术，开发利用信息资源，促进信息交流和知识共享，提高经济增长质量，推动经济社会发展转型的历史进程。2014年2月，习近平总书记在中央网络安全和信息化领导小组第一次会议上指出，"没有信息化就没有现代化"。推进中国式现代化，离不开信息化。

第一节　什么是信息化

> 当今世界，信息技术创新日新月异，数字化、网络化、智能化深入发展，在推动经济社会发展、促进国家治理体系和治理能力现代化、满足人民日益增长的美好生活需要方面发挥着越来越重要的作用。
>
> ——2018 年 4 月 22 日，习近平总书记致首届数字中国建设峰会贺信

一、人类已进入信息社会

纵观世界文明发展史，人类先后经历了农业革命、工业革命、信息革命。每一次产业技术革命，都给人类生产生活带来巨大而深刻的影响。农业革命增强了人类生存能力，使人类从采食捕猎走向栽种畜养，从野蛮时代走向文明社会。工业革命拓展了人类体力，以机器取代了人力，以大规模工厂化生产取代了个体工场手工生产。而信息革命则增强了人类脑力，带来生产力又一次质的飞跃，对国际政治、经济、文化、社会、生态、军事等领域发展产生了深刻影响。

人类社会可以划分为农业社会、工业社会和信息社会，或者农业时代、工业时代和信息时代三个发展阶段。农业社会、工业社会和信息社会的主要区别如表 1–1 所示。

二、什么是信息化

简单地说，信息化就是信息通信技术（ICT）在各行各业、各个领域的广泛应用。目前，信息化发展水平已经成为衡量一个国家现代化

表 1-1 农业社会、工业社会和信息社会的主要区别

	农业社会	工业社会	信息社会
生产方式	手工劳动	机械化生产	智能制造
生产要素	土地、劳动力	土地、劳动力、资本	数据、信息、知识、技术
生产资料占有方式	独占独享	独占独享	共享
生产工具	农具	普通机器	智能装备
所有制	私有制	私有制+公有制	私有制+公有制+混合所有制
生产中个体之间的关系	人身依附关系（奴隶和奴隶主、农民和地主）	雇佣关系	合伙/合作关系
产品类型	农产品	工业产品	数字化产品
分配方式	按土地要素分配	按资本要素分配、按管理要素分配、按劳分配	按技术要素分配、按信息要素分配、按需分配
交换方式	实物交换、货币（金银）	实体货币（纸币）	数字货币（如数字人民币）
消费方式	食品消费	工业产品消费	信息消费
信息/知识传播方式	口头/书籍	纸质书籍	电子书、网络传播
信息/知识传播范围	很小范围（村/镇/县）	较大范围（省市、全国）	很大范围（全球）
信息/知识传播工具	口/烽火	邮政/电话/电报/电视	互联网
信息/知识传播速度	很慢（以年计）	较快（以天计）	很快（以秒计）
人类生活空间和范围	地上（范围小）	地上、水下、空中、近地太空（范围大）	物理空间（地上、水下、空中、星际太空）+网络空间（超大范围）
武器和战争方式	冷兵器（刀剑、弓弩、长矛、抛石机等）	热兵器（枪支、大炮、坦克、装甲车、战斗机、军舰等）	网络战、数字化战争（卫星互联网+无人作战平台+精确制导武器）
文明形态	农业文明	工业文明	数字文明

程度的重要标志。

1. 特 征

信息化的主要特征是数字化、网络化、智能化和可视化。数字化是指把许多复杂多变的信息转变为可以度量的数字、数据,再把它们转变为一系列二进制代码,用计算机进行处理。例如,把纸质文件进行扫描数字化,用于建立相关数据库。把纸质地图进行扫描数字化,可以生成电子地图。

网络化是指各种通讯工具和传播媒介通过计算机联结成统一的网络。例如,通过推行"互联网+政务服务",可以让企业和人民群众在网上申请办理有关行政审批事项。通过工业互联网,可以连接产业链上下游,提高供应链协同水平。

智能化是指计算机能自动识别、处理数据和信息,把数据加工成信息,把信息加工成知识。例如,采用人脸识别技术可以自动识别人

图 1-1 地理信息系统

的真实身份。运用工业机器人可以进行智能制造，提高生产效率。

可视化是指把复杂、枯燥的数字用图形图像的方式表达出来，便于人们理解。例如，地理信息系统（GIS）可以让人们直观地管理地物。运用虚拟现实和元宇宙技术可以建立三维数字空间，人们带上数字头盔就可以沉浸到三维数字空间，直观地认识事物并进行交互。

2. 类　型

从空间范围来看，信息化的类型包括全球信息化、国家信息化、区域信息化、城市信息化、农村信息化、社区信息化等。

国家信息化就是在国家统一规划和组织下，在农业、工业、科学技术、国防及社会生活各个方面应用现代信息技术，深入开发、广泛利用信息资源，加速实现国家现代化进程。数字中国就是指中国的国家信息化。

从业务领域来看，数字中国包括数字党建、数字政府、数字经济和数字社会。其中数字党建是指中国共产党的全党信息化；数字政府是指各级政府部门的信息化；数字经济包括数字产业化和产业数字化，其中产业数字化包括农业信息化、工业信息化和服务业信息化；数字社会是指社会事业的信息化，包括教育信息化、卫生健康信息化、文化旅游信息化等。

3. 体系框架

数字中国由数字基建、数字党建、数字政府、数字经济、数字社会、数字生态六大部分构成，如图1-2所示。

数字基建是指信息基础设施，包括网络基础设施、数据基础设施、计算基础设施、智能基础设施、安全基础设施等。例如，网络基础设

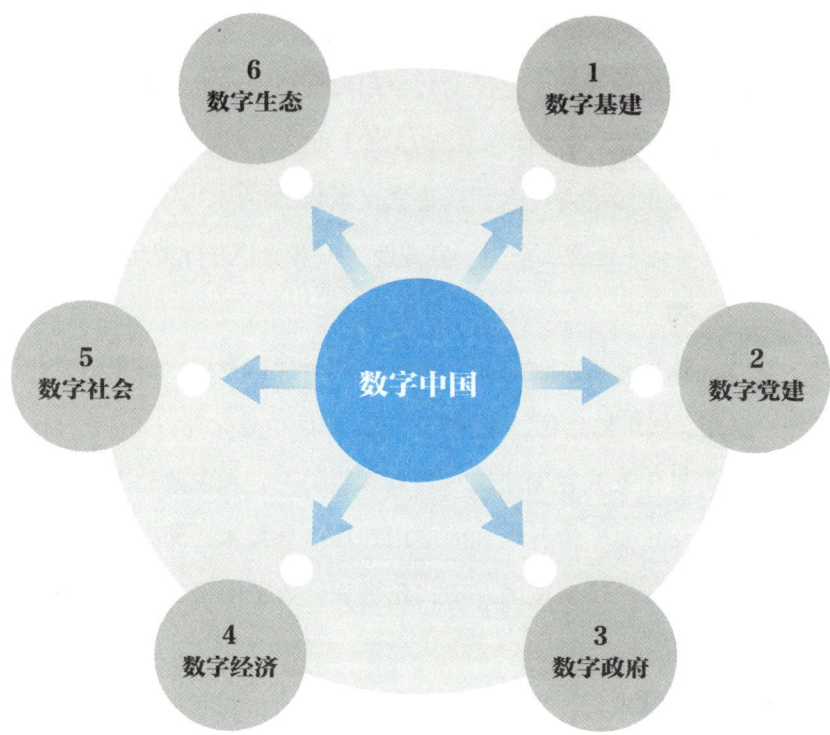

图 1-2 数字中国总体框架

施包括5G网络、物联网、工业互联网、IPv6网络、软件定义网络（SDN）等，数据基础设施包括IDC、大数据中心等各类数据中心以及人口、法人单位、自然资源和地理空间等基础信息库和电子证照、社会信用等专题数据库，计算基础设施包括云计算中心、云计算平台、超级计算中心、高性能计算中心等，智能基础设施包括人脸识别系统、智能测温系统、城市大脑、工业机器人等，安全基础设施包括公钥基础设施（PKI）、授权管理基础设施（PMI）、密钥管理基础设施（KMI）、CA认证中心等。

数字生态是指信息化发展环境，包括信息化组织机构、政策法规、标准规范、资金投入、人才队伍等。

4. 认识误区

目前，许多人对信息化价值的认识还比较模糊。既存在"信息化万能论"，又存在"信息化无用论"。一些人认为信息化可以"包治百病"，夸大信息技术的作用，从技术的角度考虑问题。另外一些人则没有认识到信息化的作用，认为信息化建设投入了大量资金，却看不到什么效果。

西方发达国家是在工业化基本完成的情况下开始信息化建设。为此，一些人认为我国工业化还没有完成，现在还没有必要开展信息化建设。

许多人只是把信息化作为一种技术手段，没有意识到信息化引发行政管理、生产方式和商业模式的变革。许多人从技术的角度思考信息化，而不是从实际需求的角度思考信息化。

5. 政府和市场的边界

界定信息化建设过程中政府和市场的边界，要视信息化建设类型而定。党委、政府、人大、政协、军队的信息化建设资金应主要由财政负担。在某些非核心领域，可以通过BOT、PPP等方式吸收民间资本投入。

经济、社会领域信息化建设资金应主要由企事业单位来负担。在某些公益性领域（如建设公共服务平台等），政府部门可以给予适当的资金支持。

在推进两化融合、行业信息化、企业信息化过程中，政府主管部门的主要责任是进行政策引导，通过培训提升党政领导在信息化促进经济发展方面的意识，通过培训使企业负责人认识到信息化的商业价值。

在建设智慧城市过程中，智慧政府建设资金应主要由财政负担，智慧经济、智慧社会领域应主要由企事业单位来负担。

党政部门为了满足自身信息化需求而建设的云计算中心或云计算平台称为政务云，属于私有云，应由政府财政投资建设。面向企业、个人提供云计算服务的云计算中心或云计算平台，属于公共云，是市场行为，政府财政可以给予适当的资金支持，但不应由政府财政投资建设。

第二节　领导干部的信息化思维

习近平总书记在党的二十大报告中强调，全面建设社会主义现代化国家，必须有一支政治过硬、适应新时代要求、具备领导现代化建设能力的干部队伍。在信息社会建设社会主义现代化国家，广大领导干部要强化信息化思维。

一、什么是信息化思维

信息化思维是指领导干部使用信息采集、传输、管理、利用等信息化手段对行政管理、公共服务、经济发展等进行重新审视的思考方式。例如，在行政管理中，重视信息的作用。建立监管和服务对象数据库以及相应的业务应用信息系统，提高办事效率，提高管理和服务的精准性。

信息化不只是一种技术手段，还可以促进行政方式变革，实现传统行政方式无法实现的效果。例如，通过数据比对发现监管漏洞，减少开业了不办税、老人死了家属继续领养老金等现象；通过婚姻信息全国联网来杜绝重婚；通过推进产业信息化、发展电子商务等促进区域经济发展。

时代在变，领导干部的思想观念也要跟着转变。在信息社会，电子政务是政府部门开展行政管理、提供公共服务的常规方式，电子党务是提升党建水平的重要举措。各级党政领导干部要充分认识信息化的政治价值，自觉树立信息化思维，进一步提升履职能力。

信息是行政管理的基础。行政管理就是行政信息采集、处理和运用的过程。党政部门的日常工作就是收集、处理、发布各种各样的信息。各类公文就是典型的行政信息。党政领导干部在履职过程中依赖信息。例如，了解分管部门工作情况需要信息，进行科学决策需要信息。在某种意义上，行政管理就是行政信息采集、处理和发布的过程。

树立信息化思维，可以提高有关部门的市场监管能力。在简政放权的情况下，如何提高事中、事后监管能力，是许多具有市场监管职能的政府部门面临的共同问题。传统的做法是采用人海战术、运动式执法。虽然短时间内效果非常明显，但之后各种违法犯罪行为又开始泛滥。有关政府部门要履行好市场监管职能，首先要了解本部门的监管对象。这就需要全面、准确、及时掌握对本部门职责范围内监管对象的有关信息，搞清楚它们是谁？在哪里？在干什么？以前干了什么？等等。建立监管对象数据库，并连接各监管业务应用信息系统。

树立信息化思维，可以提高政府部门的公共服务水平。衡量公共服务水平，主要是看服务是否便捷、是否高效。传统的公共服务模式，是企业和社会公众围着政府部门转，"门难进、脸难看、事难办"的现象比较突出。企业和社会公众要一遍遍地填写表格、提交申请材料，不少表格内容和申请材料是重复的。办一件事往往要走很多部门，盖许多章。而利用信息化手段，建立企业和个人基本信息库，并与有关电子表格进行关联。申请材料可在网上提交电子件、扫描件，窗口审核通过后进入数据库。以企业组织机构代码关联该企业办事信息，以居民身份证号关联该个人办事信息。组织开发行政审批APP，企业和个人安装后可随时了解申请事项处于哪个环节、申请结果如何、何时何地去领证照。

树立信息化思维，可以提高领导干部的管理决策水平。传统的经验式决策，往往是"拍脑袋决策、拍胸脯承诺、拍屁股走人"。2013年12月，中组部印发了《关于改进地方党政领导班子和领导干部政绩考核工作的通知》，规定"对拍脑袋决策、拍胸脯蛮干，给国家利益造成重大损失的，损害群众利益造成恶劣影响的，造成资源严重浪费的，造成生态严重破坏的，盲目举债留下一摊子烂账的，要记录在案，视情节轻重，给予组织处理或党纪政纪处分，已经离任的也要追究责任"。决策科学化、民主化离不开信息。采用大数据分析等方法，可以提高决策科学化水平。通过互联网向社会各界广泛征求意见，可以提高决策民主化水平。

二、如何强化信息化思维

2018年10月，中共中央印发了《2018—2022年全国干部教育培训规划》，提出开展互联网、大数据、云计算、人工智能等新知识新技能学习培训。

建议全国各级组织、人事部门把网络安全和信息化知识列入领导干部培训内容。建议各级党校、行政学院多举办网络安全和信息化方面的培训活动，使领导干部充分认识信息化在提高党建水平、更好地履行政府职能、促进经济发展、改善民生等方面的重要作用。建议各级党政领导干部认真学习网络安全和信息化基础知识，掌握网络安全和信息化基本技能。例如，了解网络安全和信息化方面的政策法规、

表 1-2　建议领导干部使用的工具软件

技能名称	工具软件示例
上　网	浏览器：QQ 浏览器、360 安全浏览器、Edge 浏览器、谷歌 Chrome 等。 即时通信软件：微信、钉钉等。 下载工具：迅雷、BitComet(比特彗星)等。
收发电子邮件	QQ 邮箱、网易邮箱、新浪邮箱、搜狐邮箱、Foxmail 等
日常办公	文字处理：WPS、微软 Office 系列（包括 Word、PowerPoint、Excel）等。 阅读软件：Adobe Reader（pdf 格式文件阅读）、CAJ Viewer 等。 视频会议：腾讯会议。
交通出行	公务行、铁路 12306、滴滴出行、曹操出行、航旅纵横和各航空公司 App 等。
购物和餐饮	购　　物：京东商城、淘宝、天猫、拼多多等。 餐　　饮：美团、大众点评等。
外文翻译	百度翻译、金山词霸等。
地图查询	百度地图、高德地图等。
搜索引擎	百度、搜狗等。
多媒体	播放工具：Windows Media Player、暴风影音、KM Player 等。 视　　频：央视影音、腾讯视频、爱奇艺、抖音、快手、西瓜视频等。 音　　频：喜马拉雅、QQ 音乐等。
新闻资讯	中新网、学习强国、腾讯新闻、网易新闻、搜狐新闻和各大报社 App 等。
网络安全	360 安全卫士、腾讯手机管家等。

发展趋势，了解信息化新理念、新技术、新应用，了解国内外与本部门、本地区发展相关的网络安全和信息化好经验、好做法，学会上网、收发电子邮件、使用办公软件、搜索引擎、APP、防电脑病毒等。

1. 以数字经济引领高质量发展

党的二十大报告提出加快构建新发展格局，着力推动高质量发展。

加快发展数字经济，促进数字经济和实体经济深度融合，打造具有国际竞争力的数字产业集群。在新时代，要以数字经济引领高质量发展。通过推进数字产业化、产业数字化，加快建设现代化产业体系，进而构建现代化经济体系。推进数字产业化，大力发展物联网、云计算、大数据、人工智能、3D打印、5G、区块链、量子科技、虚拟现实、元宇宙等新一代信息技术产业以及数字创意产业，培育新兴产业。推进产业数字化，推动农业、工业和服务业数字化转型，促进传统产业转型升级。通过发展智慧农业、农村电商、"互联网+乡村旅游"等，推进乡村产业振兴。推进都市圈的智慧城市群建设，促进区域协调发展。结合"一带一路"战略实施和RCEP、CPTPP等协议签署，大力发展跨境电商和数字贸易，助力贸易强国建设。

2. 以信息化助力科教兴国和人才强国战略

党的二十大报告提出实施科教兴国战略，强化现代化建设人才支撑。要推进教育数字化，支持高校和中小学建设智慧校园，大力发展网络教育和智慧教育。利用信息化手段扩大优质教育资源覆盖面，逐步缩小区域、城乡、校际差距。健全社会主义市场经济条件下关键核心技术攻关新型举国体制，尽快解决芯片、操作系统、数据库管理系统等信息化领域的"卡脖子"问题。加强信息化人才培养，提升全民数字素养。支持高校扩大芯片以及大数据、人工智能、区块链、元宇宙等新一代信息技术相关专业本科和研究生招生规模，招聘有实际工作经验的优秀人才担任专业教师，推进国产软硬件"进课堂"。鼓励有关高校与数字技术企业开展实验室共建，联合培养工程硕士，推进"产教科一体化"。坚决"破四唯"，改革职称评审制度，把发明专利作为专业技术人员职称评定的重要条件。

3. 以信息化推动民主政治发展

党的二十大报告提出发展全过程人民民主，保障人民当家作主。要大力发展数字人大、智慧政协，深化信息技术在民主选举、民主协商、民主决策、民主管理、民主监督等领域的应用。通过互联网让人大代表、政协委员随时随地在线参政议政，打造永不落幕的"两会"。建立提案数据库，促进决策科学化。开展基层干部网络选举试点，促使基层干部眼睛向下。加快推进统一战线和民族宗教领域信息化建设，积极发展数字统战、数字民宗，通过互联网实现社会各界、各族人民大团结、大联合。

4. 以信息化推进全面依法治国

党的二十大报告提出坚持全面依法治国，推进法治中国建设。要以信息化推进科学立法、严格执法、公正司法、全民守法，以"良法"促进"善治"。例如，在立法时，通过互联网广泛征求社会各界对法律法规草案的意见和建议，使法律法规更加"接地气"。在执法时，运用信息化手段实现执法留痕，规范行政执法人员的行为，把权力关进"数据铁笼"。通过裁判文书大数据分析，实现同类同判，减少自由裁量权带来的司法腐败问题。推进政法委、公安、法院、检察院、司法行政部门的信息化建设，实现政法系统信息共享和业务协同。通过"两微一端"、短视频等网络新媒体开展普法工作，提高全民法律素养，助力法治社会建设。

5. 以信息化推进文化强国建设

党的二十大报告提出推进文化自信自强，铸就社会主义文化新辉煌，建设社会主义文化强国。实施国家文化数字化战略，大力发展数字文化和智慧旅游。推进文化产品数字化，使文化遗产更好地传承。推进文化场馆数字化，建设一批数字文化馆、智慧图书馆、智慧博物馆、数字美术馆等，扩大文化作品受众。推进文化服务数字化，通过互联网为人民群众提供公共文化服务。推进文化产业数字化，加快发展数字出版、数字影视、数字文艺、数字创意等文化新业态新模式。推进文化传播数字化，运用网络新媒体提升国际传播效能。推进文化研究数字化，提高中华优秀传统文化研究水平。要健全网络综合治理体系，加强网络舆情监测和网上舆论引导，形成良好网络生态。

6. 以信息化保障和改善民生

党的二十大报告提出增进民生福祉，提高人民生活品质。要培育数据和技术要素市场，实行以增加知识价值为导向的分配政策。大力发展"互联网+人力资源服务"，促进社会就业。支持地方建设数字经济双创园，鼓励数字经济领域的创新创业。推进人力资源和社会保障领域的信息化建设，发展智慧社保。加快发展远程医疗、智慧医疗、健康大数据，助力健康中国建设。

7. 以信息化推进生态文明建设

党的二十大报告提出推动绿色发展，促进人与自然和谐共生。要以信息化促进节能减排，推动绿色发展。推进数据中心绿色化改造，减少数据中心能耗。发展智慧环保，提升生态环境监管水平。运用物联网技术实现污染源自动监控，利用"5G+无人机"开展生态环境监测，建立生态环境案件在线举报平台，通过大数据分析开展生态环境评价和精准治污。建立废弃物电子交易平台，促进废弃物回收利用。建立碳汇电子交易平台,助力"碳达峰"和"碳中和"。

8. 以信息化推进国家安全体系和能力现代化

党的二十大报告提出推进国家安全体系和能力现代化,坚决维护国家安全和社会稳定。要以信息化推进国家安全体系和能力现代化,切实保障网络安全和数据安全。坚决抵制境外敌对势力对我国的数字颜色革命,保障政治安全。强化工业企业工控安全,保障经济安全。掌握核心技术,实行换道超车,切实保障芯片产业链、供应链安全。防范敌对势力通过互联网进行文化渗透,保障文化安全。深化新一代信息技术在科技强警中的应用,完善网格化管理、精细化服务、信息化支撑的基层治理平台,保障社会安全。鼓励地方政府建设智慧应急平台,以信息化推进应急管理现代化,提高监测预警、监管执法、应急指挥、紧急救援和社会动员能力。

综上所述,推进信息化建设,是覆盖我国现代化建设全局的战略举措。在网络化、数字化时代,要以信息化推进中国式现代化,助力社会主义现代化国家建设。

第三节　什么是中国式现代化

习近平总书记在党的二十大报告中指出，从现在起，中国共产党的中心任务就是团结带领全国各族人民全面建成社会主义现代化强国、实现第二个百年奋斗目标，以中国式现代化全面推进中华民族伟大复兴。中国式现代化，是中国共产党领导的社会主义现代化，既有各国现代化的共同特征，更有基于自己国情的中国特色。中国式现代化是人口规模巨大的现代化，是全体人民共同富裕的现代化，是物质文明和精神文明相协调的现代化，是人与自然和谐共生的现代化，是走和平发展道路的现代化。

中央党校（国家行政学院）马克思主义学院院长、中国式现代化研究中心主任张占斌教授认为中国式现代化是普遍性和特殊性的有机结合，是中国共产党百年接续奋斗的追求，以中国式现代化推进中华民族伟大复兴是对人类文明形态的丰富发展。

一、中国式现代化是普遍性和特殊性的有机结合

现代化是一个世界现象，是经济社会和文明进步的发展过程。现代化虽然起源于18世纪的英国工业革命和法国大革命，但并不只是西方国家经济社会发展的专利。以实现工业化为主要标志的现代化，二战后已扩展到广大发展中国家，成为主权独立后国家重建的共同取向、共同主题和共同目标，也是人类文明发展与进步的显著标志。可见，现代化具有普遍性的一面。追求工业化、城市化、信息化、市场化、

法治化、国际化等成为许多国家现代化带有规律性的遵循，中国也需要尊重这个基本的规律。现代化是一个社会历史范畴，随着时代和社会历史条件变化，现代化的内涵和特征也随之不断拓展和深化。因此，世界上既不存在定于一尊的现代化模式，也不存在放之四海而皆准的现代化标准。世界各国各民族因处在不同历史文化、历史时期和不同社会环境下，对现代化的理解是不一致的，追求现代化的目标也有各自的特色和标准，现代化的特征和内容又是不同的。

中国式现代化具有特殊性的一面。我们推进的现代化是中国共产党领导的社会主义现代化，必须坚持以中国式现代化推进中华民族伟大复兴，既不走封闭僵化的老路，也不走改旗易帜的邪路，坚持把国家和民族发展放在自己力量的基点上，把中国发展进步的命运牢牢掌握在自己手中。我们要深刻把握好中国式现代化的普遍性和特殊性及其相互关系，既要遵循人类社会发展的经济和社会发展规律，不闭门造车，海纳百川、胸怀天下，广泛吸收人类文明的成果；但也不邯郸学步，要坚持我们自己的特点、特性、特色，有我们自己的风格，更好地推进中国式现代化的伟大事业。

二、中国式现代化是中国共产党百年接续奋斗的追求

党成立以来，就把实现国家现代化的历史责任担负起来。新中国成立后，党是中国式现代化的领导者和实践者。1954年，党中央初步提出"四个现代化"的目标，后来确定为实现工业、农业、国防和科学技术现代化。党的十一届三中全会后，为了实现中国式现代化宏伟目标，党推动改革开放，对中国式现代化战略步骤的设计越来越清晰。

从"两步走"到"三步走"再到新"两步走",彰显了党对实现中国式现代化的初心和坚持。

党的二十大,对全面建设社会主义现代化国家进行了系统的布局,为我们指明了中国式现代化的奋进方向。中国式现代化和中华民族伟大复兴展现出前所未有的光明前景,创造了人类文明新形态。党领导人民进行中国式现代化的探索,反映了中国共产党百年以来特别是党的十八大以来现代化建设和探索的伟大成果,充分体现了对世界现代化建设经验的有益借鉴以及中华优秀文化的时代涵养。这是党和人民共同创造的宝贵财富,必须倍加珍惜、长期坚持,并在新时代实践中不断丰富和发展,是我们继续前行全面建设社会主义现代化国家的精神力量和宝贵财富。

三、以中国式现代化推进中华民族伟大复兴是对人类文明形态的丰富发展

第一,党对中国式现代化的探索,极大地焕发了近代以来救亡图存、振兴中华的民族精神,从根本上改变了中国人民的前途命运。党成立之后带领人民担负起了推进中国式现代化的历史重任,中国人民的精神由被动转为主动。新中国的成立为中国式现代化打开了前进通道,为中国式现代化奠定了根本政治前提和制度基础。改革开放和社会主义现代化建设新时期,为现代化建设提供具有新的活力的体制保障和快速发展的物质条件。党的十八大以来,以习近平同志为核心的党中央开创中国特色社会主义新时代,为实现中国式现代化提供了更为完善的制度保证、更为坚实的物质基础、更为主动的精神力量。

第二，党对中国式现代化的探索，开辟了实现中华民族伟大复兴的正确道路，创造了从站起来、富起来向强起来迈进的发展奇迹。党的二十大为新时代中国式现代化发展谱写了新篇章，开启全面建设社会主义现代化国家新征程，致力于把我国建设成为社会主义现代化强国，这既是对党领导下现代化探索的总结，又是对中国特色社会主义道路的深刻把握，中国式现代化创造了经济快速发展和社会长期稳定两大奇迹，开启了从站起来、富起来到强起来的伟大飞跃。在这个历史进程中，浙江经济社会发展走在了全国前列，现在正扎实推进高质量发展建设共同富裕示范区，担负着先行先试创造经验的重要使命，为中国经济社会发展作出了重要贡献。

第三，党对中国式现代化的探索，展示了"两个结合"的强大生命力，推动了马克思主义中国化时代化。马克思主义的科学性和真理性在中国式现代化的历史进程中得到充分检验，马克思主义的人民性和实践性在中国式现代化的历史进程中得到充分贯彻，马克思主义的开放性和时代性在中国式现代化的历史进程中得到充分彰显。

第四，党对中国式现代化的探索，拓展了发展中国家走向现代化的途径和选择。中国式现代化创造了人类文明新形态，深刻影响了世界历史进程，拓展了发展中国家走向现代化的途径，给世界上那些既希望加快发展又希望保持自身独立性的国家和民族提供了全新选择。中国式现代化提高了我们对社会主义建设规律和人类社会发展规律的认识，也对世界前景与人类命运有着深刻的影响和深远的意义。

第五，对中国式现代化的探索，锻造了走在时代前列的中国共产党，使中国式现代化有了强大的领导力量和主心骨。党成立时只有五十多名党员，今天已成为拥有九千六百多万名党员、领导着十四亿多人口的大国、具有重大全球影响力的世界第一大执政党。党在探索现代化的进程中找到了一条符合中国国情、符合中国实际、符合中国人民需求的现代化发展道路，坚持和发展了马克思主义国家学说，加强和巩固了马克思主义政党建设，使党在推进中国式现代化的事业中不断发展壮大。

第四节　以信息化推进中国式现代化

> 要立足推动高质量发展、形成新发展格局，更好发挥信息化在推动经济社会发展、推进国家治理体系和治理能力现代化、满足人民日益增长的美好生活需要等方面的重要作用。
>
> —— 2020 年 10 月 12 日，习近平总书记致
> 第三届数字中国建设峰会贺信

当今世界正经历百年未有之大变局。之所以出现这样的"大变局"，是因为当今世界正从工业革命向信息革命、从工业社会向信息社会、从工业文明向数字文明转型。信息化是世界发展的潮流和趋势，是覆盖我国现代化建设全局的战略举措，正在深刻影响经济、政治、社会、文化、生态文明等各个领域，影响人们的生产和生活。人类社会已经进入信息社会，中国已进入互联网、大数据时代，我们一定要充分认识信息化在推进中国式现代化中的重要意义，树立互联网思维、大数据思维等信息化思维，夯实数字基建，加快发展数字党建，积极推进数字政府建设，大力发展数字经济，加快建设网络强国和数字中国。

一、以信息化推进现代化经济体系建设

党的二十大报告提出，加快建设现代化经济体系，着力提高全要素生产率。建设现代化产业体系。

建设现代化产业体系是建设现代化经济体系的基础。建设现代化产业体系有两条重要途径：一是培育和发展新兴产业，特别是新一代信息技术产业、高端装备制造产业、新材料产业、生物产业、新能源

汽车产业、新能源产业、节能环保产业、数字创意产业等战略性新兴产业。二是改造提升传统产业，包括种植、养殖等传统农业，汽车、机械装备、冶金、建材、食品、医药等传统工业，批发零售、餐饮住宿、文化旅游等传统服务业。

数字经济是以数据、信息、知识作为关键生产要素，以现代信息网络作为重要载体，以信息通信技术应用作为效率提升和结构优化重要推动力的一系列经济活动。数字经济的两大核心是数字产业化和产业数字化。推进数字产业化，大力发展物联网、云计算、大数据、人工智能、3D打印、5G、区块链、量子科技、虚拟现实、元宇宙等新一代信息技术产业以及数字创意产业，有利于培育新兴产业。推进产业数字化，推动农业、工业和服务业数字化转型，有利于促进传统产业转型升级。

在数字产业化方面，加强芯片、操作系统、数据库管理系统等关键核心技术攻关和产业化，做大做强通信业、电子信息制造业、软件和信息服务业。大力发展人工智能、区块链、量子科技、元宇宙等新一代信息技术产业，规范发展互联网产业以及共享经济、平台经济等新业态新模式。推动产业链、创新链、金融链"三链融合"，构建数字经济核心产业生态体系。

在产业数字化方面，积极发展设施农业、"互联网+农业"和智慧农业，助力农业强国建设；推动信息化与工业化深度融合，加快发展智能制造，推进新型工业化，助力制造强国建设；大力发展跨境电商和数字贸易，助力贸易强国建设。此外，推动网络货运、数字金融、数字文化、智慧旅游等现代服务业发展，构建优质高效、结构优化、竞争力强的服务产业新体系。

二、以信息化推进国家治理体系和治理能力现代化

国家治理体系和治理能力是中国特色社会主义制度及其执行能力的集中体现。国家治理体系是指中国共产党治理国家在经济、政治、文化、社会和生态文明等方面的一系列组织架构和制度安排。国家治理能力是指中国共产党运用各项制度管理中国经济、社会、文化、军事、外交等各方面事务的水平。现代化是指顺应人类科技和产业革命等世界潮流，从传统社会向现代社会转型的过程。

推进国家治理体系和治理能力现代化是指为建设社会主义现代化国家，在党的领导下，各级党政机关、群团组织、企事业单位和人民群众等社会各界广泛参与，顺应当今世界科技革命和产业变革，采用"制度＋技术"的现代化手段共同管理国家经济社会事务，把制度优势转化为国家治理效能的一系列过程。

信息化不仅是国家治理体系和治理能力现代化的重要内容，而且也是加快推进国家治理体系和治理能力现代化的重要手段。实践表明，以信息化推进国家治理体系和治理能力现代化，有利于构建"制度＋技术"的新型国家治理体系结构，提升各级领导干部的治国理政能力。

2016年4月19日，习近平总书记在网络安全和信息化工作座谈会上指出，信息是国家治理的重要依据，要发挥其在这个进程中的重要作用。要以信息化推进国家治理体系和治理能力现代化，统筹发展电子政务，构建一体化在线服务平台，分级分类推进新型智慧城市建设，打通信息壁垒，构建全国信息资源共享体系，更好用信息化手段感知社会态势、畅通沟通渠道、辅助科学决策。

2017年12月8日，习近平总书记在主持中央政治局第二次集体学习时强调，要运用大数据提升国家治理现代化水平。要建立健全大数据辅助科学决策和社会治理的机制，推进政府管理和社会治理模式创新，实现政府决策科学化、社会治理精准化、公共服务高效化。要以推行电子政务、建设智慧城市等为抓手，以数据集中和共享为途径，推动技术融合、业务融合、数据融合，打通信息壁垒，形成覆盖全国、统筹利用、统一接入的数据共享大平台，构建全国信息资源共享体系，实现跨层级、跨地域、跨系统、跨部门、跨业务的协同管理和服务。要充分利用大数据平台，综合分析风险因素，提高对风险因素的感知、预测、防范能力。要加强政企合作、多方参与，加快公共服务领域数据集中和共享，推进同企业积累的社会数据进行平台对接，形成社会治理强大合力。

推进数字政府建设，加快政府数字化转型，可以提高行政效能，促进财税增收，强化市场监管，创新社会管理，改进公共服务，降低行政成本。例如，佛山市禅城区"一门式、一网式"政务服务改革通过信息化方便了人民群众，提高了办事效率，简化了办事流程，有效破解了人民群众"办事难、办事慢、办事繁"问题，企业和群众办事平均等候时间由过去的20—30分钟缩短到现在的10分钟左右，60%以上的事项办理实现立等可取，企业投资建设项目审批时间由原来的200工作日缩短到45个工作日，企业和群众的获得感明显增强。

社会治理是国家治理的重要方面。党的二十大报告提出，加快推进市域社会治理现代化，提高市域社会治理能力。在互联网时代，要运用互联网思维创新基层社会治理方式，以党建引领社区治理，推动"互联网+政务服务"向基层延伸。具体来说，要做好如下三个方面的工作：

（1）以"互联网+"创新基层社会治理方式

通过互联网促进人民群众参与基层社会治理。通过互联网向社会公众普及法律知识，推动全民守法，促使社会公众懂得用法律武器捍卫自己的权益，让法治成为人民群众的信仰，构建法治社会。通过互联网曝光各类违法犯罪行为，形成威慑力，规范社会行为。建立基于互联网的城市网格化管理和服务平台，构建城市社会综合治理云平台，推进市域社会治理现代化。

2015年底，广东省佛山市禅城区运用大数据、云计算、区块链等先进信息技术，建立了社会综合治理云平台，该平台具有协同化、扁平化、精细化、动态化、智能化、开放性、可持续性等特点，实现了技术、网格、网络"三位一体"，物联网、事联网、人联网"三网联动"，监控、监管、预判"三个实时"，提高了基层社会治理效率，降低了基层社会治理成本，从被动应对转为主动防控，方便了人民群众。佛山市禅城区社会综合治理云平台打破了层层上报问题再层层下达任务的冗长流水操作，扁平化的指挥体系可以让指令直达最底层的网格，解决了基层执法编制少、单一部门面对综合问题有心无力等问题。该平台采用统一入口，让群众不需要分清部门层级就能反映问题，解决了群众遇事"找不到门"的问题。大量与群众生活息息相关的事件能够在第一时间解决，打通了服务群众"最后一公里"。

（2）强化党建引领社区治理的互联网思维

通过大力发展"互联网+党建"，来引领城市社区治理。以"互联网+"创新街道党委、社区党支部的政治建设、思想建设、组织建设、作风建设、纪律建设和制度建设，创新社区党建模式。通过微博、微信、移动客户端（简称"两微一端"）等互联网平台，街道党委、社区党支部可以连接党员、人民群众、驻区单位、业主委员会、物业公司等，促进社会力量参与社区治理，形成多元共治的协同治理模式。整合基层党建信息化工作平台和网上民生服务，促进基层服务型党组织建设。

上海市宝山区把数字党建和基层治理结合起来，提升了城市基层治理现代化水平。2017年2月，上海市宝山区推出了以居村党组织为核心、以居村委为主导、以城乡居民为主体、相关各方广泛参与的党建引领社会治理工作系统——"社区通"APP。"社区通"APP包括"i宝山"、社区公告、党建园地、办事指南、议事厅、身边事、互助、闲置物品、邻里交流、社区服务等功能模块，上线10个月就解决3.2万多个当地群众关心关切的实际问题，增强了人民群众的获得感。

南京市建邺区坚持以党建引领，运用互联网思维精心打造"五微共享社区"平台。党员干部通过"微平台"发布"微行动"、"微实事"，认领群众"微心愿"，点亮基层"微星光"，通过互联网搭起党组织联系人民群众的"直通车"，较好地解决了城市社区党建力量薄弱、党建力量组织化程度不高等问题。

（3）推动"互联网+政务服务"向基层延伸

建立基于互联网的"一站式"基层综合服务平台，实现"一号"申请，"一窗"受理，"一网"通办，提高公共服务水平。加快构建"掌上办事""掌上办公"体系，提高行政效能。建立政务数据交换平台，编制政务数据共享需求清单，让"数据多跑路，群众少跑腿"。运用大数据开展政务服务态势分析，提升政务服务质量。运用大数据分析政务服务中心办件情况,有针对性地优化业务流程,合理分配政务服务中心工作人员的工作量。分析办事人特征、办事历史、事项关联等,预判办事需求,为企业和群众提供个性化、主动的服务。

2014年3月,佛山市禅城区启动"一门式、一网式"政务服务改革,秉持"把简单带给群众、把复杂留给技术"的理念,通过一窗受理、一网通办、统一平台、信息共享、数据复用,形成"前台统一受理、部分直接办理;后台分类处置,部门协同办理;业务流程优化、管理全程监控"的"互联网+政务服务"运行体系,实现"六个办"(一窗办、马上办、限时办、网上办、天天办、全区通办),简化了办事流程,提高了办事效率,有效地解决了基层群众反映强烈的办事难、办事慢、办事繁问题。

三、以信息化推进国家安全体系和能力现代化

党的二十大报告提出,推进国家安全体系和能力现代化,坚决维护国家安全和社会稳定。坚持以人民安全为宗旨、以政治安全为根本、以经济安全为基础、以军事科技文化社会安全为保障、以促进国际安全为依托,统筹外部安全和内部安全、国土安全和国民安全、传统安全和非传统安全、自身安全和共同安全,统筹维护和塑造国家安全,夯实国家安全和社会稳定基层基础,完善参与全球安全治理机制,建设更高水平的平安中国,以新安全格局保障新发展格局。

信息化在推进国家安全体系和能力现代化方面可以发挥重要作用。例如,在政治安全方面,加强网络舆情监测和网上舆论引导,抵制西方国家的数字颜色革命。在经济安全方面,加强国产工业机器人等智

能工业装备研制，保障工业控制安全。在军事安全方面，加强智能武器装备研制，建设智能化作战平台，维护国家统一和领土完整。在科技安全方面，加强芯片、操作系统、数据库管理系统等核心技术攻关，解决"卡脖子"问题。在文化安全方面，实施国家文化数字化战略，推行"互联网+文化服务"，弘扬优秀文化。在社会安全方面，完善网格化管理、精细化服务、信息化支撑的基层治理平台，运用新一代信息技术推进科技强警。

以信息化推进应急管理现代化。运用数字化手段提高监测预警能力、监管执法能力、辅助指挥决策能力、救援实战能力和社会动员能力，减少人民生命和财产损失。推进物联网、云计算、大数据、人工智能、5G、区块链、虚拟现实、元宇宙等新一代信息技术在应急管理领域的应用，构建智慧应急平台。

四、以信息化开创国防和军队现代化新局面

如期实现建军一百年奋斗目标，加快把人民军队建成世界一流军队，是全面建设社会主义现代化国家的战略要求。

党的二十大报告提出，坚持政治建军、改革强军、科技强军、人才强军、依法治军，坚持机械化、信息化、智能化融合发展，加快军事理论现代化、军队组织形态现代化、军事人员现代化、武器装备现代化，提高捍卫国家主权、安全、发展利益战略能力。研究掌握信息化智能化战争特点规律，创新军事战略指导，发展人民战争战略战术。增加新域新质作战力量比重，加快无人智能作战力量发展，统筹网络信息体系建设运用。加快建设现代化后勤，实施国防科技和武器装备

重大工程，加速科技向战斗力转化。

军用人工智能是数字化战争的核心技术之一。近年来，美国、英国加快推进军用人工智能发展。我国要顺应数字化战争发展潮流，研制一批尖端的智能武器装备，打造一支智能化的人民军队，捍卫国家主权、安全和发展利益。

（1）美国军用人工智能发展特点

一是研制智能武器装备。在伊拉克战争中，美军把"派克波特"（Packbot）军用机器人、无人"悍马"汽车、"寻血猎犬"（Bloodhound）医疗机器人等用于实战。在阿富汗战争中，美军大量使用先进的"掠食者"无人机。此外，美国还在研制X-37B、X-47B无人太空战机。

二是投入大量研发资金。

图 1-3　美国军用机器人

2011年，美国启动了一项耗资7000万美元的军用机器人计划，以加速实现战场无人化。2013年3月，美国发布了《机器人技术路线图：从互联网到机器人》，决定投入巨资研制军用机器人，使美军无人作战装备的比例提高到30%，未来1/3的地面作战行动将由军用机器人承担。2022年6月，美国国会为加速AI技术在作战司令部的应用，提出了一个耗资2亿美元的AI促进项目。此外，美国国会还批准了5000万美元用于美国国防部招聘AI专业技术人才。

三是实施人工智能项目。2018年9月，美国国防部提出建立"联合人工智能中心"，联合美军和17家情报机构共同推进AI项目。

美国政府问责局公布了国防部人工智能项目进展分析报告，提出了需要改进的地方。美国陆军研究实验室与阿德尔菲实验室中心宣布将在2030年全面部署无人机器作战系统，包括无人喷气战斗机等。

四是制定人工智能战略。2022年6月21日，美国国防部发布了《负责任的人工智能战略和实施路径》。"负责任的人工智能"（RAI）是一种涉及AI系统设计、开发、分解和使用的全生命周期方法，可确保军用AI系统的安全性和伦理道德。该文件主要内容包括明确调整管理结构和流程，持续监督军用AI使用；创建可信的AI系统和AI赋能系统；使人工智能开发速度满足军事需求；使用需求验证程序，确保人工智能能力与作战需求保持一致，并规避相关风险；确保美军理解实施AI技术、开发过程和操作方法。

（2）英国军用人工智能发展特点

一是三军协同推进。2021年5月，英国国防部装备和保障总局与英国陆军合作，成立"远征机器人专家中心"来开发军用人工智能系统。英国海军成立了NELSON数字加速实验室，建立NavyX军工加速器，致力于研制自主水面舰艇和无人机。英国空军设立了快速能力办公室，2017年以来一直在研制轻量级廉价新型作战飞机（LANCA）作为"忠诚僚机"，提供支持保护或独立执行任务。

二是成立研发机构。2018年5月，英国国防部成立新的人工智能实验室，加快推进AI技术在军事领域的应用。2022年7月，英国国防部下属的国防科技实验室宣布与艾伦·图灵研究所正在合作建立国防人工智能研究中心。

三是投入大量资金。2021年3月，英国国防部公布了《竞争时代的国防》,表示在未来四年内投资66亿英镑用于国防研究和开发,重点关注人工智能、自主系统等新兴技术。

四是制定发展战略。2022年6月15日,英国国防部发布了《国防人工智能战略》,提出充分发挥AI技术在决策优势、提高效率、解锁新能力、增强整体力等方面的作用。英国军用AI战略目标包括推进国防组织转型与变革,以一定的速度和规模采用AI并获得防御优势,构建国防和安全AI生态系统,通过塑造全球AI发展促进安全、稳定和民主价值观。英国国防部要求所有职能部门负责人、前线指挥部、顶级预算和支持组织在该战略发布之日起6个月内响应,对优先事项进行部署,提供各自的AI战略或计划。

(3)推进我国军用人工智能发展

一是研究制定发展战略。制定我国国防人工智能发展战略,明确军用AI发展目标、重点任务和保障措施,全面、深入地推进AI技术在国防和军队现代化中的应用。分兵种制定军用AI系统研发计划,制定支撑多兵种协同作战的AI系统研发计划。围绕强弱项、补短板,确定军用AI系统研发重点。把军用AI列入国防预算,加大军用AI研发投入。建设一批军用AI科技创新载体,加强相关企业、高校、科研院所与军队协同创新,培养一批军用AI人才。

二是研制智能武器装备。实施一批军用AI项目,加快研制新型军用无人机、无人战斗机、无人军车、无人坦克、无人军舰、无人潜艇、军医机器人等智能武器装备,推动我军武器系统加快从机械化、自动化向智能化转型。加强军事院校和军工集团的校企合作,建立一批智能武器装备实训基地。深化AI军民融合,鼓励民营企业参与智能武器装备、自主武器系统、无人作战平台等研制任务。建立军用AI系统试验场，通过红蓝两军模拟对抗等进行测试，验证其性能。

三是提升科技创新能力。依托国家重点研发计划等，集中人力、物力、财力，加强AI基础算法、核心芯片等领域的"卡脖子"技术攻关，提高我国人工智能领域科技自立自强水平。坚决破除"四唯"，改革职称评定和学术头衔评选方法，注重发明专利和科技成果转化，鼓励科研工作者把"论文写在祖国大地上"。对于在军用AI领域做出突出贡献的特殊人才，在职称评定、学术头衔评选、薪酬收入、住房和医疗保障、子女教育、乘坐飞机和高铁等方面给予特殊政策。

四是防范化解安全风险。考虑进口AI芯片留有后门，建议禁止党政军单位建设和使用人脸识别系统。对AI系统的进口软硬件进行安全审查，对存在安全隐患的AI系统进行必要的安全加固。加强对人脸、步态等人体生物特征信息的保护，避免流到境外被敌军掌握。提高我国自主研制智能武器和无人作战平台的可靠性、安全性，避免在关键时候"掉链子"，或被敌方黑客控制后把枪口对准我军。加强军用AI系统管理，避免被敌方植入病毒。防范和化解军用AI系统在战略安全、治理规则、道德伦理等方面的潜在风险，避免出现失控、误射、误杀等非预期事故。

数字化时代的战争和工业化时代的战争区别很大，完全是一种新的打法。我国要尽早解决祖国统一问题，维护南海等地区乃至海外利益，必须加快推动国防和军队数字化转型，以信息化推进国防和军队现代化。

第二章 加快建设网络强国

党的十八大以来，习近平总书记高度重视网络安全和信息化工作，从信息化发展大势和国际国内大局出发，就网信工作提出了一系列新思想新观点新论断，深刻回答了一系列方向性、根本性、全局性、战略性重大问题，形成了内涵丰富、科学系统的关于网络强国的重要思想，成为习近平新时代中国特色社会主义思想的重要组成部分。

第一节　互联网发展历程、现状和趋势

互联网是 20 世纪最伟大的发明之一，给人们的生产生活带来巨大变化，对很多领域的创新发展起到很强带动作用。互联网自 1969 年诞生以来，不到 50 年的时间里飞速发展，深刻影响着全球经济、政治、社会、文化、军事等各个领域。网络空间是人类共同的活动空间，世界各国应该加强沟通、扩大共识、深化合作，共同构建网络空间命运共同体。

一、发展历程

1969 年，美国国防部高级研究计划局（Advanced Research Projects Agency，ARPA）建立了阿帕网（ARPAnet），标志着互联网的诞生。1983 年，ARPA 和美国国防部通信局研制成功了用于异构网络的 TCP/IP 协议，标志着现代意义互联网的出现。1989 年，WWW 出现。1991 年，美国的 CERFnet、PSInet 和 Alternet 三家网络公司，可以在一定程度上向客户提供互联网服务，标志着互联网进入商业化应用时代。

表 2-1　互联网三个发展阶段

发展阶段	时　间	主要特征
Web 1.0	1994–2000 年	窄带接入，以电子邮件、BBS、单向信息发布网站等应用为主。
Web 2.0	2001–2006 年	宽带接入，以搜索引擎、多媒体、电子商务、双向交互网站等应用为主。
Web 3.0	2007 年 – 至今	高速宽带接入、无线网络接入，以 APP、社交网络、物联网、云计算、大数据等应用为主。

互联网已经经历了 Web 1.0 和 Web 2.0 时代，目前正向 Web 3.0 时代迈进。Web 1.0、Web 2.0 和 Web 3.0 的区别如表 2-1 所示。

在 Web 1.0 时代，用户主要通过浏览器获取互联网上的信息。在 Web 2.0 时代，用户不仅可以浏览信息，还可以发布信息，网民的作用越来越大，他们贡献内容，传播内容，而且提供了这些内容之间的链接关系和浏览路径。

如果说 Web 2.0 是用互联网把人与人联系起来，那么 Web 3.0 则是用互联网把信息与信息联系起来。Web 2.0 只是简单地查找出含有关键字的众多网页，而无法告诉某网页是不是真与你搜索的东西相关。Web 3.0 引入了语义网，不但能找到含有关键字的网页，还能理解你搜索请求的具体语境。Web 3.0 让用户拥有了一个贴身的私人助理。用户只要发出一个简单指令，剩下的事情就交给互联网处理。互联网会根据用户的偏好确定搜索参数，以缩小搜索范围。然后，浏览器程序会收集、分析数据并提供给用户。

1994 年 4 月 20 日，中国接入国际互联网，成为国际互联网大家庭中的第 77 个成员，中国正式进入互联网时代。1995 年，邮电部开始提供互联网接入服务。1999 年，"政府上网工程"启动。2000 年，"企业上网工程"启动。2001 年底，中国十大骨干互联网签署互联互通协议，中国网民可以便捷地跨地区访问互联网。2003 年，中国下一代互联网示范工程启动。2004 年，中国顶级域名 .CN 服务器 IPv6 地址成功登录到全球域名根服务器。2008 年，我国网民总人数首次跃居世界第一，宽带网民数量居世界第一，国家顶级域名 .CN 注册量居世界第一。2009年，3G牌照发放，标志着中国进入移动互联网时代。2013年，4G牌照发放。

二、发展现状

根据中国互联网络信息中心（CNNIC）发布的第51次《中国互联网络发展状况统计报告》，截至2022年12月，我国网民规模为10.67亿，较2021年12月增长3549万，互联网普及率达75.6%。

在网络基础资源方面，截至2022年12月，我国域名总数达3440万个，IPv6地址数量达67369块/32；我国IPv6活跃用户数达7.28亿。在信息通信业方面，截至2022年12月，我国5G基站总数达231万个，占移动基站总数的21.3%。在物联网发展方面，截至2022年12月，我国移动网络的终端连接总数达35.28亿户，移动物联网连接数达到18.45亿户。

工业互联网体系逐步完善，"sG+工业互联网"发展步入快车道。工业互联网总体网络架构国家标准正式发布，工业互联网标识解析体系国家顶级节点全面建成。全国具有影响力的工业互联网平台达240个，"5G+工业互联网"项目超过4000个。"5G+工业互联网"的发展促进了传统工业转型升级，成为推动制造业高端化、智能化、绿色化发展的重要支撑。

传统领域应用线上化进程加快，推动农村数字化服务发展。一是线上办公市场快速发展。截至2022年12月，我国线上办公用户规模达5.40亿，占网民整体的50.6%。二是互联网医疗规范化水平持续提升。

截至 2022 年 12 月，我国互联网医疗用户规模达 3.63 亿，占网民整体的 34.0%。三是互联网成为乡村振兴的重要抓手。在线教育、互联网医疗等数字化服务供给持续加大，促进乡村地区数字化服务提质增效。截至 2022 年 12 月，我国农村地区在线教育和互联网医疗用户分别占农村网民整体的 31.8% 和 21.5%。

近十年来，中国互联网快速发展。但与美国等发达国家相比，依然存在不小差距。例如，在互联网普及率方面，美国在 2013 年就达到了 87%。在互联网方面，中国依然处于被动应对的战略弱势。在关键核心技术领域，中国受制于人的局面没有根本改变。芯片已经超过石油成为中国第一大进口货物。美国等西方国家依然掌握着根服务器等互联网核心资源。中国电子信息产业基础差，工艺落后，产能不足，而进口设备和元器件存在漏洞、"后门"的网络安全隐患。

根据世界银行的测算，互联网普及率每提高 10%，GDP 可增加 1.38 个百分点。要致富，先修路；要发展，先通网。各级地方政府要加强网络基础设施建设，把改善农村地区的网络基础设施，提高农民互联网普及率，作为破解"三农"问题、打好扶贫攻坚战的重要举措。

20 多年来，互联网深刻改变着中国人的生活，成为中国国民经济和社会发展的重要驱动力。人们衣食住行、吃喝玩乐、生老病死等方面的许多事情，都可以在网上预约、购买，如使用手机客户端（APP）买衣服、订餐、租房、叫车、听音乐、看电影、预约挂号等。

习近平总书记在深圳考察时指出，现在人类已经进入互联网时代这样一个历史阶段，这是一个世界潮流，而且这个互联网时代对人类的生活、生产、生产力的发展都具有很大的进步推动作用。互联网给

表 2-2 互联网对人们生活的影响

生活内容	网民行为	相关网站示例
衣	上网淘衣、网上洗衣	维品会、蘑菇街
食	网上订餐（团购、积分、打折）	饿了么
住	网上租房、网上卖房、网上装修	房天下
行	网上约车、网上拼车	滴滴出行、美团打车
吃喝玩乐	下载歌曲、网上电影	百度音乐、爱奇艺
生老病死	网上预约挂号、网上咨询、网上买药	春雨医生、叮当快药

人们生活拓展了新空间，为经济发展创造了新动力，在社会治理方面带来了新课题，在国家安全方面提出了新挑战。目前，全球已有 30 多亿网民，网络空间成为新的生活空间。2016 年，全球数字经济产值达 20 万亿美元。2017 年，ICT 产业产值约占全球 GDP 的 6.5%。发展数字经济成为许多国家的共识，互联网成为大国战略和优先方向。互联网催生了网络诈骗、网络传销、网络黄赌毒、网络谣言、网络暴力、黑客攻击等，这些涉网违法犯罪打击难度大。互联网成为意识形态斗争主战场，亟待加强互联网治理。网络安全成为国家安全的重要组成部分，没有网络安全就没有国家安全。

三、发展趋势

互联网的发展趋势是宽带化、无线化、融合化、免费上网、虚实结合。随着"宽带中国"战略的实施，我国网速将越来越快。随着4G/5G网络的发展，移动互联网成为主流网络接入方式，网络将无处不在。随着"互联网+"行动计划的实施，互联网将与各行各业、各个领域深度融合。

人们将可以享受免费上网。目前，美国Facebook公司和Google公司正在计划布设互联网卫星，为全球网民提供免费的互联网接入服务。例如，谷歌公司计划花费30亿美元发射180颗互联网卫星，一旦谷歌公司互联网卫星布设完成，将对中国基础电信运营商的业务产生巨大影响。其实，正如公路、铁路是工业社会的基础设施，网络是信息社会的基础设施。除了高速公路要对过往车辆收费，普通公路、马路街道等一般道路是免费的。因此，未来除了高速网络等特殊需求要收费，普通网民上网应该免费。

物理空间和网络空间将逐步融合，实现虚实结合。随着物联网的发展，将实现万物互联。互联网不仅是个通信工具，通过互联网还可以操控物体。

虚拟现实将成为新的互联网入口。未来，网民上网就可以进入虚拟空间。一方面可以按照现实模样建立虚拟空间，如虚拟纽约、虚拟北京等。另一方面，还可以任意构建现实中不存在的虚拟空间。这样，人们既可以生活在现实世界，也可以生活在童话世界。

第二节 个人互联网应用情况

2022年上半年，我国各类个人互联网应用持续发展。其中短视频的用户规模增长最为明显，较2021年12月增长2805万，增长率达3.0%，带动网络视频的使用率增长至94.6%；即时通信的用户规模保持第一，较2021年12月增长2042万，使用率达97.7%；网络新闻、网络直播的用户规模分别较2021年12月增长1698万、1290万，增长率分别为2.2%、1.8%。

一、基础应用类应用

1. 即时通信

截至2022年6月，我国即时通信用户规模达10.27亿，较2021年12月增长2042万，占全国网民总数的97.7%。

即时通信作为我国网民日常生活中最常使用的互联网应用，在2022年上半年依然延续了稳步发展态势。

在个人端，即时通信应用的小程序、视频号等功能日趋成熟，针对阅读困难群体的用户体验也得到优化，推动数字化红利更加广泛、便捷地惠及全民。一是小程序的社会价值和商业价值进一步凸显。数据显示，截至2021年底，微信健康码累积用户达13亿，累积访问量达1800亿次，成为新冠肺炎疫情期间验证健康和出行状态的最常用电子通行证；同时，微信小程序商家的自营实物商品交易总额也在2021年实现同比翻倍。二是视频号商业化前景探索仍在持续。短视频流媒体广告、直播电商等业务通过视频号与即时通信产品进行融合，推动视频播放量和使用时长在2022年第一季度同比大幅增长。三是关怀模式的用户体验进一步完善。2022年4月，微信关怀模式上线"听文字消息"功能，用户开启后点击文字消息即可听到语音朗读，从而帮助有阅读困难的用户更好地享受数字化生活带来的便利。

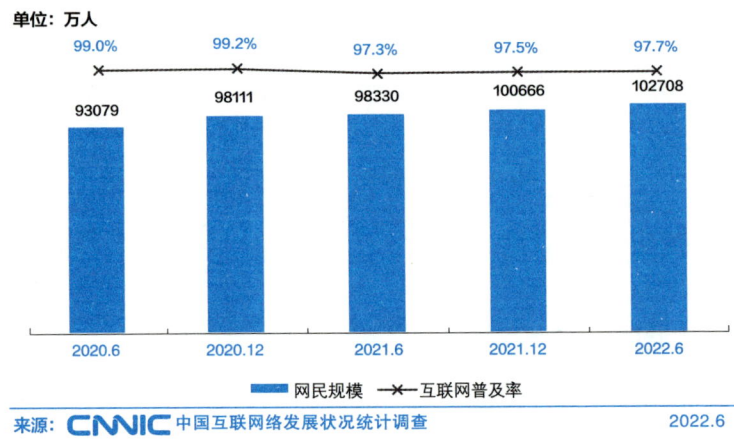

图2-1 近两年即时通信用户规模及使用率

在企业端，即时通信厂商积极探索软件新功能，并持续加强对智能硬件产品的布局，为企业提供"从云到端"的一体化服务。一是在软件服务方面，以钉钉、企业微信为代表的主要产品在2022年上半年陆续发布新版本或新功能，将企业架构和业务的数字化作为产品发展的核心方向。1月，企业微信与腾讯会议、腾讯文档融合打通，形成更加完备的数字化协作方案，并新增上下游管理、微信客服等功能，助力企业与消费者、上下游合作伙伴共同实现业务协同。3月，钉钉在新版本中上线"酷应用"功能，将工作群的应用组件向合作伙伴开放，支持企业定制开发，提升组织协同能力。二是在智能硬件方面，即时通信厂商进一步加强对于硬件产品的研发力度，从而形成"从云到端"的软硬件一体化服务体系。上半年，钉钉发布视频会议一体机等硬件产品，并宣布已与超过180家硬件企业进行合作，覆盖音视频硬件、考勤、门禁、打印、可穿戴设备等多个领域。

2. 搜索引擎

截至2022年6月，我国搜索引擎用户规模达8.21亿，较2021年12月减少737万，占全国网民总数的78.2%。

图2-2 近两年搜索引擎用户规模及使用率

2022年上半年，我国互联网企业在搜索引擎领域继续进行深度布局，应用内搜索用户数量持续增长。一是互联网企业在搜索领域持续投入。2022年上半年，字节跳动推出独立搜索产品"悟空搜索"，形成"头条搜索+悟空搜索+抖音搜索"的产品矩阵，尝试吸引更多细分市场流量。二是应用内搜索用户数量持续增长。随着微信生态的蓬勃发展，微信"搜一搜"逐步满足用户的多元化需求，为内容创作者、服务提供者和入驻商户更好地连接用户提供了支撑。截至2021年，微信"搜一搜"月活跃用户数超过7亿，部分类目搜索流量提升139%，已支持超过 5100 家公立医院官方挂号，挂号累计服务超过 1 亿人次。

3. 网络新闻

截至 2022 年 6 月，我国网络新闻用户规模达 7.88 亿，较 2021 年 12 月增长 1698 万，占全国网民总数的 75%。

网络新闻媒体全方位报道 2022 年冬奥会，引发全民观赛热潮。数据显示，北京冬奥会数字媒体和线上直播数据都达到历史新高，转播

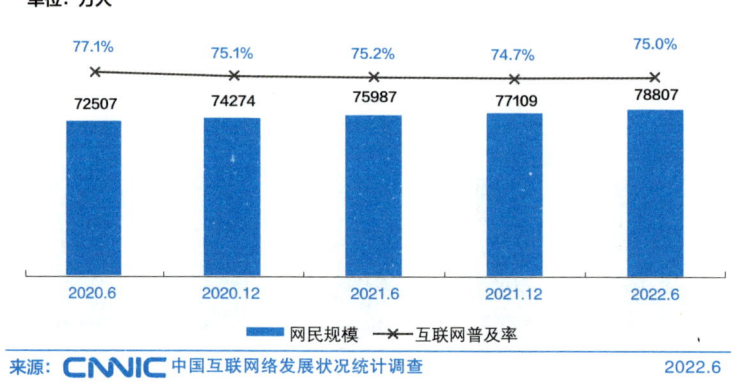

图 2-3 近两年网络新闻用户规模及使用率

内容总生产量达到 6000 小时，高于平昌冬奥会的 5600 小时。北京冬奥会已成为迄今收视率最高的一届冬奥会，在全球社交媒体上吸引超 20 亿人关注。为进一步满足用户的观赛需求，微博上线实况讨论功能，为用户带来了大屏观看、小屏讨论的全新体验；微博数据显示，冬奥会期间共进行了 16 场实况讨论，参与人数最高达 951 万人。咪咕视频通过邀请知名冬奥运动员参与赛事解说等方式，增强赛事解说趣味性，提升用户观赛体验。

4. 在线办公

截至 2022 年 6 月，我国在线办公用户规模达 4.61 亿，较 2021 年

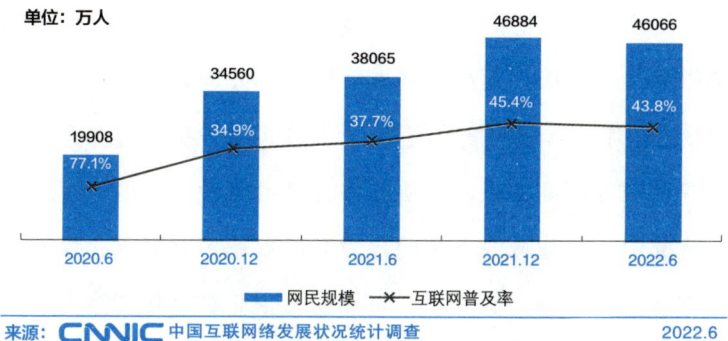

图 2-4　近两年在线办公用户规模及使用率

12 月下降 818 万，占全国网民总数的 43.8%。

2022 年上半年，在线办公行业稳定发展，用户体验不断升级。与此同时，服务提供商推动协同办公理念加速落地，助力政企数字化转型。

在需求侧，一是疫情常态化背景下，在线办公稳定发展。2022 年上半年，在线视频 / 电话会议表现向好，用户规模较 2021 年 12 月增长 5.9%。受疫情影响，一线城市用户在线办公使用率增长明显，半年提高 8.4 个百分点。在线办公在支持抗击疫情、复工复产、稳定就业方面发挥着重要作用。截至 2022 年 3 月，钉钉已经服务超过 2100 万个机构用户；腾讯会议注册用户超 3 亿，月活跃用户数突破 1 亿。二是"AR/VR + 办公"，带来全新数字化体验。钉钉与杭州灵伴科技有限公司（Rokid）合作，用户可以通过佩戴 AR 智能眼镜进入移动数字化办公空间，可同时展示聊天、会议、文档等多功能办公场景，实现随时随地数字化办公。未来，随着"AR/VR+ 办公"的发展方向更加明确，将有更多针对在线办公的应用场景落地，AR/VR 技术将驱动在线办公功能不断发展。

在供给侧，2022 年 1 月，国务院发布的《"十四五"数字经济发展规划》提出，扩大协同办公等在线服务覆盖面，推动远程协同办公产品和服务优化升级。顶层规划推动协同办公理念发展践行，协同办公成为政企数字化转型的重要支撑。一是在助力数字政府方面，华为云、腾讯云等云服务厂商加强政务协同办公平台建设，有助于实现政府跨层级、跨部门、跨地域业务协同，为满足政务多元需求、提升办公效率和协作效能提供有力保障。二是在助力企业数字化转型方面，协同办公平台不断丰富应用场景，扩大服务覆盖范围，赋能产业链上下游数字化、智能化发。上半年，在线文档协作编辑、在线任务管理与流程审批的使用率分别为 27.9% 和 14.3%。

二、商务交易类应用

1. 网络支付

截至 2022 年 6 月，我国网络支付用户规模达 9.04 亿，较 2021 年 12 月增长 81 万，占全国网民总数的 86%。

图 2-5　近两年网络支付用户规模及使用率

我国网络支付市场秩序不断规范，支付服务质量持续提升，产业保持健康发展态势。数据显示，2022年第一季度银行共处理网上支付业务235.70亿笔，金额585.16万亿元，同比分别增长4.60%和5.72%；移动支付业务346.53亿笔，金额131.58万亿元，同比分别增长6.24%和1.11%。

数字人民币不断融入互联网平台，支付生态逐步形成。截至2021年12月，已有50余个第三方平台支持数字人民币交易，数字人民币支付生态愈加丰富。一是生活服务类平台为数字人民币提供多元消费场景，吸引用户使用。以美团、京东、携程等为代表的互联网生活服务平台，连接海量线下实体商户及用户，助推数字人民币快速进入网民日常生活。2022年1月起，美团面向全国试点城市居民发放数字人民币民生消费补贴，覆盖200多类消费场景，截至4月已累计带动各类民生消费超140亿元。二是第三方支付平台积极参与数字人民币试点，寻求业务机会。2021年11月，易宝支付开通数字人民币受理业务，并正式在厦门航空官网上线；截至2022年1月，拉卡拉参与了全部数字人民币试点地区的试点工作，并开发出一系列数字人民币应用产品；4月，微信宣布在试点区域中，开放对数字人民币的支持；支付宝上线"数字人民币"搜索功能，帮助新用户更方便地开通数字人民币钱包，截至5月5日，近600万个数字人民币子钱包已被推送至支付宝服务的商户。

网络支付持续向乡村下沉，推动普惠金融进一步发展。数据显示，截至2022年6月，我国农村地区网络支付用户规模为2.27亿，占农村网民的77.5%。一是政策持续推动农村网络支付普及。2022年，《数字乡村发展行动计划（2022-2025年）》《"十四五"推进农业农村现代化规划》《关于做好2022年金融支持全面推进乡村振兴重点工作的意见》等政策相继出台，通过加强农村数字基础设施建设、加大"三农"领域金融支持等措施，推动网络支付加速普及。二是农村网络支付场景不断丰富、使用更加便利。近年来，移动支付便民工程进一步向乡村纵深发展，除覆盖交通、医疗、零售、教育、公共缴费等传统生活服务领域外，还在农村特色产业、农产品收购等领域深入应用，创新助农服务模式，提升农村地区支付便利化水平，带动农村网民使用。

2. 网络购物

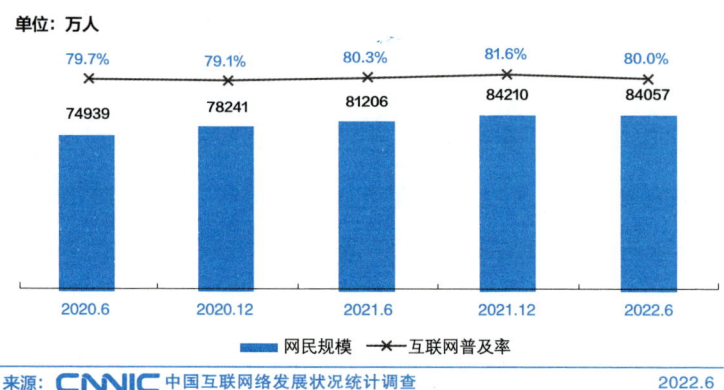

图 2-6　近两年网络购物用户规模及使用率

截至2022年6月，我国网络购物用户规模达8.41亿，较2021年12月下降153万，占全国网民总数的80%。

2022年上半年，网络消费在消费中占比持续提升。其中，食品、日用品等品类的网络消费表现较为突出。

网络消费是疫情下驱动消费的重要支撑。2022年上半年，线上消费在稳消费中发挥积极作用。数据显示，上半年全国网上零售额6.3万亿元，同比增长 3.1%。其中，实物商品网上零售额 5.45 万亿元，同比增长 5.6%，占社会消费品零售总额的比重为 25.9%，较去年同期提升 2.2 个百分点。

上半年网络消费在品类和渠道上均呈现出新发展特征。一是食品等必需品网购消费表现突出。数据显示，上半年实物商品网上零售额中，吃类、穿类、用类商品分别增长 15.7%、2.4% 和 5.1%；食品饮料、日用品网购消费支出增长的用户，分别占网购用户的 22.6% 和 29.0%。二是网络消费渠道多元化特征明显。随着越来越多互联网平台涉足电商业务，网购用户的线上消费渠道逐步从淘宝、京东等传统电商平台向短视频、社区团购、社交平台扩散。最近半年只在传统电商平台消费的用户占网购用户的比例为 27.3%，在短视频直播、生鲜电商、社区团购及微信等平台进行网购消费的用户比例分别为 49.7%、37.2%、32.4% 和 19.6%。

延伸阅读：

网络购物

2022 年上半年，电商平台在完善供应链、物流及用户体验等方面加大投入，推动网络消费市场向专业化、本地化等方向发展。

一是构建核心优势形成特色定位。在电商流量加速分散的背景下，各平台为保持竞争力，持续强化自身优势。如京东加大在物流领域的投入力度，通过收购德邦快递，加速打造一体化供应链物流服务；拼多多专注于农产品电商和农业科技，通过农产品"零佣金"等策略推动涉农订单增长，通过"百亿农研"等项目加快农业科技研究和应用转化。

二是探索自营模式提高用户体验。疫情期间，相较于第三方电商，自营电商的供应链优势更加凸显。因此，各电商平台纷纷加大对自营模式的探索和投入，业务布局持续向物流配送及用户服务倾斜。例如，阿里巴巴上线主打产品自营的天猫猫享频道，美团电商增加自营专卖店模式，抖音电商组建酒水自营团队等。

三是本地化相关业务发展提速。受疫情影响，时效性敏感、本地化属性强的消费需求加速向线上延伸。阿里巴巴、京东、美团等平台纷纷加速布局，外卖生鲜、社区团购、即时买药等即时零售模式快速发展。从短期看，本地化业务模式的末端配送效率优势已得到初步体现；从长期看，本地化业务模式通过向上下游延伸，有助于打通全领域数字化通路，提升消费品的供给效率。

3. 在线旅行预订

截至 2022 年 6 月，我国在线旅行预订用户规模达 3.33 亿，较 2021 年 12 月减少 6460 万，占全国网民总数的 31.6%。

2022 年上半年，受疫情影响，我国旅行预订市场复苏步伐放缓。中央和地方相继出台各类纾困惠企政策，支持旅行预订企业有效应对疫情影响，推动行业复苏。同时，企业积极适应市场变化，依托信息技术进行数字化转型升级，不断寻求新的业绩增长点，为未来的高质量发展打下基础。

纾困政策相继出台，支持企业有效应对。受疫情影响，上半年国内旅游市场复苏步伐放缓。数据显示，2022 年清明节和"五一"假期，全国国内旅游出游人次分别同比减少 26.2% 和 30.2%，国内旅游收入分别同比减少 30.9% 和 42.9%。在此背景下，国家发展和改革委员会、

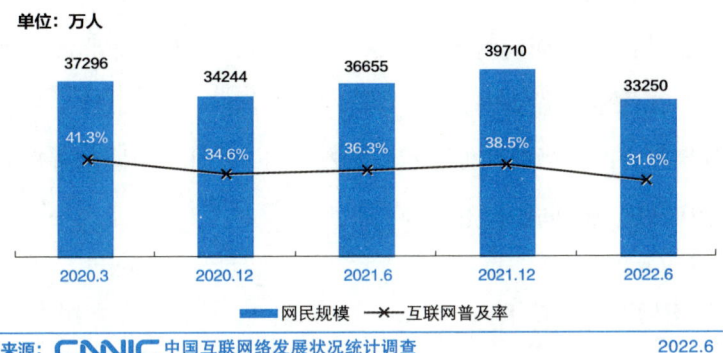

图 2-7　近两年在线旅行预订用户规模及使用率

文化和旅游部等十四部门联合印发《关于促进服务业领域困难行业恢复发展的若干政策》，海南、四川、福建、云南等多地政府陆续出台相关纾困惠企政策，助力行业和企业恢复发展。

旅行预订市场呈近程化、本地化态势。受疫情影响，2022年上半年旅行预订市场整体呈现就近、就地特点，本地休闲和近程度假成为主流。清明假期期间，各地接待游客中省内游客占比达94.9%，创常态化疫情防控以来新高；携程数据显示，"五一"假期期间，本地游订单占比达40%，较2020年、2021年同期均高出逾10个百分点。此外，露营休闲游成为今年"五一"假期新潮流。去哪儿数据显示，"五一"假期露营相关住宿、出游产品的预订量是去年同期的3倍。

科技赋能旅游业变革创新，数字化缔造智慧旅游新生态。一是"旅游+科技"持续打造智慧旅游新生态。如携程通过大数据、人工智能、AR等技术，积极拓展沉浸式、体验式、互动式消费新场景，推动旅游产业转型升级，打造智慧旅游新生态。二是企业加快推进对旅游产业链上下游的数字化改造，致力提升产业链各环节效率，更好满足多层次、多样化、个性化的旅行消费需求。如同程旅行推出针对老年用户群体的适老化功能以及面向听障人群的手语客服，助力特殊群体共跨"数字鸿沟"，推动建设更有温度的行业生态。此外，"旅游+直播"日益受到用户青睐，微博数据显示，2022年1—5月，微博旅游直播的累计观看次数较去年同期提升230%。

三、网络娱乐类应用

1. 网络视频

截至2022年6月，网络视频用户规模为9.95亿，较2021年12月增长2017万，占全国网民总数的94.6%。其中，短视频用户规模为9.62亿，较2021年12月增长2805万，占网民整体的91.5%。

2022年上半年，网络视频市场竞争愈发激烈。各大平台一方面围绕2022北京冬奥会主题，推出一系列自制节目，吸引用户关注；另一方面持续探索商业模式，降本增效以缓解营收压力。

图2-8 近两年网络视频（含短视频）用户规模及使用率

围绕北京冬奥会，网络视频平台通过聚焦热点内容、打造"虚拟形象"等方式吸引用户关注。在内容层面，2022年初，各大视频平台纷纷借势推出与冰雪运动、冬奥竞技相关的综艺节目，提升用户对体育竞技题材的触达深度和广度，营造"三亿人上冰雪"氛围。如爱奇艺的《超有趣滑雪大会》、优酷视频的《冬梦之约》等节目，均取得不错的收视效果。在技术层面，各大视频平台依托5G、8K、AR等数字技术，创新运动员直播、"虚拟形象"互动等方式，进一步提升内容价值，促进用户参与。2月，咪咕视频推出谷爱凌的"虚拟形象"Meet Gu，在演播间与观众进行直播互动，并参与多场滑雪赛事的解说，助力冰雪运动普及。

网络视频平台进一步降本增效，试图扭转亏损态势。一是深耕内容，提升付费用户占比。各大网络视频平台通过深耕垂直类别市场，发力自制剧、定制剧等，吸引、沉淀付费会员，提升会员收入。2022年第一季度，哔哩哔哩付费会员数量达到2010万，同比增长25%，其中近80%是年度付费会员或自动续费会员；爱奇艺会员服务营收45亿元，同比增长4%。二是加强内容编排和广告推广，精准触达目标用户。在内容编排上，进行剧场化运营，形成规模效应，打造品牌剧场，增加用户黏性；在广告推广上，不断优化算法，为广告主匹配合适的消费者，实现高效投放。三是进一步调整分账模式，降低成本风险。2022年3月，腾讯视频升级微短剧分账规则，针对不同级别的微短剧实行不同的收费标准。4月起，爱奇艺升级网络电影发行模式，同时调整分账模式。2022年第一季度，爱奇艺净利润1.69亿元，首次实现单季盈利，降本增效初见成效。

延伸阅读：

短视频

随着用户规模进一步增长，短视频与新闻、电商等产业融合加速，信息发布、内容变现能力逐渐增强，市场规模进一步扩大。

短视频与主流媒体双向赋能，成为舆论引导的重要阵地。短视频的兴起，为主流媒体扩大传播影响力提供了新的契机，各大媒体纷纷将其作为创新转型的突破口。主流媒体与短视频平台在内容、技术、渠道上深度融合，更好地发挥舆论引导作用。数据显示，截至2022年6月，微博、抖音、快手、哔哩哔哩四大平台上共有媒体号8028个，平均粉丝量138万人，百万粉丝账号数量占比19.5%，千万粉丝账号数量占比2.8%。其中，人民日报抖音号、央视新闻抖音号的粉丝数量分别为1.55亿、1.44亿，排在所有媒体号的前两位。2022年元旦当天，央视新闻抖音号发布的短视频《我把2022第一次点赞，送给2022第一次升旗！祝福祖国繁荣昌盛！》点赞量达1861.3万，全网热度最高。

短视频与电商进一步深度融合，内容电商市场竞争持续白热化。短视频平台持续拓展电商业务，"内容＋电商"的种草变现模式已深度影响用户消费习惯。2022年第一季度，快手电商交易总额达1751亿元，同比增长47.7%，其中自建电商体系"快手小店"贡献了99%以上的交易额。2021年5月至2022年4月，抖音平台上每月有超900万场直播，售出超过100亿件商品，交易总额同比增长2.2倍。与此同时，淘宝、京东、拼多多等电商平台也不断加大在直播、短视频领域的投入，内容电商竞争日益激烈。

短视频平台不断扩展本地生活业务，从内容消费走向线下服务。快手、抖音两大短视频平台通过不同路径开展本地生活业务。快手通过与第三方平台合作的方式，发展成为线上线下一体化的综合服务平台。2022年1月，"快手小店"对本地生活行业商家开放入驻。同时，快手通过与美团、顺丰在团购、配送等领域进行合作，推进自身在线下市场的大规模布局，发挥流量优势，最终实现价值变现。抖音则选择独立发展本地生活业务，主要围绕一二线和网红城市进行布局，先后推出美食探店、心动外卖等业务，并对入驻的本地餐饮商家进行流量扶持，通过种草吸引顾客，促进线上线下交易闭环。

2. 网络直播

截至2022年6月，我国网络直播用户规模达7.16亿，较2021年12月增长1290万，占全国网民总数的68.1%。其中，电商直播用户规模为4.69亿，较2021年12月增长533万，占网民整体的44.6%；游戏直播的用户规模为3.05亿，较2021年12月增长290万，占网民整体的29.0%；真人秀直播的用户规模为1.86亿，较2021年12月减少793万，占网民整体的17.7%；演唱会直播的用户规模为1.62亿，较2021年12月增长1914万，占网民整体的15.4%；体育直播的用户规模为3.06亿，较2021年12月增长2232万，占网民整体的29.1%。

在疫情背景下，网络直播应用在营销和娱乐领域充分发挥作用。与此同时，直播技术的不断进步和监管体系的日趋完善，持续推动网络直播各相关业态健康有序发展。

在内容方面，公益内容和传统文化内容成为网络直播平台的主要扶持方向。一是电商直播平台积极助力商家抗疫，对于受疫情影响严

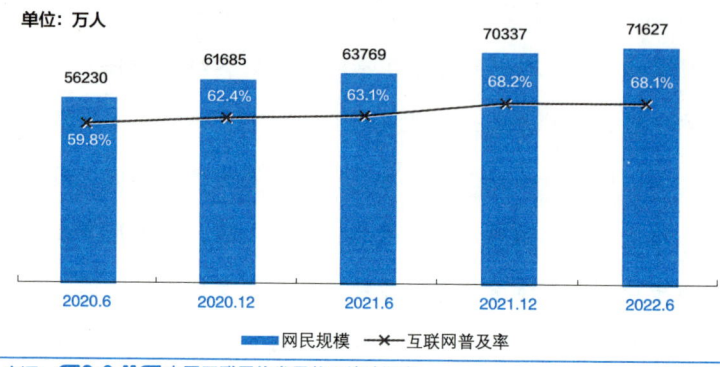

图 2-9　近两年网络直播用户规模及使用率

重的中小企业商户和特色农产品商户进一步加大帮扶力度。如快手电商针对受疫情影响严重的困难商家推出"暖春计划2022",减免商户推广服务费,并提供流量与活动扶持等激励政策。二是真人秀直播平台加强对传统文化内容创作的支持。如抖音直播推出"优质主播激励计划",对民歌、民乐、民族舞等七类内容创作提供支持,鼓励优质主播弘扬优秀传统文化。

在技术方面,相关企业研究采用实时计算、虚拟现实等技术,进一步优化网络直播用户体验。腾讯云与中国信息通信研究院联合发布的《超低延时直播白皮书》指出,在优化网页实时通信技术的同时,应用边缘计算等技术对传统的CDN架构进行改造,形成超低延时直播技术方案,将传统直播延时降低90%以上。央视频在冬奥会期间首次推出8K/VR沉浸式观赛模式,让用户可以通过VR设备观看现场直播,体验8K超高清信号内容。

在监管方面,对网络主播行为和未成年主播等的监管措施进一步完善。针对电商直播行业偷逃缴纳税款问题,国家互联网信息办公室等三部门于 2022 年 3 月印发《关于进一步规范网络直播营利行为促进行业健康发展的意见》，有利于网络直播行业的规范健康发展。针对游戏直播、真人秀直播存在的未成年人主播与打赏问题，中央文明办等四部门于 5 月发布《关于规范网络直播打赏加强未成年人保护的意见》，有利于未成年人网络保护环境的改善。针对网络主播行为规范缺乏统一标准的问题，国家广播电视总局等两部门于 6 月联合印发《网络主播行为规范》，规定了 31 类网络主播禁止实施的行为，有利于提高网络主播队伍的整体素质。

3. 网络游戏

截至 2022 年 6 月，我国网络游戏用户规模达 5.52 亿，较 2021 年 12 月减少 115 万，占全国网民总数的 52.6%。

2022 年上半年，游戏版号的重新发放为网络游戏行业带来了新的机遇。在较为稳定的市场预期影响下，网络游戏企业持续投资，不断完善产业布局。与此同时，国家相关部门也进一步加强了对游戏直播的监督管理，从源头上遏制网络游戏传播的不规范行为。

图 2-10　近两年网络游戏用户规模及使用率

主管部门重启版号发放，网络游戏行业迎来利好。2022年4月，国家新闻出版署公布了新一期游戏版号名单，共45款游戏获得版号。这是自2021年7月以来首次发布游戏版号，对稳定国内网络游戏行业发展预期，促进网络游戏行业特别是中小型网络游戏企业健康、可持续发展起到了重要作用。

网络游戏企业持续投资，完善产业布局。2022年上半年，腾讯、网易、哔哩哔哩、字节跳动等企业继续对国内外网络游戏相关产业进行投资，以保持竞争优势，拓展营收渠道，完善产业布局。其中，腾讯分别对西班牙、新西兰等游戏工作室进行投资，拓展其全球化业务；哔哩哔哩则将投资重点放在网页游戏和移动端游戏领域，以继续提升其在网络游戏领域的营收表现。

有关部门强化游戏直播监管，规范网络游戏传播。2022年4月，国家广播电视总局网络视听节目管理司、中共中央宣传部出版局联合发布《关于加强网络视听节目平台游戏直播管理的通知》，要求严禁网络视听平台传播违规游戏，加强游戏直播内容播出管理，督促网络直播平台建立并实行未成年人保护机制等。加强对游戏直播内容的监管有利于遏制平台"唯流量"乱象，避免违规网络游戏传播，为未成年人营造良好的网上娱乐环境。

四、公共服务类应用

1. 网约车

截至 2022 年 6 月，我国网约车用户规模达 4.05 亿，较 2021 年 12 月减少 4754 万，占全国网民总数的 38.5%。

网约车行业在规范中发展。一是市场监管进一步完善。2022 年 2 月，交通运输部提出实施"阳光行动"，督促主要网约车平台公司向社会公开计价规则，合理设定平台抽成比例上限。这将有助于进一步规范网约车企业经营行为，切实保障从业人员合法权益。2022 年 7 月，国家互联网信息办公室依据《网络安全法》《数据安全法》《个人信息保护法》等法律法规，对滴滴全球股份有限公司实施处罚，切实维护国家网络安全、数据安全和社会公共利益，有力保障广大人民群众合

图 2-11　近两年网约车用户规模及使用率

法权益。二是企业采取措施促进合规。美团打车在全国部分城市推出"合规激励"，鼓励司机参加交通部的合规考试。对于在特定期限内考取从业资格证的司机，给予一定的现金奖励。三是自动驾驶技术稳步推进。2022 年 4 月，《北京市智能网联汽车政策先行区乘用车无人化道路测

试与示范应用管理实施细则》正式发布，百度、小马智行成为首批获准企业，向公众提供"主驾位无安全员、副驾有安全员"的自动驾驶出行服务。

2. 在线医疗

截至 2022 年 6 月，我国在线医疗用户规模达 3 亿，较 2021 年 12 月增长 196 万，占全国网民总数的 28.5%。

2022 年上半年，互联网医疗平台探索多元化服务。与此同时，有关部门发布多项政策法规，为在线医疗行业营造良好政策环境。

图 2-12 近两年在线医疗用户规模及使用率

互联网医疗平台探索多样化的服务形式。大型互联网医疗平台在提供医疗、药品服务的基础上，进一步拓展数字化健康管理，推动保险、医保支付、医生服务等相关领域创新。例如，百度推出了"有医笔记"，能够帮助医疗行业人员快速记录、整理文档，并能够将图片形式的医疗材料转化成文字；平安健康在消费端和企业端同时发力，打造健康管理、保险等多元化产品，寻求新的增长引擎。

政策法规利好在线医疗高质量发展。2022 年 1 月，工业和信息化部联合八部门发布《"十四五"医药工业发展规划》，提出积极发展新模式新生态，适应智慧医疗、互联网医院快速发展趋势，形成医疗机构、药品生产经营企业、保险公司、信息技术服务商等共同参与的"互联网+医药"新生态。2月，国家卫生健康委员会和国家中医药局联合发布《互联网诊疗监管细则（试行）》，对从事互联网诊疗的医疗机构、医务人员、业务活动等提出了明确的监管要求，以进一步规范互联网诊疗活动，加强互联网诊疗监管体系建设，防范化解互联网诊疗安全风险，保障医疗服务安全和质量。

第三节　工业互联网发展情况

作为新一代信息技术与制造业深度融合的产物，工业互联网日益成为新工业革命的关键支撑和深化"互联网+先进制造业"的重要基石，对未来工业发展产生全方位、深层次、革命性影响。工业互联网通过系统构建网络、平台、安全三大功能体系，打造人、机、物全面互联的新型网络基础设施，形成智能化发展的新兴业态和应用模式，是推进制造强国和网络强国建设的重要基础。

一、发展现状

近年来，我国工业互联网呈现出较快发展态势，各项工作稳步推进，工业互联网已经在 45 个国民经济大类中得到应用，工业互联网产业规模已迈过万亿元大关。

一是网络体系建设持续推进。工业互联网高质量外网项目建设持续推进，基本实现全国地市全覆盖，工业企业、工业园区的接入和服务能力不断提升。工业互联网标识解析体系基本建成，国家顶级节点日均解析量显著提升，二级节点覆盖全国 29 个省（区、市）34 个重点行业。工业互联网标识解析体系国际根节点建成投入运行。

二是平台创新提供多样服务。截至 2022 年 6 月，我国具有一定行业和区域影响力的特色平台超过 150 家。2022 年 5 月，工业和信息化部公布《2022 年跨行业跨领域工业互联网平台名单》，共 28 家工业互联网平台入选。工业互联网平台以便捷、灵活的方式为中小企业提供了企业上云等多样的服务，在降低门槛、创造价值等方面帮助中小企业数字化转型。

三是数据汇聚不断开展。国家工业互联网大数据中心建设持续完善，区域和行业分中心建设统筹推进。国家工业互联网大数据中心通过构建工业互联网数据资源管理体系，推进工业数据资源整合利用和开放共享，促进数据要素配置市场化进程。

四是安全服务保障能力不断提升。我国工业互联网安全技术加快创新突破，国家工业互联网安全技术监测服务能力持续提升。工业互联网安全顶层设计不断完善，通过政策牵引、机制保障、专项带动、供给创新等多种方式，强化安全威胁监测与通报处置，增强企业安全责任意识。

二、相关政策

2017年11月，国务院出台了《关于深化"互联网+先进制造业"发展工业互联网的指导意见》，提出夯实网络基础，打造平台体系，加强产业支撑，促进融合应用，完善生态体系，强化安全保障。

2020年3月，工信部办公厅印发了《关于推动工业互联网加快发展的通知》，提出了20条措施，包括改造升级工业互联网内外网络，增强完善工业互联网标识体系，提升工业互联网平台核心能力，建设工业互联网大数据中心，积极利用工业互联网促进复工复产，深化工业互联网行业应用，促进企业上云上平台，加快工业互联网试点示范推广普及，建立企业分级安全管理制度，完善安全技术监测体系，健全安全工作机制，加强安全技术产品创新，加快工业互联网创新发展工程建设，深入实施"5G+工业互联网"512工程，增强关键技术产品供给能力，促进工业互联网区域协同发展，增强工业互联网产业集群能力，高水平组织产业活动，提升要素保障水平，开展产业监测评估。

2022年上半年，我国有关部门持续发布工业互联网相关政策，进行工作部署，促进产业的健康发展。一是印发专项工作组2022年工作计划。2022年4月，工业互联网专项工作组办公室印发《工业互联网专项工作组2022年工作计划》，制定网络体系强基行动、标识解析增强行动、平台体系壮大行动等15项工作任务，扎实推进《工业互联网创新发展行动计划 (2021—2023 年)》。二是推进工业互联网相关示范工作。2022年上半年，工业和信息化部确定了132个2021年工业互联网APP优秀解决方案，促进工业互联网APP优秀解决方案应用推广；公布了2021年工业互联网试点示范项目名单，包括网络集成创新应用、平台集成创新应用、安全集成创新应用、园区集成创新应用四个方向共计123个项目，加大示范推广力度，加强新模式应用宣传，推动工业互联网提档升级。

三、行业应用

"5G+工业互联网"512工程纵深推进，截至2022年6月，建设项目超过3100个。在工业和信息化部推动下，各行业、各领域相关单位借鉴已发布的第一、二批"5G+工业互联网"二十个典型场景和十个重点行业应用实践，紧扣行业领域特点需求，挖掘更多应用场景，推动"5G+工业互联网"与实体经济深度融合,在数字经济发展中发挥更大作用。

1. 石化行业

我国石油化工企业存在进一步提升生产效率、加快数字化转型、提高安全生产保障能力等迫切需求,因此将工业互联网发展重点放在能耗监测、产线管理、危化品管控等方面。一是采集能耗数据,实现能耗在线监测。某石化产品深加工企业与中国电信合作,开展"能耗在线监测"项目建设,实现生产能效管控场景的应用。利用水表、电表、蒸汽测量仪、风速表、冷热计量表等计量设备采集企业水、电、汽、风、热等能源消耗数据,通过5G网络传输至企业综合能源管理平台,并按时按需上传到省能耗在线监管平台,采集频率从分钟级提升到了秒级,显著提升了数据采集的效率。二是构建三维模型,降低管理成本。某有机硅生产企业与中国电信合作,打造"5G+智能化工"项目,实现生产单元模拟场景的应用。通过5G工业网关、智能手环、高清摄像头等载体对工厂里的人、机、物等多要素进行数据采集和汇聚,形成企业生产数据中心。利用数字孪生技术将生产过程中的各类实时数据和分析数据精准地映射到产线的三维模型,虚拟孪生有机硅化工产线完整地还原了物理产线,有利于降低生产管理成本。三是实现高精度定位,进行危化品管控。某石油化工集团公司与中国联通合作,开展"5G+安全石化"项目建设,实现全域物流监测场景的应用。利用"5G+北斗技术",实现生产区内危化品车辆的高精度定位,并实时传输至危化品运输管控平台。平台对进入生产区的危化品车辆进行全过程、实时管控,基于定位数据形成行驶轨迹,进行偏离预警,有效保证危化品车辆按照规定路线行驶和在规定地点装载。

2. 建材行业

为了实现高质量发展，建材行业企业需要降低生产成本、提高生产经营效率、节约资源，发展工业互联网以实现降低运营成本、提高生产效率和促进精细化生产等。一是形成生产过程数据链，降低运营成本。某陶瓷生产企业与中国电信合作，开展"5G智慧工厂"项目建设，实现生产过程溯源场景的应用。自主研发标准化四码合一系统，并对卫浴陶瓷在成型、干燥、施釉、烧成、质检、包装等生产环节设备进行 5G 智能化改造。利用"5G+MEC + 天翼云"实现云网融合，采集生产物料的一物一码、生产原料批次及过程信息等数据，实时传输至云平台，形成完整的生产过程数据链，降低运营成本。二是进行智慧装船建设，提升生产效率。某水泥生产企业与中国电信合作，开展"5G+AI+智慧装船"项目建设，实现精准动态作业场景的应用。通过搭建多视角相机，确定不同相机间同一物体的对应关系，根据三角测量原理，实时监测水泥船位置以及装船机溜筒位置和姿态，包括船舱位置、溜筒距船舱偏移比例、物料偏移度等，实现生产效率的提升。三是建立无人值守系统，促进精细化生产。某建材生产企业与中国联通合作，开展 5G+ 工业互联网"无人值守数字孪生系统"项目建设，实现生产单元模拟场景的应用。综合利用多个传感器和多光谱偏振光 + 可见光摄像头进行数据采集，通过 5G 网络将生产线映射到数字空间。利用时空信息重构技术和运营商统一授时技术，建立无人值守系统，实现速度、产量等生产状态的动态感知，保证设备和人员安全，以及矿料输送智能化监管和精细化生产。

3. 港口行业

随着港口业务量不断增长,港口行业对提升港口综合作业效率、保障安全生产、降低人工成本等方面有了新的诉求,借助5G+工业互联网构建智慧港口,实现创新发展。一是打造模拟仿真系统,加强生产计划评估。某港口企业与中国移动合作,开展"5G智慧港口"项目建设,实现生产单元模拟场景的应用。通过采集港口集卡、岸桥、场桥、船舶和集装箱等时空数据,搭建码头全要素场景平台和1:1数字孪生体,利用5G网络实现虚拟世界与物理世界的同步感知、运行规律和物理属性的同步更新。采用数字孪生、北斗定位等技术建立港口生产管理的模拟仿真系统,通过预演未来作业,帮助码头在生产作业开始前对生产计划进行验证和评估。二是搭建智能集成管理平台,实现节能减排。某港口企业与中国联通合作,开展"5G智慧港口"项目建设,实现生产能效管控场景的应用。通过5G网络,将温感、电感、液压、烟感等传感器采集的数据实时回传到智能集成管理平台,实现船岸两端数十个设备、数百个能耗指标的实时管控。通过大数据分析对船舶动力系统进行节能评估,动态调整船舶的经济航速,实现削峰填谷、节能减排。三是实现智能化识别,提升工作效率。某港口企业与中国联通合作,开展"5G智慧港口、绿色港口"项目建设,实现厂区智能理货场景的应用。在集装箱码头全面覆盖5G+MEC专网,作业过程中抓拍高清视频,基于OCR、目标检测等人工智能技术,在装卸船、堆放等环节,对集装箱箱号、装卸提箱状态等信息进行自动化和智能化识别,提升了码头装卸作业效率和理货工作效率。

4. 纺织行业

纺织行业在增强科技创新能力、适应个性化消费趋势、产业绿色转型等方面存在迫切需求，发展工业互联网，打造安全管理、质量追溯和一体化运营等能力，实现竞争力的提升。一是进行生产现场监测，提升安全管理能力。某西服生产企业与中国联通合作，开展"5G+数字孪生"项目建设，实现生产单元模拟场景的应用。基于数字孪生技术，在地理信息、物理信息、运行逻辑上1:1虚拟还原了西服工厂，通过数采模块对缝纫机实时数据（如缝纫机的启停、速度、故障等）、AGV状态信息（位置、速度、配送物料等）以及巡检机器人的位置和检测结果等进行采集，利用5G网络上传至数字孪生系统。二是采集生产信息，完成产品质量追溯。某化纤生产企业与中国移动合作，开展"锦纶长丝5G+工业互联网平台"项目建设，实现生产过程溯源场景的应用。采集丝锭的生产批次、生产线别、纺位等生产信息和工艺参数实时状态、卷绕报告、断丝报告、报警信息等生产过程数据，通过5G网络实时传输至锦纶长丝5G+工业互联网平台。实现包括质量计划、过程控制、异常处理、管理决策和问题关闭等环节在内的质量闭环控制，完成产品质量追溯和销售窜货追踪等功能。三是打造产业平台，实时一体化运营。某化纤产业集团与中国移动合作，搭建化纤产业5G+工业互联网平台，实现企业协同合作场景的应用。平台集"主数据、实时数据、ERP、MES、WMS、大数据及商务智能、应用程序和标识解析"于一体，实现内外部互通互联。通过平台整合从市场、销售到生产物流全环节等资源，构建灵活组织能力，实现产品配送、自提一体化管理，采、产、销一体化分析和内外贸物流一体化运营，实时掌握化纤生产订单及质量数据。

5. 家电行业

家电行业存在提升生产效率、适应消费升级趋势、增强行业竞争力等迫切需求，通过发展工业互联网以实现提质增效。一是监控生产状态，实现资源协同。某厨房电器生产企业与中国移动合作，开展"5G无人工厂"项目建设，实现生产单元模拟场景的应用。通过5G工业网关实时上传海量生产数据、设备状态数据，实现对厂房内工艺流程和布局的数字化建模，利用5G网络实时呈现车间内生产线生产状态和AGV位置信息。当产量即将低于标准值或影响其他生产环节时，平台可自动定位异常设备，进行弹窗预警，实现资源协同。二是打造智能仓储，降低人工成本。某洗涤电器生产企业与中国联通合作，开展"5G+工业互联网"项目建设，实现精准动态作业场景的应用。本地化部署定位引擎，融合5G蜂窝、蓝牙到达角度（AoA）等多种定位方式，提供5G+蓝牙AoA融合定位能力，并对接生产系统。通过5G+蓝牙AoA融合定位赋能智能仓储，工厂缩短平均找货时间，降低仓库人工成本，提升装柜效率。三是实现交互式教学，缩短上岗时间。某家电产业集团与中国移动合作，开展"5G全连接园区"项目建设，实现虚拟现场服务场景的应用。基于算法上云架构，通过5G网络实现VR内容的云端存储。根据使用需求下载对应的VR内容用于现场教学，真实地还原了家电装配的细节，通过文字、图片、声音、视频、3D模型等方式引导交互式培训，帮助培训人员迅速掌握技术要领，降低了部署成本，解决了新员工培训上岗时间周期长的问题。

第四节　网络强国战略

2014年2月，习近平总书记在中央网络安全和信息化领导小组第一次会议上指出，网络安全和信息化是事关国家安全和国家发展、事关广大人民群众工作生活的重大战略问题，要从国际国内大势出发，总体布局，统筹各方，创新发展，努力把我国建设成为网络强国。

一、什么是网络强国

网络强国是指互联网时代的强大国家。作为网络强国，要有强大的网络基础设施、强大的网络核心技术、强大的网络人才队伍、强大的网络技术应用、强大的网络军事力量。在互联网时代，中国要实现大国崛起，必须建设网络强国。

习近平总书记在中央网络安全和信息化领导小组第一次会议上强调，建设网络强国，要有自己的技术，有过硬的技术；要有丰富全面的信息服务，繁荣发展的网络文化；要有良好的信息基础设施，形成实力雄厚的信息经济；要有高素质的网络安全和信息化人才队伍；要积极开展双边、多边的互联网国际交流合作。建设网络强国的战略部署要与"两个一百年"奋斗目标同步推进，向着网络基础设施基本普及、自主创新能力显著增强、信息经济全面发展、网络安全保障有力的目标不断前进。

1. 信息技术

网络信息技术是全球研发投入最集中、创新最活跃、应用最广泛、辐射带动作用最大的技术创新领域，是全球技术创新的竞争高地。

2016年4月19日，习近平总书记在网络安全和信息化工作座谈会上指出，同建设网络强国战略目标相比，最大的差距在核心技术上。互联网核心技术是我们最大的"命门"，核心技术受制于人是我们最大的隐患。一个互联网企业即便规模再大、市值再高，如果核心元器件严重依赖外国，供应链的"命门"掌握在别人手里，那就好比在别人的墙基上砌房子，再大再漂亮也可能经不起风雨，甚至会不堪一击。我们要掌握我国互联网发展主动权，保障互联网安全、国家安全，就必须突破核心技术这个难题，争取在某些领域、某些方面实现"弯道超车"。

核心技术要取得突破，就要有决心、恒心、重心。有决心，就是要树立顽强拼搏、刻苦攻关的志气，坚定不移实施创新驱动发展战略，把更多人力物力财力投向核心技术研发，集合精锐力量，作出战略性安排。有恒心，就是要制定信息领域核心技术设备发展战略纲要，制定路线图、时间表、任务书，明确近期、中期、远期目标，遵循技术规律，分梯次、分门类、分阶段推进，咬定青山不放松。有重心，就是要立足我国国情，面向世界科技前沿，面向国家重大需求，面向国民经济主战场，紧紧围绕攀登战略制高点，强化重要领域和关键环节任务部署，把方向搞清楚，把重点搞清楚。

2016年10月9日，习近平总书记在主持中央政治局第36次集体学习时强调，要紧紧牵住核心技术自主创新这个"牛鼻子"，抓紧突破网络发展的前沿技术和具有国际竞争力的关键核心技术，加快推进国产自主可控替代计划，构建安全可控的信息技术体系。要改革科技研发投入产出机制和科研成果转化机制，实施网络信息领域核心技术设备攻坚战略，推动高性能计算、移动通信、量子通信、核心芯片、操作系统等研发和应用取得重大突破。

2. 信息应用

世界经济加速向以网络信息技术产业为重要内容的经济活动转变。我们要把握这一历史契机，以信息化培育新动能，用新动能推动新发展。要发展数字经济，加快推动数字产业化，依靠信息技术创新驱动，不断催生新产业新业态新模式，用新动能推动新发展。要推动产业数字化，利用互联网新技术新应用对传统产业进行全方位、全角度、全链条的改造，提高全要素生产率，释放数字对经济发展的放大、叠加、倍增作用。要推动互联网、大数据、人工智能和实体经济深度融合，加快制造业、农业、服务业的数字化、网络化、智能化。

要深刻认识互联网在国家管理和社会治理中的作用，以推行电子政务、建设新型智慧城市等为抓手，以数据集中和共享为途径，建设全国一体化的国家大数据中心，推进技术融合、业务融合、数据融合，实现跨层级、跨地域、跨系统、跨部门、跨业务的协同管理和服务。要强化互联网思维，利用互联网扁平化、交互式、快捷性优势，推进政府决策科学化、社会治理精准化、公共服务高效化，用信息化手段更好感知社会态势、畅通沟通渠道、辅助决策施政。

3. 人才队伍

网络空间的竞争，归根结底是人才竞争。建设网络强国，要把人才资源汇聚起来，建设一支政治强、业务精、作风好的强大队伍。培养网信人才，要下大功夫、下大本钱，请优秀的老师，编优秀的教材，招优秀的学生，建一流的网络空间安全学院。

习近平总书记在网络安全和信息化工作座谈会上强调，对待特殊人才要有特殊政策，不要求全责备，不要论资排辈，不要都用一把尺子衡量。要采取特殊政策，建立适应网信特点的人事制度、薪酬制度，把优秀人才凝聚到技术部门、研究部门、管理部门中来。要建立适应网信特点的人才评价机制，以实际能力为衡量标准，不唯学历，不唯论文，不唯资历，突出专业性、创新性、实用性。要建立灵活的人才激励机制，让作出贡献的人才有成就感、获得感。要探索网信领域科研成果、知识产权归属、利益分配机制，在人才入股、技术入股以及税收方面制定专门政策。在人才流动上要打破体制界限，让人才能够在政府、企业、智库间实现有序顺畅流动。

二、网络强国建设成效

党的十八大以来，以习近平同志为核心的党中央主动顺应信息革命发展潮流，高度重视、统筹推进网信工作，推动网信事业取得历史性成就，发生历史性变革。习近平总书记举旗定向、掌舵领航，提出一系列具有开创性意义的新理念、新思想、新战略，形成了内涵丰富、科学系统的关于网络强国的重要思想。在这一重要思想的指引下，我国正从网络大国向网络强国阔步迈进。主要体现在以下十个方面。

1. 党对网信工作的集中统一领导有力加强

以习近平同志为核心的党中央把党管互联网作为重要政治原则，改革和完善互联网管理领导体制机制，成立中央网络安全和信息化委员会。全国各省级、地市级党委都成立了网信委，网络三级工作体系基本建立。出台了《关于加强网络安全和信息化工作的意见》、"十四五"网信规划等，压实网络意识形态工作责任制，网络安全工作责任制，推动党管互联网落到实处。

2. 网络空间主旋律和正能量更加高昂

大力推动党的创新理论深入人心和网上正能量内容建设。精心做好网上重大主题宣传，加强和改进网络国际传播工作。每年100多项主题宣传亮点纷呈，举办中国正能量、"五个一百"网络精品征集评选展播活动，让正能量产生大流量，让好声音成为最强音。完善网上风险防范机制，有力维护网络意识形态安全和政治安全。

3. 网络综合治理体系日益完善

中央网信办出台了《关于加快建立网络综合治理体系的意见》，推动网络治理由事后管理向过程治理，多头管理向协同治理转变。"清朗"系列专项行动开展以来，针对"追星"乱象、互联网账户乱象、网络暴力等突出问题开展了30多项专项整治，清理违法和不良信息200多亿条，账号近14亿个。出台《关于加强网络文明建设的意见》，创办中国网络文明大会，实施争做中国好网民工程，加强网络诚信建设，营造清朗网络空间。

4. 网络基础设施建设步伐加快

我国网民规模、国家顶级域名注册量均为全球第一。互联网发展水平居全球第二。2012—2021年，我国网民规模从5.64亿增长到10.32亿，互联网普及率从42.1%提升到73%。建成全球规模最大的5G网络和光纤宽带，5G基站数达到185.4万个，5G移动电话用户超过 4.55 亿户。所有地级市全面建成光网城市，行政村、脱贫村通宽带率达到了 100%。IPv6 规模部署成效显著，拥有地址数量居世界第二。我国新一代信息基础设施正朝着高速泛在、天地一体、云网融合、智能便捷、绿色低碳、安全可控的方向加速演进。

5. 数字经济发展势头强劲

我国数字经济规模连续多年稳居世界第二，从 2012 年的 11 万亿元增长到 2021 年的 45.5 万亿元，占 GDP 比重由 21.6% 提升到 39.8%，电商交易额、移动支付交易规模全球第一，数字产业化基础更加坚实，产业数字化步伐持续加快。成功举办五届数字中国建设峰会。

6. 信息领域核心技术自主创新取得突破

高性能计算保持优势，5G 实现技术、产业、应用全面领先，北斗导航卫星全球组网。芯片自主研发能力稳步提高，国产操作系统性能大幅提升，大数据、云计算、人工智能、区块链等研究取得积极进展。2021 年，我国 PCT 国际专利申请中网信领域的数量超过 3 万件，全球占比超过三分之一。

7. 信息惠民便民成效显著

信息化服务全面普及，"互联网+"教育、医疗等深入推进，数字抗疫成效显著，数字政府、数字乡村建设加快推进，全国一体化政务服务平台注册用户超过 10 亿人，"一网通办""异地可办"已成现实。

8. 网络安全保障体系和能力建设全面加强

建立健全网络安全防护体系，强化关键信息基础设施安全保护，加强数据安全管理和个人信息保护，网络安全审查有序开展，网络安全学科和人才建设深入推进。举办网络安全宣传周，坚持网络安全为人民、网络安全靠人民，全社会网络安全防护意识和技能明显提高。

9. 网络空间法治化进程加快推进

我国制定了《网络安全法》《数据安全法》《个人信息保护法》等法律法规100多部。组建网络执法与监督局，持续加大网络执法力度，坚决查处各类违法违规案件。2022年上半年，累计依法约谈网站平台3491家，罚款处罚283家，暂停功能或更新419家，下架移动应用程序177款，会同电信主管部门取消违法网站许可或备案、关闭违法网站12292家。

10. 网络空间国际合作深化拓展

自2014年以来，我国每年举办世界互联网大会，并于2022年7月成立世界互联网大会国际组织，推出携手构建网络空间命运共同体概念文件和行动倡议等，习近平总书记提出的治网理念和主张日益成为国际共识。

第三章 加快建设数字中国

  数字中国是指通过推进国家信息化建设，建成数字化的中国。数字中国包括数字基建、数字党建、数字政府、数字经济、数字社会和数字生态六大方面。习近平同志在担任福建省长时提出建设"数字福建"，在担任浙江省委书记时又提出建设"数字浙江"。在党的十八大之后，习近平总书记提出建设"数字中国"。

第一节　数字福建

> 要坚持系统观念，找准在服务和融入构建新发展格局中的定位，优化提升产业结构，加快推动数字产业化、产业数字化。
> ——2021年3月25日，习近平总书记在听取福建省委省政府工作汇报后的讲话

福建是习近平总书记关于网络强国重要思想的孕育地，"数字福建"是"数字中国"的实践起点。早在2000年，时任福建省省长习近平就着眼于抢占信息化战略制高点，增创福建发展新优势，提出建设"数字福建"，开启了福建全面推进信息化建设的序幕。

一、"数字福建"建设主要经验

2000年10月12日，习近平对数字福建项目建议书的批示指出，建设"数字福建"意义重大，省政府应全力支持。实施科教兴省战略，必须抢占科技制高点。建设"数字福建"，就是当今世界最重要的科技制高点之一。建设"数字福建"不是可望不可及的事情，我省在这方面有较好的人才和经济基础，经过努力是可以实现的。要选准抓住这个科技制高点，集中力量，奋力攻克。

2000年10月28日，习近平在"数字福建"建设方案专家论证会上指出，建设"数字福建"，是福建实施以信息化带动工业化发展战略的一个实际行动和重大举措。

2000年12月23日，习近平在福建省政府专题会议上指出，"建设数字"福建，攻占信息化的战略制高点，可以统揽我省信息化全局，

发挥后发优势，实现社会生产力的跨越式发展，意义十分重大。在实现"数字福建"的建设目标中，要总体规划，统筹安排，密切协作，形成合力，集中有限力量，整合配置资源，突出重点，分期实施，努力形成自己的特色，促进我省信息化建设的跨越式发展。

2001年3月23日，习近平在"数字福建"建设领导小组成员会议上强调，实现"数字福建"的建设目标，要在搞好规划的基础上，以信息资源的网络化为主体，在加强信息基础设施建设的同时，突出信息技术的创新应用和信息资源的整合与利用。

2001年6月28日，习近平在福建省国税局调研时指出，21世纪，我们提出了一个重要任务，就是建设"数字福建"，也就是福建的信息化。税务系统的信息化，是"数字福建"的重要组成部分。金税工程下一步在深度、广度上要进一步配套完善，无论在堵塞漏洞防止偷税，还是在电子政务上，包括下一步加强税收征管，都有一个革命性、根本性的变化。

2001年10月18日，习近平在省邮电系统座谈会上指出，邮电业是国民经济和社会信息化的"先行官"，随着知识经济时代的到来，邮电通信业的发展面临着前所未有的机遇，我省要抓住这个机遇，推动邮电业更大发展。电信部门还要抓住建设"数字福建"这一契机，在推进国民经济和社会信息化的进程中大显身手，做好服务。

2002年1月16日，习近平在全省政务信息网开通仪式上指出，电子政务是企业信息化和社会生活全面电子化的基础和关键动力。没有政务信息化，就没有全面的企业信息化；没有电子政务，就没有真正的电子商务。政务信息化是政务活动和信息技术的结合，它的发展不单单是一个技术问题,而是涉及政务部门的工作程序、组织结构、人事制度等方面的调整和协调,所面向的对象是不同的行业、系统和地区以及各社会团体、个人。政务信息化是政府效能建设的重要内容,要与政府职能转变相结合,提高办事效率和管理水平,促进政务公开和廉政建设。各地各部门的领导干部,必须加紧学习网络化知识,要着眼于应用,积极组织各自的信息上网,传达最新信息,提高信息的质量,开展信息服务和互动沟通,提升政府工作效率。

2002年5月17日,习近平在《福建日报》发表《缩小数字鸿沟,服务经济建设》的署名文章,强调在现阶段和今后一个时期,我省信息化建设要继续围绕"数字福建"抓好三个重点:抓好信息化基础设施建设;以应用为重点推进信息化;抓好信息产品的科研生产,集中力量抓住关系国家安全和对产业发展具有重大影响的核心技术,加大研究开发力度,推进产业发展。帮助山区致富,必须缩小山区与沿海地区在获取信息方面的差异。要解决这一问题,就要加快电信普遍服务的进程,努力创造条件为山区提供更多的有价值的信息。各电信企业都应当为普及农村电信服务承担义务,政府相关部门应加大政策和资金扶持力度,确保"村村通"工程顺利进行。今后,还要适时地开发新的电信业务,提高农村通信的层次,为农村经济建设铺设信息公路,以实际行动服务农村经济建设。要以应用为重点推进信息化,抓好全社会信息资源的开发、集成和利用。加快建立和完善各部门各行业的信息系统,鼓励发展各类公共数据库,依托网络,实现社会资源最大共享。要利用政府公共信息网络平台开展各种信息化应用,积极推进电子政务的发展,并以企业上网、家庭上网工程为载体,全面推进各个领域的信息化进程。

习近平同志在福建工作期间关于"数字福建"建设的实践探索，为各级领导干部如何在新时代推进信息化建设提供了重要的方法论。

1. 在认识上，顺应世界潮流，坚持问题导向，重视干部培训

（1）顺应世界潮流

"数字福建"建设顺应了信息技术革命的时代潮流。20世纪90年代，随着计算机、互联网以及遥感、地理信息系统（GIS）、卫星导航系统等空间信息技术的发展和应用，人类逐渐从工业社会进入信息社会。1998年1月31日，美国副总统戈尔在加利福尼亚科学中心做了题为"数字地球：在21世纪认识我们的行星"（The Digital Earth: Understanding Our Planet in The 21st Century）的演讲，提出了"数字地球"这个概念。"数字地球"是指可以嵌入海量地理数据的、多分辨率的、真实地球的三维表示。谷歌公司推出的谷歌地球（Google Earth）就是"数字地球"的原型系统。

图 3-1 谷歌地球

"数字地球"概念传到中国,引起了我国专家学者的关注。1998年11月,中科院地学部在北京香山饭店召开了有12位院士参加的数字地球座谈会。中科院专门成立了对地观测与数字地球科学中心。北京大学等单位的一批专家学者提出了"数字中国""数字城市"等概念。一些省市陆续提出建设"数字省份"和"数字城市",一些行业主管部门提出推进"数字行业"建设,如数字农业、数字林业等。

空间信息技术是"数字地球"的关键技术。王钦敏是空间信息技术专家,他在博士毕业后到日本工作,曾担任日本卫星影像与测绘株式会社地球信息系统部主任研究员。1999年他回国后到福州大学工作,相继担任地球信息科学与技术研究所所长、校长助理、科研处处长、副校长兼信息学院院长。2000年,福建省计委牵头编制《福建省国民经济和社会发展"十五"计划纲要》,福建省委省政府领导要求"十五"计划凸显当时方兴未艾的信息化内容。2000年8月,王钦敏受邀在福建省计委做了信息化专题讲座,提出了实施"数字福建"示范工程的设想。2000年9月,王钦敏撰写了《"数字福建"项目建议书》和《"数字福建"总体框架方案》,提交给福建省计委。

2000年10月12日,习近平在《"数字福建"项目建议书》上做了长篇批示,指出实施科教兴省战略,必须抢占科技制高点。建设"数字福建",就是当今世界最重要的科技制高点之一。要选准抓住这个科技制高点,集中力量,奋力攻克。

(2)坚持问题导向

坚持问题导向是马克思主义的鲜明特点。问题是创新的起点,也是创新的动力源。只有聆听时代的声音,回应时代的呼唤,认真研究解决重大而紧迫的问题，才能真正把握住历史脉络、找到发展规律，推动理论和实践创新。

行政效能高低影响人民群众对政府的满意度。"门难进、脸难看、事难办"是官僚主义作风的典型表现，是人民群众反映比较强烈的问题。习近平同志刚到福州担任市委书记时，福州整个城市经济实力还很弱，一些领导干部作风散漫，一些政府部门办事效率低下。习近平同志在机关工作作风方面进行了大量调研，掌握了第一手资料，了解了真实情况，提出"马上就办、真抓实干"。2000年，在习近平同志的倡导和推动下，福建省在全国率先开展机关效能建设，在全省县级以上政府及其部门开展绩效考评。

"数字福建"建设的重要目标之一，就是通过信息化建设改变"门难进、脸难看、事难办"局面，提高行政效能。2002年1月16日，习近平同志在全省政务信息网开通仪式上指出，政务信息化是政府效能建设的重要内容，要与政府职能转变相结合，提高办事效率和管理水平，促进政务公开和廉政建设。

（3）重视干部培训

领导干部是推进信息化建设的中坚力量。在数字化时代，领导干部要掌握信息化基础知识和基本技能，提高数字素养，强化信息化思维。针对全省公务员开展信息化培训，为"数字福建"建设奠定了人才基础。

习近平同志在2000年就提出建设"数字福建"是非常超前的，当时福建不少领导干部连什么是"数字福建"都搞不清楚，更不知道如何建设"数字福建"。2001年，在福建省政府第一次全体会议上，习近平同志十分严肃地指出：我们提出"数字福建"工程，指的是建设信息化的福建,有的同志竟以为又要搞"数字出干部"了。他批评了干部队伍中存在的"科盲"现象,并告诫在座的各地各部门领导干部,应多思、多学、多干。

为了推进"数字福建"建设,习近平同志不仅亲自解释"数字福建",并且在不同场合多次要求领导干部学习信息化知识,善于运用信息化提升工作效率。2000年12月,习近平同志在福建省政府专题会议上指出,"数字福建"是以福建省为对象的数字化、网络化、可视化和智能化的信息集成及应用系统,它将全省各部门、各行业、各领域的信息通过数字化和计算机处理,最大程度地集成和利用各类信息资源,快速、完整、便捷地提供各种信息服务,实现国民经济和社会信息化。2001年3月,习近平同志在"数字福建"建设领导小组成员会议上强调,公务员队伍要加强信息化扫盲工作,把信息化普及培训与公务员队伍达标考核相结合,提高公务员信息化知识水平。

2002年1月,习近平同志在全省政务信息网开通仪式上强调,各地各部门的领导干部,必须加紧学习网络化知识,要着眼于应用,积极组织各自的信息上网,传达最新信息,提高信息的质量,开展信息服务和互动沟通,提升政府工作效率。

2. 在实践上,加强组织管理,注重信息共享,狠抓项目落实

(1)加强组织管理

信息化建设可谓"三分技术、七分管理"。信息化建设涉及方方面面,必须加强组织管理,统筹推进。

"数字福建"建设的成功秘诀之一,就是领导重视。2000年10月,时任福建省长习近平对《"数字福建"项目建议书》作了长篇批示。后来,福建省政府成立了"数字福建"建设领导小组,习近平同志亲自担任组长,3位副省长担任副组长,成员包括18位省直厅局主要负责人。"数字福建"建设领导小组办公室(简称"省数字办")挂靠在省计委,办公室主任由副省长兼任,规格很高。

"数字福建"是省委省政府的决策部署。2000年10月,中共福建省委六届十二次全会决议提出加快开发利用全省信息技术和资源,建设以实现国民经济和社会信息化为目标,以信息资源数字化、网络化和信息共享为主要内容的"数字福建"。2001年2月,在福建省九届人大常委会第四次会议上,"数字福建"被写入习近平同志所作的政府工作报告。《福建省国民经济和社会发展"十五"计划纲要》把"数字福建"列为重点建设项目。

"数字福建"建设实行归口管理。许多地方信息化方面存在重复投资、重复建设,其中一个原因就是部门各自为政,信息化建设项目没有归口管理。2001年3月召开的"数字福建"建设领导小组成员会议规定,政府部门信息化建设项目,必须先报省数字办统筹、审核,再提请"数字福建"建设领导小组审定。

(2)注重信息共享

如果各个政府部门在信息化建设过程各自为政,数据标准、接口标准等标准规范不一样,政务信息系统就无法兼容,难以互联互通,形成一个个"信息孤岛",就会带来"信息不对称"等很多问题,影响信息化效益的发挥。

习近平同志具有系统思维,高度重视信息共享。当时福建省大部分厅局已建成内部局域网,办公初步实现自动化,但信息资源数字化和共享程度低。根据王钦敏回忆，当时习近平同志问他："你要做什么？"王钦敏反问道："你需要我做什么？"习近平同志说："我要一点击鼠标，就能看到全省的数据。"

福建在全国率先制定信息共享政策。2001年3月召开"数字福建"建设领导小组成员会议审议通过了"131"计划，其中第二"1"是指一项政策，即福建省信息共享政策。习近平同志指出，信息资源共享政策是"数字福建"建设的重要保障，要对全省信息资源进行普查，提出信息资源的开发、整合、利用方案，并在全国已有的基础上，根据省情，制定出相关标准。

习近平同志亲自督促政府信息共享。2002年1月，习近平同志在"数字福建"骨干工程建成暨全省政务信息网开通仪式上，要求省直各部门单位务必在2002年5月以前建成本部门的局域网，确保2002年上半年全省政务信息网联通所有的省直单位，各设区市、县（区）也要在2002年内建好本地的联通所有市、县（区）直单位的横向网，并实现与全省政务信息网的联通。

（3）狠抓项目落实

信息化建设不是一句空洞的口号，而是要落到实实在在的工程项目上。习近平同志在推进"数字福建"建设过程中，狠抓项目落实。"数字福建"建设之初，就相继实施"131"计划和"339"工程。

2001年3月，"数字福建"建设领导小组审议通过了对"数字福建"建设影响深远的"131"计划，其中"3"是指三个工程，即福建省公用信息平台、福建政务信息网络工程、福建空间信息工程研究中心。福建省公用信息平台是面向社会服务的公共信息基础设施，福建政务信息网络工程是推进数字政府的基础设施，福建空间信息工程研究中心是"数字福建"建设的技术支撑和人才培养基地、政产学研用结合开放实验室。习近平同志要求将这三个工程纳入当年福建省重点建设项目计划进行管理，充分论证建设方案，做到目标明确、任务到位、责任到人。

2002年6月，习近平同志主持召开"数字福建"建设领导小组全体会议，审议通过了"339"工程，即三个基础工程、三个示范工程和九个应用信息系统。其中三个基础工程包括省级政府公众信息服务平台(即"政务外网")、省网络安全监控中心、分布式基础数据库，三个示范工程包括电子商务示范工程、信息技术改造传统产业示范工程、电子公文传输系统示范工程，九个应用信息系统包括环境生态监测、国土资源、海洋生态、公安信息管理、储备粮油信息管理、国民经济动员信息管理、国民经济与社会信息管理、文化信息管理、计划生育信息管理等九个应用信息系统。

3. 在方法和工具上，坚持调查研究，强化顶层设计，发挥智囊作用

（1）坚持调查研究

调查研究是对客观实际情况的调查了解和分析研究，目的是把事情的真相和全貌调查清楚，把问题的本质和规律把握准确，把解决问题的思路和对策研究透彻。1930年5月，毛泽东在《反对本本主义》一文中提出"没有调查就没有发言权"。

开展调查研究是科学决策的基础性工作。信息化建设进展如何、成效怎么样、问题在哪里，都需要通过调研才能了解。"数字福建"建设启动之后，习近平同志多次深入部门、深入基层，了解"数字福建"

建设情况，指导"数字福建"建设工作。

习近平同志调研工作做得很细。2001年6月28日，他参加完福建省国税局金税工程开通仪式后，又前往福建省地税局了解地税系统信息化建设情况，听取全省地税征管信息系统建设情况汇报，并观看了演示。习近平同志不但认真听取了金税工程汇报，还详细了解业务操作过程，问得很细。原来只安排个把小时，结果整整看了一上午。2002年1月16日，习近平同志考察了福州市鼓楼区湖前小区信息化建设情况。有关部门原先没有安排习近平同志实地察看社区信息化，但他指定要深入小区去看信息化建设的实际成效。在湖前小区，习近平同志非常认真地看一个老人如何上网，问老人"上网快不快"。他还仔细了解如何远程抄电表，问小区居民远程抄表"是否精准"。

电信部门是信息化建设的重要支撑力量。2001年10月18日，习近平同志率省直有关部门负责人到邮电系统调研，要求电信部门抓住建设"数字福建"这一契机，在推进国民经济和社会信息化的进程中大显身手。

此外，习近平同志还调研了福建省空间信息工程研究中心、福建省网络交互中心、福建省政务信息网络主机房等。

（2）强化顶层设计

"数字福建"建设始终坚持"总体规划，分期实施，突出重点"。2000年12月23日，习近平同志主持召开福建省政府"数字福建"建设专题会议，要求在实现"数字福建"的建设目标中，总体规划，统筹安排，密切协作，形成合力。这次会议研究了"数字福建"建设工作方案，明确了"数字福建"的概念和内涵、近期和远期建设目标。

2001年3月,"数字福建"建设领导小组成员会议审议通过了"131"计划,其中第一个"1"是指一个规划,即"数字福建""十五"建设规划。2002年1月,福建省政府印发了《数字福建"十五"建设规划》,提出"十五"期间"数字福建"建设的指导思想、发展战略、发展目标、主要任务和保障措施,明确了政府主导方向与工作重点,确定了重点建设项目。

"十五"期间"数字福建"建设的主要任务是完善信息网络基础设施,强化信息资源的开发利用,建设开发各类信息应用系统,初步建立"数字福建"技术开发体系,加快软件业的发展,加强信息终端产品的研究和开发,加快信息技术在各行业的应用,提高信息网络的安全监控与安全保障能力,加强"数字福建"软环境建设。

"十五"期间"数字福建"建设的政府主导方向与工作重点包括统筹骨干传送网络建设,加强信息资源整合、开发和建设,组织开展"数字福建"关键技术攻关,保障信息安全,规范市场秩序,组织示范工程建设。

之后,福建省历届政府都把"数字福建"列为五年专项规划,相继制定了《福建省"十一五"数字福建专项规划》《福建省"十二五"数字福建专项规划》《福建省"十三五"数字福建专项规划》《福建省"十四五"数字福建专项规划》。发挥规划引领作用,持续推进"数字福建"建设。

(3)发挥智囊作用

专家学者对于政府科学决策具有重要作用,特别是对于一些专业领域。信息化建设具有比较强的专业性,涉及许多前沿领域知识。目前许多领导干部不是计算机相关专业毕业的，缺少信息化专业知识。由于领导干部时间、精力有限，不可能像专家学者那样去深入研究信息化。这就需要借助"外脑"，发挥专家学者的智囊作用，听取他们对信息化建设的意见和建议。

习近平同志充分发挥专家学者在"数字福建"建设中的重要作用，听专业的人说专业的事。2000年10月，习近平在《"数字福建"项目建议书》批示中提出要抓紧做好人才准备，在注意充分依靠省内专家的同时，善借外力，聘请和引进省外和国外的知名专家来闽，共谋建设"数字福建"的大事。

2000年12月，习近平同志主持召开福建省政府专题会议，决定成立"数字福建"专家委员会，由王钦敏担任主任；成立"数字福建"顾问委员会，由中科院院士童庆禧等多位专家学者组成。

2001年4月17日，习近平同志主持召开省政府专题会议，会议明确"数字福建"建设领导小组办公室研究确定上报的重大建设项目，必须经过专家委员会认真审议，形成的项目上报材料或项目建设安排意见，应由"数字福建"专家委员会主任审签。

2001年11月23日，习近平同志主持召开"数字福建"建设领导小组全体会议，亲自向在闽的"数字福建"专家委员会和"数字福建"顾问委员会17位专家学者颁发聘书。

后来，许多省市在信息化建设过程中都学习福建经验，成立信息化专家咨询委员会，让专家学者对信息化建设工作献计献策。

4. 在能力建设上，强调敢于担当作为、勇于开拓创新、持续学习提升

（1）敢于担当

信息化是"一把手工程"。信息化建设往往会打破现有利益格局，触及一部分人的利益，遭到他们的抵制。在信息化建设过程中，需要领导干部特别是"一把手"敢于担当作为，强力推动。

现在人们对信息共享已经达成共识，但在20多年前，人们对信息共享很难接受、很难理解，政府部门各自为政，把数据资源掌握在自己手里，不愿意和其他单位共享。对于信息系统互联互通，不用说行外，业内都有各种不同的反对声音。

在习近平同志的强力推动下，福建省政务信息网建成开通，联通了180个省直单位、9个设区市、84个县（区、市），实现了省、地市、区县三级政府信息共享。

（2）勇于开拓创新

信息化是个新事物，信息化建设需要不断地探索，推进信息技术创新应用。2001年3月23日，习近平同志在"数字福建"建设领导小组成员会议上强调，实现"数字福建"的建设目标，要在搞好规划的基础上，以信息资源的网络化为主体，在加强信息基础设施建设的同时，突出信息技术的创新应用和信息资源的整合与利用。

在习近平同志的领导下，福建在全国率先全面推进信息化建设，以信息化创新经济调节、市场监管、社会治理和公共服务模式，在政务外网、数字社区等许多领域都走在全国前列。

（3）持续学习提升

信息技术日新月异，领导干部必须不断学习，更新知识结构，否则就跟不上时代的步伐。

习近平同志在推动"数字福建"建设过程中，非常重视学习。例如，2001年3月22日晚上，福建省政府学习中心组召开扩大会议，邀请王钦敏作"信息化与数字福建"报告，带头学习信息化知识。

习近平同志还虚心向有关专家学者学习，听取他们对"数字福建"的意见和建议。例如，2000年10月28日，"数字福建"建设方案专家论证会在福州召开，习近平同志会见专家并与他们亲切座谈。

二、"数字福建"建设重大成就

党的十八大以来，"数字福建"建设取得显著成效，信息化水平保持全国前列，为"数字中国"建设贡献了大量福建经验、福建案例、福建技术和福建产品，为全方位推进高质量发展超越提供了有力支撑。

1. 数字基建加速夯实

"数字福建"建设坚持基础先行，夯实发展根基，着力构建高速、安全、泛在的新一代信息基础设施。

（1）电信普遍服务助力数字农村建设

2015年12月至2018年底，福建连续实施了三批电信普遍服务试点建设。项目累计投入资金超10亿元，对全省5612个行政村开展光纤到村建设和升级改造，实现全省所有行政村光纤通达和4G网络覆盖。三批试点共新增光纤到户覆盖家庭86.7万户、人口302万人、公益机构近9550个，试点地区宽带平均接入速率达到75M，居全国前列。与此同时,电信运营商加大提速降费力度,让利最大幅度近50%,每户每年最大优惠额度超500元,让宽带网络"用得上、用得起、用得好"。目前,全省县级以上区域(含重点乡镇)实现5G覆盖。

(2)福州成为国家级互联网枢纽

自2017年6月底福州国家级互联网骨干直联点建成开通以来,福建省内互联网网间平均时延由原来的50毫秒左右降低至10毫秒左右,降幅达80%,丢包率接近零;出省互联网网间平均时延由原来的100毫秒左右下降至40毫秒左右,降幅超60%,丢包率由原来的1%左右下降至0.3%左右。直联点监测系统不仅解决了日常监管需求,还为大规模网络攻击发现提供了技术手段。福州国家级互联网骨干直联点建成后,开通带宽已由建成时双向180G提升至双向660G,吸引大型互联网企业和电信运营商纷纷将数据中心转移至福建。此外,还开通了海峡两岸直通光缆。目前,全省IPv6活跃用户数超过4200万户。

(3)建成一批国家级大数据中心

2018年4月,福建省政府与国家航天局联合印发了《卫星应用助力数字福建创新发展总体方案》,提出建设海丝卫星数据服务中心。海丝卫星数据服务中心分两期实施。2018—2020年底完成项目一期,建设虚拟卫星接收站、卫星遥感数据处理与智能解译平台、北斗卫星数据分中心;2020—2021年底完成项目二期,建设遥感卫星地站(4套天线)、遥感卫星数据处理中心和北斗卫星数据分中心升级、卫星通信地面应用基础设施等。

(4)云计算为数字福建提供强大算力

数字福建云计算中心(商务云)按照国际T4等级标准设计建设,

于 2017 年 4 月正式投入运营。商务云面向各级政府和企事业单位提供数据存储、处理、交换、灾备、管理、系统测试、容灾恢复以及 IT 运维、咨询、培训和技术支持等专业服务，并延伸提供云计算公共服务平台、物联网应用支撑平台及相应解决方案服务。

此外，建成 NB-IoT 基站 3.6 万个，全省物联网连接数突破 3500 万户。空间信息设施建设加快推进，传统基础设施数字化改造深入实施。

2．数字党建领先全国

（1）福建率先建成数字党建平台

2015 年 7 月，福建省委组织部启动了福建省党员教育管理综合服务平台（"党员 e 家"平台）建设。2015 年 10 月，"党员 e 家"平台正式开通，网站和手机 APP 同步上线。

"党员 e 家"是全国首个集党员教育、管理、服务于一体的省级综合性党建信息化平台。平台具备记忆性学习功能，让党员可以自主地利用碎片化时间进行在线学习。系统自动统计学时、组织随堂测试，促进党员真学实学。平台建立了与实体支部相应的网上党组织，推动线上线下同步开展党员管理，实现党员组织关系的在线接转，有效破解流动党员管理落实难、活动参与难等问题。可以对党组织和党员的数据进行汇总分析，为领导精准研判、科学决策提供有力参考。围绕基层党员创业就业、党内关爱帮扶和党员咨询服务，平台整合"e 家招聘""微心愿"等模块，为党员提供"一站式"服务。

近年来，"党员 e 家"平台日臻完善，成为传播党的声音的重要阵地、教育管理党员的有效载体、服务凝聚党员和群众的精神家园。

此外，福建省委组织部还开通了"省直党费 e 家"小程序，党员

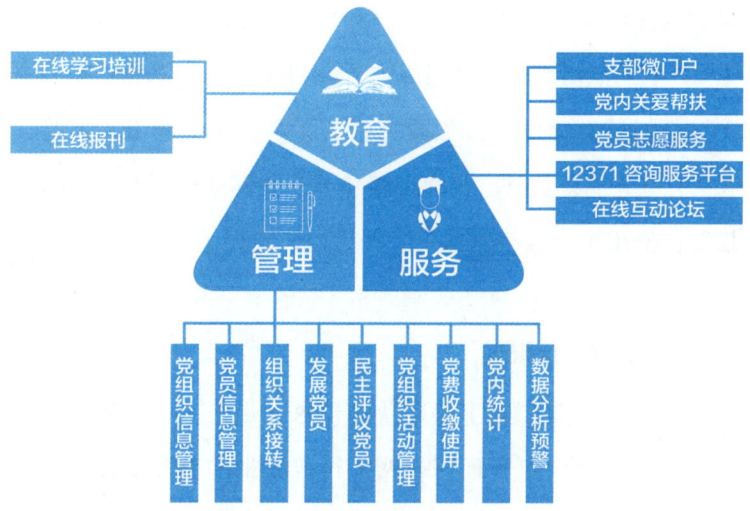

图 3-2 "党员 e 家"平台的 3 条业务线和 16 个子系统

可以线上交党费,解决了以往由于出差等原因无法及时交党费的问题。福建省直机关工委建立了"智慧党建"综合应用平台,促进了党建服务便捷化、党建管理智能化、党建工作规范化、党建管理精细化、党建工作联合化。

(2)福州数字党建在全国名列前茅

近年来,福州市深入学习贯彻习近平新时代中国特色社会主义思想,按照新时代党的建设总要求,福州市深入实施"红色领航工程",全力打造党建创新标杆,推出了"数字党建体验舱""党建超市""支部通"等数字党建创新产品,培育了一批"数字党建"示范点,"数字党建"红色版图不断扩展,走出了一条具有福州特色的数字党建发展之路。目前,数字党建已经成为"数字福州"一张亮丽的名片。

福州率先在全国成立数字党建学院,累计举办专题培训班、党日活动等 400 多个班次,服务党员超过 4 万名。2019 年以来,每年举办数字党建高峰论坛。在 2020 年数字党建高峰论坛上，进行了"数字党建小镇"、中共福州市互联网组织委员会和福州市"党建云盟"的授牌，发布了《新时代数字党建发展研究报告》和数字党建五大产品，"党建云仓"开仓运行。此外，福州还组建了互联网党建联盟，开办了"海峡论坛"，推出了"数字党建"工作平台，建设了"互联网+"党建示范带。

3．数字政府加快推进

提高行政效能是"数字福建"的特色亮点之一。政务信息网是数字政府的基础设施，电子证照是网上行政审批的重要凭证。通过全省政务信息网建设，实现了全省政府部门联网办公，提高了行政效能。通过电子证照库建设，提高了行政审批效率，优化了营商环境。

（1）全省政务网络体系通畅

福建省政务信息网、福建省电子政务外网以及数字福建无线政务专网是数字福建统一规划、建设与管理的三张非涉密专网。

福建政务信息网是数字福建"131"计划的三大工程之一，该信息网是国内较早提出并实现了应用千兆以太网技术组建的省级政务网络，在网络规划、网络应用和网络安全的研究与工程实践中均有所创新，达到国内同类技术的领先水平。通过一次开发、普遍应用、整体提升，全省政务信息网解决了政府部门不断增长的信息化建设需求和财政资金不足的矛盾。这样省直部门无需各自建一套网络，节约了财政资金近 7 亿元。

福建省电子政务外网是覆盖全省政务部门的业务专网，于 2009 年 12 月建成开通。福建省电子政务外网划分为公用网络区、专用网络区和互联网接入区三个功能域，分别提供政务外网互联互通业务、专用VPN业务和互联网业务。2009年开通运行至今，累计节约线路租金约2亿元，专网建设费用6000余万，共计近2.6亿元。

数字福建无线政务专网是福建省为各级政府部门移动政务应用统一规划建设的一张非涉密政务专网，已接入公安、税务、农业、政务等部门移动政务业务应用20多个，用户数超过6000个。

（2）政务数据资源广泛共享应用

全面建成省市两级政务数据汇聚共享平台，形成了"统一汇聚、按需共享"新模式。省汇聚共享平台汇集73个省级单位政务数据，面向全省各级政务部门提供数据批量交换服务，日均交换记录数2500多万条；累计发布了居民身份证、机动车、婚姻等250多个常用数据服务接口和50多个部门定制接口，日均在线提供查询/核验超过80万次。

（3）数字政务服务更加便利快捷

建成全省政务服务"一张网"，"一趟不用跑""最多跑一趟"事项占比超过90%，办件平均申报材料和平均耗时分别压缩至"十三五"同期水平的1/4和1/10。全省一体化掌上服务平台"闽政通APP"基本实现高频便民事项"马上办、掌上办"，实名注册用户覆盖全省常住人口超过87%，累计服务超5亿人次，位居省级政务APP第一梯队。福建省政府门户网站绩效水平位居全国第二，数字政府服务能力评估位列优秀档次，政务服务由"一网通办"迈入"一网好办"新阶段。

长期以来，政务工作中存在大量纸质材料使用和流转，既浪费纸张资源，也不方便群众办事。福建于2009年在国内率先提出"电子证照"概念和"四多四少"的政务办事新模式，即多用电子证照，少用纸质材料；

多走网路、少走马路;多通过内部共享获取信息,少要求群众重复提交材料;多机器验证,少人工核对。

2010年,福建省数字办启动电子证照方案研究,起草了《电子证照技术指南》。2011年,启动电子证照一期工程建设,建设省级电子证照共享服务平台。2012年,选定省国土资源厅、省住建厅、省环保厅、省发改委和南平市开展电子证照工作试点。2013年,启动电子证照二期工程建设,在设区市建设电子证照共享服务平台。2014年,开展涉企电子证照转换生成,在行政审批中推广应用电子证照。2015年,启动电子证照三期工程建设,推动个人电子证照生成应用。2016年,将电子证照列入省委省政府"三比一看"活动的比服务重要内容,提出"十个凡是"的应用要求,在省直部门和设区市全面推广电子证照应用。2017年,制定了《福建省促进电子证照应用管理暂行办法》,规范电子证照生成、管理、变更、注销、归档、共享和服务全流程。2018年,推出全省"不再重复提交证照"清单,规定凡列入清单的证照,企业和公众办事过程中可免于提交纸质证照作为核验材料,免于提交证照复印件作为归档材料。2020年,福建省被纳入国务院电子证照全国试点,积极拓展电子证照应用范围,探索电子证照在政务服务、行政监督检查和社会化服务中的应用。目前,已累计生成1亿多本电子证照,涉及952个种类,包括营业执照、身份证、结婚证、行驶证、驾驶证等群众办事高频证照。推出全省298类不再重复提交证照清单。从电子证照共享服务体系、电子证照数据、系统生成、部门间共享和公众服务等方面制定标准规范,确保生成的电子证照可在全省互认使用。

4. 数字经济蓬勃发展

信息化建设与信息产业协同发展是"数字福建"的特色亮点之一。

（1）"增芯强屏"战略取得明显成效

集成电路产业。"十三五"期间，福建省集成电路年均增速超过30%，营收规模约350亿元。初步建成以晶圆制造为核心，设计、封测、材料和设备等上下游快速发展的全产业链。福建省拥有集成电路设计企业100余家，主要集中在厦门、福州地区，重点企业有瑞芯微、三安光电、优讯、中科光芯、意行、福芯电子等。其中瑞芯微为智能手机、平板电脑、智能语音、智能视觉等提供芯片解决方案，并于2020年初上市。福建省拥有集成电路（含半导体分立器件）制造企业60多家，主要集中在福州、厦门、泉州和莆田，重点企业有联芯、三安、晋华、士兰微、福联、福顺等。福建省投产及在建封装测试厂14家，主要集中在福州、厦门和泉州，重点企业有福顺、合顺微、渠梁、通富微、云天半导体等。美日丰创、恒坤股份、英诺尔电子、阿石创、博纯材料等企业为制造和封测端提供光罩、光刻胶、基板、溅射靶材、特气等本土材料配套。安芯半导体布局中低端光刻机，精工半导体主攻蚀刻机电极配件等。

新型显示产业。"十三五"期间，福建省实施从"填屏"到"强屏"的发展战略并取得卓越成效，已初步打通新型显示产业上下游。宸美、宸鸿、友达、冠捷、捷联、京东方、天马微等七家企业营收超百亿元。在上游材料及装备领域，福建省新型显示产业已逐步向上游延伸，实现玻璃基板、背光、偏光片、工艺气体、FPC等部分材料的本地化配套。在中游面板及模组领域，重点企业有宸美、宸鸿、友达、冠捷、捷联、捷星、友达、京东方、天马微、华佳彩、合力泰、中科智谷、希凯恩等。随着福州京东方、华佳彩、天马微、合力泰等多个重大项目相继落地，福建省基本实现显示面板高低世代线齐聚、兼具 a-Si、LCD、LTPS、IGZO、AMOLED 等多种显示技术的发展布局。在下游整机及终端领域，重点企业有冠捷显示、新大陆、星网锐捷、联迪、福思科技、麦克赛尔等，主要产品包括智能电视、智能支付终端、激光显示屏、激光投影机、移动通讯一体机等。其中冠捷、联迪等年营收均过百亿。福建星网锐捷在传统瘦客户机市场和 VDI 产品市场份额均排名第一。

LED 产业。福建省是 LED 产业的重要集聚地，形成了上游外延片/芯片制造、中游封装及下游显示和照明应用全产业链，综合实力强劲。在上游外延片、芯片领域，福建省连续 17 年成为全国 LED 外延芯片实力最强、规模最大、品种最全的生产基地，代表企业三安光电已将产能扩增目标定在具有高获利的四元 LED、MICROLED、植物照明等；乾照光电作为国内红黄光 LED 龙头企业，占据了全国近 1/3 的市场，现正在发力蓝绿光 LED 领域。中游封装企业开发晶、华联电子，二者均为全球领先 LED 封测企业。下游的显示屏和照明应用领域，强力巨彩领跑全国室内全彩和室外全彩行业，现已将触角伸向海外。立达信、阳光恩耐、通士达、龙胜达在 LED 光源类照明产品出口位居全国前列。

计算机和网络通讯设备产业。重点企业包括戴尔、冠捷、星网锐捷、福日电子、上润仪器、联迪商用、冠睿电子、新大陆、盈趣科技、实达电脑、浪潮集团等。戴尔公司是目前全球最大的计算机和笔记本电脑厂商之一，升腾资讯的瘦客户机产量连续多年排名亚太第一，新大陆的 POS 机出货量排名全球第二，爱普生的针式打印机、联迪商用的电子支付POS机和新大陆的二维码识读设备均多年位居国内市场前列。

（2）新一代信息技术产业飞速发展

物联网产业。2021年，福建省物联网产业规模超过1500亿元。全省现有超过600家从事物联网技术研发、生产、应用、服务的机构和企业，初步形成较为完整的产业链体系，在交通监控、食品溯源、工业控制、金融支付、家居安防等领域的物联网产品市场上居于全国前列。福州市马尾区是第四个国家级物联网产业示范基地，厦门被列入"国家物联网重大应用示范工程区域试点"。物联网产业链上游主要分布在福州、厦门、泉州等地，主要产品有无线通信模组、传感器元件、基带芯片等。芯片主要分布在福州、厦门，拥有新大陆、瑞芯微、优讯、联拓等一批物联网芯片供应商。传感器元件主要分布在福州、厦门，重点企业有上润公司、福光股份、厦门信达等。其中上润公司的高精度压力传感器技术居全球前三。无线通信器件主要分布在福州、泉州，拥有NB-IOT、光通信模组、GPS/北斗导航及天线等。物联网产业链中游主要分布在福州、厦门、泉州，主要产品有通信设备、数据处理等。通信设备主要分布在福州、泉州，重点企业有星网锐捷、腾景光电、星海通信、慧翰微电子等网络设备、无线通信设备、NB-IOT、光通信模组、GPS/北斗导航及天线等。福建省物联网数据处理重点企业有美亚柏科、星云大数据、四创软件等企业。其中美亚柏科、星云大数据等企业在省物联网数据处理方面竞争优势明显。物联网产业链下游主要分布在福州、厦门、泉州等地，主要产品有智能终端、系统集成、应用服务、运营服务等，新大陆、国脉、联迪、易联众等企业形成福建省物联网行业应用核心。新大陆的二维码识读设备技术居国内第一，联迪的POS机市场占有率居国内前列。

大数据产业。截至2020年11月13日,东南大数据产业园(含网龙片区)已注册企业494家,注册总资本442.7亿元,已有200多家企业入驻产业园研发楼一期和二期。

人工智能产业。福建在智能终端、芯片、传感器等领域优势较为明显,产业规模近1000亿。字节跳动、比特大陆、依图科技等一批人工智能顶尖企业落地福州,旗山湖智谷、永泰智能小镇、百度云(福州)AI实验室等一批重大项目加速推进。基础技术支撑方面代表企业包括瑞芯微、中星微、比特大陆、新大陆、晋华集成电路、西人马联合测控、美亚柏科等,人工智能技术方面代表企业有帝视科技、瑞为、福大自动化、网龙、美图科技、矽创、云脉科技,人工智能应用方面代表企业包括南威软件、华渔教育、安明斯智能、美图、吉比特、易联众、绿网天下等。瑞芯微电子是国内主控芯片设计企业向高性能领域拓展的先锋企业之一,在AI芯片领域不断深入研发,在全球占据十分重要的位置。福建省有较多的计算机视觉相关领域的人工智能企业。例如,厦门的美图公司设有美图影像实验室(MTlab),在图像处理技术上走在全国前沿。福州软件园、厦门软件园、数字福建(长乐、安溪)产业园、福州高新区等成为人工智能产业集聚发展的重点区域。

卫星应用产业。建成海丝卫星数据服务中心,汇聚了高分、资源、实践、环境、海洋等18颗陆地和海洋卫星资源,数据实时接收。建成福建省北斗位置服务公共平台,实现全省8000余艘60马力以上渔船和1.25万辆公务用车的全面接入管理。目前全省从事卫星应用的企业有8000多家,如星云大数据、星海通信、雅迅网络、精图、经纬测绘、思迈特、福信富通等,产业链涵盖基础研究、核心器件、终端产品、基础建设与运营服务五大类。

(3)平台经济加快培育和发展

在产业扶持方面。制定了《关于加快平台经济发展的实施意见》《福建省促进平台经济规范健康发展五条措施》等政策文件。福建省发改委、省数字办设立平台经济专项,利用省数字经济发展专项资金扶持平台经济发展。

在行业龙头方面。福建省平台经济比较活跃,既有美图、美柚、一品威克(创意服务)等用户规模数千万至数亿、市值数十亿元至数百亿元、国内领先的互联网平台;也有普天药械网、一品嘉、中海创等一批快速发展的区域性互联网平台。

厦门市平台经济加快发展,在动漫游戏领域,咪咕动漫是我国最大移动端动漫发行平台,四三九九是我国最大的小游戏门户网站,雅基软件是游戏引擎COCOS-2D全球最大开发支撑商;在社保医疗领域,易联众产品服务人群超4.5亿、服务企业600多万家,智业软件的医疗卫生信息化解决方案为全国16000余家医疗卫生机构提供服务;在教育领域,神州鹰的家园共育管理平台"掌通家园"服务10余万家园所机构并拥有3000多万家长用户,网中网财会平台为全国大多数高职院校提供教学服务;在金融领域,趣店集团累计注册用户7000余万,交易额超过1.7万亿元;在文化领域,美柚拥有全国最大的女性文化社区,飞博共创"看书有道"累计用户超3亿;在人工智能领域,云知芯、瑞为的语音图像识别技术世界领先,美亚柏科承建的厦门市超级计算中心算力国内领先;在工业软件领域,卡伦特基于云的电气设计CAD

软件国际领先，天海鸥康智能物流解决方案的技术水平国内领先。

莆田是福建平台经济示范区。截至 2022 年 7 月 31 日，全市列入滚动跟踪平台企业 69 家，累计交易 3871.8 亿元，累计税收 69.66 亿元。莆田发展平台经济的做法是"六个一"，即选择一个产业，搭建一个平台，配套一个国企，引进一支创新团队，设立一支产业基金；结合产业，一企一策。莆田平台经济发展取得明显成效。例如，物泊网络货运平台使企业物流成本降低 15%，中电工业互联网平台使企业设备效率提升 20%，众协联为企业降低成本 10%；药械网为莆田市节约近 3 亿元的医用耗材支出。

（4）传统产业加快数字化转型

在农业信息化方面，按照"六个 100%"建设标准，集中力量打造 14 个产业规模大、信息化应用基础好、现代科技含量高、产品优质安全、发展可持续的省级现代农业智慧园。全省建设农业物联网示范点 400 多个，共有 500 多家农业生产经营单位应用了农业物联网技术。据初步统计，全省设施农业千亩以上规模基地达到 100 多个，农业设施装备及集约化水平大幅提升。通过福建"农业云 131"信息工程建设，建立了一个全省三农综合信息服务平台，实现农业产业、新型经营主体、农产品质量安全追溯、农产品营销等相关数据共享，形成了农业信息资源"一张图"。在全国率先开展农产品质量安全监管信息化建设，实现即时可查、远程追溯、责任可究。全省累计建成益农信息社 11000 多个，开展农业"五新"、农村实用技能、农技推广、手机 APP 应用、移动支付等培训。积极推动 12316 服务与基层农技推广体系相融合，形成"语音电话、网络电脑、智能手机"三位一体的 12316 农业信息服务平台。

在工业信息化方面，**工业互联网加快发展**。建设运行国家工业互联网标识解析二级节点（福州），在纺织、食品、材料等行业以及福耀玻璃、永荣集团等龙头企业率先应用，累计接入企业超过 70 家，标识注册量 2000 多万个。深入实施工业互联网"十百千万"工程。全省首批共征集 18 个工业互联网平台和 46 个应用项目。建立全省工业互联网资源库，对接优质云资源超百家，为企业数字化转型提供专业解决方案。培育了 9 个省级工业互联网示范平台、34 个工业互联网应用标杆企业。爱普科技"爱普云平台智能网关数据采集解决方案"列入全国工业互联网平台解决方案试点示范；嘉泰数控等企业产品入选全国工业互联网 APP 优秀解决方案。中海创、摩尔软件、中电福富等龙头企业搭建的工业互联网平台，为 1 万多家入驻企业提供近千种云产品服务。引进中电工业互联网在莆田设立研究院，引进华为公司、中软国际建设厦门智造云和软件云创新中心，引进富士康工业富联在福州建设东南运营总部及工业互联网产业基地。

推进两化深度融合。积极开展两化融合管理体系贯标，全省两化融合发展指数居全国第 9 位，通过国家两化融合管理体系贯标评定的企业数居全国第一。建立工业互联网及两化融合项目库 726 项，总投资 1415 亿元。推动制造业与互联网融合创新试点，明一国际、富贵鸟、东胜网源等 3 家企业列入国家互联网与工业融合创新试点企业，厦门金龙客车产品全生命周期管理列入工信部制造业与互联网融合发展试点示范项目，九牧、特步等行业优势企业率先实施基于互联网的原料采购、产品设计、生产制造、仓储物流、销售服务等数字化、网络化、智能化新型生产模式。

电子商务快速发展。2021年,全省实现网络零售额7004.1亿元,同比增长26.2%,高于全国增速14.3个百分点。实物商品网络零售额6023.1亿元,同比增长26.3%,高于全国增速15.2个百分点,占社会消费品零售总额的比例达30%,对全省促消费工作起到了重要的拉动作用。限额以上商品网上零售额1775.54亿元,比上年增长28.7%。农村电商在乡村振兴方面发挥重要作用。全省农村网络零售额达3259亿元,全国排名第三;全省有190个淘宝镇,数量排名全国第五,电子商务年交易额超过3000万元;全省有571个淘宝村,数量排名全国第六,电子商务年交易额超过1000万元。根据《中国电子商务发展指数报告》,我省位列全国电子商务发展优势省份,电子商务渗透指数和支撑指数分别居全国第3位、第5位。

5. 数字社会不断进步

以人民为中心是"数字福建"的特色亮点之一。让群众切身感受到信息化带来的便利,是习近平同志当年提出的要求,是"数字福建"追求的目标之一。近年来,福建省数字惠民服务能力不断提升。建成省级教育资源公共服务等平台,教育数字资源实现共建共享。建成五级公共数字图书馆网络服务体系和省级数字文旅综合服务平台,文化旅游数字服务能力不断提升。建设完善生态环境大数据平台、公共信用平台等一批数字化治理平台,数字化治理能力显著提升。

(1)教育信息化加快推进

近年来,福建省持续推进教育信息化建设,为提升教育质量、促进教育公平、推动城乡教育优质均衡发展提供了有力支撑。

通过实施"农村中小学宽带网络接入工程""福建省优质教育资源共享支撑工程""学校联网攻坚行动",实现全省中小学(含教学点)宽带接入与提速双 100%,全省 8346 所中小学已全部接入宽带并实现带宽 100M 以上。全省所有中小学(含教学点)均拥有多媒体教室,其中 6509 所中小学校实现班级全覆盖,占学校总数的 79.1%;配备多媒体教学设备的班级 125489 个,占班级总数的 94.6%,其中配备交互功能多媒体设备的班级 112318 个,占多媒体教室总数的 89.5%。

教育信息化建设不断深入。省级教育资源公共服务平台的用户总注册数量超过 1400 万,活跃用户数 349 万多。教育资源总量 346 万多条,其中成体系、到章到节的学科资源 259 万多条,可供一键调用的教学应用工具 70 多项。依托"福建省职业教育与终身教育网",构建职业教育信息化云服务体系,实现全省中等职业学校学籍、教学计划、专业设置、招生、全省技能大赛、教师信息化教学大赛等方面管理的信息化、规范化。省级教育管理公共服务平台建成学生、教师、学校三大教育基础数据库和学生、教师、学校、基础数据共享与服务、专项业务管理信息系统五大教育管理信息系统,部署各级各类教育管理应用系统 41 个,通过系统全省联网实现教育专项业务的信息化管理和教育基础数据的共享,为教育管理、公共服务、教育评估和决策提供重要支撑。

信息技术应用能力普遍提升。一是全面实施中小学教师信息技术应用能力提升工程。建立教师工作坊 7500 余个,依托工作坊开展线上指导、教学研讨和信息化教学设计等主题活动 3.3 万次。组织开展福建省中小学教师信息技术应用能力提升工程优秀应用成果评选活动,评选出优秀应用获奖成果 2946 件。校长信息化领导力省级培训参训人数 1800 多人次。二是遴选"省级名师网络工作室"领衔名师。通过网络名师的示范引领,带动全省各学科教师快速成长,构建信息技术环境下名师资源共建共享及师资培训的新模式。三是组织开展"新理念、新资源、新探索"信息技术与课程整合"三优联评"活动、"中小学生电脑作品制作活动"、中小学创新课堂教学实践观摩活动等,有效推进信息技术与中小学教育教学深度融合。

优质数字教学资源加快汇聚。在基础教育方面,通过中小学教师空间和名师工作室创建活动促资源内生。开展"一师一优课"活动,充实中小学优秀教学资源,提升教师"互联网+教育"教学能力。在高等教育方面,依托"福课联盟"统筹推进福建省本科高校在线课程和平台建设,在优化资源、整合共享、跨校课程选修等方面积极探索。建设了 459 门省级精品在线开放课程和 270 门省级精品线上线下混合式课程。在职业教育方面,开展省级职业教育精品在线开放课程和专业教育资源库建设。省级立项建设职业教育精品在线开放课程达 230 门,基本覆盖专业大类核心课程。

2014 年 4 月,福建省教育厅启动"福建省教育资源公共服务平台"(www.fjedu.cn)建设,为"优质资源班班通"和"网络学习空间人人通"提供技术支撑和网络服务。2016 年底,该平台为全省中小学教师和初中以上学生开通网络学习空间,开通率全国各省排名第一。截至 2021 年 11 月,平台名师广场共有 240 位领衔名师的省、市级名师网络工作室,共有 4998 名工作室成员,共有资源 28739 份,名师优课 2896 份。开展福建省中小学教师网络空间创建活动,通过"以赛促建""以赛促学"

的方式，评选出了 1000 个省级示范教师网络空间，产生了 270 多万的教师空间资源共享量。福州市仓山小学、泉州市第九中、泉州第一中学获教育部授牌"全国中小学校长、骨干教师网络学习空间人人通专项培训基地学校"，福州市钱塘小学等 6 所学校获得教育部网络学习空间优秀学校。

（2）福建成为"互联网+医疗健康"示范省

近年来，围绕医改工作重心，福建省卫健委针对当前全民健康信息化分散、重复、标准不统一、信息共享难等突出问题，以"聚、通、用"为主线，借助争创"互联网+医疗健康"示范省的契机，在全省推进全民健康"五大平台"建设。

省域全民健康信息平台。以国家省统筹全民健康信息平台建设试点项目为载体，以区域信息平台互联互通成熟度测评四级标准为目标，统筹实施省域全民健康信息平台建设，促进卫健信息共享和业务协同，打造医疗健康信息互联互通"高速路"。

县域分级诊疗协同平台。以世界银行贷款助力医改项目试点省为契机，打造县域医疗服务协同一体化平台，实施县域医疗信息服务能力提升工程，拓展建设县域双向转诊、远程影像、远程心电、检查检验等信息系统，填平补齐县级综合医院信息化基础，助力构建"基层首诊、双向转诊、急慢分治、上下联动"的分级诊疗支撑体系，让群众看病"少跑路""不跑路""就近跑"。项目总投资约 4.5 亿元，覆盖 68 个县级综合医院。

电子健康卡"多码融合"应用平台。在国家电子健康"三码融合"创新应用试点项目基础上，以电子健康卡作为"三医联动"的入口，积极推动电子健康码与电子医保码、电子社保码、金融支付二维码等"多码融合"集成应用,打通医疗、医保、银行等服务通道,解决医疗卫生机构"多卡并存、互不通用"等问题,促进区域诊疗信息共享,为居民提供连续医疗协同服务。

福建12320热线服务平台。制定了《福建12320卫生健康热线电话运行管理办法(试行)》,建立全省统一的"福建12320热线服务平台",逐步整合接入全省各级医疗卫生机构医疗健康服务资源,将其打造成为面向全省居民提供医疗健康便民惠民服务应用的主入口。

全民健康信息综合监管平台。按照"大数据、大平台、大系统"的建设思路,将全省卫健应用和数据进行一体化整合,构建全省卫健信息资源管理中心,实现各类医疗健康数据在统一平台的归集共享,推动形成全省联网、全面对接、层级监管、多方联动的综合管理"一张网"。

2019年5月,福建省被国家卫健委确定为"互联网+医疗健康"示范省。省卫健委先后启动信息便民惠民"五大平台"建设,组织开展"互联网+医疗健康"专题学习宣传贯彻活动,制定了《福建省"互联网+医疗健康"示范省建设实施方案》。

加快推进预约诊疗服务。基于微信公众号建立了全省统一的预约诊疗服务入口,现已整合接入全省73家医疗卫生机构,可为公众提供统一、权威、便捷的预约诊疗服务。鼓励各级医疗机构推行分时段预约诊疗服务。目前,全省90%的三级医院能提供精确到1小时以内的分时段预约诊疗服务,83%的二级以上医院可提供网上预约服务。完成全省三级医院台胞证诊疗服务改造,为台胞在省内就诊提供了更好的就医体验。

远程医疗服务普遍应用。依托医联体、专科联盟等载体，积极推广"基层检查、上级诊断"模式。目前全省已构建各级各类医联体302个，覆盖医疗机构总数719个。三级公立医院实现远程医疗服务全覆盖。全省41家县域医共体普遍开展以远程影像和远程心电诊断为主的远程医疗服务，覆盖445家基层医疗卫生机构，占比达83.6%。

积极稳妥推进互联网医院建设。2019年，建立了省级互联网医院监管平台，在全省启动互联网医院试点工作。目前，已完成接口调试确认的有省级机关医院、省人民医院、省二人民医院、龙岩市人民医院、厦门大学附属中山医院等5家。到2022年底，实现二级以上综合医院普遍开展互联网医院业务。

拓展应急远程医疗平台。在原有远程会诊平台基础上，拓宽医院接入范围，为定点医院紧急采购设备并配套安装，实现了省市县三级疫情应急远程会诊全覆盖。为所有定点医院统一配置远程移动查房推车，面向感染新型冠状病毒的患者，提供高清、实时视频查房资料，方便专家远程查房指导。依托省立医院新冠肺炎防治远程指导中心，借助远程会诊平台为疫情定点医院开展疑难、危重症病例会诊、医疗救治技术培训等服务。同时，会诊平台联通省卫健委卫生应急指挥系统及省委视频会议系统，为全省突发公共卫生事件远程视频会商使用。

基于福建12320微信公众号上线"新冠肺炎防控服务平台"，并与闽政通APP实现对接。平台提供疫情防控、疫情智能问答客服、疫情辟谣、捐赠款物指南、疫情24小时直播、疫情寻人等15个专项服务以及疫情线索提供、定点医院、发热门诊等3个查询服务。依托基卫数据汇聚平台，重点监控在基层医疗机构就诊过程中发现的发热病人，生成发热人员地图，助力全省疫情防控工作。依托闽政通 APP，上线"八闽健康码"和"福建健康码"服务，方便群众在疫情防控期间出行。

（3）人力资源和社会保障信息化水平不断提升

经过多年努力，建设了相关人社信息系统，在业务经办、公共服务、宏观决策、监督监管方面开展应用，人社业务经办管理服务工作普遍实现信息化管理。

实施省金保工程一期项目建设。2006 年 12 月，福建省金保工程一期项目立项，随后开展项目建设：一是省级和各设区市分别建设了人社数据中心，配置了主机、存储、网络、安全等设备；二是建设了全省人社业务专网，实现部、省、市、县、乡五级人社部门互联互通，与相关部门（财政、税务）建立连接；三是统一开发了劳动和社会保险应用软件，建设了企业职工养老保险信息系统和工伤保险信息系统，实行全省统一软件，省市两级部署。

建设人社相关业务信息系统。在社会保险领域，建设了机关事业单位养老保险信息系统、城乡居民养老保险信息系统、社会保险基金监管信息系统。在就业领域，建设了公共就业服务信息系统、省公共就业服务网站、省毕业生就业创业服务信息系统。在劳动关系领域，建设了省劳动用工备案管理信息系统、省劳动保障监察管理信息系统、劳动人事争议调解仲裁信息系统；在人事人才领域，建设了全省机关事业单位人事管理平台、省公务员考试录用网。在公共服务领域，建设了福建省人社公共服务平台。

推进人社信息系统的整合提升。建设了全省集中的社会保险业务信息平台，整合了18套信息系统（8个设区市及省本级的企业职工养老保险、工伤保险信息系统）。参保对象可在一个窗口一次办理企业职工基本养老保险、工伤保险的参保登记，不再需要办理社会保险关系转移手续。可以防止参保对象在不同设区市重复参保，或不同险种选择性参保。将12333网站、公共就业网、毕业生就业网的功能归并到省人社厅门户网站，减少了网站数量。建设了人社数据共享平台，连接省厅各业务信息系统，归集社会保险、就业、劳动关系、社保卡等业务数据，开通外部门数据共享接口，可对数据进行统计、查询、比对、分析，为政策制定、宏观决策、业务办理、公共服务、监督监管等提供数据支持。建设了金融数据交换平台，与银行等金融机构联网，全省各社保经办机构的社会保险待遇发放等数据，通过该平台实现安全、便捷的数据交换和管理。建设了人社统一身份管理平台，实现用户的统一身份认证管理。建设了人社门户集成平台，为人社各信息系统用户提供统一入口，一次认证、全网通用。建设了电子签名印章系统，以保障数据文件的完整、可信及不可篡改。

推进社会保障卡项目建设。福建省社会保障卡实行全省统一规划、统一标准，面向全体城乡居民发放，作为办理人社领域相关业务的身份凭证。人社部门使用社保卡上银行账户进行养老金、失业保险金、就业补贴等的发放，还可以用于医疗保险、生育保险费用的实时结算。福建省社会保障卡可以替代医院发行的就诊卡，人们持卡可进行挂号、就诊、付费、取药等，实现"就诊一卡通"。

延伸阅读：

鼓楼智脑

福州市鼓楼区数字办组织建设的鼓楼智脑是福建省首个区县级"城市大脑"，在党建、经济发展、城市建设、生态环境、应急管理、社会治理、民生服务等领域发挥了重要作用。

在党建方面，实行"一社区一码"，党员可以扫码到社区报到。党员可以通过鼓楼智脑与群众结对子，帮助群众解决揪心事、烦心事。

在经济发展方面，鼓楼智脑汇聚了福州市鼓楼区数字经济、楼宇经济、园区经济以及271栋重点楼宇和16万多家企业情况，实现"一楼一档""一企一档"。可以一图了解鼓楼区11个经济指标值及其在福州全市的排名情况、十个街镇的经济指标情况；楼宇的总面积、商务面积、空置面积、可供招商面积等情况以及每个街镇楼宇分布情况；每栋楼宇的税收产值，每层的入驻企业名录；鼓楼区重点企业情况，包括世界500强企业、中国500强企业、独角兽企业等。鼓楼智脑还建立了惠企政策库，实现政策及可兑现的企业的自动匹配。

在城市建设方面，鼓楼智脑可以一图了解鼓楼区所有重点项目及其进展情，包括市重点项目、为民办实事项目等。

在生态环境方面，鼓楼智脑在山头、河流、工地等重点位置布设了物联感知设备，实时监测空气、水质、噪声和污染源等环境情况，并把超标信息推送给相关部门。

在应急管理方面，鼓楼智脑汇聚了气象云图、风情、雨情、水情、台风等信息，并对易涝点、危房等风险隐患点进行实时监测。一旦有险情，可以触发短信发送给相应的人。根据应急预案，自动匹配人员、资源和物资。

在城市管理方面，实行"一码统管"。通过对商铺、楼宇、城市物件等赋码，实现码上有声音、码上有故事、码上有文化。全区路灯、井盖、古树、果皮箱等，都安装了智能物联感知设备。鼓楼区1625座垃圾分类屋都装上了智能探头，对垃圾分类行为进行智能引导，居民垃圾分类正确投放率从原来的70%提高到90%。

在社会治理方面，把党员、老人、出租户、流动人口等社区人员信息装入每栋楼中，实现了以图管房，以房管人。通过用水、用电、门禁数据分析研判，对独居老人进行关爱服务，保障独居老人安全。通过智能探头，监测陌生人进出及异常行为，实现从"人防"到"技防"的转变。

在民生服务方面，通过"一人一档一码"，将12.6万60岁以上老人基础信息纳入平台，为老人提供精准养老服务。通过"幸福通"微信公众号，可满足老人在线学习、网上订餐等需求。

第二节　数字浙江

一、"数字浙江"建设历程

以现代通信技术、互联网、电脑软件等为表征的新经济兴起并发展于20世纪90年代。作为改革开放领军省份的浙江，是全国最早提出以信息化带动工业化、推进现代化战略的省份之一。

2000年5月，由浙江社会公共信息网络中心和省数据通信局创建的"数字浙江"社会公共信息应用平台在互联网上建设成功，从此"数字浙江"这个概念开始频繁出现在浙江大地，其内涵也随着浙江的信息化建设不断发展。

在2003年1月召开的浙江省十届人大一次会议上，习近平指出，数字浙江是全面推进浙江国民经济和社会信息化、以信息化带动工业化的基础性工程，要把建设"数字浙江"作为一项战略性任务、基础性工作、主导性政策研究好、落实好。在他的领导下，"数字浙江"建设作为"八八战略"的重要内容加快推进。当年，浙江省开始实施"百亿信息化建设工程"，并出台了《数字浙江建设规划纲要（2003—2007年）》，详细阐述了建设"数字浙江"的指导思想、总体目标、主要任务等内容。

在浙江工作期间，习近平同志很重视信息产业的发展。2006年3月28日，他亲切接见首届"春回燕归·浙籍IT精英峰会"与会代表并合影留念。浙江数字经济发展取得令人瞩目的成绩，与习近平同志在担任浙江省委书记时狠抓信息产业密切相关。

2008年3月,浙江提出在此后5年重点实施信息技术"倍增"和城乡统筹信息化两大行动计划,继续推进"数字浙江"建设,全面提升信息化总水平。从此,信息化在转变经济增长方式、提升政府管理效能、提高人民生活品质等方面发挥了越来越重要的作用。

"数字浙江"的建设,首先带来的是浙江信息产业的大发展。在风起云涌、方兴未艾的信息技术革命中,浙江逐渐从数字经济的跟跑者、并跑者变成领跑者。在高铁、网购、支付宝、共享单车等"中国新四大发明"中,网购和支付宝就诞生在浙江。阿里巴巴、网易、海康威视、新华三等知名数字企业不断涌现。一批以云计算、大数据、物联网、智能硬件为代表的龙头企业快速成长。党的十八大以后,浙江信息经济继续领跑。2014年,浙江将信息经济列为大力发展的七大万亿产业之首,并在全国最早出台《关于加快发展信息经济的指导意见》,提出打造"七中心一示范",随后又发布了全国第一个《信息经济发展规划(2014—2020年)》,进一步明确了全省发展信息经济的指导思想、发展目标与重点、主要任务和保障措施;2016年G20杭州峰会发布"数字经济发展与合作倡议"后,浙江把信息经济升级为数字经济,当年11月,浙江又获批建设全国首个"信息经济国家示范区"。2017年4月,《浙江省国家信息经济示范区建设实施方案》出台。牢牢把握新时代机遇,做大做强数字经济,为浙江在经济新常态下稳增长、调结构、转方式指明了方向。

依托得天独厚的数字经济发展基础,2017年12月,浙江省委经济工作会议提出数字经济"一号工程",围绕全国数字产业化发展引领区、产业数字化转型示范区、数字经济体制机制创新先导区和具有全球影响力的数字科技创新中心、新型贸易中心、新兴金融中心"三区三中心"建设目标，着力突破关键技术，强化数据驱动，提升基础设施，完善开放格局，创新体制机制，抢占全球数字经济发展制高点，努力构建以数字经济为核心、新经济为引领的现代化经济体系。2018年7月，浙江召开全省数字经济发展大会。会议提出以习近平新时代中国特色社会主义思想为指导，深入贯彻落实全国、全省网信工作会议精神，以"数字产业化、产业数字化"为主线，全面实施数字经济"一号工程"，持续加力推进数字经济发展，争创国家数字经济示范省。此后，浙江制定了《浙江省数字经济五年倍增行动计划》和《浙江省国家数字经济示范省建设方案》，专门成立省数字经济发展领导小组，建立并优化"1+X"领导工作体系，制定了"三区三中心"及标志性引领性工程在内的多个专项行动方案。全省上下思想统一、目标明确、举措有力，数字经济发展呈现出良好态势，成为推进高质量发展的强大支撑。

另一方面，数字经济的快速发展又为建设"数字浙江"提供了有力支撑。2004年12月，新版的"中国浙江"政府门户网站正式开通，从此电子政务建设成为了浙江省信息化工作的重点，并直接带动了浙江省国民经济与社会信息化发展。先进的信息技术开始显著提升浙江的政府治理和省域治理水平，并在党的十八大后逐渐成为浙江深化改革的强大助力。在前期行政审批改革取得巨大成绩的基础上，2013年11月，作为全国唯一试点省，浙江启动以"权力清单"为基础的"三张清单一张网"建设。2014年6月，全国首个省、市、县一体化的网上政务服务平台—浙江政务服务网（www.zjzwfw.gov.cn）开通运行，省政府部门权力清单、企业投资项目负面清单、省级财政专项资金管理清单首次上网公布。随后浙江又在全国率先部署"责任清单"工作，逐步形成"四张清单一张网"的政府改革总抓手。2016年12月，省委经济工作会议进一步提出以"最多跑一次"的理念和目标深化政府自身改革。2017年2月，省政府下发《关于印发加快推进"最多跑一次"改革实施方案的通知》，全面启动"最多跑一次"改革，以"最多跑一次"改革倒逼"放管服"改革，不断激发市场活力，再创浙江发展体制机制新优势。"最多跑一次"改革在较短时间内就取得巨大成效，政务服务"一张网""一窗受理""一证通办"，浙江成为审批事项最少、管理效率最高、服务质量最优的省份之一。

  2018年1月，浙江省第十三届人大一次会议提出"推进政府数字化转型"。以"政府理念创新＋政务流程创新＋治理方式创新＋信息技术应用创新"四位一体架构为主要内容的政府全方位、系统性、协同式变革正式启动，改革进入加速期。双月例会制度、专班运作推进、组建大数据发展管理局、成立数字浙江公司……全省政府数字化转型形成了横向联动、纵向协同的工作机制，取得了一系列标志性成果，呈现出一条从碎片管理到系统治理、从部门转型到整体政府转型的螺旋式上升轨迹。2018年，聚焦部门核心业务梳理，打通数据孤岛实现信息共享，推动部门核心业务数字化转型；2019年，聚焦政府履职核心业务梳理和流程再造，建设跨部门协同标志性项目，"浙里办""浙政钉"快速推进，"8+13"重大标志性应用落地；2020年，聚焦系统融合、综合集成，建设整体智治的现代政府，11个跨部门场景化多业务协同应用上线运行。新冠肺炎疫情防控是最重要的成果展示场景，"大数据分析＋网格化管理"，建立"一库一图一码一指数"的精密智控机制，浙江政府数字化转型的体系化优势展现得淋漓尽致。

2021年2月，浙江省委、省政府在春节后上班第一天召开全省数字化改革大会，标志着"数字浙江"建设进入数字化改革的新阶段。

二、"数字浙江"建设成就

党的十八大以来，浙江不断深化"数字浙江"建设，助力政府和社会数字化改革，先后开展了"四张清单一张网""最多跑一次"、政府数字化转型、全面数字化等一系列改革，并不断进行全方位拓展升级，取得重大进展。国家网信办发布《数字中国发展报告（2021年）》，浙江数字化综合发展水平在全国排名第一。中央党校发布《省级政府和重点城市一体化政务服务能力调查评估报告（2021）》，省级政府一体化政务服务能力浙江排名第一。全省依申请政务服务事项"一网通办"率达到85%。"城市大脑"建设经验广泛推广。健康码、企业码等在疫情防控中广泛使用，成为精准防控的重要利器；大数据、人工智能、云计算等数字技术在疫情监测分析、病毒溯源、防控救治、资源调配等方面发挥着重要作用。

党的十八大以来，浙江坚定不移践行习近平总书记关于发展数字经济的系列重要讲话精神，全面贯彻实施数字经济"一号工程"，克服新冠疫情等诸多因素影响，数字经济实现飞跃式发展，成为经济发展创新最活跃、增长速度最快、影响最广泛的领域，不断推动经济发展方式和社会治理模式深刻变革，是彰显浙江经济社会高质量发展的"金名片"。

1. 数字核心产业规模持续扩大，助推经济高质量发展

党的十八大以来，在一系列政策措施推动下，浙江数字经济发展动能不断增强，规模快速壮大，占 GDP 的比重逐年提高，成为浙江经济社会发展的一大亮点。2021 年，全省数字经济核心产业规模以上企业 7089 家，比 2015 年的 4486 家净增加 2603 家。数字经济核心产业增加值达到 8348 亿元，按可比价计算，比上年增长 13.3%，增速比 GDP 快 4.8 个百分点；2016—2021 年，年均增长 13.6%，比同期 GDP 年均增速快 6.7 个百分点。六年来，数字经济核心产业增加值占 GDP 的比重依次分别为 8.8%、9.4%、9.5%、10%、10.9% 和 11.4%，累计提高 2.6 个百分点。数字经济的快速发展有力推进了经济结构的优化调整，成为推动浙江经济高质量发展的新动能。

2. 数字科创动能愈发强劲，为"两个先行"提供持久动力

党的十八大以来，浙江聚焦突破核心技术研发创新及应用，实施"卡脖子"技术攻坚，努力推动数字核心技术策源地建设，数字产业创新步伐不断加快，新产品不断推陈出新，盈利能力稳步增强。截至 2021 年，全省数字经济高新技术企业、科技型中小企业分别达到 1.1 万家和 1.8 万家。2021 年，数字经济核心产业制造业新产品产值 8768 亿元，比上年增长 37.3%，占全省规模以上工业新产品产值的 23.2%，比重比 2015 年的 16.8% 提高 6.4 个百分点。2021 年，全省规模以上数字经济核心产业利润总额 3014 亿元，是 2015 年 1373 亿元的 2.2 倍。企业创新力度持续加大，数字经济产业盈利能力不断增强，核心竞争力不断提升，为"两个先行"提供了持久动力。

3. 数字赋能加快新业态新模式发展，引领新型消费快速壮大

党的十八大以来，浙江深入实施数字经济"一号工程"，数字赋能新业态新模式快速发展。以新零售、移动支付、金融科技、跨境电商、云经济、共享经济、直播带货、互联网医疗等为代表的新业态新模式活力迸发，有效引领新型消费快速发展。据省商务厅统计，2021年全省网络零售额25230亿元，比上年增长11.6%，是2015年的3.3倍，网络零售额相当于社会消费品零售总额的86.4%，比重比2015年提高47.9个百分点；跨境电商进出口3303亿元，比上年增长30.7%，规模约占全国六分之一，居全国第二。2021年，快递服务企业业务收入1265亿元，业务量227.8亿件，分别比上年增长18.1%和26.9%，均居全国前列。截至2021年底，全省移动支付普及率为94%，全年移动设备支付业务量增长37.8%。

4. 数字产业集群做大做强，促进优势产品迭代升级

党的十八大以来，浙江加快推进5G、人工智能、云计算、大数据、物联网等新技术应用步伐，数字安防和网络通信、集成电路、高端软件、智能计算、智能光伏、数字内容六大千亿级数字产业集群在数字经济核心产业中主导地位不断增强，涌现出以网易、海康威视、浙江大华、浙大中控等为代表的一大批龙头企业。累计入选国家级重点专精特新"小巨人"企业201家，总数居全国第一。从数字经济核心产业各行业看，2021年，计算机通信和其他电子设备制造业、软件和信息技术服务业等行业投资增长迅速，分别比上年增长59.2%和66.7%，助力两大行业产出较快增长。2021年，两大行业营业收入和利润总额分别比上年增长24.7%和15.2%，牵引作用明显。重点产品生产能力大幅提升。

2021年，自动售货机售票机、工业机器人、太阳能电池（光伏电池）、碳纤维及其复合材料、集成电路等新产品产量分别是2015年的15.6倍、82.0倍、7.3倍、6.6倍和3.6倍。

5. 数字产业项目不断落地，发展后劲持续增强

党的十八大以来，浙江出台多项政策措施，以数字经济重大产业项目投资建设为重要抓手，加大集成电路、智能计算、新型显示、智能光伏等产业项目建设力度，数字经济核心产业投资快速增长。2021年，数字经济核心产业固定资产投资比上年增长30.2%，增速高于全部固定资产投资19.4个百分点；2020—2021年，两年平均增长19.1%，高于全部投资11.1个百分点。在智能计算方面，浙江云计算数据中心等多个计划总投资超百亿重大项目相继开工建设，将进一步巩固浙江在智能计算领域国内国际优势地位。在集成电路方面，杭州富芯12英寸模拟集成电路芯片生产线等多个重点项目建设正加速推进，浙江集成电路领域发展未来可期。随着众多重大数字经济产业项目建成投产，浙江数字经济发展后劲将极大提升，对经济高质量发展的拉动作用将更加凸显。

根据浙江省经济和信息化厅发布的《浙江省数字经济发展白皮书（2022年）》，2021年，浙江省数字经济增加值达到3.57万亿元，较"十三五"初期实现翻番；占GDP比重达到48.6%，居全国各省（区）第一。

数字经济已成为浙江省高质量发展的金名片。2021年，浙江省数字经济核心产业增加值达到8348.3亿元，居全国第四；五年年均增长13.3%，两倍于GDP年均增速，数字经济在地区经济中的支柱地位凸显。

近年来，浙江省不断推动数字经济发展，数字科创动能强劲。截至2021年，全省有数字经济高新技术企业1.1万家、科技型中小企业1.8万家；规上数字经济核心产业研发强度达到7.3%，是全社会研发投入强度的2.5倍；实施215项数字经济重大科技攻关项目，突破形成138项进口替代成果。

在产业数字变革方面，浙江利用数字化新技术、新理念，全方位、全链条改造制造业、服务业、农业。以制造业为例，截至目前，浙江省累计认定未来工厂32家、智能工厂(数字化车间)423家；建设省级工业互联网平台285家，培育上云企业47万家。

近年来，浙江省率先出台数字经济促进条例、公共数据条例、电子商务条例；率先设立杭州互联网法院；率先制定平台经济监管20条；率先制定数字经济核心产业统计体系，数字治理能力和治理现代化水平走在全国前列。

数字经济快速发展的同时，数据价值红利也在加速释放。截至2021年底，浙江省开放1.96万个数据集，59.1亿条数据；累计遴选省级大数据应用示范企业206家，入选工信部大数据产业发展试点示范项目39个。

三、浙江推进数字化改革

2021年2月，浙江启动实施数字化改革，推动"数字浙江"建设进入新阶段。数字化改革以推进省域治理体系和治理能力现代化为目标，以实现跨层级、跨地域、跨系统、跨部门、跨业务的高效协同为突破，以数字赋能为手段，通过高效整合数据流，科学改造决策流、执行流、业务流，推动各领域工作体系重构、业务流程再造、体制机制重塑。一年多来，全省党政机关、事业单位、国企民企、社会团体、基层组织等积极投入改革大潮，全面推动改革落地见效，取得了突破性进展。

1. 构建"系统+跑道"的体系架构

习近平总书记强调，注重系统性、整体性、协同性是全面深化改革的内在要求，也是推进改革的重要方法。在实践中，浙江构建形成并迭代完善了"1612"体系架构，以保证各地各部门步调一致、同向发力。"1"即一体化智能化公共数据平台；"6"即党建统领整体智治、数字政府、数字经济、数字社会、数字文化、数字法治六大系统；第二个"1"即基层治理系统；"2"即理论和制度两套体系。其中，"6+1"系统作为数字化改革的主战场，根据中央和省委重大任务，设置若干条跑道，加快推进核心业务数字化全覆盖；各地各部门在跑道内创新创造，谋划开发数字化应用，形成体系化规范化推进的良好态势。

2. 建成"平台+大脑"的数据底座

习近平总书记在浙江工作期间强调，要加快建设"数字浙江"支撑平台。浙江按照"平台+大脑"的理念，迭代升级原有的公共数据平台，打造覆盖省市县三级的一体化智能化公共数据平台，建设一体化数字资源系统（IRS），构建通用化的知识库、数据仓、模型库、算法库、规则和法律库，打造"浙里办""浙政钉"两个移动前端，实现了算力一体调度、安全一体监测、数据一体配置、组件一体共享、应用一体管理、端口一体集成。目前，平台已累计上架智能组件334个，开放数据62亿条，数据共享满足率达到99.5%。

3. 打造"改革+应用"的重大成果

习近平总书记强调，使改革更加精准地对接发展所需、基层所盼、民心所向。我们把需求分析作为数字化改革的原点，围绕满足重大需求谋划多跨场景、找准改革突破口，实现开发应用与推进改革的一体融合。全省已上线运行重大应用107个，这些应用有力推动跨部门跨领域跨层级工作协同，有效破解一批传统手段难以解决的老大难问题和新问题。其中，"疫情防控精密智控""七张问题清单""公平在线""外卖在线""民生'关键小事'智能速办"等应用得到国家层面肯定推介；"健康码""浙农服""政采云""海外智慧物流"等应用走出浙江、走向全国。比如，"疫情防控精密智控综合集成"应用，数字赋能初阳吹哨、流调溯源、三区管控、物资调配等场景，做到疫情数据一口子录入、一平台流转、全省域贯通，实现疫情防控快响激活、多跨协同。"七张问题清单"应用，建立了覆盖巡视、审计、督查、生态环保、安全生产和自然灾害、网络舆情、群众信访等7方面重点问题的闭环管控场景，累计交办省市县清单问题1.4万个。"公平在线"应用，构建平台经济全链条智慧协同监管体系，实现数据实时监测、舆情快速响应、风险精准识别，有效促进平台经济健康发展，为强化反垄断和深入推进公平竞争先行探路。"民生'关键小事'智能速办"应用，将原来分散在各部门的50个高频政务服务事项集成到1个应用在线快速办理，平均减材料67%、减时间66%，日均访问量达到81万人次。

4. 形成"理论+制度"的话语体系

习近平总书记强调，要推进改革成果系统集成，做好成果梳理对接，从整体上推动各项制度更加成熟更加定型。理论成果和制度成果，是实践成果的提炼和升华，共同构成了数字化改革话语体系。我们在探索实践中总结提炼具有一般规律、普遍意义的理念、思路、方法、手段，省级层面形成改革教材、学术专著、理论文章、调研报告等理论成果307项。同时，注重在法治轨道上推进改革，出台《浙江省数字经济促进条例》《浙江省公共数据条例》等一批地方性法规，实施《数字化改革术语定义》《数字化改革公共数据目录编制规范》等一批地方标准。

5. 建立"顶层设计＋基层创新"的推进机制

习近平总书记强调，推动改革顶层设计和基层探索互动。在实践中，我们建立起了一套顶层设计和基层创新有机结合、良性互动的推进机制。一方面，在省级层面加强统筹协调，成立省领导小组，组建工作专班，两个月召开一次工作例会，进行统一部署推进；建立健全项目管理机制，编制重大改革（重大应用）"一本账"，统筹各类应用集约建设，有效防止低水平重复建设；发挥督察"推进器"和考核"指挥棒"作用，统一开展数字化改革专项督察和第三方评估。另一方面，积极鼓励基层探索创新，建立"一地创新、全省共享"机制，推动杭州富阳"医学检查检验结果互认共享"、平湖"数字农合联"、诸暨"执行'一件事'"等地方特色应用上升为全省重大应用；推介数字化改革"领跑者"案例31个，评选两批55个省级最佳应用，对99个改革突破奖获奖单位进行表彰，激励各地各部门向好的学、与强的比、朝高的攀；召开数字化改革新闻发布会和典型应用演示汇报会，举办数字化改革成果展，取得了相互学习、相互启发、相互借鉴、共同提升的良好效果。

延伸阅读：

诸暨市人民法院探索司法拍卖"一件事"改革

浙江省诸暨市人民法院坚持问题导向，聚焦制约法院执行工作的痛点，依托数字化改革利好和本地大数据支撑，积极探索司法拍卖不动产"一件事"改革，建立智慧协同平台和部门联审机制，实现司法拍卖领域"一站通办、一网联办、一次办结"。

1. 主要做法

（1）创设"一门联审"，实现"向心式"发力

一是强化部门联动。成立司法拍卖"一件事"改革协调小组，由市委副书记和法院院长任组长，自然资源和规划局、税务局等20多个部门为成员，建立司法拍卖"一件事"集成改革"1+X"制度体系，形成"市领导领衔、改革办统筹、法院牵头、部门协同、专班运作"的高效运行机制。

二是打造联审平台。由市法院牵头发起，各责任部门配合联审，通过协同平台进行数据交换，办理司法拍卖过程中查询、查（解）封、转移登记、资产审查等事项。通过建立基础指标实时归集、限制指标含义明确、流程指标优化重塑、评价指标有效设置的指标评价体系，使司法拍卖全流程智慧协同平台运行态势一目了然。

三是明确主管责任。针对标的物"带病拍卖"问题，坚持"谁主管谁负责"的联审原则。经联审存在限拍情形的，由有关部门限期进行整改。部门无法自行解决的，提请召开部门联席会议研究解决。确保上架资产不存在禁拍情形。同时制作负面清单，将联审结果相关信息在竞买公告中详细披露，保障竞买人知情权，杜绝挂拍标的物隐性瑕疵。

（2）实行"一窗受理"，开展"一链式"服务

一是同步审核，一次计算。自主竞拍程序完成后，法院将被执行人、拍卖成交金额、买受人等信息于当日通过平台线上流转给诸暨市税务局，由税务部门即时核算应缴税费。法院一次性告知买受人应负担的税费金额、缴纳方式及后续面签手续，一次性收取相关费用，避免买受人多次奔波。

二是集中填报，综合受理。设立司法拍卖不动产登记"一件事"专窗，建立"一张表单、一次采集、多方复用"机制，通过统一填报、集中收取、当面确认，完成不动产登记综合受理业务。法院在买受人缴清款项后两个工作日内出具相应的执行裁定书和协助执行通知书，通过专窗办理权证，大幅压缩办理时间。

三是在线审核，一次办结。专窗收齐材料并通过初审后，自然资源和规划局开展电子档案内部审核，1个工作日内完成解除查封登记、注销抵押登记、办理转移登记等事项。办妥的权属证书、完税凭证、执行裁定书等所有材料通过邮寄等方式送达买受人。

（3）绘制"一张清单"，确保"零风险"外溢

一是明确负面清单。建立司法拍卖负面清单，将"房地不一致、主管部门尚未明确能否办理权证的"等9种情形列入禁拍清单，将"法律、行政法规和当地规划、招商引资、环境保护等政策对买受人资格、条件有特殊规定的"等7种情形列入限制清单。

二是如实详细告知。通过线上联审，对拟进入拍卖程序且存在负面清单中情形的标的物，通过拍卖公告详细告知标的物权属性质、权利负担、使用权限等信息，特别是对标的物存在政策限制、环境保护限制、

带租拍卖等限制性指标的,以醒目红字公示告知,保护买受人的合法权益,减少后续悔拍、纠纷等风险。

三是严格执行落实。按照"有禁拍情形不得拍卖,有瑕疵情形谨慎拍卖"的原则,对照负面清单,对拟处置的不动产进行逐一核查,杜绝存有瑕疵的标的物进入拍卖程序。

2. 改革成效

一是司法拍卖更加高效。通过部门之间的信息共享,原本较难处置的不动产在相关部门解决问题后快速成功挂拍。通过一门联审完成拍前联审工作,调查时间从改革前的至少1个月缩短到5个工作日。买受人只需到专窗一次性递交所有相关材料同时进行面签,权证办理时间缩短40%。

二是司法公信明显提升。拍品瑕疵情况披露更加翔实,买受人对拍品的了解更加客观,当事人的知情权得到充分保障。拍品瑕疵率从改革前的1.5%下降到0,至今尚未出现买受人悔拍、信访等后续问题。

三是营商环境更加优化。司法拍卖成交率和溢价率不断提升,生产要素得到有效激活,资源配置不断优化。目前,拍后可直接投入使用率达100%,工业用地一拍成交率达93.1%,溢价率达63.2%,分别比改革前提高了23.51和39.89个百分点,为本市盘活沉淀土地110多万平方米。

第三节　数字中国

> 加快数字中国建设，就是要适应我国发展新的历史方位，全面贯彻新发展理念，以信息化培育新动能，用新动能推动新发展，以新发展创造新辉煌。
>
> —— 2018 年 4 月 22 日，习近平总书记致首届数字中国建设峰会的贺信

一、建设现状

近五年来，党中央、国务院围绕数字中国建设制定了一系列战略规划，相关部门扎实有力推动各项规划的实施落地，"数字中国"建设取得新的重大进展。

1. 数字技术创新能力实现新跃升

我国网信科技创新取得历史性重大突破。比如 5G 实现了技术、产业、应用全面领先，我国的高性能计算保持优势，北斗导航卫星实现全球组网、规模应用。芯片自主研发能力稳步提升，国产操作系统性能大幅提升。人工智能、量子信息、区块链等前沿领域涌现出一大批独角兽企业。企业创新能力持续增强。互联网企业研发投入和能力在这五年内大幅提升，从 2017 年到 2021 年，上市互联网企业研发投入增长了 227%，研发投入占营收比也增长到了 6.87%。

2. 数字基础设施实现跨越式发展

截至 2022 年 5 月底，我国已经建成了 170 万个 5G 基站，5G 用户也达到了 4.28 亿户。所有地级市全面建成光网城市，千兆用户规模已

经突破了 5000 万。行政村、脱贫村通宽带率达到 100%，行政村通光纤、通 4G 比例都超过 99%。IPv6 规模部署和应用也取得明显进展，IPv6 地址资源总量位居世界第二，活跃用户达到 6.93 亿。我国的算力基础设施快速发展，总规模位列全球第二。

3. 数字经济发展动能加速释放

从 2017 年到 2021 年，我国数字经济规模从 27 万亿增长到了超 45 万亿，年复合增长率达到了 13.6%，稳居世界第二。数字经济在整个 GDP 中的比重已经从 33% 提升至 39.8%。数字产业规模快速壮大，电子信息制造业产业规模增长至 14.1 万亿元，软件产业规模增长至 9.5 万亿元。三大基础电信运营商总营收增长至 1.61 万亿元，上市互联网企业营收增长 140%。特别是疫情背景下，数字化有力有效地支撑了经济发展。

4. 数字政府服务管理效能明显提升

"掌上办""最多跑一次"已在全国广泛实践，"一网通办""跨省通办"深入推进。近 90% 的省级行政许可事项实现网上受理和"最多跑一次"，平均承诺时限压缩了一半以上。联合国电子政务调查报告显示，我国电子政务在线服务指数全球排名第 9 位。数字抗疫加速推动部门之间以及中央和地方之间的数据互通共享，健康码普及和使用达到了前所未有的程度，有力支撑复工复产、"动态清零"，对统筹推进疫情防控和经济社会发展发挥了至关重要的作用。

5. 数字社会服务更加普惠便捷

2017 年至 2021 年，我国网民规模从 7.72 亿增至 10.32 亿，互联网普及率上升到 73%。国家数字教育资源公共服务体系不断完善，"互

联网 + 教育"推动优质教育资源惠及更多家庭。全国统一的医保信息平台建成，实现跨省异地就医自助备案和住院直接结算。数字乡村建设稳步推进，城乡居民共享数字化发展成果。

6. 数字化发展环境优化完善

《网络安全法》《数据安全法》《个人信息保护法》等颁布实施，不断强化网络安全和数据安全保障能力。促进平台经济健康发展，有效维护市场主体和人民群众的合法权益。

7. 数字领域国际合作稳步拓展

倡导发起《携手构建网络空间命运共同体行动倡议》《"一带一路"数字经济国际合作倡议》《中国—东盟关于建立数字经济合作伙伴关系的倡议》《金砖国家数字经济伙伴关系框架》等一系列国际合作倡议，打造多层次全球数字合作伙伴关系。积极参与多边多方数字经济治理机制活动，为网络空间国际规则和技术标准制定贡献中国智慧和中国方案，携手构建网络空间命运共同体。

二、相关政策

2021年3月，中央发布的《国民经济和社会发展第十四个五年规划和2035年远景目标纲要》提出加快数字化发展，建设数字中国。迎接数字时代，激活数据要素潜能，推进网络强国建设，加快建设数字经济、数字社会、数字政府，以数字化转型整体驱动生产方式、生活方式和治理方式变革。

1. 打造数字经济新优势

充分发挥海量数据和丰富应用场景优势，促进数字技术与实体经济深度融合，赋能传统产业转型升级，催生新产业新业态新模式，壮大经济发展新引擎。

加强关键数字技术创新应用。聚焦高端芯片、操作系统、人工智能关键算法、传感器等关键领域，加快推进基础理论、基础算法、装备材料等研发突破与迭代应用。加强通用处理器、云计算系统和软件核心技术一体化研发。加快布局量子计算、量子通信、神经芯片、DNA 存储等前沿技术，加强信息科学与生命科学、材料等基础学科的交叉创新，支持数字技术开源社区等创新联合体发展，完善开源知识产权和法律体系，鼓励企业开放软件源代码、硬件设计和应用服务。

加快推动数字产业化。培育壮大人工智能、大数据、区块链、云计算、网络安全等新兴数字产业，提升通信设备、核心电子元器件、关键软件等产业水平。构建基于 5G 的应用场景和产业生态，在智能交通、智慧物流、智慧能源、智慧医疗等重点领域开展试点示范。鼓励企业开放搜索、电商、社交等数据，发展第三方大数据服务产业。促进共享经济、平台经济健康发展。

推进产业数字化转型。实施"上云用数赋智"行动，推动数据赋能全产业链协同转型。在重点行业和区域建设若干国际水准的工业互联网平台和数字化转型促进中心，深化研发设计、生产制造、经营管理、市场服务等环节的数字化应用，培育发展个性定制、柔性制造等新模式，加快产业园区数字化改造。深入推进服务业数字化转型，培育众包设计、智慧物流、新零售等新增长点。加快发展智慧农业，推进农业生产经营和管理服务数字化改造。

2. 加快数字社会建设步伐

适应数字技术全面融入社会交往和日常生活新趋势，促进公共服务和社会运行方式创新，构筑全民畅享的数字生活。

提供智慧便捷的公共服务。聚焦教育、医疗、养老、抚幼、就业、文体、助残等重点领域，推动数字化服务普惠应用，持续提升群众获得感。推进学校、医院、养老院等公共服务机构资源数字化，加大开放共享和应用力度。推进线上线下公共服务共同发展、深度融合，积极发展在线课堂、互联网医院、智慧图书馆等，支持高水平公共服务机构对接基层、边远和欠发达地区，扩大优质公共服务资源辐射覆盖范围。加强智慧法院建设。鼓励社会力量参与"互联网＋公共服务"，创新提供服务模式和产品。

建设智慧城市和数字乡村。以数字化助推城乡发展和治理模式创新，全面提高运行效率和宜居度。分级分类推进新型智慧城市建设，将物联网感知设施、通信系统等纳入公共基础设施统一规划建设，推进市政公用设施、建筑等物联网应用和智能化改造。完善城市信息模型平台和运行管理服务平台，构建城市数据资源体系，推进城市数据大脑建设。探索建设数字孪生城市。加快推进数字乡村建设，构建面向农业农村的综合信息服务体系，建立涉农信息普惠服务机制，推动乡村管理服务数字化。

构筑美好数字生活新图景。推动购物消费、居家生活、旅游休闲、交通出行等各类场景数字化，打造智慧共享、和睦共治的新型数字生活。推进智慧社区建设，依托社区数字化平台和线下社区服务机构，建设便民惠民智慧服务圈，提供线上线下融合的社区生活服务、社区治理及公共服务、智能小区等服务。丰富数字生活体验，发展数字家庭。加强全民数字技能教育和培训，普及提升公民数字素养。加快信息无障碍建设，帮助老年人、残疾人等共享数字生活。

3. 提高数字政府建设水平

将数字技术广泛应用于政府管理服务，推动政府治理流程再造和模式优化，不断提高决策科学性和服务效率。

加强公共数据开放共享。建立健全国家公共数据资源体系，确保公共数据安全，推进数据跨部门、跨层级、跨地区汇聚融合和深度利用。健全数据资源目录和责任清单制度，提升国家数据共享交换平台功能，深化国家人口、法人、空间地理等基础信息资源共享利用。扩大基础公共信息数据安全有序开放，探索将公共数据服务纳入公共服务体系，构建统一的国家公共数据开放平台和开发利用端口，优先推动企业登记监管、卫生、交通、气象等高价值数据集向社会开放。开展政府数据授权运营试点，鼓励第三方深化对公共数据的挖掘利用。

推动政务信息化共建共用。加大政务信息化建设统筹力度，健全政务信息化项目清单，持续深化政务信息系统整合，布局建设执政能力、依法治国、经济治理、市场监管、公共安全、生态环境等重大信息系统，提升跨部门协同治理能力。完善国家电子政务网络，集约建设政务云平台和数据中心体系，推进政务信息系统云迁移。加强政务信息化建设快速迭代，增强政务信息系统快速部署能力和弹性扩展能力。

提高数字化政务服务效能。全面推进政府运行方式、业务流程和服务模式数字化智能化。深化"互联网＋政务服务"，提升全流程一体化在线服务平台功能。加快构建数字技术辅助政府决策机制，提高基于高频大数据精准动态监测预测预警水平。强化数字技术在公共卫生、自然灾害、事故灾难、社会安全等突发公共事件应对中的运用，全面提升预警和应急处置能力。

4. 营造良好数字生态

坚持放管并重，促进发展与规范管理相统一，构建数字规则体系，营造开放、健康、安全的数字生态。

建立健全数据要素市场规则。统筹数据开发利用、隐私保护和公共安全，加快建立数据资源产权、交易流通、跨境传输和安全保护等基础制度和标准规范。建立健全数据产权交易和行业自律机制，培育规范的数据交易平台和市场主体，发展数据资产评估、登记结算、交易撮合、争议仲裁等市场运营体系。加强涉及国家利益、商业秘密、个人隐私的数据保护，加快推进数据安全、个人信息保护等领域基础性立法，强化数据资源全生命周期安全保护。完善适用于大数据环境下的数据分类分级保护制度。加强数据安全评估，推动数据跨境安全有序流动。

营造规范有序的政策环境。构建与数字经济发展相适应的政策法规体系。健全共享经济、平台经济和新个体经济管理规范，清理不合理的行政许可、资质资格事项，支持平台企业创新发展、增强国际竞争力。依法依规加强互联网平台经济监管，明确平台企业定位和监管规则，完善垄断认定法律规范，打击垄断和不正当竞争行为。探索建立无人驾驶、在线医疗、金融科技、智能配送等监管框架，完善相关法律法规和伦理审查规则。健全数字经济统计监测体系。

加强网络安全保护。健全国家网络安全法律法规和制度标准，加强重要领域数据资源、重要网络和信息系统安全保障。建立健全关键信息基础设施保护体系，提升安全防护和维护政治安全能力。加强网络安全风险评估和审查。加强网络安全基础设施建设，强化跨领域网络安全信息共享和工作协同，提升网络安全威胁发现、监测预警、应急指挥、攻击溯源能力。加强网络安全关键技术研发，加快人工智能安全技术创新，提升网络安全产业综合竞争力。加强网络安全宣传教育和人才培养。

推动构建网络空间命运共同体。推进网络空间国际交流与合作，推动以联合国为主渠道、以联合国宪章为基本原则制定数字和网络空间国际规则。推动建立多边、民主、透明的全球互联网治理体系，建立更加公平合理的网络基础设施和资源治理机制。积极参与数据安全、数字货币、数字税等国际规则和数字技术标准制定。推动全球网络安全保障合作机制建设，构建保护数据要素、处置网络安全事件、打击网络犯罪的国际协调合作机制。向欠发达国家提供技术、设备、服务等数字援助，使各国共享数字时代红利。积极推进网络文化交流互鉴。

2021年12月，中央网络安全和信息化委员会印发了《"十四五"国家信息化规划》，提出十大重大任务和十大优先行动。其中十大重大任务包括建设泛在智联的数字基础设施体系，建立高效利用的数据要素资源体系，构建释放数字生产力的创新发展体系，培育先进安全的数字产业体系，构建产业数字化转型发展体系，构筑共建共治共享的数字社会治理体系，打造协同高效的数字政府服务体系，构建普惠便捷的数字民生保障体系，拓展互利共赢的数字领域国际合作体系，建立健全规范有序的数字化发展治理体系。十大优先行动包括全民数字素养与技能提升行动、企业数字能力提升行动、前沿数字技术突破行动、数字贸易开放合作行动、基层智慧治理能力提升行动、绿色智慧生态文明建设行动、数字乡村发展行动、数字普惠金融服务行动、公共卫生应急数字化建设行动、智慧养老服务拓展行动。

2023年2月,中共中央、国务院印发了《数字中国建设整体布局规划》,提出了数字中国"2522"总体框架,即夯实数字基础设施和数据资源体系"两大基础",推进数字技术与经济、政治、文化、社会、生态文明建设"五位一体"深度融合,强化数字技术创新体系和数字安全屏障"两大能力",优化数字化发展国内国际"两个环境"。

在数字技术与"五位一体"深度融合方面,《数字中国建设整体布局规划》提出了如下五大任务:

一是做强做优做大数字经济。培育壮大数字经济核心产业,研究制定推动数字产业高质量发展的措施,打造具有国际竞争力的数字产业集群。推动数字技术和实体经济深度融合,在农业、工业、金融、教育、医疗、交通、能源等重点领域,加快数字技术创新应用。支持数字企业发展壮大,健全大中小企业融通创新工作机制,发挥"绿灯"投资案例引导作用,推动平台企业规范健康发展。

二是发展高效协同的数字政务。加快制度规则创新,完善与数字政务建设相适应的规章制度。强化数字化能力建设,促进信息系统网络互联互通、数据按需共享、业务高效协同。提升数字化服务水平,加快推进"一件事一次办",推进线上线下融合,加强和规范政务移动互联网应用程序管理。

三是打造自信繁荣的数字文化。大力发展网络文化，加强优质网络文化产品供给，引导各类平台和广大网民创作生产积极健康、向上向善的网络文化产品。推进文化数字化发展，深入实施国家文化数字化战略，建设国家文化大数据体系，形成中华文化数据库。提升数字文化服务能力，打造若干综合性数字文化展示平台，加快发展新型文化企业、文化业态、文化消费模式。

四是构建普惠便捷的数字社会。促进数字公共服务普惠化，大力实施国家教育数字化战路行动，完善国家智慧教育平台，发展数字健康，规范互联网诊疗和互联网医院发展。推进数字社会治理精准化，深入实施数字乡村发展行动，以数字化赋能乡村产业发展、乡村建设和乡村治理。普及数字生活智能化，打造智慧便民生活圈、新型数字消费业态、面向未来的智能化沉浸式服务体验。

五是建设绿色智慧的数字生态文明。推动生态环境智慧治理，加快构建智慧高效的生态环境信息化体系，运用数字技术推动山水林田湖草沙一体化保护和系统治理，完善自然资源三维立体"一张图"和国土空间基础信息平台，构建以数字孪生流域为核心的智慧水利体系。加快数字化绿色化协同转型。倡导绿色智慧生活方式。

三、发展对策

如何推进信息化建设？不少领导干部在认识和执行层面跟不上，突出表现在以下三个方面：一是思想认识误区。有的领导干部认为信息化建设是个技术问题，重视信息化工程项目建设，但不重视顶层设计、统筹协调和配套制度建设，"重建设轻管理"现象比较普遍。二是知识结构老化。近年来，物联网、云计算、大数据、人工智能、5G、区块链、虚拟现实、元宇宙等新一代信息技术快速发展，但不少领导干部不重视新知识学习，对这些新技术及其应用缺乏了解。三是没有结合工作。一些领导干部在实际工作中遇到问题，没有想到运用信息化手段来解决或缓解，仍然沿袭人海战术、经验主义。信息化和实际业务没有深度融合，"两张皮"问题比较突出。

习近平同志在推动"数字福建""数字浙江"建设工作中形成的认识论、实践论、方法论，是网络强国、"数字中国"建设的思想源头，对各级领导干部在新时代推进信息化建设具有很强的指导意义。

1. 吃透中央精神，紧跟时代步伐

这是落实好中央关于"数字中国"建设相关决策部署的前提和关键，也是做好信息化工作的基础。

一是深入学习习近平总书记关于网络强国的重要思想。各级领导干部要深入学习习近平总书记关于网络强国的重要思想，将之作为新时代本地区、本部门开展信息化建设的根本遵循。

二是深入学习中央关于"数字中国"建设的政策文件。党的十八大以来，党中央、国务院出台了《国家信息化发展战略纲要》《国家数字经济发展战略纲要》《国务院关于加快推进"互联网＋政务服务"工作的指导意见》等一系列"数字中国"相关政策。中央印发的《国民经济和社会发展第十四个五年规划和2035年远景目标纲要》把"数字中国"单独成篇，提出加快数字化发展，建设数字中国，对"十四五"期间我国数字经济、数字社会、数字政府和数字生态提出了明确要求。

各级领导干部要结合本地区、本部门实际情况,贯彻落实有关文件。

三是深入学习新一代信息技术等前沿领域知识。物联网、云计算、大数据、人工智能、5G、区块链、元宇宙等新一代信息技术是"数字中国"的关键技术,数字经济是"数字中国"的重要组成部分。党的十八大以来,中央政治局相继对网络强国、大数据、人工智能、区块链、量子科技和数字经济进行了集体学习。每次中央政治局集体学习,习近平总书记对领导干部都提出了明确要求。例如,各级领导干部要学网、懂网、用网。各级领导干部要加强学习,懂得大数据,用好大数据,增强利用数据推进各项工作的本领。各级领导干部要努力学习科技前沿知识,把握人工智能发展规律和特点。相关部门及其负责领导同志要注意区块链技术发展现状和趋势,提高运用和管理区块链技术能力。各级领导干部要提高数字经济思维能力和专业素质,增强发展数字经济本领。各地区、各部门要紧跟时代发展潮流,把新一代信息技术等前沿领域知识纳入中心组学习内容。

2. 加强统筹协调,强化信息共享

信息化涉及方方面面,是"一把手工程"。如果政府部门各自为政的话,将导致重复投资、重复建设,产生大量"信息孤岛"和"数据壁垒",影响信息化整体效益的发挥。为此,必须加强统筹协调。

一是理顺信息化管理体制机制。目前,许多地方党委都成立了网络安全和信息化委员会及其办公室(简称"网信办"),许多地方政府都成立了大数据主管部门。此外,发改、工信等部门也有信息化相关职能。要加强党对信息化工作的领导,更好地发挥各级网信部门的统筹协调作用。例如,让地方网信办主任兼任大数据局局长,同时兼任地方党委和政府的副秘书长或办公厅（室）副主任。

二是健全基层信息化管理机构。目前，我国许多县（市、区、旗）还没有成立专门的信息化主管部门，导致很多信息化工作在县级层面无法有效落实。所谓"基础不牢，地动山摇"。基层信息化主管部门的缺位，严重影响"数字中国"建设的深入，使信息化无法惠及全体人民。建议各县市区旗成立专门的信息化主管部门。考虑编制问题，可以探索信息化"大部制"，让网信、大数据等部门合署办公，实行"多块牌子、一套人马"。

三是对政务信息共享进行清单化管理。由各部门提出信息共享需求，即希望与哪些部门共享哪些数据。然后由信息化主管部门对各部门的信息共享需求进行汇总，形成《政务信息共享需求清单》，明确共享单位、共享内容、共享方式、共享频率等，并以内部文件方式印发执行。另外，最好在"三定方案"中明确各部门的信息共享职责，以便依法依规推进政务信息共享。

3. 强化产业支撑，动员社会参与

对于政府部门，信息化建设往往面临"三缺"，即缺资金、缺技术、缺人才。2002年1月，习近平同志在"数字福建"座谈会上指出，信息化不应由政府大包大揽，而要动员社会力量参与。另外，信息化建设离不开信息产业的支撑。习近平同志在福建工作期间很重视信息产业的培育和发展，关心新大陆、榕基软件等企业发展。

一是强化信息化建设的产业支撑。发挥数字技术企业的作用，把推进信息化建设和发展数字经济结合起来。信息化建设和信息产业发展是相辅相成的。一方面，信息化建设离不开信息产业的支撑。另一

方面，信息化建设有利于信息产业的发展。例如，"数字福建"建设带动了福建数字经济的发展。2021年，福建省数字经济总量达到2.3万亿元，约占GDP比重的47%，规模和水平处于全国前列，成为推动福建全方位高质量发展超越的强大引擎。各级地方政府在推进信息化建设过程中，要注重培育和发展物联网、大数据、人工智能等新一代信息技术产业，形成信息化建设的数字经济发展良性互动的新格局。例如，通过以项目换投资、以数据换投资等方式，推进产业数字化。吸引外地数字技术企业在本地注册公司，政府部门优先让其承建信息化项目，把政府部门掌握的公共数据资源定向开放给这样的企业。

二是动员有关高校和科研院所参与。地方政府部门可以支持本地高校开设计算机应用、地理信息系统等信息化相关专业，或在硕士、博士研究生专业设置信息化研究方向，培养一批信息化专业技术人才。鼓励本地高校开展校企合作，推进信息化领域的产教融合。例如，建立信息化方面的实训基地或现代学院，邀请数字技术企业高管担任兼职教师。支持有关科研院所加强新一代信息技术研发以及信息化领域的研究。例如，成立信息化方面的智库，为当地政府推进信息化建设出谋划策。

三是动员有关社会组织和新闻媒体参与。地方政府部门可以发挥工商联及其管理的行业协会、商会的作用。例如，组织企业参加信息化方面的专题培训、现场观摩、沙龙等，提高企业家的信息化意识。组织企业参加福州数字中国建设峰会、贵阳数博会、重庆智博会、南京软博会等国内外信息化方面的展会，扩大企业产品销路，开阔企业家眼界。鼓励主流新闻媒体和网络新媒体加强对信息化建设的宣传报道，邀请专家解读信息化相关政策，对信息化典型案例进行专题报道，提高社会各界对信息化的认识。

我国正处于从工业社会向信息社会过渡的百年未有之大变局中。在新时代，各级领导干部要以习近平总书记关于网络强国重要思想为指导，强化信息化思维，不断提高对互联网规律的把握能力、对网络舆论的引导能力、对信息化发展的驾驭能力、对网络安全的保障能力。

第四章 新一代信息技术及其应用

目前，人类已经历了以电子计算机为核心的第一次信息技术革命和以互联网为核心的第二次信息技术革命，正迎来以物联网、云计算、大数据、人工智能、3D打印、5G、区块链、量子科技、虚拟现实、元宇宙等新一代信息技术为核心的第三次信息技术革命。近年来，这些新一代信息技术在党政机关、企事业单位以及各行各业得到越来越广泛的应用。

第一节　物联网技术及其应用

物联网就是通过传感器联网以实现物与物之间的通信。党的二十大报告提出加快发展物联网，建设高效顺畅的流通体系，降低物流成本。

一、物联网技术概述

1995 年，比尔·盖茨在《未来之路》一书中曾提及物联网 (Internet of things) 的概念。2005 年 11 月，在突尼斯举行的信息社会世界峰会 (WSIS) 上，国际电信联盟 (ITU) 对物联网概念进行了扩展，即物联网能在任何时间、任何地点实现任意物体之间的互联。

物联网是不同传感器之间按约定的协议进行信息交换和通信，以实现物品的智能化识别、定位、跟踪、监控和管理的一种网络。物联网为人类社会增加了新的沟通维度，即从任何时间、任何地点的人与人之间的沟通连接扩展到人与物、物与物之间的沟通。

物联网具备三个特征：一是全面感知，即利用 RFID、传感器等随时随地获取物体的信息；二是可靠传输，通过各种电信网络与互联网的融合，将物体的信息实时准确地传输出去；三是智能处理，利用云计算、模糊识别等各种智能计算技术，对海量数据和信息进行分析与处理，对物体实施智能化的控制。

二、物联网技术在党政机关的应用

1. 在党委部门的应用

物联网技术可以应用于党委部门的门禁管理、文件管理、文献管理、档案管理、考勤管理、党员身份识别等领域。例如，党的文献浩如烟海，传统保管方式难以查找。利用基于RFID的电子标签，就可以快速定位文献的存放位置。如果建立类似"立体仓库"的智慧档案馆，利用物联网技术就可以迅速存取党的文献资料和党员干部的个人档案。

杭州市上城区委组织部建立了"红芯"党员信息管理系统。通过一枚放有RFID芯片的党徽，就可实现对党员基本信息、学习活动情况、服务群众情况的规范化管理。在党员会议活动中，"红芯"党徽能够瞬时统计参加会议的实际党员人数，不需要安排专门人员负责签到，避免了漏签、代签等情况。此外，可以对党员示范岗、党员责任区进行实时管理。

2. 在政府部门的应用

从技术特点来看，政府部门运用物联网技术可以"感知"监管对象。目前，物联网技术在公安、海关、自然资源、生态环境、交通运输、

表 4-1　物联网在政府部门的应用领域

政府部门	物联网应用领域
公安部门	罪犯人脸识别和追踪、出入境管理、车辆监控、公民身份认证、重大活动安保、公务枪支管理等
自然资源部门	地质灾害监测预警、海洋监测、林业病虫害监测等
生态环境部门	工业污染源自动监测、核辐射自动监测、空气污染自动监测、江河湖泊水质自动监测等

(续表4-1)

政府部门		物联网应用领域
交通运输部门	公 路	汽车超速监测、货车超载检测、疲劳驾驶监测等
	海 事	船舶识别、水上交通管制、海事设施运行监测、船员身份自动认证等
	民 航	机场周界安防、空中交通管制等
	铁 路	列车运行状态监测、铁道设备运行情况监测、电子客票、货物追踪等
海关部门		车辆通关自动核放、电子关锁、电子围网、海关物流监控等
市场监管部门		特种设备运行监测、计量装置自动监测、食品药品溯源等
应急管理部门		重大危险源自动监控、危险化学品运输车辆监控、矿山安全生产、地壳形变自动监测、森林火灾自动监测等
农业农村部门		设施农业
水利部门		水位自动监测、大坝形变自动监测等
气象部门		温度、湿度、风向等自动监测

市场监管、应急管理等政府部门得到了应用，取得了良好的效果。例如，公安部门运用物联网技术对车辆进行自动监控，生态环境保护部门运用物联网技术对工业企业排污情况进行自动监测，市场监管部门运用物联网技术对食品安全进行溯源。

第二节　云计算技术及其应用

一、云计算技术概述

云计算（Cloud Computing）是一种可以随时随地方便地、按需地通过网络访问可配置计算资源（如网络、服务器、存储、应用程序和服务）的共享池模式，这个池可以通过最低成本的管理或与服务提供商交互来快速配置和释放资源。

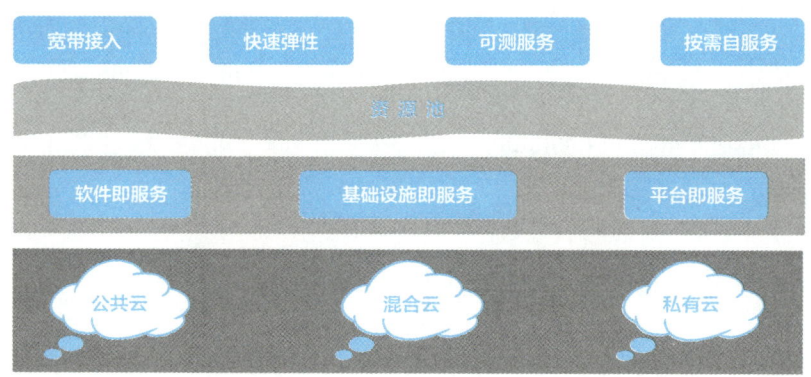

图 4-1　云计算的主要特点和类型

按照云计算资源的使用方式，可以将云计算分为公共云、私有云和混合云。公共云是指多个用户共用一个云服务提供商的 IT 资源。每个用户根据自己占用、消耗 IT 资源的多少，向云服务提供商支付费用。公共云适用于中小企业。目前，许多地方推进"企业上云"，降低中小企业信息化门槛。私有云是指某个单位建设一个云计算中心或云服务平台供自己使用，不向社会提供云计算服务。私有云适用于国家部委、省和地市一级政府和大型企业集团。例如，目前许多省市建立了"政务云"。混合云是指一部分资源公用,一部分私用。混合云适用于IT资源有富余的单位,在满足自身应用的同时,把多余IT资源卖给外单位。例如,阿里巴巴、腾讯等大型互联网企业在满足自身云计算需求的同时对外提供云服务。

按服务类型分类,可以将云计算分为基础设施即服务(IaaS)、平台即服务(PaaS)、软件即服务(SaaS)三类。IaaS是指云计算服务提供商把服务器、存储设备、网络设备等硬件设备资源打包成服务提供给用户使用。在IaaS模式下,用户无需自己购买硬件设备,而是通过付费来使用云计算服务提供商的硬件设备。PaaS是指云计算服务提供商为用户提供应用软件开发、测试、运行等环境。在PaaS模式下,许多用户可以在这个公共平台上开发自己的软件,测试自己的软件,运行自己的软件。SaaS是指云计算服务提供商或软件企业通过互联网为用户提供所需的软件。用户无需自行购买软件,而只需要以服务费的形式支付软件的使用费,在线使用软件。目前,许多中小企业使用云平台上面的ERP软件、CAD软件。

二、云计算技术在党政机关的应用

云计算使得人们可以像用水、用电一样按需使用计算资源。许多党政机关和企事业单位不再需要自行购置或开发软硬件设备,不再需要对软硬件设备进行运行维护,而是支付一定的服务费,解决了长期困扰基层党政机关的"缺资金、缺技术、缺人才"问题,在一定程度上降低了基层党政机关的信息化门槛,促进数字党建和数字政府集约化建设。

1. 在党委部门的应用

目前,一些党政机关和企事业单位建立了党建云。例如,2018年5月,中国共产党新闻网对"全国党建云平台"进行全面升级,推出升级版的"人民党建云"平台。中国电子信息产业集团(CEC)建立了党建云,将党组织建设、党员教育管理服务等工作网络化、智能化,具有规范便捷的党务管理、创新多样的组织活动、一站式党员服务、多视角学习宣传、思想沟通交流、辅助基层组织科学决策等功能。

2020年7月1日,贵阳"党建红云"改版升级,更名为"筑红云","筑红云"APP正式上线运行,新增了"红云播客"版块,通过时下大众喜爱的网络短视频模式,创作分享一分钟微党课、身边好党员、基层党建工作经验介绍、党史故事宣讲、红色经典诵读等内容的原创短视频,传播党的声音、普及党务知识、讲述党员故事。"筑学习"版块中增加了"我要出题"功能,向全市十多万党员募集优选高质量、有代表性的学习内容和题目,为党员个人自我学习、自我完善、自我提升提供一个分享和展示的舞台。"筑红云"APP为每一个基层党支部建立了支部空间,基层党支部可在此记录支部工作、分享学习资料,支部党员可在此分享学习心得。此外,"筑红云"APP还建立了积分规则和"积分兑换"激励机制,积分可兑换补答题机会,还可兑换指定的产品和服务。

2. 在政府部门的应用

目前,许多国家部委和地方政府都建立了政务云,把政务信息系统迁移到政务云平台,实现了数字政府集约化建设,促进了政务信息共享和业务协同,在一定程度上避免了重复投资、重复建设,消除了"信息孤岛"。

第三节　大数据技术及其应用

> 善于获取数据、分析数据、运用数据，是领导干部做好工作的基本功。各级领导干部要加强学习，懂得大数据，用好大数据，增强利用数据推进各项工作的本领，不断提高对大数据发展规律的把握能力，使大数据在各项工作中发挥更大作用。
>
> ——2017 年 12 月，习近平总书记在主持中央政治局第二次集体学习时的讲话

一、大数据技术概述

大数据（Big Data）是以容量大、类型多、存取速度快、应用价值高为主要特征的数据集合，正快速发展为对数量巨大、来源分散、格式多样的数据进行采集、存储和关联分析，从中发现新知识、创造新价值、提升新能力的新一代信息技术和服务业态。大数据具有数据差异大、数据量大、处理速度快、有很强的时效性、数据可视化和复杂度高等特点。大数据的核心不在于数据量大，而在于数据分析。

大数据概念最早是由美国 EMC 公司于 2011 年 5 月提出的。2011 年 6 月，由 EMC 赞助、IDC 编制的年度数字宇宙研究报告《从混沌中汲取价值》(Extracting Value from Chaos) 发布。IDC 根据过去 5 年的研究发现，全球数据量大约每两年翻一番;2010 年，全球数据量跨入 ZB 时代，预计到 2025 年全球数据量将达到 175ZB。

为了有效应对大数据带来的挑战，同时充分利用大数据带来的机遇，美国、欧盟等都制订了大数据研究和发展计划。

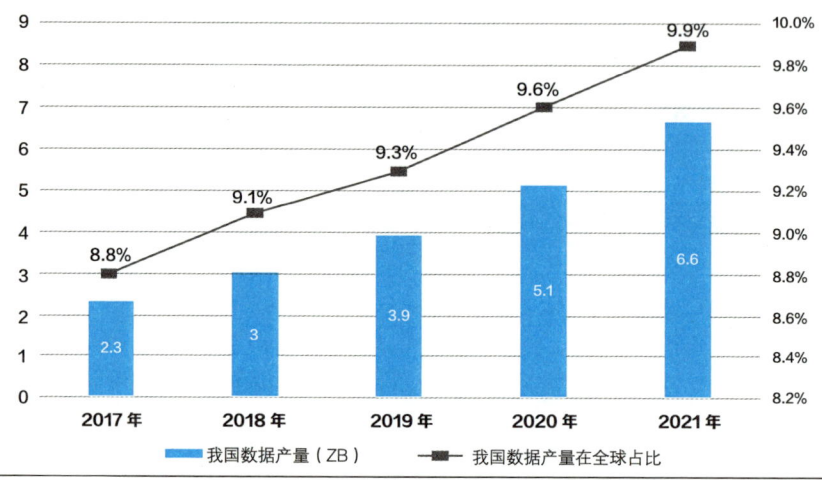

图 4-2　2017—2021 年我国数据产量及其全球占比情况

2012 年 3 月，美国政府发布了"大数据研发动议"（Big Data Research and Development Initiative），其目的是通过对采集来的庞大而复杂的数据进行分析，从中获得新的知识和洞见，加速科学发现，强化本土安全。国防部、能源部、国家科学基金会、国家卫生研究所和联邦地质调查局等部门纷纷投入资金，用于研发有关方法和软件工具，提高从海量数据中获取信息、知识等的能力。

数据是行政管理的基础，是政府的重要资产。发展政府大数据，有利于改变"拍脑袋"式决策，促进领导决策科学化；有利于推进行政管理从"粗放管理"向"精细管理"转变，从"人海战术"向"精确管理"转变；有利于实现基本公共服务资源、配套设施、执法力量等公共资源配置科学化、合理化；有利于促进公共服务人性化，为企事业单位和社会公众提供个性化服务；有利于实现政府运行整体化，破除行政碎片化，构建"整体政府"；有利于提高行政管理自动化、智能化水平。在大数据时代，各级政府官员要学会用数据说话，用数据管理，用数据决策，用数据创新。

领导干部的大数据思维是指领导干部要用数据说话,用数据管理,用数据决策,用数据创新,善于运用大数据解决经济社会发展过程中面临的实际问题,通过大数据创新党建模式、经济调节模式、市场监管模式、社会治理模式和公共服务模式等。

(1)用数据说话

从历史文化传统来看,许多中国人喜欢感性思维,不善于理性思维。许多领导干部往往凭感觉说话,喜欢用"大概""可能"等模糊语言来描述事物,难以准确掌握真实情况。有些领导干部说得头头是道,但拿不出令人信服的数据,难以服众。为此,要改变过去凭感觉说话,而是用数据说话。在工作中,领导干部要对数字敏感,善于用数据摆事实,讲道理,用数据分析现状,用数据发现问题,用数据分析态势。

(2)用数据管理

历史学家黄仁宇提倡的数目字管理,其实就是指用数据管理。1979年,黄仁宇出版了《万历十五年》,从大历史的角度提出一个新的看法:即中国失败的原因无关道德和个人因素,而是在技术上不能实现"数目字管理"。

我国许多政府部门管理之所以比较粗放,就是由于信息化建设水平低,没有用大数据进行管理。其实,如果用大数据进行管理,许多市场监管和社会治理的漏洞都可以堵住,如偷税漏税、骗保、重婚等。

近年来,数据驱动管理理论在西方国家行政管理学界逐渐兴起。许多行政管理领域的专家学者已经意识到大数据对政府管理的重要性。领导干部要学会通过大数据提供行政效能,以大数据推进国家治理体系和治理能力现代化。

（3）用数据决策

许多领导干部凭经验决策，习惯采用"拍脑袋"的决策方式，容易造成决策失误。这是因为我国现在正处于经济社会转型时期，经济社会状况变化很快，政策形势变化也很快，经验往往靠不住。如今，领导干部决策失误，是要终身问责的。一旦决策失误，轻则挨处分，重则降职甚至免职，影响今后的仕途。为此，领导干部必须要用数据决策，把相关数据作为决策的客观依据，提高决策水平，促进决策科学化。

（4）用数据创新

党的十八届五中全会提出五大发展理念，其中第一大发展理念就是创新发展。党中央、国务院把创新驱动发展战略作为中国今后一段时期的经济社会发展战略。对于领导干部，要推进政府创新，包括政府管理创新、公共服务创新等。在大数据时代，要运用大数据创新市场监管模式，创新社会治理模式、创新公共服务模式等，实现对市场的精准监管、社会的精准治理、"让数据多跑腿，群众少跑腿"。欧美发达国家都非常重视用大数据开展政府创新工作，纽约警察局的CompStat、巴尔的摩市政厅的CitiStat，都曾获得哈佛大学肯尼迪政府学院的政府创新奖。全国各级党政部门也要积极运用大数据，创造性地处理公共事务。

CitiStat系统通过311非紧急救助热线电话收集城市运行的问题信息，同时要求各部门提交绩效数据。在每两周召开一次的市政绩效会议上，市长与各部门负责人一起参会。市长通过绩效数据识别哪些领域处于低效状态，并寻求改进对策。CitiStat 系统实施第一年就节约了 1300 多万美元，其中减少加班费 600 万美元，减少项目行动费 102 万美元，减少事故损失费 123 万美元，减少运行费用 131 万美元，增加财政收入 364 万美元。2000—2007 年，该系统共节约了 3.5 亿美元财政支出。

二、大数据技术在党政机关的应用

1. 在党委部门的应用

大数据技术可以应用于党委决策、党员组织管理、党员教育、服务群众等领域，使党建工作"用数据说话、用数据管理、用数据决策、用数据创新"。例如，利用大数据技术建立"数字驾驶舱"，可以让党委领导掌控全局，加强党的全面领导，提高党的领导水平。在党员管理信息系统中增强大数据分析功能，可以对本地区、本部门党员情况进行结构化分析，有针对性地发展党员。在干部网络学院的干部网上培训系统中增强大数据分析功能，可以了解党员干部的兴趣点、关注点等，有针对性地开展干部培训。在通过互联网走群众路线过程中，运用大数据可以掌握人民群众的实际诉求，为人民群众提供精准的服务。

目前，大数据在党建领域得到了应用。2018 年 2 月，重庆市江北区智能党建大数据平台正式上线，具有异地组织关系转接、干部考核数据化可视化、党组织和党员分析智能化、困难党员慰问精准化等功能。此外，南京江宁高新区建立了党建大数据中心，总面积近 600 平方米，可以分析辖区内党员数量、党员年龄、党组织分布等情况。

中共淮安市委组织部建立了干部选拔任用管理大数据系统，把选人用人的各项要求转化为数据语言，把干部成长选任管理的规律性认识转化为数据项设置，通过对干部工作相关信息的收集、管理、分析、运用，有效破解了在少数人中选人、干部"带病提拔"等问题。

一是领导干部的精准筛查。2015年，一个县区政协主席岗位出现空缺时，淮安市委组织部依托大数据系统在全市县处级干部中进行了筛查，通过多重筛选，综合比对，第一时间拿出了初步人选。最终一名市直事业单位同志通过市委常委会研究，担任了该职务。

二是干部队伍的结构优化。淮安市委组织部通过大数据分析发现与市委"六大战略"密切相关的专业型领导干部仅占25.63%，远不能适应发展需要。为此，淮安市委组织部启动了服务市委"六大战略"年轻干部素质培优工程。

三是领导班子的科学搭配。利用大数据系统广泛收集领导班子运行信息，运用图表、对比、趋势等分析手段加强对领导班子的定期综合研判，避免了以往靠翻干部名册，简单凭年龄、性别、籍贯等基础信息配班子的问题，有效地将知识能力相长、经历经验相补、性格气质相容等要求落到实处。

2. 在政府部门的应用

目前，大数据技术已在公安、司法、市场监管、税务、文化旅游等部门得到应用，促进了领导决策科学化、行政管理精细化和精确化、公共资源配置合理化、公共服务人性化、政府运行整体化、政府运作智慧化。在许多城市，大数据中心成为新型智慧城市的重要基础设施。

浙江省公安厅建成全国首创的业务智能建模工具"数据探索平台"，

表 4-2　政府部门大数据应用示例

政府职能部门	应用示例
办公厅/办公室	建设政府数据网站，开放公共数据资源；运用大数据促进领导决策科学化。
发展改革部门	运用大数据监测宏观经济运行情况，促进宏观调控科学化；运用大数据进行物价监测。
工业和信息化部门	发展工业大数据。推动大数据在研发设计、生产制造、经营管理、市场营销、售后服务等环节的应用，发展基于大数据的智能制造、大规模定制、服务型制造等新一代制造业。
教育部门	运用大数据分析教育发展情况，科学配置教育资源（新建多少学校，建在哪里），因材施教。
科技部门	运用大数据进行科技查新；运用大数据进行科技成果供需匹配，促进科技成果转化。
公安部门	在社会治安管理、车辆管理、户籍管理、出入境管理、打拐、反扒、消防、踩踏预警、反恐、打击电信诈骗等领域应用大数据，建立基于大数据的立体化防控体系。在重要场所安装具有人脸识别功能的视频监控系统，提升视频智能化处理能力，为案件侦破提供精准线索。
监察部门	数据铁笼；运用大数据进行干部画像，对干部进行监督。
民政部门	在居民婚姻状况分析、社会救助对象经济状况核查、民政专项资金监管等领域应用大数据，杜绝重婚、骗婚、骗保、开大处方等违法违规行为。运用大数据帮助儿童福利院的儿童找到亲生父母，精准对接社会帮扶。
司法部门	在法律援助分析、公证、司法鉴定、服刑人员分析、戒毒人员分析、律师分析等领域应用大数据。
财政部门	财政收支大数据分析；财政数据可视化。
人力资源和社会保障部门	运用大数据分析城乡居民就业情况、人才市场供求状况、行业薪资待遇等，引导社会就业。通过招聘单位和招聘人员的数据自动匹配，促进社会就业。建立基于大数据的社保监管平台，实现社保基金、就业专项资金和劳动用工的智能监管和医保的智能审核，杜绝骗保、冒领养老金等违法违规行为。
自然资源部门	加强不动产登记有关信息与住建、农业、林业、公安、民政等部门等部门的信息共享。运用大数据开展地质调查、自然资源评价等工作，查处违法占地等行为。运用大数据对地质灾害进行监测预警，保障城市地质安全。
住房和城乡建设部门	运用大数据支撑"多规合一"，编制城市规划，查处违章建筑，建立住房和城乡建设"一张图"。
交通运输部门	建立基于大数据的城市智能交通系统，运用大数据治理城市交通拥堵，改善市区交通状况，方便人们的出行。
农业农村部门	在农业产前、产中、产后各个环节推广应用大数据技术，发展设施农业、订单农业、精准农业等现代农业，促进农业组织化、规范化、品牌化。加强涉农数据汇聚和共享，增强涉农信息系统大数据分析功能。建立农产品质量追溯系统，归集生态环境、生产资料、生产过程、市场流通、加工储藏、检验检测等农产品生产、流通、消费相关数据，实现信息可查询、来源可追溯、责任可追究。

（续表4-2）

政府职能部门	应用示例
商务部门	运用大数据分析内外贸态势。
文化旅游部门	运用大数据分析广大人民群众的文化需求、偏好，引导文化工作者创作出适销对路的文化产品。运用大数据分析客源、游客行为等，对景点景区人群踩踏进行预警，对旅游市场进行精确监管，科学、合理地开展旅游景区规划和评价。
卫生健康部门	在医疗卫生发展情况分析、居民健康状况调查、医院等医疗资源科学配置、疫情监测和预警等领域应用大数据。鼓励医院运用大数据开展疾病研究、辅助看病等。
生态环境部门	运用大数据分析环境污染态势。
市场监管部门	建立和完善市场主体数据库，以社会信用代码关联市场主体信息，对市场主体进行信用画像。通过大数据分析发现各类市场主体违法违规规律、市场主体经营异常规律、消费者投诉举报情况等，通过跨部门数据比对发现市场监管漏洞，对市场主体实行分类、分级监管，科学地配置有限的执法力量。构建以企业信用信息公示为基础、以信用监管为核心的事中事后监管体系。
税务部门	对涉税数据进行比对，发现税收征管漏洞，促进财税增收。运用大数据分析税收结构等。
信访部门	在信访调研、访情预判、绩效考核、管理决策、记录历史等领域应用大数据。
行政服务中心	通过大数据分析为企业和社会公众提供个性化的、主动的服务，助力"最多跑一次"改革。推行"互联网+政务服务"，以部门联网、信息共享和数据交换支撑行政事项跨部门、跨地区、跨层级办理，让数据多跑腿，群众少跑腿，实现"一号"申请，"一窗"受理，"一网"通办。

为全省民警开展大数据应用提供支撑，在全国率先实现了模型研发智能化。

数据是行政管理的基础，是政府的重要资产。对于地方政府，要整合政务信息资源，建设大数据中心，实现跨部门、跨地区、跨层级政务信息共享。建设政府数据网站，开放公共数据资源。面向应用场景和痛点，与专业机构合作开展政府大数据应用，购买大数据分析服务。

第四节　人工智能技术及其应用

> 各级领导干部要努力学习科技前沿知识,把握人工智能发展规律和特点,加强统筹协调,加大政策支持,形成工作合力。
> ——2018 年 10 月 31 日习近平总书记
> 在主持中央政治局第九次集体学习时的讲话

一、人工智能技术概述

人工智能(Artificial Intelligence, AI)是研究、开发用于模拟、延伸和扩展人的智能的理论、方法、技术及应用系统的一门新的技术科学。人工智能技术可以提高政府管理和公共服务的智能化水平。人工智能是计算机科学的一个分支,它试图了解智能的实质,并生产出一种新的能以人类智能相似的方式做出反应的智能机器。

近十年来,类脑计算、深度学习等人工智能技术快速发展,被广泛应用于人机大战、医疗、机器人、无人驾驶汽车、搜索引擎、人脸识别等领域,人们的生产、生活的智能化程度越来越高。例如,工业

表 4-3　人工智能发展阶段

阶　段	时　间	理论方法
第一阶段	20 世纪 40 年代中期到 50 年代中期	控制论、信息论和系统论
第二阶段	20 世纪 50 年代中期到 80 年代末期	心理学、认知科学
第三阶段	20 世纪 80 年代末期到 21 世纪初	人工神经网络
第四阶段	21 世纪初到现在	互联网、深度学习

机器人是面向工业领域的多关节机械手或多自由度的自动装置,是智能制造的核心设备。运用工业机器人,可以极大地提高劳动生产率。

1997年5月,IBM公司的计算机程序"深蓝"在国际象棋比赛中击败国际象棋冠军卡斯帕罗夫,标志着国际象棋人机大战进入新时代。

超级电脑"沃森"由IBM公司和美国德克萨斯大学联合研制,拥有一套逻辑推理程序,可以推理出它认为最正确的答案。2011年2月,在一档类似于"最强大脑"的综艺节目《危险边缘》中,沃森击败了两位最高纪录保持者——詹宁斯和鲁特。在问答过程中,沃森独自完成对自然语言的分析,并以远超人类的速度完成抢答。目前,"沃森"已被应用于医疗领域。病人向"沃森"说自己的症状,沃森就自动分析出患者最有可能患上了哪种疾病,并提供医治方法。

1950年,阿兰·图灵提出了著名的"图灵测试"理论,能够通过测试的就是具有人工智能的机器人。2014年6月7日是图灵逝世60周年纪念日,在英国皇家学会举行的"2014图灵测试"大会上,聊天程序"尤金·古斯特曼"(Eugene Goostman)通过了图灵测试,标志着人工智能进入一个新时代。

阿尔法围棋(AlphaGo,阿尔法狗)是一款围棋人工智能程序,由谷歌公司旗下DeepMind公司团队开发。这个程序利用"价值网络"去计算局面,用"策略网络"去选择下子。2015年10月,AlphaGo以5:0完胜欧洲围棋冠军、职业二段选手樊麾。2016年3月,AlphaGo以4:1的总比分战胜世界围棋冠军、职业九段选手李世石。

AlphaGo采取的是深度学习模式,而不再"死记硬背"。AlphaGo输入了3000万盘人类顶级棋手对弈数据,可以通过"自我对战"来进行增强学习，改善此前的决策网络。还可以通过价值网络来进行整体局面判断，由决策网络与价值网络协作决定落子位置。

人工智能是具有显著产业溢出效应的基础性技术，能够推动多个领域的变革和跨越式发展。例如，人工智能可以加速发现医治疾病的新疗法，大幅降低新药研发成本；可以带动工业机器人、无人驾驶汽车等新兴产业的飞跃式发展；可以大幅提升国防信息化水平，加速无人作战装备的应用。人工智能技术将极大地提升和扩展人类的能力边界，对促进技术创新、提升国家竞争优势，乃至推动人类社会发展产生深远影响。

发展人工智能技术，要加强人脑研究。美国早在2013年就发布"脑计划"，欧盟和日本也在2013年、2014年相继发布各自的"脑计划"。中国也应制定"脑科学研究计划"，加强人工智能的基础科学研究。

与美国等发达国家相比，我国在人工智能基础研究、核心技术、创新环境、人才储备、产业发展等方面还存在较大差距。

（1）科技创新差距

我国人工智能基础研究薄弱，相关学术研究缺乏原创性和影响力。从人工智能学术论文来看，全球高被引前100篇论文，美国占59篇，中国只有16篇。在深度学习、机器人流程自动化、推理学习等领域的论文发表总数和引用率与美国差距明显。根据风险投资公司Thundermark发布的2021年全球AI研究报告，清华大学AI研究指数为65.5，远远落后于麻省理工学院、斯坦福大学、卡内基梅隆大学、加州大学伯克利分校这4所美国大学，低于英国牛津大学。华为AI研究指数为21.8，低于谷歌、微软、Meta、亚马逊、IBM等美国公司。

全球人工智能 PCT 国际专利申请量，美国占 41%，而我国只占 10%。

（2）专业人才差距

我国人工智能专业人才培养滞后，许多人工智能企业招聘不到满意的人才。据领英人才数据库统计，我国人工智能从业人员只有 5 万，而美国有 83 万，英国有 14 万。有 10 年以上工作经历的人工智能人才，美国占比超过 71.5%，而我国只占 38.7%。根据清华大学发布的数据，我国人工智能领域杰出人才数量只有 977 人，不足美国的 1/5；杰出人才占比仅为 5.4%，与美国的 17.1% 差距较大。

（3）产业支撑差距

目前美国有 6903 家人工智能企业，我国只有 1013 家。2019 年全球增长最快的人工智能企业，美国达到 30 家，我国只有 14 家。我国人工智能产业在基础层的基础算法、芯片、传感器等方面实力较弱，远远落后于美国。全球人工智能领域最活跃的风险投资机构排名，前 10 名均来自美国。我国 93% 的人工智能研发人员使用的开源软件包都是美国开发的。

党的二十大报告提出推动战略性新兴产业融合集群发展，构建新一代信息技术、人工智能、生物技术、新能源、新材料、高端装备、绿色环保等一批新的增长引擎。

二、人工智能技术在党政机关的应用

1. 在党委部门的应用

人工智能技术可以应用到党员教育、党员管理、服务群众等领域。

例如，运用深度学习等人工智能技术汇聚党员基础数据，收集党员学习信息，掌握党员个性化思想状况，满足党员教育入脑入心的要求，实现党建数据的智慧使用，切实推动党员政治素质与思想意识的真正提升与共同促进，让党组织在政治引领与思想建设中更加有的放矢，让党建工作更加精准、务实。

党建机器人是人工智能技术在党建领域的典型应用。在党建活动阵地中，党建机器人可以带领大家参观讲解，与党员群众进行智能对话，解答疑问。为参观者播放纪录片、红色影片等，提高党建宣传学习的效率。

2. 在政府部门的应用

政府部门应用人工智能技术，可以提高行政管理的自动化和智能化程度，减轻办事人员的工作量。例如，通过数据比对自动剔除不符合条件的各种申请、申报，杜绝"骗保"等行为；对人、车辆等监管对象进行自动识别、自动追踪，协助公安机关抓捕犯罪分子；根据水位、环境污染、山体滑坡、特种设备等监测情况自动报警、预警；对于一些简单重复性工作，由计算机自动处理；对于各类统计工作，由计算机自动生成统计分析报表；对于政府热线电话，由机器人来回答市民的问题。

延伸阅读：

ChatGPT

2022 年 11 月 30 日，美国 OpenAI 公司发布了聊天机器人程序 ChatGPT（Chat Generative Pre-trained Transformer）。ChatGPT 能与人

聊天、翻译、写邮件、写代码、找Bug、写文案、做作业、写论文、写诗、写演讲稿等。截至2023年1月底，ChatGPT的月活跃用户突破1亿，成为史上用户数量增长最快的应用程序。2023年2月1日，以色列总统艾萨克·赫尔佐格发表了部分由ChatGPT撰写的演讲稿，成为首位公开使用ChatGPT的政府首脑。2023年2月7日，微软宣布推出由ChatGPT支持的最新版本人工智能搜索引擎Bing(必应)和Edge浏览器。ChatGPT可以被用于深度伪造、网络攻击和数字化战争等领域，必须引起高度重视，积极防范ChatGPT带来的国家安全风险。国内人工智能企业应尽快推出中国版的ChatGPT。随着中国人口老龄化、少子化，中国版的ChatGPT可以用于老人陪护等。例如，与老人聊天，排解老人孤单寂寞，解答老人在健康、购物等方面的问题。

第五节　3D 打印技术及其应用

一、3D 打印技术概述

3D 打印是一种以计算机数字化模型为基础，运用粉末状金属或塑料等可粘合材料，通过逐层打印的方式来构造物体的技术，是增材制造 (Additive Manufacturing) 的主要实现形式。

与传统的"去除型"制造不同，"增材制造"无需原胚和模具，能直接根据计算机图形数据，通过增加材料的方法制造出任何形状的物体，简化产品的制造程序和工艺，缩短产品的研制和生产周期，提高生产效率，降低生产成本。

3D 打印最早出现在美国。1984 年，美国人查尔斯·胡尔将光学技术应用于快速成型领域，并于 1986 年成立了世界上第一家生产 3D 打印设备的公司——3D Systems，由此拉开了 3D 打印的帷幕。2017 年，全球 3D 打印市场规模达到 73.36 亿美元，同比增长 17.4%。

根据 3D 打印材料和工艺的不同，目前市场上主流的 3D 打印技术包括三维打印快速成型（3DP）、熔融沉积成型（FDM）、光固化成型（SLA）、选区激光烧结成型（SLS）、激光成型技术（DLP）、UV 紫外线成型技术等。

1. 三维打印快速成型技术

通过将液态连结体铺放在粉末薄层上，以打印横截面数据的方式逐层创建各部件，创建三维实体模型，多用于砂模铸造、建筑、工艺品、动漫、影视等。优点是成型速度快，价格相对低廉。可实现有渐变色的全彩色3D打印。打印过程无需支撑材料。可实现大型件的打印（4米）。缺点是产品力学性能差，强度、韧性相对较低，通常只能做样品展示，不适用于功能性试验。

2. 熔融沉积成型技术

将丝状的热熔性材料加热融化，三维喷头在计算机的控制下根据截面轮廓信息将材料选择性地涂敷在工作台上，快速冷却后形成一层截面。适用于小塑料件。优点是制造简单，成本低廉。缺点是难以精确控制出料形态与成型效果，温度对FDM成型效果影响很大。

3. 光固化成型技术

以光敏树脂为原料，通过计算机控制激光按零件的各分层截面信息在液态的光敏树脂表面进行逐点扫描，被扫描区域的树脂薄层产生光聚合反应而固化，形成零件的一个薄层。主要用于复杂、高精度的精细工件快速成型。优点是精度高，表面光滑。缺点是光敏树脂原料有一定毒性，强度小，成本高。

4. 选区激光烧结成型技术

通过预先在工作台上铺一层粉末材料，然后让激光在计算机控制下按照界面轮廓信息对实心部分粉末进行烧结，层层堆积成型。主要用于铸造业直接制作快速模具。优点是可使用材料广泛，成型效率高，材料利用率高，无需支撑，使用面广。缺点是成本高，机械性能差，需要比较杂乱的辅佐工艺。

5. 激光成型技术

使用高分辨率的数字光处理器投影仪来固化液态光聚合物，逐层地进行光固化。优点是成型精度高，可匹敌注塑成型的耐用塑料部件。

6. UV 紫外线成型技术

利用 UV 紫外线照射液态光敏树脂，一层一层由下而上堆栈成型。通常用于精度要求高的珠宝和手机外壳等行业。

二、3D 打印技术应用

近年来，3D 打印技术在汽车、医疗卫生、服装鞋帽、建筑、食品、航空航天、军工等行业都有所应用。英国《经济学人》杂志在《第三次工业革命》一文中，将 3D 打印技术作为第三次工业革命的重要标志之一。

当前，3D 打印技术已经从研发转向产业化应用，其与信息网络技术的深度融合，将给传统制造业带来变革性影响。加快 3D 打印技术发展，尽快形成产业规模，对于推进我国工业转型升级具有重要意义。

经过多年的发展，我国 3D 打印技术与世界先进水平基本同步，在高性能复杂大型金属承力构件 3D 打印等部分技术领域已达到国际先进水平，成功研制出光固化、激光选区烧结、激光选区熔化、激光近净成形、熔融沉积成形、电子束选区熔化成形等工艺装备。3D 打印技术及产品已经在航空航天、汽车、生物医疗、文化创意等领域得到了初步应用，涌现出一批具备一定竞争力的骨干企业。

在航空航天行业，3D 打印技术可以用来制造无人机、天文望远镜等。2011 年 8 月，英国南安普敦大学的工程师设计并放飞了世界上第一架 3D 打印飞机"SULSA"。整个结构均采用 3D 打印，包括机翼、整体控制面和舱门。整架飞机可在几分钟内完成组装并且无需任何工具。这款飞机翼展 2 米，最高时速接近 160 公里，巡航时几乎不发出任何声响。2014 年 9 月底，美国国家航空航天局（NASA）通过 3D 打印技术制造了一台天文望远镜。

传统的汽车制造是生产出各部分然后再组装到一起，而 3D 打印机能打印出单个的、一体式的汽车车身，再将其他部件填充进去。2010 年 11 月，世界上第一辆 3D 打印的汽车 Urbee 问世。在 2014 年国际制造技术展览会上，美国 Local Motors 公司采用 3D 打印技术制造了一辆名为 Strati 的汽车，打印零部件和组装共花费了 44 个小时，最低售价 1.1 万英镑。

在卫生健康行业，可以采用 3D 打印技术制造人造器官、人造骨骼、假牙、假肢等。2012 年 11 月，苏格兰科学家利用人体细胞首次用 3D 打印机打印出人造肝脏组织。2014 年 8 月，北京大学研究团队成功地为一名 12 岁男孩植入了 3D 打印脊椎，这属全球首例。

在鞋服行业，可以 3D 打印比基尼、时装、鞋子、帽子、裙子等。

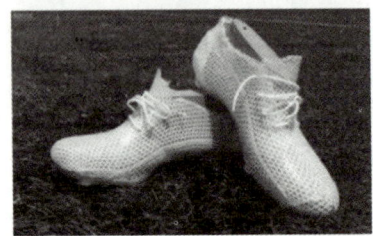

图 4-3　3D 打印的衣服和鞋子

2011 年 6 月，世界上第一款 3D 打印的比基尼问世。在 2013 年的巴黎时装周上，多款 3D 打印机制作的服饰吸引了很多人的眼球，如图 4-4 所示。澳大利亚的 XYZ Workshop 等服装设计工作室提供 3D 服装设计作品下载服务。只要用户有一台 3D 打印机，就可以定制和创造自己的服饰。

在建筑行业，3D 打印技术可以用于建设小型建筑。2014 年 8 月，10 幢 3D 打印建筑在上海张江高新青浦园区内交付使用，作为当地动迁工程的办公用房。这些"打印"的建筑墙体是用建筑垃圾制成的特殊"油墨"，按照电脑设计的图纸和方案，经一台大型 3D 打印机层层叠加喷绘而成。10 幢小屋的建筑过程仅花费了 24 小时。

在食品行业，3D 打印技术可以用来制作个性化食品，为那些热衷于体验新技术的用户提供了很新鲜的趣味体验。2011 年 7 月，世界上第一台 3D 巧克力打印机问世。这款 3D 巧克力打印机虽然构造简单，但极富创造性。

在军工行业，3D 打印技术可以用来制造无人机、手枪、军舰等武器装备。2013 年 11 月，世界上第一把 3D 打印的金属手枪问世。2014 年 7 月，美国海军试验了利用 3D 打印技术快速制造舰艇零部件，希望借此提升执行任务速度并降低成本。

第六节 移动互联网技术及其应用

一、5G 技术概述

移动互联网指由蜂窝移动通信系统通过移动终端接入互联网,用户可以随时随地地接入互联网,以获得互联网上丰富的数字内容和服务。微博、微信和移动客户端(APP)就是移动互联网的典型应用,简称"两微一端"。许多党政机关都开通了"两微一端"。

目前,移动通信技术已经发展到第五代(5th Generation,5G)。2019年6月,工业和信息化部正式向中国电信、中国移动、中国联通、中国广电发放 5G 商用牌照,标志着中国正式进入 5G 时代。

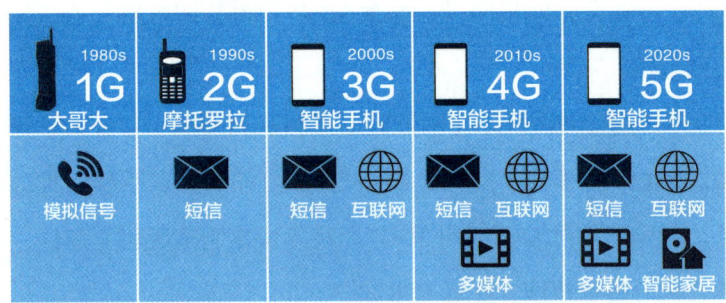

图 4-4 移动通信技术发展历程

5G 的主要优势在于数据传输速率远远高于以前的蜂窝网络,最高可达 10Gbit/s,比先前的 4G LTE 蜂窝网络快 100 倍。5G 的另一个优点是较低的网络延迟,网络延迟低于 1 毫秒,而 4G 的网络延迟为 30–70 毫秒。5G 可以应用于智能制造、自动驾驶、远程医疗、虚拟现实、智慧能源、应急管理等领域。5G 的缺点是网络覆盖范围小，需要建更多的基站，而且比 4G 基站更耗电；5G 对墙体的穿透性较差，室内通信受到一定的限制。

延伸阅读：

6G 技术

2019 年 11 月，6G 技术研发工作启动会在北京召开。会上成立国家 6G 技术研发推进工作组和总体专家组。目前全球 6G 技术研究仍处于探索起步阶段，技术路线尚不明确，关键指标和应用场景还未有统一的定义。科技部将会同有关部门组织总体专家组系统开展 6G 技术研发方案的制订工作，开展 6G 技术预研，探索可能的技术方向。

二、5G 技术在党政机关的应用

1. 在党委部门的应用

微博、微信和移动客户端（APP）是 5G 的典型应用，简称"两微一端"。目前，许多党组织都开通了"两微一端"。随着 5G 网络覆盖面的扩大和 5G 手机的普及，"5G+党建"将快速发展。例如，短视频可以成为党委宣传部门的主要宣传手段，抖音等网络视频媒体平台在党的思想建设方面可以发挥巨大作用。

2. 在政府部门的应用

移动电子政务是指用户可以通过手机等移动终端和 5G 等无线网络获取政府部门提供的信息和服务，进行移动办公、移动执法等。与传统电子政务相比,移动电子政务有很多优势,如可以随时随地处理公文、查阅信息。领导干部即使出差在外也可以处理公文,避免等待,提高办事效率。办公人员可以摆脱网线的束缚,进行移动办公。执法人员可以开展移动执法,利用无线网络调阅后台数据,进行现场处理,而不必再回办公室调阅信息。

第七节　区块链技术及其应用

> 相关部门及其负责领导同志要注意区块链技术发展现状和趋势，提高运用和管理区块链技术能力，使区块链技术在建设网络强国、发展数字经济、助力经济社会发展等方面发挥更大作用。
>
> ——2019年10月24日习近平总书记在主持
> 中央政治局第18次集体学习时的讲话

一、区块链技术概述

2008年，日裔美国人中本聪在《比特币：一种点对点电子现金系统》一文中提出了"区块链"（Blockchain）概念。

区块链是由多个参与方共同记录和维护的分布式数据库，该数据库通过哈希索引形成一种链状结构，其中数据的记录和维护通过密码学技术来保护其完整性，使得任何一方难以篡改、抵赖、造假。区块链技术提供了不同组织机构在非可信环境下建立信任的可能性，降低了电子数据取证的成本，带来了建立信任的范式转变，在特定场景下可以产生巨大的价值。

区块链优点是单点发起、全网广播、交叉审核、共同记账。打个比方，某年某月某日同村的张三向李四借了1000元钱，随后通过村喇叭告诉全体村民，村民各自记录了这件事情。这样一来，张三就无法赖账了。具体来说，区块链具有如下七个特点：

（1）自治性：没有中心节点，不依赖第三方管理机构；

（2）难篡改：数据全网传播和同步，篡改成本极高；

（3）可信任：对人的信任变为对机器的信任；

（4）可追溯：区块按时间顺序线性连接；

（5）智能化：智能合约可以执行复杂的业务逻辑；

（6）隐私性：运用加密技术保护用户身份或其他隐私信息；

（7）容错性：不会因为某个节点而影响整个系统的功能和安全。

有的专家学者认为，如果大数据是信息社会的生产资料，人工智能是信息社会的生产力，那么区块链是信息社会的生产关系。

区块链主要有公有链、联盟链、私有链三种类型。对于公有链，各个节点可以自由加入和退出区块链，并参加链上数据的读写，如以太坊。对于私有链，需要授权才能加入节点，各个节点的写入权限被严格控制，如蚂蚁金服。联盟链是多个机构共同参与管理的区块链，如中国分布式总账基础协议联盟（China Ledger）。

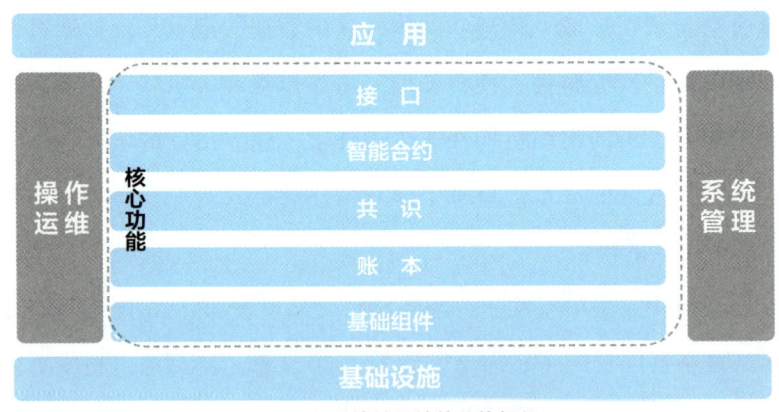

图 4-5 区块链系统的总体框架

一般来说，区块链系统划包括基础设施、基础组件、账本、共识、智能合约、接口、应用、操作运维和系统管理等部分，如图 4-6 所示。其中基础设施层为上层提供物理资源和计算驱动，是区块链系统的基础支持；基础组件层为区块链系统网络提供通信机制、数据库和密码库；账本层负责交易的收集、打包成块、合法性验证以及将验证通过的区块上链；共识层负责协调保证全网各节点数据记录一致性；智能合约层负责将区块链系统的业务逻辑以代码的形式实现、编译并部署，完成既定规则的条件触发和自动执行；接口层主要用于完成功能模块的封装，为应用层提供简洁的调用方式；系统管理层负责对区块链体系结构中其他部分进行管理；操作运维层负责区块链系统的日常运维工作。

值得指出的是，区块链不等于比特币，比特币只是区块链的最初应用。比特币是一种P2P的、虚拟的、加密的、非官方的数字货币，是复杂算法生成的特解。比特币是非官方的虚拟货币。2017年9月，中国人民银行等七部委宣布中国禁止虚拟货币交易。

发展区块链具有如下重要意义：

（1）有利于推进国家治理体系和治理能力现代化

区块链技术在智慧党建、司法公信、政务服务、市场监管、自然资源、生态环境、公安、海关、财政、税务、公共资源交易、公益慈善等领域都有广阔的应用前景，有利于推进国家治理体系和治理能力现代化。

（2）有利于以数字经济引领高质量发展

区块链产业属于数字经济，区块链平台属于"新基建"。大力发展以区块链产业为代表的新一代信息技术产业，深化区块链技术在工业、农业、服务业等领域的应用，有利于发展数字经济，建设现代化经济体系，推动高质量发展。

（3）有利于推动下一代互联网发展

区块链在信任中发挥的作用正犹如互联网在信息中发挥的作用。

第一代互联网解决了信息传输的成本和效率问题，却没有办法解决信息的信用问题，没有信用的信息就缺乏价值支撑。发展区块链，有利于构建价值互联网、信任互联网，推动下一代互联网发展。

（4）有利于创新社会信用体系建设模式

传统社会信用体系建设模式必须要建立集中统一的信用数据库、信用信息平台，但往往难以全面归集信用记录。区块链技术提供了不同组织机构在非可信环境下建立信任的可能性，降低了电子数据取证的成本，带来了建立信任的范式转变，在特定场景下可以产生巨大的价值。

技术往往是把"双刃剑"。区块链技术发展带来很多好处的同时，也带来了许多新的问题。例如，区块链可以防止数据造假、篡改和抵赖，但无法保证最初上链数据的真实性。区块链技术存在被滥用的风险，一些不法分子利用人们不懂区块链，以区块链名义进行欺诈、传销、非法集资、洗钱、非法交易，传播有害信息和网络谣言等。

近年来，国内发生过多起以区块链名义进行传销的活动，坑害老百姓。例如，2015年11月起，卢某等人依托全球通用（北京）科技有限公司在互联网上运营"虚拟货币GGP共赢积分"项目，短短6个月，发展下线30层，吸纳会员账号1万多个，吸收投资3.2亿元，后被公安机关抓获。一些不法分子以区块链名义向不明真相的群众兜售"XX币"，不少群众上当受骗。

区块链产业发展给市场监管带来新的问题。例如，分布式共享记录导致相关监管责任主体分散，智能合约自动强制执行法律有效性值得商榷，上链数据难以篡改带来隐私和内容监管风险，价值激励的数字资产特性引发金融监管难题。

二、区块链技术在党政机关的应用

目前,区块链技术在智慧党建、司法公信、政务服务、市场监管、自然资源、生态环境、公共安全、卫生健康、志愿服务、资金管理等领域得到了初步应用。

1. 党建

区块链可以应用于数据共享、数据存证、身份认证等方面。例如,2019年10月,人民网推出《"链"上初心》,党员可以运用区块链技术记录自己的"初心"。党员获取一枚密匙,有三个选择:可以将它装入时光胶囊,在每年入党日或七一那天用密匙打开查看自己的"初心";登上初心墙,直接公开自己的"初心",让所有人共同见证;邮寄给未来的自己,设定邮件收取时间,无需密匙,届时登陆人民党建云平台时会自动弹出。

佛山市禅城区运用基于区块链的IMI身份认证平台对党员和社区居民身份进行识别,线上"共享社区"APP和线下共享小屋相结合,推进社区居民资源共享、技能互助,搭建P2P党群服务体系,建立互信互助机制。

2. 公安

在公共安全领域,区块链技术可以应用于数字身份、数据共享等方面。2018年2月,重庆"社区民警智能名片"区块链应用项目正式启动。不同于通常对公众进行数字身份认证,该项目对社区民警和驻校民警进行数字身份认证。通过基于区块链的三级身份验证系统,给民警佩戴具有防伪身份证二维码的智能民警联系卡。

2018年11月,徐州市公安局建立了淮海经济区警务数据区块链共享协作系统,实现跨省相邻城市间警务数据实时加密共享。以往跨省警务联动布控要层层审批近一个小时,嫌疑犯早就逃跑了。现在申请即布控,有利于公安实战。

3. 司法

在司法实践中,区块链一方面可以对当事人上传到电子诉讼平台的诉讼文件和证据进行存证,防止篡改,保障诉讼安全;另一方面可以对进行过区块链存证的诉讼证据进行验证,解决当事人取证难、认证难的问题。

在司法公信领域,区块链技术可以应用于法院、检察院以及司法行政部门的仲裁、公证、社区矫正等方面。

最高人民法院积极部署区块链。2018年9月,最高人民法院公布的《关于互联网法院审理案件若干问题的规定》第11条明确了区块链存证在互联网案件举证中的法律效率。截至2019年12月,最高人民法院建立的"人民法院司法区块链统一平台"完成超过1.8亿条数据上链存证固证,实现电子数据全链路可信、全节点见证、全流程留痕,有效解决了诉讼中存证难、取证难、认证难等问题。

区块链技术在一些法院得到了应用。例如,2019年6月,广州市中级人民法院的智慧破产审理系统上线,这是全国首个地方管理人智能服务平台、全国首个地方破产审判动态监管平台、全国首个债权人评价监督平台、全国首个破产审判区块链协同平台。北京、杭州、广州等一些互联网法院应用了区块链技术。例如,2018年12月,北京互联网法院电子证据平台"天平链"上线运行。2019年10月,北京互联网法院在办理网络侵权纠纷案件时，采用区块链智能合约实现执行"一键立案"。2018年9月，杭州互联网法院司法区块链正式上线。2019年6月，杭州互联网法院推出"5G+区块链"涉网执行新模式。2019年3月，广州互联网法院"网通法链"智慧信用生态系统正式上线。

一些检察院也应用了区块链技术。例如，2017年9月，武汉市检察院设立了检察区块链实验室。通过引入卫星遥感数据，将特定周期的数据集哈希值持续上链存证，为检察机关办理自然资源、环境保护类公益诉讼案件提供依据。截至2019年11月，已为全国50起案件提供调查线索，为武汉市洪山区天兴洲违章建筑案、广州市南沙区湖泊倾倒固体垃圾案等17起公益诉讼案件提供证明材料。2019年1月，杭州市西湖区检察院采用物联网和区块链技术，研制了区块链取证设备，可以自动生成取证报告。

一些司法行政部门也积极应用区块链技术。在公证方面，2019年3月，江苏省推出了区块链公证摇号系统。使用区块链公证摇号系统进行现场摇号公证和直播。2019年5月，浙江区块链公证摇号系统正式启动运营。在社区矫正方面，山东省建立了区块链社区矫正智能化平台，佛山市建立了"社矫链"平台。

4. 政务服务

在政务服务领域，区块链技术可以应用于政务数据共享、数字身份、电子证照等方面，方便企业和群众办事。

2018年4月，通过"陕数通"，陕西省咸阳市将公安、民政、社保、医院、银行等市县镇三级1300多个单位部门涉及的85类数据上链。

2018年5月，青岛市北区开始试点探索区块链在政务方面的应用，将政府业务"上链",实现市民"零跑腿"和"无纸化"办理。

2018 年 7 月,开封市兰考县建立"链政通",可以为兰考县 85 万居民用户提供区块链数字身份。

2019 年 10 月,山东自贸区济南片区的"区块链+政务"可信服务平台正式上线,可实现申请材料跨部门复用,企业开办只需 47 分钟。

2019 年 12 月,"i 深圳"APP 区块链电子证照应用平台正式上线,居民身份证等 24 类常用电子证照上链,支持 100 多项高频政务服务事项。市民和企业在办事时,可以通过直接授权、扫码授权等形式,授权他人在特定时间、特定场合、特定业务调取电子证照,电子证照使用记录被区块链平台留存。

5. 市场监管

在市场监管领域,区块链技术可以应用于商事制度改革、食品药品监管、海关监管、金融监管、信用监管、知识产权保护等方面。

在商事制度改革方面,2018 年 6 月,济南市"企业开办一次办成"系统上线,诞生了山东省内第一张在区块链存储和传递的数字营业执照。2019 年 2 月,《广州市深化商事制度改革实施方案》印发,提出在黄埔区试点"区块链+商事服务",探索打造共享式登记模式。2019 年 6 月,利用区块链和人脸识别技术建设的重庆市企业开办网上服务平台正式上线运行。

在食品药品监管方面,2019 年 1 月,重庆市场监管局利用区块链技术进行食品药品监管追溯。

在海关监管方面,2019 年 4 月,"TBC 区块链跨境贸易直通车"在天津海关上线运行。区块链平台对每个贸易环节的数据进行前后交叉比对，形成不可篡改的、带有时间戳、清晰责任人的可信过程数据，利益相关方避免了赔付、贷款、交税等环节产生差异，形成对可信数据一致性的认可，一旦出现问题，可追踪、可确责。通过运用区块链技术，天津海关监管模式从"被动查验"变为"主动采集验证"，降低了监管成本，提高了监管效率和精度。

在金融监管方面，2019年6月，深圳在全国范围内率先推出P2P网贷机构良性退出统一投票表决系统，该系统采用了区块链技术。

在信用监管方面，2018年5月，山东省日照市开出首单区块链信用证。2018年8月，重庆采用区块链技术建立了贸易港企业主质量信用公示管理体系。2019年5月，全国首份区块链信用报告在福州亮相。

在知识产权保护方面，通过区块链，知识产权生成的瞬间就被确权，确权后可以公开、透明、可信地进行交易。有了区块链，网络音乐、网络影视、网络文学、知识付费等数字内容平台所有交易记录都是真实可信的，平台方无法造假，保护创作者的合法权益。2018年9月，杭州互联网法院司法区块链正式上线。司法区块链平台事实认定更加清晰、简单，使该院知识产权纠纷类案件调解撤诉率超过90%。

6. 自然资源

在自然资源管理领域，区块链技术可以应用于房屋租赁、不动产管理、二手房交易等方面。2018年4月，河北雄安新区建成区块链租房应用平台，解决了房屋租赁市场的"假房东、假房源"问题。2018年10月，乐山市基于区块链的房屋租赁平台上线运行。2018年11月，娄底市不动产区块链信息共享平台正式上线启用。

2019年4月中旬，北京市海淀区率先推出"不动产登记＋用电过户"同步办理的新举措。以前去供电公司办理用电过户手续需要携带4—6种证件，办理工作时长为5个工作日，现在办理不超过5分钟。

2019年5月，北京市公安局、市民政局数据信息完成上链，区块链技术正式在京籍存量房交易场景开展对外服务。

7. 生态环境

在生态环境保护领域，区块链技术可以应用于环保监管、垃圾分类等方面。2019年5月，福州市永泰县通过建设环保生态综合监管区块链弹性数字云平台，实现了以信息化的方式助力生态综合治理。

河北雄安新区部署了基于区块链技术的智慧垃圾收集器。市民可通过下载APP，在通过扫码后进行垃圾分类倾倒，该垃圾箱内置系统可以根据垃圾种类和重量，给予垃圾投递者积分奖励，所有积分则可以通过未来遍布新区的服务体系用来兑换生活用品等。

8. 卫生健康

在卫生健康领域，区块链技术可以应用在医院信息共享、电子票据、电子病历等方面。例如，2017年8月，常州市政府与阿里健康合作实施了"医联体＋区块链"试点项目，避免患者重复检查。2018年5月，中国银行与国家卫健委签署居民健康卡创新应用战略合作协议，利用区块链技术实现医院数据快速同步。2019年4月，上海第一人民医院上线区块链电子病历系统。2019年6月，浙江建立了区块链电子票据平台。人们看完病后即可通过"浙里办"APP查看医疗票据并进行网上报销。

9. 财政

对于财政部门，区块链技术可以应用于资金管理、电子票据等领域。

例如，河北雄安新区建立了区块链资金管理平台，实现了多个建设项目在融资、资金管控、工资发放等方面的透明管理。河北雄安新区在征地拆迁安置资金管理方面采用了区块链技术，实现了征地拆迁原始档案和资金穿透式拨付的全流程链上管理。

2019年10月，广东省财政厅区块链电子票据平台正式上线。电子票据的生成、存储、流传全过程记录在区块链上，各环节操作痕迹可实时查看、可追溯，防篡改和造假。所有数据加密保存，保护交款人隐私。

10. 税务

对于税务部门，区块链技术可以应用于电子发票等领域。例如，2018年8月，深圳市税务局开出首张区块链电子发票。截至2019年11月，深圳区块链电子发票的开票量突破1000万张，实现"交易即开票"、"开票即报销"。深圳市已有7600多家企业接入区块链电子发票系统，开票金额超70亿元。区块链电子发票被广泛应用在金融保险、零售商超、酒店餐饮、停车服务等行业。使用区块链电子发票以后，企业不用定期往返税务部门领购发票，降低了企业财务成本。用户购物后自行申请开票，减少了企业的人力投入。

第八节　量子科技及其应用

> 近年来,量子科技发展突飞猛进,成为新一轮科技革命和产业变革的前沿领域。加快发展量子科技,对促进高质量发展、保障国家安全具有非常重要的作用。
>
> ——2020年10月16日习近平总书记在主持
> 中央政治局第24次集体学习时的讲话

一、量子通信

量子通信是利用量子叠加态和纠缠效应进行信息传递的新型通信方式,基于量子力学中的不确定性、测量坍缩和不可克隆三大原理提供了无法被窃听和计算破解的绝对安全性保证,主要分为量子隐形传态和量子密钥分发两种。

量子隐形传态基于量子纠缠对分发与贝尔态联合测量,实现量子态的信息传输,其中量子态信息的测量和确定仍需要现有通信技术的辅助。量子隐形传态中的纠缠对制备、分发和测量等关键技术有待突破,处于理论研究和实验探索阶段,距离实用化尚有较大差距。

量子密钥分发,也称量子密码,借助量子叠加态的传输测量实现通信双方安全的量子密钥共享,再通过一次一密的对称加密体制,即通信双方均使用与明文等长的密码进行逐比特加解密操作,实现无条件绝对安全的保密通信。以量子密钥分发为基础的量子保密通信成为未来保障网络信息安全的一种非常有潜力的技术手段,是量子通信领域理论和应用研究的热点。

1984—1992年,第一个量子密码通信方案——BB84方案提出,并第一次在实验上原理性演示了量子密钥分发。

2005年，中国科学技术大学潘建伟教授和他的同事杨涛、彭承志等通过"自由空间纠缠光子的分发"实验，在国际上首次证明了纠缠光子在穿透等效于整个大气层厚度的地面大气后，纠缠的特性仍然能够保持，并可应用于高效、安全的量子通信。

2006年，中国科学技术大学合肥微尺度物质科学国家实验室在光纤通信中实现了一种抗干扰的量子密码分配方案，保证了长距离光纤量子通信的安全和质量。

2008年，在"量子调控研究"重大科学研究计划等的支持下，中国科学技术大学潘建伟教授领导的研究小组完成了"量子中继器的实验实现"。他们利用冷原子量子存储技术在国际上首次实现了具有存储和读出功能的纠缠交换，建立了由300米光纤连接的两个冷原子系综之间的量子纠缠。这种冷原子系综之间的量子纠缠可以被读出并转化为光子纠缠以进行进一步的传输和量子操作。该实验成果实现了长程量子通信中亟须的"量子中继器"，向未来广域量子通信网络的最终实现迈出了坚实的一步。

2012年，潘建伟等人在国际上首次成功实现百公里量级的自由空间量子隐形传态和纠缠分发，为发射全球首颗"量子通讯卫星"奠定技术基础。

2018年9月，在国家重点研发计划量子调控与量子信息重点专项项目"固态量子存储器"的支持下，中国科学技术大学李传锋团队在自主研制的高品质三维纠缠源的基础上，进一步制备出偏振—路径复合的四维纠缠源，保真度达到98%。利用这种四维纠缠源首次成功识别了五类贝尔态，并实验演示了量子密集编码，一举把量子密集编码的信道容量纪录提升到了 2.09，超过了两维纠缠能达到的理论极限，创造了当前国际最高水平。

2021 年 1 月，中国科学技术大学宣布中国科研团队成功实现了跨越 4600 公里的星地量子密钥分发，标志着我国已构建出天地一体化广域量子通信网雏形。

2022 年 4 月，北京量子信息科学研究院、清华大学龙桂鲁教授团队和陆建华教授团队共同设计出了一种相位量子态与时间戳量子态混合编码的量子直接通信新系统，成功实现 100 公里的量子直接通信。这是目前世界最长的量子直接通信距离。

二、量子计算

量子计算 (Quantum Computation) 是一种遵循量子力学规律调控量子信息单元进行计算的新型计算模式。对照于传统的通用计算机，其理论模型是通用图灵机；通用的量子计算机，其理论模型是用量子力学规律重新诠释的通用图灵机。从可计算的问题来看，量子计算机只能解决传统计算机所能解决的问题，但是从计算的效率上，由于量子力学叠加性的存在，某些已知的量子算法在处理问题时速度要快于传统的通用计算机。

量子计算的概念最早由阿岗国家实验室的 P. Benioff 于 20 世纪 80 年代初期提出，他提出二能阶的量子系统可以用来仿真数字计算。

1985 年，牛津大学的 D.Deutsch 提出量子图灵机（quantum Turing

machine）的概念，量子计算开始具备数学的基本型式。

2011 年 5 月，加拿大量子计算公司 D-Wave 正式发布了全球第一款商用型量子计算机"D-Wave One"。其实早在 2007 年初，D-Wave 公司就展示了全球第一台商用实用型量子计算机"Orion"（猎户座），不过严格来说当时那套系统还算不上真正意义的量子计算机，只是能用一些量子力学方法解决问题的特殊用途机器。2017 年 1 月，D-Wave 公司推出 D-Wave 2000Q，声称该系统由 2000 个 qubit 构成，可以用于求解最优化、网络安全、机器学习和采样等问题。对于一些基准问题测试，如最优化问题和基于机器学习的采样问题，D-Wave 2000Q 胜过当前高度专业化的算法 1000 到 1 万倍。

2016 年欧盟宣布启动 11 亿美元的"量子旗舰"计划。2019 年 8 月，德国宣布了 6.5 亿欧元的国家量子计划。2019 年 10 月，谷歌发布了一款执行特定计算任务的量子处理器。

2019 年 12 月，俄罗斯副总理马克西姆·阿基莫夫于索契举行的技术论坛上提出国家量子行动计划，拟 5 年内投资约 7.9 亿美元，打造一台实用的量子计算机，并希望在实用量子技术领域赶上其他国家。

2022 年 7 月，研究人员在《自然》杂志上发表论文指出，尽管只有一种单一的时间流，但该时段具有两个时间维度的好处，存储在该时段的信息比目前在量子计算机中使用的其他设置更能防止出错。因此，这些信息可在不被篡改的情况下存在很长时间，这是量子计算可行性研究的一个重要里程碑。

2018 年 10 月，华为量子计算模拟器 HiQ 云服务平台问世，该平台包括 HiQ 量子计算模拟器与基于模拟器开发的 HiQ 量子编程框架两个部分。

2019年8月，中国科学技术大学教授潘建伟与陆朝阳、霍永恒等人领衔，和多位国内及德国、丹麦学者合作，在国际上首次提出一种新型理论方案，在窄带和宽带两种微腔上成功实现了确定性偏振、高纯度、高全同性和高效率的单光子源，为光学量子计算机超越经典计算机奠定了重要的科学基础。

2020年9月，百度研究院量子计算研究所发布了百度量子平台，展示了百度用量脉＋量桨＋量易伏赋能新基建、追逐"人人皆可量子"的愿景。百度发布国内首个云原生量子计算平台量易伏，并全面升级量子脉冲云计算服务系统量脉和量子机器学习开发工具集量桨，通过构建以百度量子平台为核心的量子生态。百度量子平台提供了连接顶层解决方案和底层硬件基础所需的大量软件工具以及接口，开发者和合作伙伴可以通过这一平台实现量子计算对行业的赋能。

2021年10月，中科院量子信息与量子科技创新研究院科研团队在超导量子和光量子两种系统的量子计算方面取得重要进展，使中国成为世界上唯一在两种物理体系达到"量子计算优越性"里程碑的国家。

2022年1月23日，我国首个量子计算全球开发者平台正式上线，这是国内首个"经典—量子"协同的量子计算开发和应用示范平台。2022年3月，量子计算技术创新中心在合肥建立。

2022年8月25日，在"量见未来"量子开发者大会上，百度正式对外发布其第一台产业级超导量子计算机——"乾始"，集量子硬件、量子软件、量子应用于一体，提供移动端、PC端、云端等在内的全平台使用方式。

第九节 虚拟现实技术应用和产业发展

> 以互联网为核心的新一轮科技和产业革命蓄势待发，人工智能、虚拟现实等新技术日新月异，虚拟经济与实体经济的结合，将给人们的生产方式和生活方式带来革命性变化。
>
> —— 2016年9月3日国家主席习近平
> 在G20工商峰会开幕式上的主旨演讲

一、虚拟现实技术及其应用

虚拟现实（Virtual Reality，VR）技术是一种能够创建和体验虚拟世界的计算机仿真技术，利用计算机生成交互式的三维动态场景，实体行为的仿真系统能够使用户沉浸到该环境中。VR技术让用户有一种身临其境的感觉，在工业、医学、教育、城市规划、房地产、军事、娱乐游戏、应急管理等领域具有广阔的应用前景。

数字孪生（Digital Twin）是指充分利用物理模型、传感器采集的数据等，集成多学科、多变量、多尺度的计算机仿真过程，在虚拟空间中完成对现实世界映射，反映有关事物的全生命周期过程。

2021年3月，中央发布的《国民经济和社会发展第十四个五年规划和2035年远景目标纲要》提出探索建设数字孪生城市。运用虚拟现实技术，可以构建数字孪生城市，推进城市精细化管理。

党的二十大报告提出推进教育数字化。随着虚拟现实技术的发展，可用计算机生成一个虚拟现实的学习环境，使学生更直观地理解教学内容。例如，当讲授到北京故宫时，可以让学生通过北京故宫虚拟旅游软件做一次虚拟的旅行，增加学生对北京故宫的直观感受。当讲授到某物理或化学定理时，可以让学生做模拟试验，既可以避免有些试验的危险性，又可以减少试验成本；当讲授天文知识时，可以让学生做一次虚拟的星空旅行，观察一些宇宙现象。

虚拟现实技术可以应用于虚拟展馆、党史教育、党员学习、党性教育、组织生活等方面。例如，利用虚拟现实技术建立虚拟红色展馆、虚拟党性教育基地，让党员干部足不出户就可以参观红色展馆，接受党性教育。例如，网龙公司开发了"VR+党建"系统，党员干部可以通过该系统体验我党革命战争时期红军浴血奋战的场景，感受革命成果的来之不易，更加珍惜今天的美好生活。

二、虚拟现实产业链分析

虚拟现实产业包括虚拟现实硬件产业、虚拟现实软件产业和虚拟现实信息服务业等，如图4-6所示。

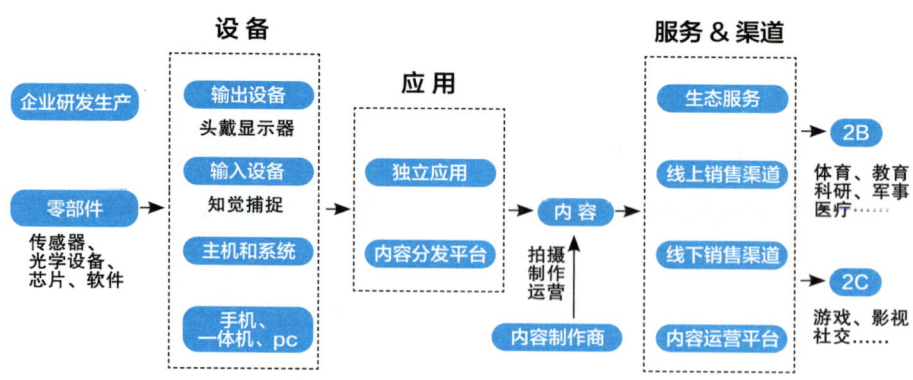

图4-6 虚拟现实产业链

虚拟现实硬件设备包括数据头盔、数据手套等。虚拟现实软件包括 3D 制作软件、计算机仿真软件等。虚拟现实信息服务业包括虚拟现实产品或服务电子商务平台、虚拟现实信息服务、虚拟现实咨询（市场咨询、投资顾问）等。

虚拟现实产业链是一个以硬件为基础，行业应用为核心，由硬件、平台、内容、渠道、服务构成的全生态链。

三、虚拟现实产业政策

2018 年 12 月，工业和信息化部印发了《关于加快推进虚拟现实产业发展的指导意见》，提出面向信息消费升级需求和行业领域应用需求，加快虚拟现实整机设备、感知交互设备、内容采集制作设备、开发工具软件、行业解决方案、分发平台的研发及产业化，丰富虚拟现实产品的有效供给。

1. 整机设备

发展低成本、高性能、符合人眼生理特性的主机式、手机式、一体机式、车载式、洞穴式、隐形眼镜式等形态的虚拟现实整机设备。研发面向制造、教育、文化、健康、商贸等重点行业领域及特定应用场景的虚拟现实行业终端设备。

2. 感知交互设备

研发自内向外（inside-out）追踪定位装置、高性能 3D 摄像头以及高精度交互手柄、数据手套、眼球追踪装置、数据衣、力反馈设备、脑机接口等感知交互设备。

3. 内容采集制作设备

加快动作捕捉、全景相机、浸入式声场采集设备、三维扫描仪等内容采集制作设备的研发和产业化，满足电影、电视、网络媒体、自媒体等不同应用层级内容制作需求。

4. 开发工具软件

发展虚拟现实整机操作系统、三维开发引擎、内容制作软件，以及感知交互、渲染处理等开发工具软件，提升虚拟现实软硬件产品系统集成与融合创新能力。

5. 行业解决方案

发展面向重点行业领域典型应用的虚拟研发设计、虚拟装配制造、虚拟检测维修、虚拟培训、虚拟货品展示等集成解决方案。

6. 分发平台

发展端云协同的虚拟现实网络分发和应用服务聚合平台（Cloud VR），推动建立高效、安全的虚拟现实内容与应用支付平台及分发渠道。

2022年10月，工业和信息化部、教育部、文化和旅游部、国家广播电视总局、国家体育总局等五部委联合印发了《虚拟现实与行业应用融合发展行动计划（2022—2026年）》，提出五大重点任务：

（1）推进关键技术融合创新。提升"虚拟现实+"内生能力与赋能能力，加快近眼显示、渲染处理、感知交互、网络传输、内容生产、压缩编码、安全可信等关键细分领域技术突破，强化与5G、人工智能等新一代信息技术的深度融合。

（2）提升全产业链条供给能力。面向大众消费与行业领域的需求定位，全面提升虚拟现实关键器件、终端外设、业务运营平台、内容生产工具、专用信息基础设施的产业化供给能力。提升终端产品的舒适度、易用性与安全性。

（3）加速多行业多场景应用落地。面向规模化与特色化的融合应用发展目标，在工业生产、文化旅游、融合媒体、教育培训、体育健康、商贸创意、演艺娱乐、安全应急、残障辅助、智慧城市等领域，深化虚拟现实与行业有机融合。

（4）加强产业公共服务平台建设。面向行业共性需求，依托行业优势资源，重点建设共性应用技术支撑平台、沉浸式内容集成开发平台、融合应用孵化培育平台，持续优化虚拟现实产业发展支撑环境。

（5）构建融合应用标准体系。加强标准顶层设计，构建覆盖全产业链的虚拟现实综合标准体系。加快健康舒适度、内容制作流程等重点标准的制定推广，推动虚拟现实应用标准研究。

四、虚拟现实产业发展现状

近年来，我国虚拟现实市场规模在高速增长。2020年，我国虚拟现实/增强现实（VR/AR）市场规模约为300亿元，其中虚拟现实市场规模约230亿元，市场占比约80%。

在国内，南昌市、重庆市、青岛市崂山区等地都在积极发展虚拟现实产业。

2016年6月，南昌市政府出台了《关于加快AR/VR产业发展的若干政策(试行)》，涉及规划建设、配套保障、龙头企业培育、强化创业扶持、创新融资服务等方面。南昌市规划建设了11万平方米用以承载虚拟现实产业的基地，发起了 10 亿元的天使创投基金和 100 亿元的产业投资基金，与北航共建虚拟现实人才培训学院。近年来，南昌 VR 基地在业内的影响力逐步扩大，在空间载体、技术创新、人才引培、政策扶持、产业链建设等方面均取得一定进展，培育出欧菲光、联创光电、先锋软件等一批本地虚拟现实企业。

2016 年 8 月，重庆市经济和信息化委员会印发了《关于加快推进虚拟现实产业发展的工作意见》，提出引进培育并重，构建完整产业生态链。科学规划布局，强化分类产业聚集。整合创新资源，完善孵化培育体系。突破关键技术，提升产业核心竞争力。拓展行业应用，加快产业融合发展。加强政策扶持，优化产业发展环境。注重标准与测试验证体系建设，助推产业发展。整合产业资源，构建公共支撑服务体系。

2017 年 1 月，青岛市崂山区获科技部批复建设全国首个虚拟现实高新技术产业化基地。崂山区引进了多个相关科研机构，并与欧洲虚拟现实中心——法国拉瓦勒市开展战略合作。

近年来，"虚拟现实 +"创新应用向生产生活领域加速渗透。在商贸会展领域，催生疫情时代的未来会展新常态；在工业生产领域，成为企业数字化转型的新动能；在地产营销领域，作为行业差异化竞争必由之路；在医疗健康领域，助力传统医学手段的有效补充；在教育培训领域，赋能教学模式由被动接受向自主体验升级；文娱休闲领域，成为新型信息消费模式的新载体。

根据北京电影学院和社会科学文献出版社发布的《数字娱乐产业蓝皮书：中国虚拟现实产业发展报告 (2019)》，中国拥有规模最大的虚拟现实线下实体店，其中包括5000多个VR线下游戏店、VR电影院及体验中心。全球超过70%的头显硬件制造来自中国。此外，中国还是全球虚拟现实零部件包括芯片、近眼显示、摄像等最大的采购和装配整合中心。虚拟现实核心硬件科技及整合设计方面，中国企业也呈现强劲的发展态势。在虚拟现实核心移动芯片方面，中国华为取得重大突破。华为突破了美国高通的垄断，其开发的麒麟980芯片在多个领域超越全球其他产品，未来有望研发出国际顶尖的移动VR核心芯片。在虚拟现实的技术整合与产品设计方面，歌尔股份有限公司优势突出。中国成为全球规模最大的虚拟现实体验馆，虚拟现实游艺设备研发、生产以及落地运营的国家。具有代表性的企业包括广州玖的数码科技有限公司、广州卓远集团有限公司、东莞市富华智能科技有限公司等。

根据北京电影学院和社会科学文献出版社发布的《数字娱乐产业蓝皮书：中国虚拟现实产业发展报告(2020)》，2019—2020年，中国虚拟现实产业持续稳步发展，虚拟现实头戴设备持续推陈出新，虚拟现实内容平台规模扩大，优质虚拟现实内容产品不断涌现。2020年中国虚拟现实产业规模约40.9亿美元，较2019年增长65.9%，占全球的38.3%，排名世界第一。

2020年10月19日，由工信部、江西省政府主办的2020世界VR

表4-4 2020中国虚拟现实行业50强企业

序　号	企业名称	总部所在城市	主营业务/主要产品
1	歌尔股份有限公司	潍坊	头显、交互设备
2	北京百度网讯科技有限公司	北京	网络营销
3	宏达通讯有限公司（HTC）	上海	头显

(续表 4-4)

序号	企业名称	总部所在城市	主营业务/主要产品
4	科大讯飞股份有限公司	合肥	语音识别、语音合成
5	四川川大智胜软件股份有限公司	成都	飞行模拟
6	福建网龙计算机网络信息技术有限公司	福州	VR党建
7	贝壳找房（北京）科技有限公司	北京	房屋虚拟展示
8	亮风台（上海）信息科技有限公司	上海	AR平台
9	上海影创信息科技有限公司	上海	混合现实
10	青岛小鸟看看科技有限公司	青岛	头显、VR软件
11	影石创新科技股份有限公司	深圳	全景相机
12	闪耀现实（无锡）科技有限公司	无锡	混合现实
13	上海乐相科技有限公司	上海	VR终端、VR内容平台建设
14	南京睿悦信息技术有限公司	南京	三维引擎及交互式工具
15	深圳市瑞立视多媒体科技有限公司	深圳	动作捕捉系统
16	北京凌宇智控科技有限公司	北京	移动VR/AR交互
17	深圳市中视典数字科技有限公司	深圳	VR引擎，行业应用软件和人机交互硬件
18	威爱科技（集团）	贵阳	VR教育
19	北京金山云网络技术有限公司	北京	云计算
20	深圳创维新世界科技有限公司	深圳	头显、VR直播、VR教育、VR内容加密
21	北京耐德佳显示技术有限公司	北京	AR眼镜
22	北京润尼尔网络科技有限公司	北京	虚拟仿真
23	泰豪创意科技集团股份有限公司	南昌	VR内容制作
24	北京圣威特科技有限公司	北京	VR内容制作

（续表 4-4）

序　号	企业名称	总部所在城市	主营业务/主要产品
25	上海风语筑文化科技股份有限公司	上　海	VR 展示
26	上海曼恒数字技术股份有限公司	上　海	VR 行业应用（教育文博、智能制造、医疗、军工）
27	北京易智时代数字科技有限公司	北　京	5G 云端智能 XR 供应商
28	杭州易现先进科技有限公司	杭　州	AR
29	联想新视界（北京）科技有限公司	北　京	VR/AR
30	北京兰亭数字科技有限公司	北　京	VR 云
31	北京七维视觉科技有限公司	北　京	虚拟演播系统
32	中国动漫集团有限公司	北　京	VR 动漫
33	北京赛四达科技股份有限公司	北　京	飞行模拟系统
34	苏州美房云客软件科技股份有限公司	苏　州	VR 房屋展示
35	北京猫眼视觉科技有限公司	北　京	AI+AR/VR 应用产品服务
36	红色地标（北京）文化科技有限公司	北　京	VR 教育
37	小派科技（上海）有限责任公司	上　海	头　显
38	广东虚拟现实科技有限公司	广　州	AR/MR
39	江西科骏实业有限公司	南　昌	VR、AR 内容制作
40	北京格如灵科技有限公司	北　京	VR 教育
41	深圳市虚拟现实技术有限公司	深　圳	头　显
42	北京七鑫易维科技有限公司	北　京	眼球追踪技术
43	未来新视界教育科技（北京）有限公司	北　京	VR 教育
44	杭州炽橙数字科技有限公司	杭　州	扩展现实 (XR) 多模态数字技术应用
45	江苏视博云信息技术有限公司	常　州	互动视频云

（续表4-4）

序　号	企业名称	总部所在城市	主营业务/主要产品
46	塔普翊海（上海）智能科技有限公司	上　海	AR算法
47	广州玖的数码科技有限公司	广　州	VR体验馆
48	北京触角科技有限公司	北　京	XR云
49	北京市朗迪锋科技有限公司	北　京	VR工业仿真
50	深圳市科创数字显示技术有限公司	深　圳	光通讯芯片、高清显示芯片

产业大会云峰会在南昌开幕，会上发布了2020中国虚拟现实50强企业名单，主要分布在北京、上海、深圳等地，具体名单如表4-4所示。

五、虚拟现实产业发展对策

1. 加强虚拟现实技术创新

建设一批国家级虚拟现实产业基地，培育内容生产和分发平台，推动VR/AR技术设备研发和产业化。

建设一批虚拟现实创新中心、虚拟现实工程技术中心、科技孵化器或众创空间，强化跨领域技术储备，以融合创新为导向，面向价值链高端环节，围绕感知交互、渲染处理、网络传输、内容制作等关键领域，组织实施一批重点产业化创新工程，掌握一批具备生态影响力、带动性大、前瞻性强的软硬件核心技术，依托骨干企业、高校院所和地方园区，推动各类创新要素在产学研用间的聚焦、流动与增值。

2. 完善产业链和生态圈

完善产业链。以设备层、内容层企业为支柱，以应用层平台为支撑,引进和培育一批虚拟现实企业,构建"芯片研发+硬件生产+软件开发+内容制作和分发+相关服务"完整产业生态链。重点瞄准平台、芯片和关键元器件、输入输出设备、软件和分发业务等细分领域龙头企业,通过引进、合作、并购、联合人才培养等多种方式,引进核心技术和专利,引进高端人才,补齐产业链条薄弱和缺失环节。增强虚拟现实企业技术创新能力,健全虚拟现实产业生态系统。

构建生态圈。建设虚拟现实产业支撑服务平台,重点依托行业龙头企业、行业组织和第三方机构,面向虚拟现实产业发展实际需要,建设和运营产业公共服务平台,提供技术攻关、成果转化、测试推广、信息交流、创新孵化等服务,推动构建集规模化创新、投资、孵化和经营为一体的虚拟现实生态系统。

3. 深化虚拟现实技术应用

实施"VR+"行动计划,在智慧党建、应急管理、工业设计、教育培训、文化旅游、卫生健康、建筑设计、城市规划、动漫游戏、影视娱乐等行业大力推广实用性强、示范性好的虚拟现实技术产品。积极引进超威、威睿等世界五百强及国内行业龙头企业,打造"VR+"游戏、"VR+"动漫融合发展基地。积极培育新模式、新业态,拓展虚拟现实产业发展空间。

加快虚拟现实头显整机设备、感知交互设备、开发工具、行业解决方案及分化平台的研发及产业化,开展标准体系建设,提升虚拟现实产品供给水平,避免高端产业低端化,满足消费领域和行业领域应用的需求。建设一批虚拟现实展示中心或虚拟现实体验中心。

4. 优化虚拟现实产业环境

制定虚拟现实产业政策。委托专业机构编制虚拟现实产业发展规划，明确当地虚拟现实产业发展的指导思想、基本原则、发展目标、主要任务、重点工程和保障措施。及时制定虚拟现实产业政策，在政府立项、政策扶持、资金补助、建设用地、税收优惠等方面对虚拟现实产业予以支持和倾斜。

壮大虚拟现实人才队伍。虚拟现实是一门交叉学科，涉及计算机、互联网、电子信息、仿生学等学科。要支持有关高校通过特殊人才政策引进虚拟现实师资力量，设立虚拟现实专业或在计算机相关专业研究生阶段设立研究方向，开设虚拟现实相关课程，建立虚拟现实实验室，与企业合作建立虚拟现实实训基地。

延伸阅读：

南昌市虚拟现实产业发展经验

1. 南昌市虚拟现实产业发展概况

2016 年 2 月，南昌打响了虚拟现实（VR）产业发展的"第一枪"。6 年多来，南昌 VR 产业发展实现了从无到有、从小到大、从弱到强的精彩蝶变，一条日趋完善的 VR 产业链正加速成势，VR 产业的"先发优势"已转变为"领先优势"。

（1）企业加快聚集，奠定了南昌 VR 产业基础

目前，南昌引育了华为、阿里、微软、高通、紫光等一批国内外 VR 头部企业，联创电子、华勤电子、龙旗信息等一批 VR 硬件制造龙头企业，以及 HTC、科大讯飞、影创等 15 家全国 VR50 强企业。2020 年，

全市 VR 及相关企业营业收入约 220 亿元，规模实现同比翻番增长。

（2）平台加速落地，培育了南昌 VR 产业动能

南昌已有华为南昌研究所等 30 余家创新平台强势入驻，吸引了华为、阿里、腾讯、软通动力等一大批优秀团队及清华、北航、上海理工等院校一批业内顶尖人才加盟。南昌还在打造"一城两园多点"承载体系上下功夫，红谷滩区 VR 科创城展示中心、体验中心用时不到 4 个月封顶；南昌高新区"5G+VR"产业示范园优先在产业园区布局建设 5G 基站；小蓝虚拟现实产业基地小派科技 VR 头显设备研发生产中心建成并首产成功，中国联通虚拟现实创新中心大楼正式启用。2022 年 11 月，工业和信息化部批复组建国家虚拟现实创新中心。该中心主要依托南昌虚拟现实研究院。

（3）场景加速推广，拓展了南昌 VR 的应用

2019 年度省级首批 32 个 VR 应用示范项目中，南昌 VR 企业建设的项目占 24 个。目前正在开展第二批市级 VR 试点示范应用项目申报，初步收集了 66 个推荐项目，覆盖教育实训、文化旅游、党建宣传、医疗卫生、安防警务、政务服务等多个应用领域。

（4）资源加速汇聚，打造了 VR 产业南昌品牌

世界 VR 产业大会的成功举办，让"VR 让世界更精彩、江西让 VR 更出彩"口号响遍全球。2020 世界 VR 产业大会云峰会吸引了 2000 多名嘉宾亲赴现场参会，超 3000 万人次在线观看；南昌产业投资成果项目 32 个，总金额 422.9 亿元。

2. 南昌市发展 VR 产业的主要做法

（1）构建"硬件+软件+相关服务"的产业生态

做强 VR 核心业态。以 VR 终端设备、核心组件、交互设备、专用软件和 VR 集成、测试业务为发展重点，丰富 VR 产品供给。VR 终端设备方面，发展面向普及型消费领域、工业制造、教育、医疗健康、文化艺术、商贸等重点行业及特定应用场景的终端设备产品。VR 配套产品方面，发展 VR 核心组件和配套设备。VR 专用软件方面，重点发展 VR 专用软件。VR 服务测试方面，发展 VR 网络分发服务和应用服务聚合，推动建立高效、安全的 VR 内容与应用分发渠道。

（2）拓展 VR 产业链条

聚焦南昌 VR 产业基础，以处理器芯片、智能 LED、新型显示、高端元器件、电子材料为重点，发展 VR 配套产业，打造 VR 产业全产业链。

处理器芯片。在设计方面，鼓励现有企业和科研院所加强移动芯片技术突破，拓展先进 IC 设计领域，扩大业务规模，积极引进先进企业，壮大本地芯片设计能力。在封装测试方面，积极引进封装测试企业，稳步提升本地芯片生产能力。在配套电子材料方面，鼓励现有企业加强工艺改造，提高企业竞争力。

新型显示。在 AMOLED 方面，发展 6 代及以上 AMOLED 面板生产线，拓展多样化 AMOLED 显示模组。超高清液晶显示方面，突破 4K/8K、低功耗的 LCD 显示面板工艺。在柔性显示方面，发展印刷显示技术，推动 VR 终端设备小型化、轻型化发展。在未来显示方面，强化在裸眼三维图形显示（裸眼 3D）、全息显示、激光显示等未来显示技术的布局，探索新型 VR 呈现方式。

智能 LED。LED 小间距显示技术与 VR 技术融合方面，推动高亮度、高效率、低功耗、超高分辨率与色彩饱和度、使用寿命较长的 Mini LED、Micro LED 在 VR 显示光源中的应用，突破高分辨率、高画素密度技术，重点研发分子束外延技术，推出适应 VR 设备的高刷新率、低延迟的显示光源。

高端元器件。在智能传感器方面，发展新型智能传感器、速度传感器等，围绕 VR 终端设备元器件需求，实现流量、惯性、距离、图像、声音、动作等数据精准获取与实时传输，降低 VR 体验中定位追踪器、FOV 深度传感器、陀螺仪、加速计、磁力计和近距离传感器延迟。在光学器件方面，发展三维结构激光发射、广角相机镜头、3D 深度相机、人眼监测、激光发射镜头、投影镜头等。

电子材料。在锂离子电池材料方面，发展新型高电压正极材料、高比能量正负极材料、高电压电解液、高性能阻燃隔膜，提高 VR 设备续航能力。在光电子材料方面，以完善本地 VR 终端设备用显示器件产业链为目标，研发光学功能材料、发光材料和光电显示材料等关键材料，实现印刷显示器件与基础工艺集成技术突破。在平板显示材料方面，加快电子化学品、高纯发光材料、高饱和度光刻胶、玻璃基板等材料批量生产工艺优化。在新型元器件材料方面，围绕 VR 终端设备元器件需求，大力发展气敏、湿敏、光敏、热敏等传感器材料。

（3）培育壮大"VR+"新业态

重点开展 VR 技术在制造、教育、旅游、文娱、医疗、智慧城市等重点行业特色场景的应用示范，积极发展 VR 融合业态，推动 VR 在各行业领域的融合应用。

VR+制造。推动VR在制造业研发设计、生产装配、检测维护、经营管理、技能培训等环节的应用，实现实时交互设计、生产装配过程可视化、生产现场数据可视化管理和高仿真培训学习，提升制造企业辅助设计能力和制造服务化水平，推动工业转型升级和智能制造发展。

VR+教育。推动VR技术、产品与课程教学、仿真实验等相结合，通过提供仿真式、沉浸式、交互式体验，营造更优学习环境，激发学习兴趣，提高教学质量。

VR+旅游。推动VR在虚拟旅游场景搭建、景点设计规划、文化遗产保护以及旅游产业配套服务等环节的应用，实现景点设计实时交互、文化遗产三维建模和立体显示、旅游配套服务可视化，拓展旅游产业发展空间，优化景点空间布局，缓解文化遗产保护与利用矛盾。

VR+文娱。推动VR在文娱产品创作与展示、文物古迹复原等方面的应用，通过三维场景建模、行为虚拟展示、虚拟动态设计、虚拟社交场景构建，提高文娱产品的展示效果，丰富文娱服务内容，拓展艺术设计的想象空间，提供临场感强、交互性好的娱乐体验。

VR+医疗。推动VR技术在临床技能培训与教育、康复治疗、心理治疗等方面的应用。打造虚拟人体和视听触融合的VR医学手术模拟器，实现虚拟手术培训和教育、护理技能模拟。通过虚拟技术模拟人体四肢的运动，指导患者进行康复治疗。利用VR创建的高仿真虚拟环境，辅助患者心理疾病治疗。

VR+智慧城市。打造"数字孪生南昌"，推动VR技术在城市管理、政务服务等方面的应用，打造VR示范样板区。

（4）加快发展 VR 关联产业

智能机器人。将语音识别技术、图像识别技术与 VR 技术相结合，实现虚拟机器人拟人化。在智能培训方面，打造高度仿真的虚拟环境，为人工智能提供训练数据，加速推动人工智能行业应用的落地。在智能交互方面，着力研发智能交互辅导系统，根据学员在模拟环境中的反馈，实时评估学员的学习行为，提升学习效率。在智能内容渲染方面，研发 AI 算法技术，减轻 VR 内容的延迟与运动模糊，降低设备终端负载和能耗。

5G 网络设备。强化与深圳 5G 产业的对接协同，重点发展小基站系统、大规模阵列天线、新型射频器件等产品，积极发展 5G 网络运维优化服务和新型增值服务。5G 新型终端设备方面，基于在智能终端领域产业优势，发展新型 5G 智能终端；依托汽车电子、物联网产业基础，重点瞄准低时延、高可靠和海量机器类通信应用场景，发展基于 5G 的辅助驾驶产品，以及面向智慧城市、智能工厂、工业控制等行业级场景的新型终端设备。5G 行业级应用方面，重点推动 5G 在移动互联网、自动驾驶、物联网和工业控制领域的试点示范，引导企业把握好 5G 商用进程节奏，积极布局发展"产品＋服务"的整体解决方案。

云计算和大数据服务。在渲染上云方面，加速将云渲染技术引入到 VR 技术体系中，鼓励市内企业率先将计算复杂度高的渲染设置在云端处理，降低终端渲染计算压力，促进 VR 终端设备轻量化及低价化。内容上云方面，着力开发贯通内容采集、传输、播放的云控平台解决方案，借助无线信号传输，实现终端无绳化、移动化，加速开拓 VR 应用场景，实现使用空间上的突破。

数字文化创意。在 VR 动漫和 VR 游戏方面,发展面向移动端、客户端、网页版的 VR 游戏、动漫内容、网络原创视听节目的创作生产,支持已有视频、数字动漫等出版内容向 VR 内容化迁移。

第十节　元宇宙技术应用和产业发展

元宇宙（Metaverse）一词源于1992年尼尔·斯蒂芬森写的小说《雪崩》。元宇宙是指用信息通信技术手段进行链接与创造的，与现实世界映射与交互的、虚拟的数字世界，是具备新型经济社会体系的数字空间。简单地说，元宇宙是用信息技术手段生成的三维数字空间。元宇宙开启了数字文明新时代。

图 4-7　元宇宙总体结构

元宇宙是全球新一轮科技和产业变革的焦点。目前，美国、欧盟、日本、韩国等国家和地区都在积极发展元宇宙产业。2021年3月，元宇宙第一支概念股罗布乐思（Roblox）在纽约证券交易所上市，首日估值达450亿美元。2021年10月，全球互联网巨头Facebook公司更名为Meta，计划在5年内转型成一家元宇宙公司。此外，微软、谷歌、英伟达等全球知名数字技术企业纷纷布局元宇宙。韩国成立了元宇宙协会，会员包括三星等200多家企业。

我国发展元宇宙具有相关产业支撑。尽管2021年一些媒体和厂商炒作元宇宙，2021年被称为元宇宙元年，但元宇宙不是虚无缥缈的东西。元宇宙的关键技术之一虚拟现实（VR）日趋成熟。元宇宙相关产业包括VR产业、穿戴式智能设备制造业、数字内容和数字文创产业等，这些产业在我国已经初具规模。近年来，我国VR头盔、AR眼镜等可穿戴设备市场规模一直保持增长趋势，从2017年的212.6亿元增长至2020年的559.2亿元，年均复合增长率达38%。2018年12月，工业和信息化部印发了《关于加快推进虚拟现实产业发展的指导意见》。2020年，我国虚拟现实/增强现实（VR/AR）市场规模约为300亿元，拥有歌尔股份等一批实力较强的VR/AR企业。元宇宙在党史党建、教育培训、城市规划、城市管理、应急管理等行业具有广阔的应用前景。

我国一些省市已着手谋划元宇宙产业发展。2021年以来，北京、上海、浙江、无锡等省市在相关产业规划中明确了元宇宙产业发展方向。例如，北京制定了《关于加快北京城市副中心元宇宙创新引领发展的八条措施》，《上海市电子信息产业发展"十四五"规划》对元宇宙产业进行了布局。2022年初，无锡市滨湖区制定了《太湖湾科创带引领区元宇宙生态产业发展规划》。武汉、合肥、上海市徐汇区等地已将"元宇宙"写入2022年政府工作报告。上海市虹口区制定了元宇宙产业发展行动计划，并成立了元宇宙产业党建联盟。

一、元宇宙产业发展

目前,我国元宇宙产业发展还处于起步阶段,元宇宙相关企业少,规模小,实力弱,亟待培育和发展。

1. 完善产业链条

实行"链长制",明确元宇宙产业牵头部门,发改、工信、科技等相关部门相互配合,形成工作合力。从财税、金融、科技、人才、土地、能源等方面加大元宇宙产业扶持力度,推动硬件设备、内容制作、平台运营、配套服务等产业链上下游协同。推进元宇宙产业链、创新链、金融链"三链融合"。通过扬优势、补短板,优化产业链布局。通过建立协同创新平台,建设科技创新载体、搭建公共技术服务平台,激活创新链潜能。加强NFT、VR/AR、脑机接口、智能芯片、智能算法等元宇宙关键技术攻关。统筹现有相关专项资金,加大财政资金投入,鼓励社会资本参与,发展科技金融,强化金融链支撑。

2. 开展示范应用

发展元宇宙党建。推动元宇宙技术在党史党建领域的应用。依托党性教育基地建设党建元宇宙,提高党内政治生活的生动性。建设城市元宇宙。支持各大中城市结合新型智慧城市、数字孪生城市和城市大脑建设,聚焦城市规划、城市设计、城市建设、城市管理等领域,建设城市元宇宙,优化城市规划设计建设方案,推进城市管理精细化。面向自然灾害、安全生产、公共安全、疫情防控等领域,深化元宇宙技术在应急培训、应急演练、救援方案优化、心理疏导和心理治疗等领域的应用,以信息化促进应急管理现代化。

3. 培育相关产业

一是虚拟现实产业。加强近眼显示、感知交互、渲染处理、场景制作等关键技术攻关。加快 VR 整机设备、感知交互设备、内容采集制作设备、开发工具软件、行业解决方案、分发平台研发及产业化,丰富 VR 产品供给。实施"VR+"行动计划,在教育培训、文化旅游、卫生健康、城市规划设计等领域推广应用 VR 技术。二是数字内容产业。拓展电子竞技、数字非遗等数字内容服务,完善数字内容策划、制作、传播、交易、消费等产业链,打造一批国家级数字内容产业基地。发展数字文化创意技术和装备,丰富数字文化创意内容和形式。推进数字创意产业与制造业融合发展,提升工业设计水平。三是智能视听产业。加快发展 VR 头盔、AR 眼镜、数据手套等元宇宙相关穿戴式设备制造业,建设智能视听产业基础支撑平台,促进智能视听产业集聚发展。推进 5G+4K/8K+AI 超高清制播体系建设,打造"高清中国"。四是新型显示产业。推进 Mini/Micro-LED、3D 显示、激光显示、柔性显示等新一代显示技术研发和产业化。加强光刻胶、光学基膜、有机发光材料等基础材料研发。以打造元宇宙空间为牵引,推动上述四大产业融合发展。推进"产教科一体化",支持高校和科研院所根据元宇宙及其相关产业发展需要有针对性地开展人才培养和科技创新。

值得指出的是,物联网、云计算、大数据、人工智能、5G、区块链、虚拟现实这些新一代信息技术不是孤立的,而是相互关联的。物联网是采集数据,云计算是处理数据,大数据和人工智能是分析数据,5G 是传输数据,区块链是保证数据的真实性,虚拟现实是展示数据。因此,要积极开展新一代信息技术的综合集成和融合创新应用,建设"智慧中国"。

第五章　数字基建

党的二十大报告提出优化基础设施布局、结构、功能和系统集成，构建现代化基础设施体系。信息基础设施建设（以下简称"数字基建"）是新型基础设施建设（简称"新基建"）的核心内容，是数字中国的"基石"。大力发展"数字基建"，对于加快建设现代化经济体系、推动高质量发展具有重要意义。

第一节　新基建

一、新基建及其相关政策

新型基础设施是以新发展理念为引领,以技术创新为驱动,以信息网络为基础,面向高质量发展需要,提供数字转型、智能升级、融合创新等服务的基础设施体系。

表 5–1　新基建分类表

类型	子类	示例
新型信息基础设施	通信网络基础设施	5G、物联网、工业互联网、卫星互联网
	新技术基础设施	人工智能、云计算、区块链
	算力基础设施	数据中心、智能计算中心
融合基础设施	智慧交通基础设施	智能高速公路、车联网
	智慧物流基础设施	自动分拣系统、立体仓库
	智慧能源基础设施	智能电网、能源互联网
	智慧水利基础设施	智慧大坝、智能水闸
创新基础设施	科学研究基础设施	国家重点实验室、大科学装置
	技术创新	科技孵化器、新型研发机构

新型基础设施主要包括三类:

一是新型信息基础设施。主要是指基于新一代信息技术演化生成的基础设施,包括以 5G、物联网、工业互联网、卫星互联网为代表的通信网络基础设施,以人工智能、云计算、区块链等为代表的新技术基础设施,以数据中心、智能计算中心为代表的算力基础设施等。

二是融合基础设施。主要是指深度应用互联网、大数据、人工智能等技术,支撑传统基础设施转型升级,进而形成的融合基础设施,包括智能高速公路、车联网等智慧交通基础设施,自动分拣系统、立体仓库等智慧物流基础设施,智能电网、能源互联网等智慧能源基础设施,智慧大坝、智能水闸等智慧水利基础设施,等等。

三是创新基础设施。主要是指支撑科学研究、技术开发、产品研制的具有公益属性的基础设施,包括重大科技基础设施、科教基础设施、产业技术创新基础设施等。

党的十九大以来,习近平总书记对"新基建"作了一系列重要论述。例如,2018年10月,习近平总书记在主持中央政治局第九次集体学习时强调要推动智能化信息基础设施建设,提升传统基础设施智能化水平,形成适应智能经济、智能社会需要的基础设施体系。2018年12月,习近平总书记在中央经济工作会议上强调加强人工智能、工业互联网、物联网等新型基础设施建设。2020年2月,习近平总书记在中央全面深化改革委员会第12次会议上指出,要以整体优化、协同融合为导向,统筹存量和增量、传统和新型基础设施发展,打造集约高效、经济适用、智能绿色、安全可靠的现代化基础设施体系。2020年3月,习近平总书记在主持召开中央政治局常委会会议时提出加快5G网络、数据中心等新型基础设施建设进度。

近年来,党中央、国务院和有关国家部委制定了一些"新基建"相关政策。例如,2013年1月,工业和信息化部、国家发改委、国土资源部、国家电监会、国家能源局联合印发了《关于数据中心建设布局的指导意见》,对新建超大型数据中心、新建大型数据中心、新建中小型数据中心和已建数据中心布局作了规定。2018年10月，国务院办公厅印发了《关于保持基础设施领域补短板力度的指导意见》，针对脱贫攻坚、铁路、公路/水运、机场、水利、能源、农业农村、生态环保、社会民生等9个领域提出了基础设施补短板措施。2020年2月，中央全面深化改革委员会第12次会议审议通过了《关于推动基础设施高质量发展的意见》。

二、数字基建发展现状

坚持高效实用、智能绿色、安全可靠的建设理念，2021年，我国持续夯实5G、千兆光网、物联网等新一代通信网络基础设施，稳步推进数据与算力设施建设，加快推进IPv6规模部署和应用，数字基础设施体系的辐射渗透能力进一步增强，能源利用效率进一步提升，为数字中国建设提供强有力的基础设施支撑。

1. 网络基础设施加速迈向"双千兆"时代

5G建设引领发展，2021年我国新增5G基站65.4万个，共建共享的5G基站达84万个，在5G基站中占58.9%，每万人拥有5G基站数达到10.1个。千兆光网稳步推进，我国已有29个城市建成首批"千兆城市"，建成10G PON端口786万个，千兆光网具备覆盖超过3亿户家庭的能力。有线电视网络加快整合，基础传输网络完成全国31个省（区、市）互联互通。蜂窝物联网用户规模持续扩大，三家基础电信企业发展蜂窝物联网终端用户13.99亿户，比上年末净增2.64亿户，其中应用于智慧公共事业、智能制造和智慧交通的终端用户占比分别

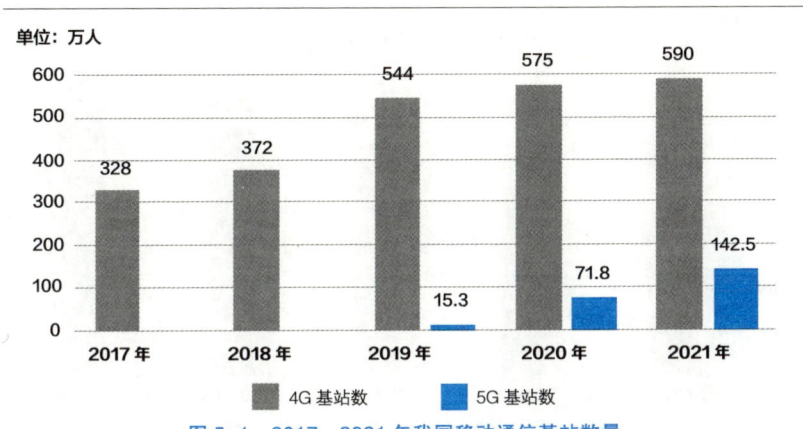

图 5-1　2017—2021 年我国移动通信基站数量

达 22.4%、18.1%、15.6%。工业互联网标识建设、应用和管理有序推进，建成二级节点 168 个，服务 5 万家企业，促进标识解析体系拓展至 31 个重点行业，国家顶级节点日解析量突破 8000 万次，主动标识载体超过 400 万个。

2. 新型算力体系推进优化布局

国家新型算力网络格局加快完善，"东数西算"工程加速推进，京津冀、长三角、粤港澳大湾区、成渝等地区省份启动建设全国一体化算力网络国家枢纽节点。互联网骨干网络架构进一步优化，国家级互联网骨干直联点数量增至 19 个，累计启动 4 个新型互联网交换中心试点，进一步打通基础电信企业与大型互联网企业、云服务企业、内容分发网络（CDN）企业之间的互联通道，企业用网体验进一步得到改善。数据中心规模大幅提升，截至 2021 年底，我国在用数据中心机架总规模超过 520 万标准机架，平均上架率超过 55%，在用数据中心服务器规模 1900 万台，存储容量达到 800EB（1EB=1024PB）。电能

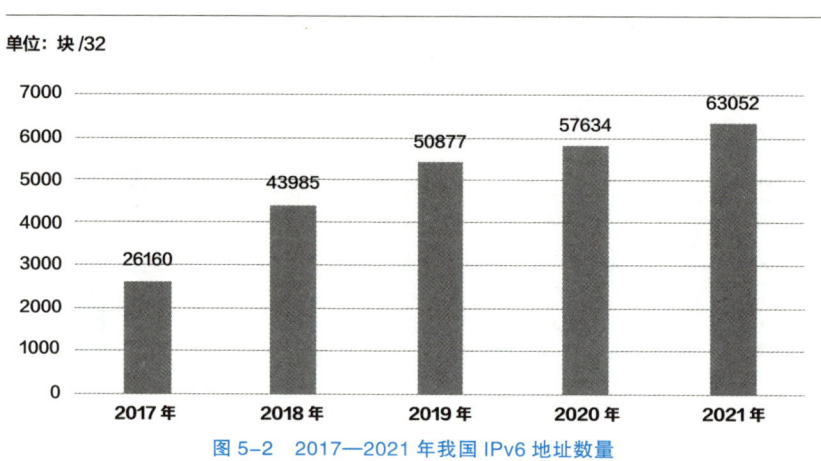

图 5-2　2017—2021 年我国 IPv6 地址数量

使用效率（PUE）持续下降，行业内先进绿色数据中心 PUE 已降低到 1.1 左右，达到世界先进水平。

3. IPv6 规模部署和应用取得重大突破

截至 2021 年底，我国 IPv6 申请地址数量为 63052 块 /32，IPv6 活跃用户数达 6.08 亿，物联网 IPv6 连接数达 1.4 亿，移动网络 IPv6 流量占比达 35.15%，固定网络 IPv6 流量占比达 9.38%，政府门户网站 IPv6 支持率达 97.2%，主要商业网站及移动互联网应用 IPv6 支持率达 80.7%。网络设施和终端设备 IPv6 支持能力大力提升，三大运营商已完成骨干网、城域网和 LTE 网络 IPv6 升级改造，新建 5G 网络全面支持 IPv6，骨干直联点均实现 IPv6 互联互通，数据中心和域名系统基本支持 IPv6，CDN 和云服务平台具备 IPv6 服务能力，市场上主流 4G/5G 手机终端均支持 IPv6。互联网商业应用 IPv6 升级改造加速推进，截至 2021 年底，我国国内网民使用频度较高的 200 款移动应用程序（APP）均支持 IPv6 访问，平均 IPv6 流量占比达 52.89%。

第二节　通信网络基础设施

一、宽带和 5G 网络

以 5G 和千兆光网为代表的"双千兆"网络，具有超大带宽、超低时延、先进可靠等特征，是新型基础设施的重要组成和承载底座。

十年来，我国建成了全球规模最大的光纤和移动宽带网络，固定网络实现从十兆到百兆、再到千兆的跃升，移动网络实现从 3G 突破、4G 同步、5G 引领的跨越。城乡"数字鸿沟"大幅缩小，现有行政村历史性实现"村村通宽带"，为全面打赢脱贫攻坚战提供坚实网络支撑。

目前，千兆光网具备覆盖超 4 亿户家庭的能力，通达全国所有城市地区，千兆宽带接入用户规模超 6570 万户，比 2021 年末净增 3100 多万户，新建建筑物已基本实现同步配套建设光纤宽带设施。

截至 2022 年 7 月底，全国建成开通 5G 基站 196.8 万个，其中 97% 新建 5G 基站通过共享存量站址资源实现，所有地级市城区、县城城区和 96% 的乡镇镇区实现 5G 网络覆盖，5G 移动电话用户达到 4.75 亿户，比 2021 年末净增 1.2 亿户。

二、物联网

"十三五"以来，工业和信息化部大力推进物联网产业发展，取得积极成效。一是加强政策指引，印发《信息通信行业发展规划物联网分册（2016—2020）》，引导物联网技术研发、应用落地和产业发展。

二是启动基地建设，推动杭州、无锡、重庆、福州、鹰潭等 5 个物联网示范基地加快产业集群发展。三是加速应用落地，2018—2020 年连续三年遴选具有技术先进性、产业带动性、可规模化应用的创新示范项目，推动优秀成果推广应用。"十三五"期间，我国物联网产业总体规模、骨干企业数、标准制定数量等指标全部达到规划预期目标，物联网应用部署范围和产业综合实力持续提升。

国家"十四五"规划纲要提出推动物联网全面发展，将物联网纳入七大数字经济重点产业，并对物联网接入能力、重点领域应用等作出部署。

2021 年 9 月，工业和信息化部、中央网信办、科技部、生态环境部、住建部、农业农村部、国家卫健委和国家能源局等八部委联合印发了《物联网新型基础设施建设行动计划(2021—2023 年)》，提出实施四大行动。

（1）创新能力提升行动

突破关键核心技术。贯通"云、网、端"，围绕信息感知、信息传输、信息处理等产业链关键环节，体系化部署创新链。实施"揭榜挂帅"制度，鼓励和支持骨干企业加大关键核心技术攻关力度，突破智能感知、新型短距离通信、高精度定位等关键共性技术，补齐高端传感器、物联网芯片等产业短板，进一步提升高性能、通用化的物联网感知终端供给能力。

推动技术融合创新。面向"5G+物联网"，充分利用 5G 网络的高可靠、低时延、大连接特点，丰富通信技术供给，拓展物联网应用场景；面向"大数据+物联网"，实现数据高效协同处理，深度挖掘物理世界数据价值；面向"人工智能+物联网"，建立"感知终端+平台+

场景"的智能化服务；面向"区块链+物联网"，建立感知终端的信用体系，保障数据确权和价值流通。

构建协同创新机制。鼓励地方联合龙头企业、科研院所、高校建立一批物联网技术孵化创新中心，打通科技成果转化链条，推进科技成果中试熟化和工程化应用。鼓励龙头企业联合上下游企业组建物联网产业技术联盟，探索"专利+标准+开源社区"发展模式，激发创新活力。依托基金会、开源社区，聚集开发者和用户资源，共同打造成熟的开源产品和应用解决方案，形成具有国际竞争力协同创新生态。

（2）产业生态培育行动

培育多元化市场主体。培育一批技术领先、资源整合能力强的龙头企业，深化产学研联合创新，促进创新链、产业链、资金链高效配置，推动感知终端、平台、网络设施的规模化部署。培育一批物联网领域专精特新"小巨人"企业，面向特定场景和细分领域，成为先进技术产品和适用性解决方案供应方。培育一批物联网运营服务商，开展方案设计、集成实施、网络运维、经营管理、网络信息安全防护等服务。

加强产业集聚发展。支持产业特色鲜明、基础条件好、应用示范效果突出的地区建设物联网新型工业化产业示范基地，持续发挥现有示范基地的品牌知名度和影响力。加快推动产业集聚发展，做好新产品、新服务、新模式的先行先试，优化政策、人才、技术、资金等资源要素配置。

（3）融合应用发展行动

社会治理领域。推动交通、能源、市政、卫生健康等传统基础设施的改造升级，将感知终端纳入公共基础设施统一规划建设，打造固移

图 5-3　车联网示意图

融合、宽窄结合的物联接入能力，搭建综合管理和数据共享平台，充分挖掘多源异构数据价值，推动智慧城市和数字乡村建设，提升社会管理与公共服务的智能化水平。

行业应用领域。以农业、制造业、建筑业、生态环境、文旅等数字化转型、智能化升级为驱动力，加快数据采集终端、表计、控制器等感知终端应用部署，支持运用新型网络技术改造企业内网和行业专网，建设提供环境监测、信息追溯、状态预警、标识解析等服务的平台，打造一批与行业适配度高的解决方案和应用标杆。

民生消费领域。推动感知终端和智能产品在家庭、楼宇、社区的应用部署。打造异构产品互联、集中控制的智慧家庭，建设低碳环保、安全舒适的智慧楼宇和新型社区。鼓励物联网企业与运动器械制造商、康复辅具生产商、养老机构、运动场馆等跨界合作，加快推动可穿戴设备、智能医疗健康产品、智能体育装备等应用普及。

（4）支撑体系优化行动

推进 IPv6 规模应用。完善物联网终端入网检测技术标准与规范，明确 IPv6 网络接入要求。推进面向公众网络的物联网平台、终端、网关设备等进行 IPv6 升级改造和使用，推动新产品默认支持并开启 IPv6 功能。引导和鼓励企业面向行业应用采用基于 IPv6 的应用解决方案，推广支持 IPv6 的物联网终端和模组的应用。

加强标准体系建设。优化完善物联网标准体系，建立物联网全产业链标准图谱，加快新技术产品、基础设施建设、行业应用等国家和行业标准制/修订，鼓励团体标准先行先试。持续深度参与国际标准化组织（ISO）、国际电信联盟（ITU）、国际电工委员会（IEC）等国际标准化工作，提升我国在国际标准化活动中的贡献度。加强重点标准的实施和评估。

完善公共服务体系。支持专业服务机构创新工作思维理念，提升知识产权、科技成果转化、人才培训、投融资等服务能力。搭建技术与标准公共服务平台，开展新技术验证、测试认证、产品质量分级和系统评价等服务。引导地方行业协会、产业园区、科研院所、龙头企业等共同建立资源开放共享平台，开放科研仪器、检测设备、研发能力等资源。

强化安全支撑保障。加快围绕感知、接入、传输、数据、应用等安全技术的研究。加快物联网安全监测、预警分析和应对处置技术手段建设，提升感知终端、网络、数据及系统的安全保障水平。加强物联网卡安全管理，推动形成售前风险评估、售时分类登记、售后使用监测的物联网卡全生命周期管理制度。加快物联网领域商用密码技术和产品的应用推广，建设面向物联网领域的密码应用检测平台，提升物联网领域商用密码安全性和应用水平。强化物联网应用场景与频谱资源使用的适配性，保障物联网频率使用安全。依托联盟协会，开展物联网基础安全"百企千款"产品培育计划，建设安全公共服务平台，开展安全能力评估，打造"物联网安心产品"。

三、工业互联网

工业互联网平台是支撑制造业全要素、全产业链、全价值链资源汇聚配置的新型基础设施，平台的应用普及是当前我国两化深度融合推进的重点、难点和关键点，也是全球主要国家的战略布局要点。当前，我国工业互联网平台发展取得了一定成效，培育较大型的工业互联网平台超过150家，连接工业设备超过7800万台（套）。

2022年7月，国家工业信息安全发展研究中心发布了《工业互联网平台应用数据地图（2021）》。根据该报告，2021年我国工业互联网平台应用水平呈现稳中向好的发展态势，全国工业互联网平台应用水平由2020年的31.76分提升至34.25分，工业互联网平台应用普及率由2020年的14.67%提升至17.5%，平台应用持续走深向实。

2021年我国工业协议解析率提升最为明显，由2020年的18.38%提升至22.2%，提升了3.82个百分点，有效打通了设备间通信与共享渠道，可有效支持设备互联互通互操作与生产过程数字化控制。

在设备上云方面，全国企业工业设备上云率由2020年的13.1%提升至2021年的15.5%，促进生产设备的数据共享、工艺优化与效能提升。交通设备制造业工业设备上云率由2020年的12.37%提升至18.22%，在各行业中增幅表现最为亮眼。

在业务上云方面,全国业务上云普及率由2020年的36.46%提升至38.44%,供应链数字化管理已经成为企业业务云化发展的重点。轻工行业较为关注经营管理和研发设计业务云化,纺织行业更加注重生产管理方面的业务云化,电子行业业务云化聚焦产品增值服务领域。

从行业来看,冶金行业和电力行业工业互联网平台应用水平提升幅度最为明显,分别提升了14.82%和14.55%。其中,电力行业连续两年排在全国行业工业互联网平台应用水平首位,众多电力行业企业广泛开展电力设备的状态监测、故障诊断与安全预警等工作,进而实现电力设备的精准运行控制、智能运营维护与绩效持续优化。

从区域来看,2021年工业互联网平台应用水平全国排名前十位的省市分别为广东、浙江、江苏、山东、上海、福建、北京、湖南、重庆和河北。从地域上来看,广东、江苏、浙江三省凭借扎实的工业基础,结合本地产业优势不断深化工业互联网平台应用;中西部地区加速布局工业互联网平台应用,湖南省和重庆市的工业互联网平台应用水平提升较快。

四、卫星互联网

卫星互联网是太空时代的新型信息基础设施。加快建设卫星互联网,有利于解决沙漠戈壁、原始森林、海岛等偏远地区的通信问题,有利于我国抢占有限的地球轨道资源和卫星通讯频率资源。

2015年1月,美国太空探索技术公司(SpaceX)创始人马斯克公布了"星链计划",计划在 2019-2024 年向高度 340-1150km 的近地轨道发射 4.2 万颗"星链"(Starlink)卫星,构建一个覆盖全球的卫星互联网,为用户提供全天时、高速度、低成本的网络服务。

"星链"卫星由美国军事基地发射。2018 年 2 月,SpaceX 公司用猎鹰 9 号火箭在美国加州范登堡太空部队基地发射了两颗"星链"实验卫星,开启了"星链"系统建设序幕。截至 2022 年 8 月底,有 2900 多颗"星链"卫星在轨运行。"星链"系统在数字化战争中具有重要的应用价值。

一是高可用通信能力。SpaceX 开发的军用版"星链"通信卫星,可以为前线部队提供通信服务,满足恶劣作战条件下的单兵通信要求。把"星链"系统嵌入到美军通信网中,可以为美军全球作战提供低成本、不间断、不受干扰的通信保障。

二是高精度导航能力。利用"星链"卫星群对地高速运动而产生的多普勒效应,通过一定的算法就能获得全球导航定位能力,定位精度在 10 米之内,可作为美国全球定位系统(GPS)的补充和 GPS 失效时的替代。"星链"卫星比 GPS 卫星的轨道高度更低,信号比 GPS 更强。根据美国的一项测试,轨道高度为 1100 千米的"星链"卫星信号比 GPS 强 1000 倍。

三是高分辨率侦察能力。根据美国太空司令部、美国国防部、美国航空航天局(NASA)等机构推出的相关计划,可以利用"星链"卫星搭载高水准光学设备及相关侦察载荷,全天候监视全球敏感目标,有效地弥补传统单颗或几颗侦察卫星不能全天候监视全球敏感目标的缺陷,大幅提高美军侦察能力。

四是高可靠导弹防御能力。"星链"卫星可以搭载导弹预警载荷，追踪导弹的飞行轨迹，发挥识别、警告、目标指示等作用，为拦截弹道导弹、高超音速导弹提供技术支持，增强美军对抗潜在对手导弹的能力。"星链计划"的防撞击系统能让"星链"卫星自主计算最优规避轨道并相机实时变轨。利用这种机动灵活的变轨能力，拥有 4.2 万颗卫星的"星链"系统完全具备反导、反卫星能力。若其采取对撞自毁或多星自毁等手段，产生的大量空间碎片就能封锁整个轨道，以此拦截洲际弹道导弹。此外，还能"围剿"潜在对手的航天器，保护自己的高价值航天器。

五是高灵活作战能力。通过搭载不同的应用载荷，在轨运行的"星链"卫星就能执行不同的作战任务，成为美军太空无人化作战集群。2017 年 8 月，美国国防部高级研究计划局提出了"马赛克战"概念，即把低成本简单系统以多种方式拼接在一起，利用先进网络构建分散灵活、动态协同、自适应演进的联合多域杀伤网，从而迅速地定制适合任何作战场景的战术模式。"星链计划"正好切合美军"马赛克战"的需求。

"星链"系统为美军提供技术服务。2018 年底，美国国防部与 SpaceX 公司签订总价值达 2800 万美元的合同。按照合同规定，SpaceX 公司在此后 3 年内利用"星链"卫星开展相关军事技术领域服务验证。2020 年，"星链"卫星为美军 C-12 运输机提供网络服务，其综合效用远远超过此前的海事卫星。2020 年 10 月，SpaceX 获得开发军用版星链通信卫星的资金。2022 年 3 月，美国空军 F-35A 战斗机与"星链"卫星进行了连通试验。"星链"卫星为 F-35A 战斗机提供网络服务，更新战场数据。

"星链"系统被应用于俄乌战争。自俄乌冲突以来，乌克兰收到 1 多万台"星链"卫星终端设备。在俄军使用 GPS 干扰机打击乌军战略通信节点的情况下，"星链"卫星还能为乌军提供高速互联网服务。根据 2022 年 5 月 21 日俄罗斯红星电视台报道，乌克兰国民卫队军官伊瓦先科、海军陆战队第 36 旅参谋长科尔缅科夫被俘后相继承认，在据守亚速钢铁厂期间，与乌军后方总部进行通讯联系全靠"星链"卫星的帮助。乌军通过"卫星+无人机"作战方式，击毁了许多俄军坦克，击沉了俄黑海舰队旗舰"莫斯科"号巡洋舰。通过"卫星+无人机+人脸识别"，已有 10 多名俄军中将和少将被乌军定点清除，打击了俄军士气。

"星链"系统被应用于伊朗骚乱。在政府采取断网行动的情况下，"星链"终端能够帮助用户通过"星链"卫星访问互联网。2022 年 9 月以来，伊朗国内抗议示威活动此起彼伏，全国近 200 个城市发生骚乱。2022 年 10 月底，伊朗边防军在一辆从伊拉克过境的货车上发现一些灰色盒子，里面装着类似显示器的纤薄设备，其实就是"星链"卫星天线。约有 200 个"星链"卫星终端设备被偷运进伊朗，目的是帮助抗议者规避政府的互联网封锁行动。这些终端设备由美国加利福尼亚州的一群伊朗裔美国活动人士和科技企业家提供，他们在伊朗抗议活动爆发后几天就开始计划购买和运送这些设备。为了躲避政府检查，一些套件被重新包装，装进微波炉或其他家用物品的盒子里。每件物品都单独携带，有人乘船穿过波斯湾前往伊朗港口，有人乘车通过边境检查站，甚至有人亲自携带穿越伊朗与伊拉克的山区边境。

我国要加快建设卫星互联网，打造中国版的"星链"系统。提高卫星互联网产业链上游的研发制造水平以及基础原材料供应能力，提升卫星互联网产业链下游用户端的智能化应用开发水平。支持民营企业参与卫星互联网建设，提供所需设备、零部件、软件、技术等，政府通过以奖代补、贴息贷款、政府采购等方式进行支持。

支持有关单位开展一箭多星、火箭复用等技术攻关，降低卫星发射成本。设立国家级的卫星互联网专项科技计划，支持有关高校、科研院所等加强星载/地面相控阵天线、长时稳定高速星间激光载荷、高精稳长寿命卫星平台、多层星座构型保持、复杂星座组网控制等关键核心技术攻关。创新体制机制，加大卫星互联网科技创新的资金投入和人才培养力度。支持有关高校开展卫星互联网相关专业学科建设，建立实训基地。

第三节　新技术基础设施

一、人工智能

人脸识别是一种基于人的脸部生物特征进行身份识别的人工智能技术。运用人脸识别技术，可以快速识别某人的真实身份。目前，许多党政机关、企事业单位、居民小区把人脸识别系统用于门禁管理，许多互联网平台、银行、行政服务中心通过人脸识别核实用户身份。

1. 人脸识别技术发展及应用情况

人脸识别市场规模不断扩大。根据智研咨询发布的报告，2021年我国人脸识别市场规模为56亿元，同比增长24.4%。市场规模从2016年的16亿元到2021年的56亿元，5年增长了40亿元。

我国人脸识别芯片依赖进口。人脸识别产业链分成三个层次。其中上游为基础层，包括芯片、算法和数据集。中游为技术层，包括人脸检测、活体检测、视频对象提取与分析等技术。下游为应用层，包括公安、安防、金融等应用。芯片主要包括CPU和GPU，主要由英伟达等芯片公司提供运行算法、模型的运算能力。谷歌、微软、IBM等公司都自行研发AI芯片。Movidius公司是主要的GPU提供商，被美国英特尔公司收购。我国大疆无人机、海康威视和大华股份的智能探头都采用Movidius公司的Myriad系列芯片。

安防是我国人脸识别的主要应用行业。在我国，人脸识别技术已应用于金融、司法、军队、公安、边检、政府、航天、电力、工业、教育、卫生健康等许多领域。从应用情况来看，智慧安防约占70%，智慧金融约占16%。根据洛图科技发布的报告，2021年，我国智慧安防市场规模达到3318亿元，约占安防市场规模的49%。智慧安防产品采购额达到630亿元，其中视频监控类居首，约占一半。2021年我国安防显示设备市场规模达214亿元，同比增长31%，其中人脸识别考勤门禁设备和人证核验访客一体机占22%，人脸识别考勤门禁设备同比增长56%。

图5-4　2016—2021年中国人脸识别市场规模和增速

我国人脸识别市场集中度较高。我国人脸识别企业主要有海康威视、大华股份、依图科技等。海康威视成立于2001年，是一家以视频监控为核心业务的安防厂商，全球市场份额高达30%以上，连续9年排名全球第一。2016年4月，大华股份推出了人脸识别服务器DH-IVS-F7300天眼系列，能完成人脸实时抓拍、建库、布控报警、比对等功能，主要应用于火车站、地铁站、机场、小区等出入口，实现对敏感人群布控以及人像历史行动轨迹检索等。依图科技推出了动态人像系统，整合人脸跟踪捕获和识别、实时布控、过往路人轨迹查询等功能，广泛应用于居民区、商业区、火车站、地铁站、快速公交站、机场、海关、商场出入口等人流密集区域。通过布控报警功能，预警黑名单人员进入监控区域。通过路人轨迹查询功能，确认对象出没规律及随行同伴，提供破案线索。国内许多人脸识别系统都采用海康威视、大华股份等公司的产品，但里面的芯片采用美国 Movidius 公司的 Myriad 系列芯片。

人脸识别技术在视频监控领域得到广泛应用。2012 年 4 月，铁路部门宣布在京沪高铁的车站安检区域安装人脸识别系统。目前，全国各地重点火车站都已安装人脸识别系统。2015 年，中央政法委提出实施"雪亮工程"，这是一项以三级综治中心为平台、以综治信息化为支撑、以网格化管理为基础、以公共安全视频监控联网应用为重点的群众性综治工程。2020 年，我国基本实现"全域覆盖、全网共享、全时可用、全程可控"的公共安全视频监控建设联网应用。目前，许多地方的公共安全视频监控系统都具有人脸识别功能。

2. 人脸识别技术潜在的安全风险

目前，人脸识别系统在安防领域的应用越来越广泛。但人脸识别系统的芯片依赖进口，如海康威视、大华科技的智能探头主要采用美国 Movidius 公司的芯片，而进口芯片往往留有"后门"。2019 年 10 月，海康威视和大华科技被美国商务部列入实体清单。消息一经发布，两家公司的股票立即停牌。这是因为这两家企业的视频监控产品中的芯片依赖进口。许多党政机关、公共场所的视频监控探头都使用海康威视、大华科技的产品，很容易被美国通过"后门"获取党政军干部的人脸数据，威胁我国政治安全、军事安全、社会安全和经济安全。

人脸识别技术已被应用于战争。2020 年，以色列军队运用人脸识别技术，在人员密集的城市精准清除了 150 多名哈马斯指挥官和特工。

自俄乌冲突以来，10多名俄罗斯高级将领和军官被乌军精准狙杀，包含多名中将、少将和大校，这与美国科技公司向乌军提供人脸识别技术支持有关。美国 Clearview AI 公司从俄罗斯网络社交平台 VKontakte 收集了20多亿张人脸照片。该公司在俄乌冲突中向乌军开放人脸数据库，让乌军可以精准识别俄罗斯高级将领、军官和特工。2022年3月19日，俄军近卫第8集团军司令莫尔德维乔中将阵亡。他被乌军通过人脸识别技术锁定目标，随后遭到远程袭击。

近年来，人脸识别技术被滥用的案件频发。根据南都人工智能伦理课题组发布的《人脸识别应用场景合规报告（2021）》，约48%的受访者认为人脸识别技术有滥用趋势。人脸数据被非法采集、买卖，易引发违法犯罪案件。悠络客、万店掌等互联网企业曾被媒体曝光非法采集人脸数据。在房地产、汽车销售、商贸流通等行业，许多企业在客户不知情的情况下未经允许采集人脸数据。一些不法分子利用电商平台批量倒卖非法获取的人脸信息、"照片活化"网络工具和教程，如普通人脸数据0.5元/份，照片活化工具和教程35元/套。

一些犯罪分子利用非法获取的照片制作人脸动态视频，或使用3D打印的面具代替人脸，破解政府、银行等机构的人脸识别系统，进行违法犯罪活动。例如，2020年10月，四川警方查处一个上百人的诈骗团伙。该团伙购买大量人脸视频，借助"僵尸企业""空壳公司"为6000多人包装公积金信息，然后向多家银行申请公积金贷款，造成10亿多元的坏账。

3. 人脸识别技术安全风险防范对策

第一，开展核心技术攻关。建立市场经济条件下的新型举国体制，集中全国人力、物力、财力，尽快解决人脸识别芯片等"卡脖子"问题。通过"揭榜挂帅"等方式，支持有关企业、高校、科研院所开展人脸检测、人脸定位、人脸校准、人脸比对、人脸反欺诈、算法优化等关键核心技术攻关。通过政府采购、补贴等支持方式，推进人脸识别系统相关芯片、传感器、核心元器件等国产化，实现人脸识别系统的自主可控。

第二，保障人脸数据安全。贯彻落实《网络安全法》和《数据安全法》，加强公安、国安、网信、市场监管等部门协作，加强对人脸数据跨境流动的监管。要求互联网企业加强对网络社交平台上人脸照片的管理，避免被非法抓取。对人脸识别系统相关进口软硬件实施安全审查，找出"后门"等安全漏洞，通过加密、"打补丁"等进行必要的安全加固。加强对人脸识别系统、人脸数据库的安全防护，避免被境外敌对势力的黑客攻击造成人脸信息泄露。党政军单位应停用人脸识别门禁系统，禁止采集高级干部人脸数据。

第三，加大市场监管力度。加强对房地产、汽车销售、商贸流通、互联网等行业的市场监管，严禁有关企业未经用户允许采集人脸信息。加强对各大电商平台的市场监管，严禁网店非法销售人脸数据、照片活化工具和教程。构建以信用为基础的新型监管机制，把非法采集、买卖、非法使用人脸信息的行为作为不良信用记录纳入法人和自然人信用数据库，对严重违法失信行为开展跨部门联合惩戒，禁止其在一定时间内从事原行业和乘坐飞机、高铁，提高违法成本。

第四，严厉打击违法犯罪。建议公安部组织开展打击人脸识别违法犯罪专项行动，严厉打击非法采集、买卖和使用人脸信息等行为。重点打击通过使用非法手段破解人脸识别系统、冒用他人身份实施违法犯罪的行为。加强跨地区、跨层级、跨部门信息共享，及时掌握、移交人脸识别违法犯罪案件的线索，联合打击跨区域的犯罪集团。组织开展打击人脸识别违法犯罪案件工作经验交流，提高破案水平。

二、云计算

建设政务云，可以改变过去不同政府部门在信息化建设方面各自为政的局面，促进数字政府集约化建设，降低基层政府部门的信息化门槛。政务云属于关键信息基础设施，关系网络安全和数据安全，进而关系国家安全。在当前形势下，政务云建设必须考虑国家安全，建议改变目前外资控股的私营企业承建政务云的局面，由央企和地方国企承建政务云，保障政务云安全。

1. 目前政务云建设模式存在的安全风险

我国许多互联网企业由外资控股。在我国互联网产业发展过程中，许多互联网企业获得了境外风险投资，被境外资本控股。外资控制中国互联网企业大致分为三种形式：一是互联网企业本身就是外资直接投资控制的；二是通过各种途径运作互联网企业在国外上市；三是境外风险资本投资中国互联网企业。

外资控股的互联网企业听从美国。我国许多互联网企业在美国纳斯达克或纽约证券交易所上市。2021年3月，美国证券交易委员会通过了《外国公司问责法案》最终修正案，美方可以以"保护投资者利益"为借口让在美国上市的中国互联网企业交出各种敏感数据。政务云上存储着各类政府部门掌握的数据，其中包括许多敏感数据，一旦交给美国,美国可以通过大数据分析准确掌握我国经济社会发展情况,使我国在国际政治舞台中处于被动地位。

民营的云计算平台存在安全风险。一些云计算领域的民营企业过于追求商业利润,在保障网络安全和数据安全方面投入不足、刻意不作为,这些民营企业经营的云计算平台存在严重的安全隐患,信息泄露、黑客攻击等事件时有发生。

2. 关于保障政务云安全的对策建议

改进政务云建设模式。一是由央企承建中央国家机关的政务云。中国移动、中国电信、中国联通等央企在云计算方面具有政治、技术、资本、人才等方面的优势。建议中央国家机关新建的云计算平台由央企承建。二是由央企或地方国企承建地方政务云。建议各级地方政府新建的云计算平台,由央企或地方国企承建。三是组建云计算方面的国企。鼓励央企、地方国企参与国家"东数西算"工程,组建云计算公司,积极承接政务云项目。

切实保障政务云安全。一是落实政务云相关国家标准。组织开展政务云安全贯标行动,对各级党政机关落实《基于云计算的电子政务公共平台安全规范》等国家标准进行监督检查,对不符合国家标准的政务云进行整改。二是健全政务云管理制度。研究制定国家层面的政务云管理条例,对政务云建设、应用、服务、安全和运维等做出明确规定。建立健全政务云安全方面的政策法规和规章制度,定期组织开展政务云安全风险评估工作。三是加强政务云技术防护。把政务云分为互联网业务区、部门业务区和公共业务区域,对不同区域的信息系统实行不同等级保护要求。在政务云环境中提供安全资源池,为不同的党政业务提供不同等级的安全保障。建立密码资源池,为重要敏感数据提供数据加密解密服务。明确在云计算环境下不同信息系统的边界访问控制。

发展政务云安全产业。一是努力解决"卡脖子"问题。集中全国相关科技力量,加强虚拟化等关键技术攻关,尽快解决服务器芯片、闪存芯片、基础软件等"卡脖子"问题。二是推进政务云产业链协同。组建政务云产业联盟,建设政务云产业基地或产业园区,鼓励政务云相关企业加强交流与合作,完善政务云产业链,构建政务云生态圈。三是开展政务云攻防演练和竞赛。要求各级党政机关开展政务云安全攻防演练,及时发现安全漏洞。组织开展全国性的政务云攻防大赛,让相关优秀企业和优秀人才脱颖而出。

三、区块链

区块链是数字金融的重要基础设施。在金融行业,区块链技术可以应用于数字货币、跨行/跨境支付、支付清算、数字票据、纠纷处理、资产管理、供应链金融、融资租赁、资产证券化等方面。运用区块链技术,有利于解决中小企业融资难、融资贵问题。

数字人民币是我国官方的数字货币。近年来,我国积极运用区块链技术开展数字人民币试点。数字人民币的发行拓宽了原有货币政策的选择范围,将名义利率降至为负成为了可能。数字人民币提供了一种新的量化宽松工具。数字人民币可以使得货币政策更透明,增强货币传导机制的有效性。数字人民币可以提高金融系统的稳定性,降低支付系统中流动性和信贷风险的集中度。

环球同业银行金融电讯协会（Society for Worldwide Interbank Financial Telecommunications，SWIFT）成立于1973年。总部设在比利时首都布鲁塞尔，同时在美国的纽约和荷兰的阿姆斯特丹分别设立了数据交换中心。SWIFT运营着国际资金清算系统，银行和其他金融机构通过它与同业交换电文来完成金融交易。2020年7月，西方国家曾威胁把中国踢出SWIFT国际资金清算系统。建议在数字人民币试点的基础上，运用区块链技术尽快推出中国主导的、国际公认的和全球通用的官方数字货币，重构国际货币体系，绕开美元结算体系，打破美元霸权地位，实现"换道超车"，保障我国金融安全。

1. 数字货币发展现状和重要意义

从全球来看，许多国家都在发展数字货币。2015年，厄瓜多尔率先推出国家版数字货币，不仅降低了货币发行成本，而且让没有银行的偏远地区民众也能通过数字化平台获得金融服务。此外，委内瑞拉、乌拉圭、突尼斯、塞内加尔等国家也发行了央行法定数字货币。英国、丹麦、挪威、加拿大、巴西、新加坡、菲律宾、以色列等国家都在研究央行法定数字货币，俄罗斯、瑞典、泰国、巴哈马、立陶宛等国家计划推出法定数字货币。一些大型互联网企业推出了非官方的数字货币。例如，美国Facebook公司（2021年更名为Meta公司）在2019年6月发布了非官方的天秤币（Libra）。

中国积极开展数字人民币试点工作。中国人民银行在2014年成立了法定数字货币专门研究小组，在2016年成立了数字货币研究所。2018年6月，深圳金融科技有限公司成立。2020年2月，中国人民银行发布《金融分布式账本技术安全规范》。2020年4月,我国数字人民币先行在深圳、成都、苏州、河北雄安新区等进行内部封闭试点测试。截至2022年4月底,数字人民币试点地区包括上海、海南、长沙、西安、青岛、大连、深圳、苏州、河北雄安新区、成都、北京冬奥会场、天津、重庆、广州、福州、厦门以及浙江省承办亚运会的6个城市(杭州、宁波、温州、湖州、绍兴、金华)。根据中国人民银行公布的数据,截至2021年底,数字人民币试点场景已超过808.51万个,累计开立个人钱包2.61亿个,交易金额达875.65亿元。

中国人民银行发行官方的数字货币,对我国金融业和经济社会发展具有非常重要的意义。一是优化货币政策。数字货币可以拓宽原有货币政策的选择范围,将名义利率降至为负成为可能,减少货币换算带来的汇率损失。数字货币提供了一种新的量化宽松工具,可以使货币政策更透明,增强货币传导机制的有效性。二是创新金融监管。运用区块链技术可以监测数字货币流通过程,有效提高金融监管水平,有利于打击电信诈骗等违法犯罪行为。三是维护金融稳定。数字货币可以提高金融系统的稳定性,降低支付系统中流动性和信贷风险的集中度。运用大数据可以识别资金异常流动情况,对金融风险进行动态监测和预警,有针对性地防范和化解金融风险。

2. 重构国际货币体系

建议在数字人民币试点的基础上,尽快推出中国主导的、国际公认的、官方的数字货币来取代美元,重构国际货币体系,保障我国金融安全,维护国家利益。

一是牵头成立数字货币国际组织。目前国际货币体系是1976年国际货币基金组织(IMF)主导的牙买加体系。牙买加体系是工业社会的国际货币体系,而人类已经进入信息社会、数字化时代。建议中国联合上海合作组织成员国、"一带一路"沿线国家以及厄瓜多尔、委内瑞拉、乌拉圭、突尼斯、塞内加尔等发展中国家,以加入《区域全面经济伙伴关系协定》(RCEP)、全面与进步跨太平洋伙伴关系协定(CPTPP)为契机,牵头

图 5-5 数字人民币

成立"国际数字货币联盟",由中国来主导国际数字货币规则制定,发行国际公认的官方数字货币,建立适应信息社会的数字化国际货币新体系。

二是建立健全数字货币政策法规。加快制定《中华人民共和国数字货币法》,对《中国人民银行法》《物权法》《反洗钱法》《人民币管理条例》等相关法律法规进行修订,使之适应数字货币时代的金融规则。此外,推出国际公认、全球通用的官方数字货币,需要与"国际数字货币联盟"成员国进行磋商,签订协议,建立和完善数字货币汇率、特别提款权、成员国份额、国际储备、国际收支调节等方面的制度和机制,制定数字货币方面的国际法规和国际标准。通过建立数字货币监管体系打击电信诈骗、网络赌博、非法交易等全球涉网违法犯罪。

三是完善国际数字货币基础设施。建立支撑国际数字货币发行、

流通、监管等业务的区块链系统，发展区块链金融。运用区块链技术创新金融领域的社会信用体系建设模式，改变传统征信方式。建立国际数字货币大数据平台，对国际数字货币发行、流通等情况进行大数据分析。建立国际数字货币结算中心，对"国际数字货币联盟"成员国相互之间的国际贸易进行实时结算。建立国际数字货币监管平台，对异常情况进行实时监控。

四是实施国际数字货币战略计划。依托亚洲基础设施投资银行（简称"亚投行"），在103个成员国基础设施建设领域使用国际数字货币进行结算。把亚投行作为中国推广使用国际数字货币的重要机构，在世界各国普及国际数字货币。结合实施"一带一路"倡议，积极推动"一带一路"沿线国家和地区在跨境电商和数字贸易等领域使用国际数字货币进行结算，建设数字丝绸之路。在对外援助等领域优先使用国际数字货币。

第四节 算力基础设施

算力是数据中心的服务器通过对数据进行处理后实现结果输出的一种能力,是衡量数据中心计算能力的一个综合指标,数值越大代表综合计算能力越强。包含以 CPU 为代表的通用计算能力和以 GPU 为代表的高性能计算能力。最常用的计量单位是每秒执行的浮点运算次数(FLOPS,EFLOPS=10^18 FLOPS)。据测算,1 EFLOPS 约为 5 台天河 2A 或者 50 万颗主流服务器 CPU 或者 200 万台主流笔记本的算力输出。

一、数据中心

根据中国信通院发布的《2022 年数据中心白皮书》,我国数据中心市场收入增速明显高于全球,2021 年达 1500 亿元,近三年年均复合增速达 30.69%。

我国数据中心建设速度较快,近 5 年来年均增速超 30%。在实现规模增长的同时,能耗的大幅增长也成为一大问题。据数据统计,全

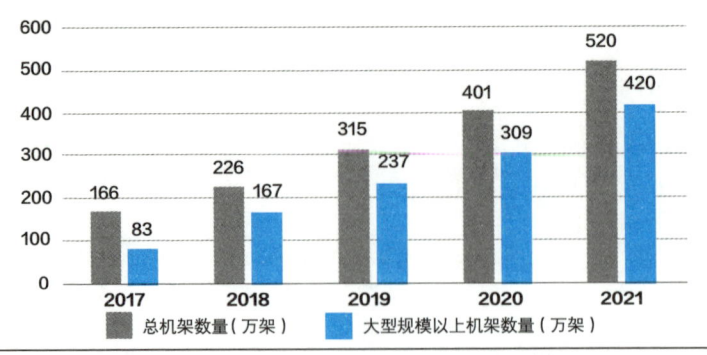

图 5-6 2017—2021 年我国在用数据中心机架数量

国数据中心 2020 年耗电总量约占同期全国全社会用电量的 1.5%-1.9%。在当前数据中心加快建设的背景下，节能降耗迫在眉睫。

新型数据中心是指以支撑经济社会数字转型、智能升级、融合创新为导向，以 5G、工业互联网、云计算、人工智能等应用需求为牵引，汇聚多元数据资源、运用绿色低碳技术、具备安全可靠能力、提供高效算力服务、赋能千行百业应用，与网络、云计算融合发展的新型基础设施。与传统数据中心相比，新型数据中心具有高技术、高算力、高能效、高安全等特征，更能有效支撑经济社会数字转型。随着新一代信息技术快速发展，数据资源存储、计算和应用需求大幅提升，传统数据中心正加速向新型数据中心演进。

2021 年 7 月，工信部印发了《新型数据中心发展三年行动计划(2021—2023 年)》，提出六大行动：

（1）新型数据中心建设布局优化行动

加快建设国家枢纽节点。推动京津冀、长三角、粤港澳大湾区、成渝等国家枢纽节点适当加快新型数据中心集群建设进度，实现大规模算力部署，满足重大区域发展战略实施需要；贵州、内蒙古、甘肃、宁夏等国家枢纽节点重点提升算力服务品质和利用效率，打造面向全国的非实时性算力保障基地。

按需建设各省新型数据中心。国家枢纽节点以外的地区，着力整合并充分利用现有数据中心资源，加快提高存量数据中心利用率。面向本地区业务需求，结合能源供给、网络条件等实际，按需适度建设新型数据中心，打造具有地方特色、服务本地、规模适度的算力服务。

灵活部署边缘数据中心。积极构建城市内的边缘算力供给体系，支撑边缘数据的计算、存储和转发,满足极低时延的新型业务应用需求。引导城市边缘数据中心与变电站、基站、通信机房等城市基础设施协同部署,保障其所需的空间、电力等资源。

加速改造升级"老旧小散"数据中心。分类分批推动存量"老旧小散"数据中心改造升级。"老旧"数据中心加快应用高密度、高效率的IT设备和基础设施系统,"小散"数据中心加速迁移、整合,提高"老旧小散"数据中心能源利用效率和算力供给能力,更好满足当地边缘计算应用需求。

逐步布局海外新型数据中心。支持我国数据中心产业链上下游企业"走出去",重点在"一带一路"沿线国家布局海外新型数据中心,加强与我国海陆缆等国际通信基础设施有效协同,逐步提升全球服务能力。

(2)网络质量升级行动

提升新型数据中心网络支撑能力。以新型数据中心高速互联应用需求为牵引,推进骨干网建设升级,持续优化国家互联网骨干直联点布局,提升网间互联质量。积极推进东西部地区数据中心网络架构和流量疏导路径优化,支撑"东数西算"工程,降低国家枢纽节点间网络时延,不断提升网络质量。

优化区域新型数据中心互联能力。优先支持国家枢纽节点内的新型数据中心集群间网络直连,稳妥有序推进国家新型互联网交换中心建设,促进跨网、跨地区、跨企业数据交互,支撑高频实时交互业务需求。引导基础电信企业建立合理的国家枢纽节点内网络结算机制,逐步降低长途传输等主要通信成本。

推动边缘数据中心互联组网。推动边缘数据中心间，边缘数据中心与新型数据中心集群间的组网互联，促进数据中心、云计算和网络协同发展。基于业务场景，匹配边缘数据中心计算和存储能力，优化网络配置，降低网络时延，提升用户服务体验，支撑具有极低时延需求的业务应用。

（3）算力提升赋能行动

加快提升算力算效水平。引导新型数据中心集约化、高密化、智能化建设，稳步提高数据中心单体规模、单机架功率，加快高性能、智能计算中心部署，推动CPU、GPU等异构算力提升，逐步提高自主研发算力的部署比例，推进新型数据中心算力供应多元化，支撑各类智能应用。

强化产业数字化转型支撑能力。鼓励相关企业加快建设数字化云平台。强化需求牵引和供需对接，推动企业深度上云用云。完善服务体系建设和IT数字化转型成熟度模型，支撑工业等重点领域加速数字化转型。

推动公共算力泛在应用。推进新型数据中心满足政务服务和民生需求，完善公共算力资源供给，优化算力服务体系，提升算力服务调度能力。鼓励企业以云服务等方式提供公共算力资源，降低算力使用成本，提升应用赋能作用。

（4）产业链稳固增强行动

加强核心技术研发。鼓励企业加大技术研发投入，开展新型数据中心预制化、液冷等设施层，专用服务器、存储阵列等IT层，总线级超融合网络等网络层的技术研发。加快新型数据中心运营管理等软件层，以及云原生和云网边融合等平台层的关键技术和产品创新，提升软硬件协同能力。

强化标准支撑引领。建立健全新型数据中心标准体系，推动云边服务器、软件定义存储、智能无损以太等 IT 和网络标准研制。加快推进边缘数据中心、智能计算中心等标准建设，支撑新技术新应用落地。

构建完善产业链体系。聚焦新型数据中心供配电、制冷、IT 和网络设备、智能化系统等关键环节，锻强补弱。加强新型数据中心设施、IT、网络、平台、应用等多层架构融合联动，提升产业链整体竞争优势。推动新型数据中心与人工智能等技术协同发展，构建完善新型智能算力生态体系。

（5）绿色低碳发展行动

加快先进绿色技术产品应用。大力推动绿色数据中心创建、运维和改造，引导新型数据中心走高效、清洁、集约、循环的绿色发展道路。鼓励应用高密度集成等高效 IT 设备、液冷等高效制冷系统、高压直流等高效供配电系统、能效环境集成检测等高效辅助系统技术产品，支持探索利用锂电池、储氢和飞轮储能等作为数据中心多元化储能和备用电源装置，加强动力电池梯次利用产品推广应用。

持续提升能源高效清洁利用水平。鼓励企业探索建设分布式光伏发电、燃气分布式供能等配套系统，引导新型数据中心向新能源发电侧建设，就地消纳新能源，推动新型数据中心高效利用清洁能源和可再生能源、优化用能结构，助力信息通信行业实现碳达峰、碳中和目标。

优化绿色管理能力。深化新型数据中心绿色设计、施工、采购与运营管理，全面提高资源利用效率。支持采用合同能源管理等方式，对高耗低效的数据中心加快整合与改造。新建大型及以上数据中心达到绿色数据中心要求，绿色低碳等级达到 4A 级以上。

（6）安全可靠保障行动

推动提升网络安全保障能力。建设安全态势监测、流量防护、威胁处置等安全技术手段能力，面向数据中心底层设施和关键设备加强安全检测，防范化解多层次安全风险隐患。强化大型数据中心安全协同，构建边缘流量和云侧联动的安全威胁分析能力。

强化数据资源管理。加强数据中心承载数据全生命周期安全管理机制建设，落实行业数据分类分级、重要数据保护、安全共享、算法规制、数据管理成熟度评估模型等基础制度和标准规范，强化企业数据安全管理责任落实。加强多方安全计算等数据安全关键技术创新突破与推广应用。积极组织做好各类网络数据安全协同处置，及时消减数据安全重大隐患。

提升新型数据中心可靠性。对承载重要信息系统以及影响国计民生和社会秩序的数据中心，结合业务系统的部署模式，增强防火、防雷、防洪、抗震等保护能力，强化供电、制冷等基础设施系统的可用性，提高新型数据中心及业务系统整体可靠性。

二、智能计算中心

智能计算中心是指基于 GPU、FPGA 等芯片构建智能计算服务器集群，提供智能算力的基础设施。主要应用于多模态数据挖掘，智能化业务高性能计算、海量数据分布式存储调度、人工智能模型开发、模型训练和推理服务等场景。

第五节　数字基建发展问题与对策

一、存在问题

党的十八大来，我国"数字基建"取得了长足进步，但还存在一些不容忽视的问题，需要在"十四五"期间加以改进。

1. 核心技术受制于人

在 5G、数据中心、工业互联网、物联网、云计算、人工智能等数字基建领域，中国虽然有一大批高新技术企业，但这些企业往往缺乏核心技术，核心元器件或关键生产设备往往依赖进口。一旦以美国为首的西方国家不向他们提供核心元器件或关键生产设备，这些企业的生产经营就会遇到严重困难。目前，我国数字基建领域有不少"卡脖子"问题，无法有效保障新型信息基础设施的安全运行。由于没有掌握核心技术，导致我国关键信息基础设施存在安全隐患，无法得到有效防护，严重威胁国家安全。

2. 盲目投资"一哄而上"

目前，许多地方政府都制定了新基建方面的发展规划或政策措施，加大在新型信息基础设施方面的投资力度。但由于缺乏统筹协调，重复投资、重复建设问题比较严重。一些地方不顾实际情况，出现盲目投资、盲目建设。例如，一些地方大量投资建设数据中心，买了一堆服务器和存储设备，但缺乏对数据资源进行开发利用，无法提供大数据分析等增值服务，没有开展实质性应用。

3. 网络基础资源有待发展

近年来，随着"宽带中国"战略的实施，我国网络基础设施条件明显改善，但人均网络资源显著不足。例如，根据国际电信联盟发布的《衡量信息社会发展报告 2018》，2017 年中国每位互联网用户的国际带宽只有 27.9kbit/s，不仅低于亚太地区的平均水平 61.7kbit/s，而且低于世界平均水平 76.6kbit/s。IPv6 支持率较低。根据下一代互联网国家工程中心发布的《2018—2019 全球 IPv6 支持度白皮书》，截至 2019 年 3 月，国内用户量排名前 50 的商业网站中 IPv6 支持率仅为 24%。

4. 产业支撑能力有待提升

物联网、云计算、人工智能是典型的数字基建，但物联网产业、云计算产业、人工智能产业支撑能力还比较弱。与西方发达国家传感器产品相比，国产传感器在测量精度、稳定性、可靠性等方面有较大差距，许多国产传感器寿命短、故障率高。我国许多云计算平台的核心设备——服务器都采用 IBM、戴尔、惠普等国外厂商的产品，国产服务器的核心器件——芯片依赖进口，网络安全存在隐患。我国人工智能研究以跟踪、模仿、改进为主，基础理论、核心算法、前沿技术等方面的研究严重滞后，缺少重大原创性成果。

二、发展对策

1. 加强顶层设计，掌握核心技术

一是加强统筹协调。制定国家层面的"数字基建"规划和政策措施，加快建设"互联中国""云上中国"和"高清中国"，打造"高速、泛在、集约、智慧、安全"的新型信息基础设施。要求各地政府把"数字基建"纳入城乡规划和国土空间规划,预留建设空间和用地。二是明确发展思路。坚持"融合发展、创新模式、共建共享、以用促建"的基本原则,坚持"三个结合",即"数字基建"与推进数字政府建设相结合,与发展数字经济相结合,与改造升级传统基础设施相结合。三是突破核心技术。借鉴"两弹一星"成功经验,建立新型举国体制,成立专门从事信息化领域核心技术攻关和产业化的机构,集中全国优秀人才,在短时间内突破芯片、操作系统和数据库管理系统等信息化领域的核心技术并实现大规模商用。

2. 明确主攻方向,突出建设重点

新型信息基础设施包括以5G、物联网、工业互联网等为代表的网络基础设施,以人工智能、云计算、区块链等为代表的新技术基础设施,以数据中心、智能计算中心等为代表的算力基础设施。

5G网络。开展5G网络大规模建设,实现城乡全覆盖。提高5G网络建设审批效率,为5G基站建设施工提供便利。探索开放路灯杆、电线杆、交通信号杆、视频监控杆、党政机关和行政事业单位办公楼等公共资源用于5G基站建设,实行"多杆合一",打造"智慧灯杆"。建设一批边缘计算资源池节点,全面支撑5G商用和应用部署。深化三网融合,发展智慧广电,建设基于"5G+8K"的"高清中国"。

数据中心。建设国家大数据中心,优化全国数据中心布局,引导各类数据中心向绿色化、智能化方向发展。推进高水平云数据中心建设,对低、小、散、旧数据中心进行整合和升级改造。加快开放公共数据资源,支持各类数据中心提供数据深加工、大数据分析等增值服务,培育和发展大数据产业。

物联网。推进窄带物联网（NB-IoT）建设和应用。大力发展车联网、船联网，建设一批智能高速公路和智慧港口。鼓励大中型城市推进城域物联网与城市公共设施的功能集成，提高城市运行管理智慧化水平。支持涉农企业建设农业物联网，发展设施农业，构建智慧农田，打造数字乡村，助力乡村振兴。支持企业运用物联网建设数字化车间、"互联工厂"和无人工厂，发展服务型制造。

工业互联网。支持地方政府聚集当地重点产业，建设一批具有全国影响力的行业性工业互联网平台，打通产业链上下游。依托工业互联网，建设一批数字化车间和智能互联工厂，提高生产现场控制、产线设备巡检、产品质量检测等效率。

人工智能。结合新冠肺炎疫情常态化防控，加快建设人脸识别系统、智能测温系统、智能配送终端等智能基础设施。把"城市大脑"作为新型城市基础设施，鼓励特大型城市率先建设"城市大脑"。

云计算。引进一批云计算企业，建设一批云计算平台，推进"政府上云"和"企业上云"，打造"云上中国"，建立"云—网—端"的信息化应用体系。把政府部门的信息系统迁移到政务云，促进数字政府集约化建设。实施"企业上云"行动计划，推进中小企业"上云用云"。

区块链。推动数据上链，实现链上数据和链下信息系统相关联，构建基于区块链的可信平台。利用区块链技术特点，深化区块链技术在信息基础设施建设领域的应用。运用区块链技术创新社会信用体系建设模式。

智能计算中心。提高现有超算中心的算力规模，新建一批高性能计算中心、人工智能超算中心，构建一批应用场景，以强大算力驱动人工智能模型对数据资源进行深度加工。

此外，全面建成高水平全光网。加快推进 IPv6 规模部署，实现网络、应用、终端全面支持 IPv6，提升 IPv6 地址资源量和活跃用户数。积极发展卫星应用、量子通信产业，加快建设天地一体化信息网络。培育和发展信息安全产业，完善信息安全基础设施，构建"安全即服务"设施体系，保障网络安全和数据安全。

3. 推动融合发展，助力产业转型

一是推进数字产业化。把"数字基建"和推进数字产业化、产业数字化结合起来。做大做强电子信息产业，培育和发展物联网、云计算、大数据、人工智能、5G、区块链、虚拟现实等新一代信息技术产业，增强"数字基建"的产业支撑能力。二是推进产业数字化。大力推进工业、农业、服务业等传统产业数字化转型。例如，实施产业强基工程，建设一批行业云、行业数据中心和工业互联网平台，推进中小企业"上云上平台"。三是推动"新基建"联动发展。对传统基础设施进行数字化、智能化改造，建设一批交通、物流、能源、水利、市政等领域的融合基础设施。建设一批科技创新平台等创新基础设施，推动新型信息基础设施的技术创新。推进不同种类"数字基建"的综合集成和融合创新，构建"数字基建"生态圈。

4. 加强政企合作，创新发展模式

一是创新"数字基建"投融资模式。发挥地方政府债券、房地产信托投资基金（RETTs）等作用，采用 PPP、BOT、BOO、BT、TOT、特许经营、股权投资、基金募集、融资租赁、政府购买服务等方式，吸引

社会资本参与"数字基建",建立"数字基建"多元化投融资体系。二是创新"数字基建"建设模式。推进信息架空线入地、多杆合一,实现新型信息基础设施与城市公共设施的集约化建设和景观化设置。支持相关国有企业开展混改,组建从事"数字基建"的混合所有制企业。通过加强合规指引、优化市场准入等方式,鼓励民营企业参与"数字基建",促进非公经济发展。支持我国企业"走出去",参与"一带一路"沿线国家和其他发展中国家的"数字基建"。三是创新"数字基建"运营模式。引导有关企业创新商业模式,如以租代售、共享使用、委托运营等。

5. 强化五项举措,优化发展环境

一是强化政策扶持。把"数字基建"作为"新基建"的重中之重,从财税、金融、科技、用地、用人、用电等方面加大对"数字基建"的政策扶持力度。编制新型信息基础设施名录,建立数字基建管理系统,加强统计分析和投资监测,避免"一哄而上"。二是强化项目推进。适当增加"数字基建"项目在各省年度重点项目的比重,实施一批"数字基建"试点示范工程。统筹各类财政专项资金,大型基建专项资金向"数字基建"项目适当倾斜。鼓励金融机构创新金融产品和服务模式,支持"数字基建"项目融资。三是强化设施保护。建议全国人大加快立法,明确新型信息基础设施作为公共基础设施的法律地位。从制度和技术两个方面保障新型信息基础设施的安全,特别是进一步加强关键信息基础设施保护。四是强化人才培养。支持高校设置"数字基建"相关专业或研究方向、开设相关课程、壮大师资力量,培养专业人才。五是强化氛围营造。运用微博、微信、移动客户端(APP)等网络新媒体大力宣传"数字基建"的好做法、好经验、好模式,组织举办"数字基建"方面的国家级展会。

第六章 数字党建

党的二十大报告提出深入推进新时代党的建设新的伟大工程，以党的自我革命引领社会革命。在互联网、大数据时代，党建工作必须开拓创新，运用数字化手段加强党的全面领导。大力发展数字党建，提升党的数字领导力，是提高党的执政能力和领导水平的重要举措，是推进国家治理现代化和高质量发展的必然要求。

第一节　数字党建及其重要意义

一、什么是数字党建

数字党建，即党建信息化，是指信息通信技术在党建领域的应用。数字党建包括"互联网＋党建"和"智慧党建"等。"互联网＋党建"是指互联网在党建领域的应用。智慧党建是指运用物联网、云计算、大数据、人工智能、5G、区块链、虚拟现实等新一代信息技术提高党建工作的智能化水平。

从"大党建"角度看，数字党建是指中国共产党各级党组织的信息化，也可以称为"电子党务"，包括党办、组织、纪检、宣传、统战、政法等党委部门的信息化以及基层党组织的信息化，建设内容包括党务网络、党务数据库、党务信息系统等。

从"小党建"角度看，数字党建是指组织部门的党建工作信息化以及其他党政机关、企事业单位通过信息化手段开展党建工作，如建立党建工作微信群、网上交党费、网上听党课等。

二、为什么要发展数字党建

1. 有利于提高党的执政能力和领导水平

当今世界正在经历百年未有之大变局。当前，国际经济、科技、文化、安全、政治等格局都在发生深刻调整。近年来，从贸易到科技，再到金融等领域，美国对中国进行全面遏制。国际环境恶化，对我们党的执政能力和领导水平提出了更高的要求。而大力发展数字党建，用信息化武装全党，有利于提升党的执政能力和领导水平。

2. 有利于创新党建模式

目前，全球新一轮科技革命和产业变革孕育兴起。新世纪以来，物联网、云计算、大数据、人工智能、3D打印、5G、区块链、虚拟现实、量子通信等新一代信息技术飞速发展，对经济、政治、文化、社会、生态文明等各个领域都产生了深刻影响。新一代信息技术为党建工作提供了新的手段，可以创新党的政治建设、思想建设、组织建设、作风建设、纪律建设和制度建设模式。

3. 适应新时代党的建设总要求

党的十九大报告指出，经过长期努力，中国特色社会主义进入了新时代，这是我国发展新的历史方位。党的十九大报告提出了新时代党的建设总要求。新时代的"新"体现在新技术、新产业、新业态、新模式不断涌现。新时代的"时代"体现在我们已经进入互联网时代、大数据时代这样的数字化时代。党建工作一定要顺应新时代要求，大力发展以"互联网＋党建"和"智慧党建"为代表的数字党建。

第二节 数字党建重要论述和相关政策

一、习近平总书记关于数字党建的重要论述

习近平总书记对数字党建作的一系列重要论述,主要是关于数字党建的重要性、发展数字党建的方法、对领导干部学习信息化的要求。

在数字党建重要性方面,习近平总书记高瞻远瞩,深刻地指出"要高度重视信息化发展对党的建设的影响";"将信息技术应用到党建工作中,既是信息化时代发展的客观要求,也是党建工作改革创新的必然要求"。

对于如何发展数字党建,习近平总书记为我们指明了方向。例如,他强调要做到网络发展到哪里党的工作就覆盖到哪里,充分运用信息技术改进党员教育管理、提高群众工作水平,加强网络舆论的正面引导。2018年7月,习近平总书记在全国组织工作会议上强调,要探索加强新兴业态和互联网党建工作,扩大党在新兴领域的号召力和凝聚力。2019年7月,他在中央和国家机关党的建设工作会议上强调,要积极探索信息化条件下开展工作的新载体、新路数。

在领导干部学习信息化知识方面,习近平总书记对党员干部学习互联网、大数据、人工智能、区块链等前沿领域知识提出了明确要求,多次要求领导干部强化互联网思维。例如,2016年10月,他在主持十八届中央政治局第36次集体学习时强调,各级领导干部要学网、懂网、用网,积极谋划、推动、引导互联网发展。2017年12月,习近平总书记在主持十九大之后中央政治局第二次集体学习时指出,善于获取数

据、分析数据、运用数据，是领导干部做好工作的基本功。各级领导干部要加强学习，懂得大数据，用好大数据，增强利用数据推进各项工作的本领。2018年4月，他在全国网络安全和信息化工作会议上强调，各级领导干部特别是高级干部要主动适应信息化要求、强化互联网思维，不断提高对互联网规律的把握能力、对网络舆论的引导能力、对信息化发展的驾驭能力、对网络安全的保障能力。2018年10月底，习近平总书记在主持中央政治局第九次集体学习时强调，各级领导干部要努力学习科技前沿知识，把握人工智能发展规律和特点。2019年10月，他在主持中央政治局第十八次集体学习时强调，相关部门及其负责领导同志要注意区块链技术发展现状和趋势，提高运用和管理区块链技术能力，使区块链技术在建设网络强国、发展数字经济、助力经济社会发展等方面发挥更大作用。

习近平关于数字党建的重要论述站位很高。他从提高党的执政能力和领导水平、保障国家安全、推进国家治理体系和治理能力现代化、全面建设社会主义现代化强国这样的高度来论述数字党建。例如，2014年2月，习近平总书记在中央网络安全和信息化领导小组第一次全体会议上作出了"没有网络安全就没有国家安全，没有信息化就没有现代化"的重要论断。2016年2月，他在党的新闻舆论工作座谈会上又作出了"过不了互联网这一关，就过不了长期执政这一关"的重要论断。之后习近平总书记在多个场合反复强调这两个重要论断。

习近平关于数字党建的重要论述全面系统。党的建设包括党的政治建设、思想建设、组织建设、作风建设、纪律建设和制度建设六大领域。习近平总书记关于数字党建重要论述对这六个方面都有涉及。在政治建设方面,多次指出"过不了互联网这一关,就过不了长期执政这一关"。在思想建设方面,强调"要深入开展网上舆论斗争,严密防范和抑制网上攻击渗透行为,组织力量对错误思想观点进行批驳"。在组织建设方面,强调"选好配好各级网信领导干部,为网信事业发展提供坚强的组织和队伍保障"。在作风建设方面,强调"要发挥网络传播互动、体验、分享的优势,听民意、惠民生、解民忧,凝聚社会共识"。在纪律建设方面,提出"建设覆盖纪检监察系统的检举举报平台"。在制度建设方面,强调"建立适应网信特点的人事制度、薪酬制度"。

习近平关于数字党建的重要论述很接地气。他论述数字党建不是泛泛而谈,而是从党建实际工作出发,运用网言网语,通俗易懂。例如,2016年习近平总书记在"4·19"讲话中强调各级党政机关和领导干部要学会通过网络走群众路线,经常上网看看,潜潜水、聊聊天、发发声,了解群众所思所愿,收集好想法好建议,积极回应网民关切、解疑释惑。2019年1月,他在主持中央政治局第12次集体学习时指出,网络空间已经成为人们生产生活的新空间,那就也应该成为我们党凝聚共识的新空间。

做好新时代党建工作,要坚持以习近平新时代中国特色社会主义思想为指导,深入学习和领会习近平总书记关于数字党建的重要论述,加强数字党建的统筹协调和顶层设计,积极运用信息化手段创新党建模式,推进党建信息资源整合、共享和开发利用,深化新一代信息技术在党建领域的综合集成和融合创新应用,壮大数字党建人才队伍,优化数字党建发展环境。

二、数字党建相关政策

党中央制定的多个政策文件中提及数字党建。例如：

2014年5月，中办印发的《关于加强基层服务型党组织建设的意见》提出"推行网络服务"。

2016年7月，中办、国办印发的《国家信息化发展战略纲要》提出"信息化要服务党的执政能力建设"。

2019年1月底，中共中央印发的《关于加强党的政治建设的意见》提出积极运用互联网、大数据等新兴技术，创新党组织活动内容方式，推进"智慧党建"。

2019年3月，中共中央印发的《关于加强和改进中央和国家机关党的建设的意见》提出"积极推进机关党建信息化建设"。

2019年5月，中共中央印发的《中国共产党党员教育管理工作条例》把"党员教育管理信息化"作为专门一章；中办印发的《关于加强和改进城市基层党的建设工作的意见》提出推广"互联网＋党建"、"智慧党建"等做法。

2019年12月底，中共中央印发的《中国共产党国有企业基层组织工作条例（试行）》规定"注重运用网络信息化手段和新媒体平台，增强党组织活动和党员教育管理工作的吸引力、实效性"。

第三节　数字党建发展情况

一、发展现状

党的十八大以来,习近平总书记对数字党建作了一系列重要论述。近年来,我国数字党建加快发展,在党建工作中的作用和地位日益凸显。

1. "互联网+党建"发展迅速

近年来,全国许多党组织建立了党建网站,积极运用微博、微信和移动客户端开展党建工作。目前,全国党建网站数量超过两万家,涌现出"共产党员网"等一批优秀的党建网站。许多党组织在人民微博、新华微博上开通了官方微博。一些党组织专门开通了党建微信公众号,很多党组织建立了党建工作微信群。一些地方党组织开通了党建APP。

2. 地方数字党建亮点纷呈

近年来,全国许多地方党委组织部门积极发展"互联网+党建"和智慧党建等数字党建,探索党建工作新模式。北京、吉林、上海、浙江、福建、山东、广东、四川、贵州、云南等地在数字党建领域取得了显著成绩。例如,北京市石景山区建立了"一呼百应"党员综合服务系统,形成了"居民点单、支部下单、党员接单"的党群服务模式。吉林省建立了基层党建云平台,推出了"新时代e支部"APP,实现了基层党建的指导方式、组织方式、管理方式、服务方式的重大创新。上海市宝山区推出了党建引领社区治理工作系统——"社区通"APP,对基层治理问题进行分级分类处置,精准施策。浙江省委直属机关工委建立了"一网+一平台+多终端+全覆盖"数字党建工作格局,科技赋能党建取得新成效。福州实施了"红色领航工程",推出"红色地图""党务易通""数字党建体验舱""党建超市""支部通"等创新应用,在全国率先提出"数字党建",成立数字党建学院,举办数字党建高峰论坛,建设"数字党建"小镇,组建"党建云盟",开通"党建云仓"。山东省临朐县在全国率先建立了网上党支部——"临朐e支部",开创了把"支部建在网上"的先河。广东省人社厅建立了"广东省网上流动党员之家"平台,有效解决了活动开展难、党费收缴难、党员联系难、管理难到位等的问题。云南实施了"互联网+党建"行动计划,建立了"党务+政务+服务"网络体系。贵阳市建立了"党建红云",实现对党组织和党员干部的大数据分析。四川省眉山市推行"三屏联动""三端融合",全面提升党的组织力。

图6-1　吉林省基层党建大数据中心成立

3. 国企数字党建稳步推进

中石油、中国电子信息产业集团(CEC)、国投集团、神华集团、徐工集团等一些国有企业党委积极运用互联网、云计算、大数据等数字化技术创新党建模式。例如,中石油党建信息化平台具有党员管理、教育、培训、交流、监督、考评、服务等七大功能,形成了"集团统一建网、党委工作用网、支部活动靠网、党员参与上网"的党建新格局。CEC建立了党建云,具有党务管理、党员服务、辅助决策等功能。

二、存在问题

近年来,我国数字党建发展取得了一定成绩,但也存在一些不容忽视的问题。

1. 数字党建管理体制有待理顺

数字党建组织管理体系尚不健全。许多党委组织部门没有设立专门的信息化管理部门,没有实现对数字党建工作的集中统一管理。不同地方党委的数字党建主管部门设置情况五花八门,部门名称、主要职责等都不一样,人员编制偏少。数字党建缺乏顶层设计,相关政策法规和标准规范不完善。数字党建方面的党内法规和政策文件偏少,迄今尚未制定数字党建方面的发展规划或指导意见。目前许多地方政府都在贯彻落实"十四五"规划,但很少有地方党委在数字党建"十四五"规划上下功夫。数字党建领域缺乏国家标准、行业标准和地方标准,导致党建信息系统之间难以互联互通。

2. "互联网+党建"有待深化

党组织网络新媒体利用率低。全国有20多万个机关单位,但党建网站只有两万多个。许多党组织尚未开通"两微一端"。数字党建平台功能有待增强,性能有待提高。大多数党建平台还停留在信息发布阶段,缺乏用户交互、在线办事等功能,无法为党员和群众提供在线服务。许多数字党建平台"重建设,轻运维",内容缺乏吸引力、更新不及时,导致用户数量少,访问量小,使用率低,在党员干部和人民群众中的影响力有待提升。

3. 党建信息资源有待整合共享

由于条块分割、各自为政，部门数据共享意愿低，党建信息资源没有实现跨部门、跨地区、跨层级共享，"数据壁垒、信息孤岛"和"重复建设、重复投资"现象比较普遍，影响数字党建的效益发挥。从纵向来看，尚未形成"国家—省—地市—区县—镇街—村居"六级数字党建体系。从横向来看，机关党建、国企党建、非公党建、高校党建、社区党建等不同类型的党建系统之间缺乏信息共享，社区党建、单位党建、行业党建信息系统没有互联互通，区域党建一体化进程缓慢。

4. 新一代信息技术应用有待加强

近年来，物联网、云计算、大数据、人工智能、5G、区块链等新一代信息技术快速发展，已广泛应用到智能制造、智慧政府和智慧城市等领域。与政府部门和企业相比，新一代信息技术在党建领域的应用刚起步，无论广度还是深度都相对滞后。目前，新一代信息技术在党建领域应用以单项应用为主，综合集成和融合创新应用很少。与数字政府、数字经济相比，智慧党建发展总体滞后。

5. 数字党建专业人才匮乏

许多党组织特别是基层党组织缺少数字党建方面的专业技术人员，现有党建工作人员中具有计算机专业背景的比例低。党建和信息化存在"两张皮"问题，缺乏既懂党建又懂信息技术的复合型人才。不少领导干部知识结构老化，缺乏信息化方面的基础知识和基本技能，对互联网存在一种恐惧、排斥心理，对数字党建不了解，不重视。大数据、人工智能、区块链等新一代信息技术方面的干部培训有待加强。有关高校一般把党建专业作为文科专业，很少给学生开设信息技术方面的课程。由于缺师资、缺教材、缺课程,数字党建人才培养滞后。

三、发展对策

1. 理顺数字党建管理体制

把数字党建纳入各级党组织的议事日程,从人、财、物等方面保障数字党建工作顺利开展。在各级党组织专门设立或明确信息化主管部门,统一组织机构,配强领导班子,增加人员编制,加强统筹协调。把数字党建纳入财政预算,对党委信息化建设项目实行归口管理。开展数字党建顶层设计,完善数字党建相关政策法规和标准规范。研究制定数字党建相关党内法规、发展规划或指导意见。按照"急用先行"的原则加快制定数字党建方面的国家标准和行业标准,并做好数字党建标准宣传、推广、实施、监督等工作。

2. 深入发展"互联网+党建"

各级党组织要强化互联网思维,以"互联网+"创新党的政治建设、思想建设、组织建设、作风建设、纪律建设和制度建设。把"两微一端"作为各级党组织开展数字党建工作的标准配置。对数字党建平台进行升级改造,增强功能,提高性能,使之具备用户交互、在线办事等功能,为党员干部和人民群众提供一体化在线服务。把数字党建平台运维经费纳入财政预算,及时更新内容,提高影响力。

3. 加强党建数据整合共享

制定《党建数据共享需求清单》,依托政务内网建立党建数据交换平台,推进党建信息资源跨部门、跨地区、跨层级共享,构建"纵向贯通、横向联动"的数字党建体系，加快推进区域党建一体化。加快建立党建云平台，逐步把党建信息系统迁移到党建云，构建"云—网—端"的数字党建应用体系。整合现有党建信息系统，构建党建信息平台。推进社区党建、单位党建、行业党建信息共享，加强和改进城市基层党建。加强党建数据治理，提高党建数据质量。让数据多"跑腿"，让党员干部和人民群众少"跑路"。

4. 深化新一代信息技术应用

结合"新基建"，推进各级党组织的 5G 网络、数据中心等新型信息基础设施建设。在各级党建部门推广应用物联网、云计算、大数据、人工智能、5G、区块链等新一代信息技术，引导各级党组织建设党建大

图 6-2　党建元宇宙

数据平台，应用党建机器人，推行"掌上党建"，发展"区块链＋党建"、VR 党建、元宇宙党建。推动新一代信息技术在党建领域的综合集成和融合创新应用，加快发展智慧党建。鼓励基层党组织运用新一代信息技术，实现基层党建、智慧党建、基层治理"三位一体"，提高基层党建质量，构建基层智慧治理体系，推进基层治理体系和治理能力现代化。

5. 加强数字党建专业人才培养

各级党组织要着力招聘、选调、抽调一批具有计算机专业背景的公务员充实到党建部门。通过党建和信息化部门人员相互轮岗、交流、借调等方式来培养数字党建复合型人才，破解"两张皮"问题。贯彻落实《2018—2022年全国干部教育培训规划》，把互联网、大数据、云计算、人工智能、区块链等新一代信息技术纳入干部培训内容，组织开展数字党建专题培训。支持有关高校设置数字党建专业或研究方向，引进师资，编写教材，开设课程，培养数字党建专业人才。

第四节 数字领导力

一、什么是数字领导力

数字领导力是指在数字化时代,个人或组织带领他人、团队或整个组织运用互联网思维、大数据思维等信息化思维,确保其目标得以实现而应该具备的一种能力。数字领导力是数字化时代领导干部运用信息化手段治理国家的一种能力,是数字化时代领导干部的基本功。

数字领导力包括数字洞察力、数字决策力、数字执行力和数字引导力。

1. 数字洞察力

所谓洞察力,是指正确发现问题的能力。数字化可以提升洞察力。例如,运用大数据对市场主体进行分级分类监管。对市场主体信用状况进行大数据分析,可以发现哪些企业诚信经营、哪些企业不诚信经营。市场监管部门可以把严重失信的市场主体列为重点监管对象,加大检查频次。

2. 数字决策力

所谓决策力,是指做出正确决策的能力。领导干部凭经验、感觉进行决策,容易造成决策失误,导致出现"三拍"现象。以数字化可以提升决策力,关键是要以大数据促进决策科学化,以互联网促进决策民主化。例如,通过对当地经济社会情况进行大数据分析,可以精准掌握当地经济社会发展情况,为科学决策提供数据支撑。在政策制定前,通过互联网广泛征求企业和群众意见和建议,可以让政策更合理、更具有可操作性。

3. 数字执行力

所谓执行力，是指落实决策方案、完成预定目标的能力。党的十九届四中全会指出，制度的生命力在于执行。数字化可以提升执行力，促进制度执行规范化、程序化、法治化。例如，通过政务信息共享，推行"互联网+政务服务"，可以提高政府办事效率，实现"最多跑一趟"甚至"一趟不用跑"。通过推行网上办事，可以改变过去"门难进、脸难看、事难办"的现象，优化营商环境。

4. 数字引导力

所谓引导力，是指舆论环境和社会文化氛围塑造能力。数字化可以提升引导力。目前，互联网已经成为意识形态的主战场。习近平总书记多次强调，要把握好网上舆论引导的时、度、效，使网络空间清朗起来。要运用好网络新媒体，建设融媒体中心，推动媒体融合发展。通过开展网络舆情监测，加强网上舆论引导，可以提高党的思想引领力。

图 6-3 数字领导力的四大方面

数字化与党的领导力关系如下：一是党对数字化的领导。例如，通过成立各级党委网信部门，加强党对网络安全和信息化建设的领导。目前，地方网信办主任都是当地的党委书记。党的十八大以来，党中央在数字化领域制定了一系列政策文件，如《中共中央办公厅、国务院办公厅关于促进移动互联网健康有序发展的意见》。二是党运用数字化技术提升党的领导力。例如，党运用数字化技术对经济、政治、社会、文化和生态文明等各个方面、各个领域进行全面领导，提升党的政治领导力、思想引领力、群众组织力、社会号召力等党的领导力。

数字党建与数字领导力关系如下：一方面，提升党员干部的数字领导力是发展数字党建的重要内容。党的十八大以来，习近平总书记多次强调领导干部要强化互联网思维。党的十九大以来，中央政治局先后集体学习了大数据、人工智能、区块链、量子科技等新一代信息技术。另一方面，提升组织部等党委部门领导干部的数字领导力是发展数字党建的重要基础。组织部等党委部门领导干部要顺应数字化时代发展要求，掌握信息化的基础知识和基本技能，强化互联网思维、大数据思维等信息化思维，积极推动数字党建发展。

二、为什么要提升数字领导力

中国共产党领导是中国特色社会主义最本质的特征，是中国特色社会主义制度的最大优势，党是最高政治领导力量。我们党要在数字化时代坚持和发展中国特色社会主义的历史进程中始终成为坚强领导核心，必须提升数字领导力。

1. 数字领导力是新时代党的领导力

2012年12月13日，习近平同志担任总书记后第一次外出考察去了深圳，他在腾讯公司考察时指出，"现在人类已进入互联网时代这样一个历史阶段，这是一个世界潮流，而且这个互联网时代对人类的生活、生产、生产力的发展都具有很大的进步推动作用"。我们党要顺应互联网时代发展潮流,广大党员干部要强化互联网思维,提升数字领导力。

2. 数字领导力是党员干部的基础能力

党的十九大报告提出善于运用互联网技术和信息化手段开展工作。党的干部是党的事业的骨干和中坚力量。没有领导干部领导力的提升,就没有党的整体领导力的提升。从某种意义上说,领导干部的领导力是党的全部领导力的基础。因此,提升领导干部的领导力,是提升党的领导力必须下功夫完成的重要任务。领导干部是"关键少数",提升数字领导力是提高党的执政能力和领导水平的关键举措。

数字领导力是数字化时代领导干部的基本功。2016年4月19日,习近平总书记在网络安全和信息化工作座谈会上指出"善于运用网络了解民意、开展工作,是新形势下领导干部做好工作的基本功"。2017年12月,习近平总书记在主持十九大之后中央政治局第二次集体学习时指出"善于获取数据、分析数据、运用数据,是领导干部做好工作的基本功"。

3. 提升数字领导力是推动治理现代化和高质量发展的必然要求

在数字化时代,要以信息化推进国家治理体系和治理能力现代化,以数字经济引领高质量发展。

2019年10月底,党的十九届四中全会通过了《中共中央关于坚持和完善中国特色社会主义制度推进国家治理体系和治理能力现代化若干重大问题的决定》,提出建立健全运用互联网、大数据、人工智能等技术手段进行行政管理的制度规则,推进数字政府建设。

2020年10月底，党的十九届五中全会通过了《中共中央关于制定国民经济和社会发展第十四个五年规划和二〇三五年远景目标的建议》，提出以推动高质量发展为主题，加快数字化发展。发展数字经济，推进数字产业化和产业数字化，推动数字经济和实体经济深度融合，打造具有国际竞争力的数字产业集群。

三、如何提升党的数字领导力

根据中组部发布的《2021年中国共产党党内统计公报》，截至2021年12月31日，我党有9671.2万名党员、493.6万个基层党组织。管理和服务这么多党员和党组织，必须运用数字化手段。推进新时代党的建设新的伟大工程，必须坚持以习近平总书记关于网络强国的重要思想为指导，大力发展数字党建，不断提升党的数字领导力。

1. 发展数字党建

推进党务工作数字化转型，不断增强党的政治领导力、思想引领力、群众组织力和社会号召力。把数字党建纳入党建工作考评体系，制定和完善数字党建相关政策法规和标准规范。制定党务数据共享需求清单，依托政务内网建立跨部门、跨层级、跨地区、跨行业的党建信息共享体系。发展党建大数据，部署党建机器人，开展党建活动网络直播，建设党建元宇宙空间。鼓励基层党组织把支部建在网上，推动数字党建与基层党建、基层治理深度融合。

2. 加强干部培训

把网络强国、数字中国纳入各级党委中心组学习范围。鼓励各级党校结合中央政治局集体学习精神，开设网络强国、大数据、人工智能、区块链、量子科技、数字经济等方面的课程，举办数字党建、数字政府、数字经济等方面的专题培训班课程。依托各级党校，实施"党员干部数字领导力提升工程"，把当地党政机关主要负责人轮训一遍。遴选一批国家级和省级数字领导力培训基地、现场教学点，并纳入国家级和省级党性教育基地。

3. 强化数字思维

信息化不只是一种技术手段，更是一种思维方式。各级党员干部要强化互联网思维、大数据思维等信息化思维，对自身负责的工作领域进行重新审视，积极运用数字化手段改变传统工作方式，创新工作方法。例如，通过互联网走群众路线，密切党群关系；通过网络舆情监测和网络舆论引导，提高宣传效能；通过互联网与民主人士加强互动交流，做优统战工作；建立"大数据+网格化"的社会治理体系，维护社会稳定。

第五节
以信息化推进
新时代党建新的伟大工程建设

党的二十大报告强调，必须持之以恒推进全面从严治党，深入推进新时代党的建设新的伟大工程，以党的自我革命引领社会革命。在互联网、大数据时代，要顺应信息革命这个世界潮流，以信息化推进新时代党建新的伟大工程建设，以数字党建引领数字中国建设，通过提升党的数字领导力增强党的执政能力。

一、充分发挥信息化在加强党的全面领导中的作用

党的二十大报告指出，党的领导是全面的、系统的、整体的。一方面，要运用信息通信技术支撑党总揽全局、协调各方，提升党的数字领导力。例如，推进智慧党建平台和政务信息平台互联互通，让各级党组织了解当地经济社会等各方面发展情况，加强党对经济、政治、社会、文化和生态文明等领域的全面领导。通过发展数字党建，增强党的政治领导力、思想引领力、群众组织力、社会号召力。另一方面，要加强党对网信化工作的领导，加快建设网络强国、数字中国。坚持党管互联网、党管数据，加强互联网治理，保障网络安全和数据安全。推动数字基建、数字政府、数字经济、数字社会和数字生态发展，推进网信领域的科技创新和人才培养。

二、通过信息化手段加强党的思想建设

党的二十大报告指出，用党的创新理论武装全党是党的思想建设的根本任务。实施党的创新理论学习教育计划，通过"两微一端"（即微博、微信和移动客户端）、短视频等网络新媒体，在线宣传习近平新时代中国特色社会主义思想，打造互联网时代的马克思主义学习型政党。建设智慧党校，发展"互联网＋干部培训"，打破干部培训在时间、空间、规模等方面的限制，让领导干部利用碎片化时间开展个性化、自主化学习。鼓励全国各级党性教育基地建设网上展馆，解决传统党性教育基地参观人数有限、排期相撞、信息量少等难题，创新理想信念教育模式，提高党性教育效率，降低党性教育成本。运用虚拟现实技术开展党史学习教育，建设党史元宇宙，让领导干部直观、形象地感受到革命先辈如何与敌人浴血奋战，更好地传承红色基因，赓续红色血脉。鉴于互联网成为意识形态斗争的主战场，要积极应对互联网对党的思想建设工作的挑战，做好网络舆情监测，加强网上舆论引导，开展网上舆论斗争，抢占互联网这一党的思想新阵地。严密防范敌对势力的网络渗透活动，积极应对 Web 3.0、深度伪造、算法推荐等新技术对政治安全的潜在威胁。

三、以信息化完善党的自我革命制度规范体系

党的二十大报告提出坚持制度治党、依规治党。要运用信息化手段固化党的制度，避免人情世故的干扰，保证党的制度得到切实执行，

促进党的工作制度化、规范化、程序化，提高增强党的制度的党内法规执行力，构建"制度＋技术"的现代国家治理模式。例如，在党的制度和党内法规出台前，通过互联网广泛征求全国各地、各行各业的党员干部和人民群众对相关政策文件草案的意见和建议。在党的制度和党内法规执行中，组织开展制度和法规网络舆情专项监测，收集党员干部和人民群众对制度法规执行过程中出现的新情况、新问题的反映，适时修订党的制度和党内法规。在党的制度和党内法规执行后，运用大数据对有关制度法规开展绩效评估，总结成绩，发现问题，提出对策，形成坚持真理、修正错误、发现问题、纠正偏差的机制。推行"互联网＋监管"，让人民群众通过互联网对领导干部进行监督，构建统一领导、全面覆盖、权威高效的网络监督体系。通过推进党务公开、政务公开，让权力在阳光下运行。运用大数据、区块链技术对党员干部履职行为进行存证、追溯和分析，促进政治监督精细化、干部问责精准化。

四、建设一支适应信息社会的高素质干部队伍

党的二十大报告指出，全面建设社会主义现代化国家，必须有一支政治过硬、适应新时代要求、具备领导现代化建设能力的干部队伍。习近平总书记多次强调"没有信息化就没有现代化"。为此，要以信息化推进中国式现代化。在互联网、大数据时代，广大领导干部要学网、懂网、用网，强化互联网思维；要懂得大数据，用好大数据，强化大数据思维，学会用数据说话、用数据管理、用数据决策、用数据创新。

通过培训让广大党员干部掌握信息化基础知识和基本技能，提升领导干部的数字素养。依托各级党校，举办网络强国和数字中国专题培训班，开展数字党建、数字政府、数字经济等方面的干部培训。实施"数字领导力提升工程"，通过组织调研、培训、观摩、会展等方式，提升领导干部的数字领导力。把大数据应用到干部选拔、任用、培训、管理、监督和服务等领域，优化干部队伍结构，科学搭配领导班子，合理配置编制资源，把选人用人的各项要求转化为数据语言，把干部选任管理转化为选项设置，通过干部信息收集、管理、分析、运用，破解在少数人中选人、干部带病提拔等问题。值得指出的是，信息化建设是"三分技术、七分管理"，要把信息化工作纳入地方党政主要领导考评体系。

五、以信息化增强党组织政治和组织功能

党的二十大报告指出，严密的组织体系是党的优势所在、力量所在。要推广"互联网＋党建"和智慧党建，加快推进党组织数字化转型，提升党的组织力。鼓励各级党组织通过互联网走群众路线，密切党群关系，更好地服务人民群众。推动数字党建和基层党建、基层治理融合，以数字党建提高基层党建质量，以基层党建引领基层治理，以信息化推进基层治理现代化。在农村，引导农村基层党组织通过党建引领乡村振兴，发展设施农业、智慧农业、"互联网＋乡村旅游"和农村电商。在城市，把数字党建融入新型智慧城市建设，把社区党建工作和智慧社区建设结合起来。积极探索信息化条件下开展机关党建工作的新载体新路数，提高机关党建效能。把发展数字党建和建设智慧医院、智

慧校园等结合起来，推进事业单位党建工作。引导国有企业把信息化建设和数字党建结合起来，在公司治理方面加强党的领导。鼓励混合所有制企业、民营企业把数字党建纳入企业数字化转型工作。支持互联网企业等两新组织设立党支部，从企业高管和业务骨干中发展党员，推出数字党建方面产品和解决方案。运用信息化手段，加强和改进党员教育管理。通过微信群等方式建设"网上流动党员之家"，解决活动开展难、党费收缴难、党员联系难、管理服务难等问题。

六、运用信息化手段强化正风肃纪

党的二十大报告指出，党风问题关系执政党的生死存亡。各级党委要以信息化推进党的作风和纪律建设。运用网络新媒体大力宣传优秀共产党员的先进事迹和优良作风，引导党员干部端正自己的思想作风、工作作风、领导作风和生活作风。建立党风政风监督举报平台，让普通党员和人民群众可通过互联网对领导干部进行在线监督。例如，通过手机照片、视频和文字随时随地举报违规公款吃喝、公款旅游等"四风"问题和违反中央八项规定行为。推行"互联网＋政务服务"，解决办事难、办事慢、办事繁的问题，纠治官僚主义。通过流程信息化、过程影像化等手段，实现权力运行"可记录、可检查、可追溯"，把权力关进"数据铁笼"。建设电子监察系统，根据廉政风险点、职权目录和权力运行流程图等确定电子监察点，对公职人员进行在线监察。

七、以信息化助力反腐败斗争攻坚战持久战

党的二十大报告指出,腐败是危害党的生命力和战斗力的最大毒瘤,反腐败是最彻底的自我革命。要运用信息技术创新纪检监察模式。建设纪检监察综合信息平台,集成信访、案件等业务系统,实现"情况明、数字准、可监控"。开展网络反腐,鼓励人民群众在网上举报领导干部违纪违法行为。收集、整理网民发布的网上举报信息,特别是实名举报视频,经核实后进行及时查处。开展技术反腐,通过数据比对及时发现党员干部的违纪违法行为。建设涵盖户籍、婚姻、车辆、存款、轨迹、出入境、不动产、企业开办、电信、交通出行等内容的办案信息"一站式"查询系统,改变传统执纪人员跑部门、问情况、要数字等问题。建设惠民资金监管系统,运用大数据对农村低保、危房改造等惠民政策落实情况进行监督检查,使违规领取低保、医疗救助、农村危房改造补助等行为无处遁形,及时发现群众身边的"蝇贪"。充分发挥信息化在追逃防逃追赃中的作用。在抓捕"红通人员"过程中,加强与有关国家信息共享。建设人体特征数据库,运用人脸识别和DNA比对技术加强对重点管控人员的身份识别,避免其通过虚假身份外逃。运用大数据发现资金异常情况,及时追赃。运用网络新媒体传播新时代廉洁文化,通过播放反腐短视频、微电影等教育引导党员干部不敢腐、不想腐。

总之,要围绕新时代党建总要求,大力发展数字党建,提升党的数字领导力,用信息通信技术武装全党,以信息化加强党的全面领导,推进全面从严治党,提高党的执政能力和领导水平。

第七章 数字政府

党的二十大报告提出转变政府职能,提高行政效率和公信力。《中共中央关于坚持和完善中国特色社会主义制度推进国家治理体系和治理能力现代化若干重大问题的决定》,提出建立健全运用互联网、大数据、人工智能等技术手段进行行政管理的制度规则,推进数字政府建设。

第一节　数字政府及其相关概念

一、什么是数字政府

大力发展电子政务，加快政府数字化转型，构建数字政府，是推进国家治理体系和治理能力现代化的重要举措。

数字政府（Digital Government）是指政府部门运用数字化技术创新行政管理和公共服务方式，提高行政效能。

电子政务（Electronic Government，E-Government）是指政府部门运用计算机、互联网等现代信息技术开展公共管理，利用信息化手段向企业、事业单位、社会组织和社会公众提供所需的公共产品或服务，是现代信息技术与公共管理结合的产物。

电子政务的概念来自 1993 年美国总统办公室发布的报告《运用信息通信技术再造政府》。该报告强调，政府应运用信息通信技术再造政府，以提高行政效率。2001 年 12 月，国家信息化领导小组第一次会议在北京召开。考虑到我国的政治体制，会上确定把 E-Government 翻译成"电子政务"而不是"电子政府"。

2016 年 4 月，习近平总书记在网络安全和信息化工作座谈会上指出，要以信息化推进国家治理体系和治理能力现代化，统筹发展电子政务。

2018 年 4 月，习近平总书记在全国网络安全和信息化工作会议上强调，要运用信息化手段推进政务公开、党务公开，加快推进电子政务，构建全流程一体化在线服务平台，更好解决企业和群众反映强烈的办事难、办事慢、办事繁的问题。

从我国数字政府发展历程来看，数字政府建设内容逐步从办公自动化（OA）、政府网站、应用系统拓展到"互联网＋政务服务"和"互联网＋监管"。1985年，中南海计算机、办公自动化(OA)应用"海内工程"启动。2002年8月，中办、国办转发了《国家信息化领导小组关于我国电子政务建设指导意见》，提出建设"两网、四库、十二金工程"。2014年11月，国办印发了《关于促进电子政务协调发展的指导意见》。2018年6月，国办印发了《进一步深化"互联网＋政务服务"推进政务服务"一网、一门、一次"改革实施方案》。目前，许多省市在建设"互联网＋监管"平台。

未来，随着数字政府建设的深入，政务服务将实现"全国通办"。那时，企业和人民群众可以像去银行取钱、到邮局寄信一样，到任何一个行政服务中心都可以办事。

二、数字政府相关概念

与数字政府有关的概念包括虚拟政府、泛在政府、智慧政府等。这些概念与数字政府既有联系又有区别。

1. 虚拟政府

虚拟政府（Virtual Government）是一个与实体政府或物理政府相对应的概念，由"虚拟企业"概念衍生而来。虚拟政府是指通过信息化手段，由多个政府机构构成的动态联盟，以应对跨部门事务，如地震救灾、疫情防控等。

20世纪90年代以来，随着科技进步和社会发展，世界经济发生了重大变化。人们对产品的品种规格、花色式样等提出了多样化和个性化的要求，企业面对不断变化的市场，为求得生存与发展必须具有高度的柔性和快速的反应能力。为此，现代企业向组织结构简单化、扁平化方向发展，于是就产生了能将知识、技术、资金、原材料、市场和管理等资源联合起来的虚拟企业。

1991年，美国艾科卡（Iacocca）研究所为美国国会提交了一份题为《21世纪制造企业战略》的研究报告，报告中富有创造性地提出了"虚拟企业"的构想，即在企业之间以市场为导向建立动态联盟，以便能够充分利用整个社会的制造资源，在激烈的市场竞争中取胜。1993年，《商业周刊》把"虚拟企业"定义为一种新的组织形式，它运用技术手段把人员、资产、创意动态地联系在一起。通俗地讲，虚拟组织指两个以上的独立的实体，为迅速向市场提供产品和服务而在一定时间内结成的动态联盟。与虚拟企业一样，虚拟政府也是虚拟组织的一种。

2. 泛在政府

2004年3月，韩国政府制定了u-Korea发展战略。"u"是英文ubiquitous的缩写，意为"无所不在"。u-Korea发展战略是一种以无线传感器网络为基础，把韩国的所有资源数字化、网络化、可视化、智能化，以促进韩国经济发展和社会变革的国家战略。

建设泛在城市(u-City)是u-Korea发展战略在韩国城市的具体实施。将泛在城市概念引入电子政务领域，就是泛在政府（Ubiquitous Government，U-Government）。泛在政府是指用户通过无线通信网络、无线传感器网络等泛在网络，随时随地获取政府提供的信息和服务。

3. 智慧政府

2009年1月，IBM公司首席执行官彭明盛（Sam Palmisano）提出了"智慧地球"（Smarter Planet）概念，得到了美国总统奥巴马的积极回应。之后，IBM公司在中国频繁举办活动，建议中国城市的政府部门建设"智慧城市"。

智慧政府（Smarter Government）是从"智慧地球""智慧城市"衍生出来的概念，指政府部门通过应用物联网、云计算、移动互联网、大数据、人工智能、区块链等新一代信息技术，提高政府管理和公共服务的自动化、智能化水平。智慧政府是建设新型智慧城市的核心内容。

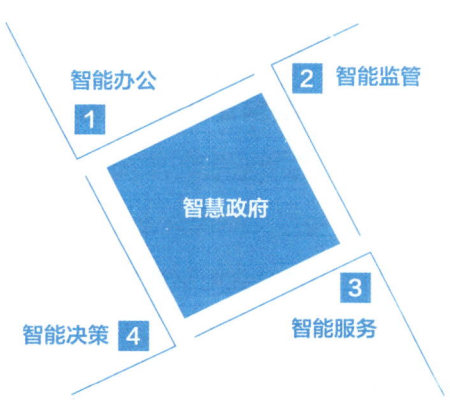

图7-1 智慧政府的四大领域

智慧政府包括智能办公、智能监管、智能服务和智能决策四大领域。在智能办公方面，智能化的OA系统具有个性化、自动提醒、排序、知识库等功能，能够根据公务员的职务、职责生成个性化的功能模块组合及用户界面，对代办事项、会议通知等进行提醒等，根据代办事项的轻重缓急进行排序，根据工作需要获取相关专业知识。在智能监管方面，采用物联网技术对政府监管对象进行自动感知、自动识别、自动跟踪。在智能服务方面，把电子化公共服务打包成APP供人们下载、使用。在智能决策方面，采用大数据技术建立智能化的辅助决策系统，提高政府科学决策水平。

第二节 数字政府建设现状和相关政策

一、建设现状

近年来,我国数字政府加快建设,在提高行政效能方面取得了显著成效。

1. 在线政务服务能力持续提升

2021年,各地区纷纷出台数字政府建设规划方案,有力推进地区数字政府建设。"一网通办"建设加速推进。全国一体化政务服务平台功能不断优化,以国家政务服务平台为总枢纽,构建国家、省、市、县多级覆盖的政务服务体系。国家政务服务平台开通的"一件事一次办"服务专区,首批上线服务涵盖从"出生"到"退休养老"等9个个人主题和从"开办企业"到"破产注销"等5个企业主题。

"跨省通办"能力显著增强。截至2021年底,国家政务服务平台共计提供321项跨省通办事项,全国31个省(区、市)和新疆生产建

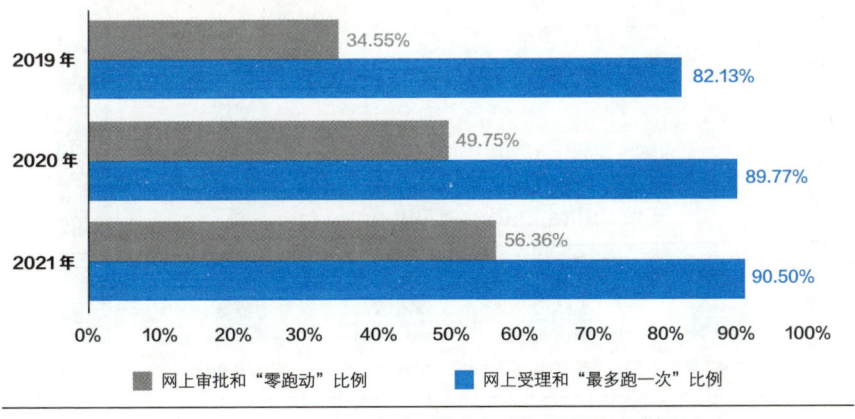

图 7-2 2019—2021年我国省级行政许可事项办理情况

设兵团一体化政务服务平台均设置跨省通办专区，开通京津冀、长三角、川渝等6个区域通办和41个"点对点"省际通办服务。通过"同事同标"无差别受理、电子证照互认等手段，住房公积金异地转移接续、失业登记、电子社会保障卡申领、残疾人证新办等高频事项在全国范围内实现"无感漫游"。

2．数据开放共享体系加快建设

截至2021年10月，我国193个省级和城市的地方政府上线了数据开放平台，其中省级平台20个，城市平台173个，与2020年同期相比新增51个地方平台，总数增长超过30%。政务数据共享交换体系建设加速推进，国务院办公厅印发《关于建立健全政务数据共享协调机制加快推进数据有序共享的意见》，2021年全国一体化政务服务平台数据共享交换体系接入各级政务部门5951个，支撑全国调用超2千亿次，向地方回流数据超6千万条，打通垂管系统壁垒，推动政府职能转变和机制再造。电子证照基本实现全国互通互认，一体化政务服

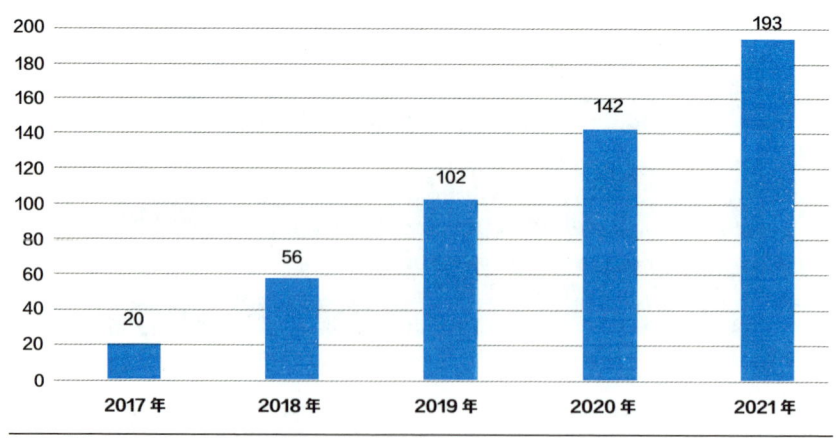

图7-3　2017—2021年地级及以上政府数据开放平台数量

务平台汇聚电子证照 900 余种，提供共享服务超过 20 亿次。养老保险联网监测数据上报量达 10.86 亿人次，就业联网监测覆盖 7.31 亿劳动者数据。

3. 政务公开强化政民互动

政府网站成为政务公开的重要渠道。87% 的省级政府和 81% 的地市级政府通过政府网站发布政府决策草案，公开征求意见，广泛听取社会声音。所有省级和地市级政府通过政府网站围绕"六稳""六保"、优化营商环境、疫情防控等重点工作加强政策发布解读，推动重大决策落地见效，回应社会公众和市场主体重要关切。"互联网＋信访"切实发挥实时、快速优势，实现及时受理办理、快速回复告知、缩短办理时限、全程跟踪督办。2021 年，"我为政府网站找错"平台正式上线，覆盖全国 1.4 万家政府网站，办理网民留言 3.6 万条，政民互动增强。税务部门推广普及"非接触式"办税缴费，实现 233 项办税缴费事项网上办理，其中 212 项可"全程网办""跨省通办"；优化社保缴费系统，实现企业社保缴费"网上办"，个人社保缴费"掌上办"；推行跨省异地电子缴税，已在 26 个地区试点，办理业务近 5 万笔，税款 83 亿元，有效解决纳税人跨省缴税不便，"多地跑""折返跑"问题。

4. "互联网＋监管"有力推进政策落实

国家"互联网＋监管"系统建设运行取得积极成效。国家"互联网＋监管"系统（一期）工程竣工，实现与 31 个省（区、市）、新疆生产建设兵团和 42 个国务院部门"互联网＋监管"系统的对接联通，初步建立监管事项动态管理、监管数据汇聚共享、风险线索推送反馈等工作机制。"互联网＋监管"协同创新试点加快推进，国务院办公厅会同自然资源部、水利部、国务院国资委、应急管理部等部门开展卫星遥感非现场监管、水利工程建设电子招投标监管、国资企业信用监管、安全生产风险预警等创新性监管工作；会同天津、河南、浙江开展"互联网＋监管"多级联动试点。各地监管模式持续创新，超75%省级系统实现联合监管的审批联动、抄告抄送、协查协办和专项整治功能。

5. 电子政务推动行政服务能力不断增强

全国人大联合有关部门推动国家法律法规数据库正式开通，开通之时收录了宪法和现行有效法律275件，法律解释25件，行政法规609件，地方性法规、自治条例和单行条例、经济特区法规16000余件，司法解释637件。全国政协组织委员积极开展网上履职，网络议政、远程协商在各类协商议政活动中广泛应用。国务院办公厅依托中央政府门户网站充分听取企业群众对政府工作的意见建议，连续第七年在全国两会前开展网民建言征集活动，累计收到建言近百万条，向《政府工作报告》起草组转送有代表性的意见建议1200余条。中央纪委国

图7-4 2022年一些国家电子政务发展水平排名情况

家监委机关完成检举举报平台建设，覆盖中央到乡镇五级纪检监察组织，实现 7.8 万家单位、24 万名纪检监察干部全面使用，促进监督下沉，提升监督效能。智慧法院推动构建互联网司法新模式，实现在线服务全国四级法院全覆盖、群众打官司全流程"掌上办理"，截至 2021 年底，全国法院在线立案 1143.9 万件，在线开庭 127.5 万场，在线调解纠纷突破 1000 万件；在全球率先出台法院在线诉讼、在线调解、在线运行三大规则，逐步健全以人民为中心的互联网司法规则体系。全国检察机关积极打造智慧检务，检察业务应用系统 2.0 全面部署应用，截至 2021 年底，系统受理各类案件 380 万件。截至 2021 年底，12309 中国检察网发布案件程序性信息 1600 万余条、重要案件信息 120 万余条、公开法律文书 720 万余份，全面开展律师互联网阅卷。

中国数字政府建设在全球处于中上水平。2022 年，中国电子政务发展指数为 0.8119，排名全球第 43 位。

二、相关政策

2002 年以来，中共中央、国务院、中央网信办、国家发展改革委等出台了一系列数字政府相关政策法规，如表 7-1 所示。

2021 年 3 月，中央发布的《中华人民共和国国民经济和社会发展第十四个五年规划和 2035 年远景目标纲要》提出提高数字政府建设水平。将数字技术广泛应用于政府管理服务，推动政府治理流程再造和模式优化，不断提高决策科学性和服务效率。

(1) 加强公共数据开放共享

建立健全国家公共数据资源体系，确保公共数据安全，推进数据跨部门、跨层级、跨地区汇聚融合和深度利用。健全数据资源目录和责任清单制度，提升国家数据共享交换平台功能，深化国家人口、法人、空间地理等基础信息资源共享利用。扩大基础公共信息数据安全有序开放，探索将公共数据服务纳入公共服务体系，构建统一的国家公共数据开放平台和开发利用端口，优先推动企业登记监管、卫生、交通、气象等高价值数据集向社会开放。开展政府数据授权运营试点，鼓励第三方深化对公共数据的挖掘利用。

(2) 推动政务信息化共建共用

加大政务信息化建设统筹力度，健全政务信息化项目清单，持续深化政务信息系统整合，布局建设执政能力、依法治国、经济治理、市场监管、公共安全、生态环境等重大信息系统，提升跨部门协同治

表7-1 2002年以来中央出台的数字政府相关政策文件

发布时间	文件名称
2002年8月5日	国家信息化领导小组关于我国电子政务建设指导意见
2004年12月13日	关于加强信息资源开发利用工作的若干意见
2006年3月19日	2006—2020年国家信息化发展战略
2006年5月18日	关于推进国家电子政务网络建设的意见
2007年8月13日	国家电子政务工程建设项目管理暂行办法
2008年9月24日	关于进一步加强国家电子政务工程建设项目管理工作的通知
2011年9月13日	关于开展依托电子政务平台加强县级政府政务公开和政务服务试点工作的意见

(续表 7-1)

发布时间	文件名称
2012 年 5 月 5 日	"十二五"国家政务信息化工程建设规划
2012 年 6 月 28 日	关于大力推进信息化发展和切实保障信息安全的若干意见
2012 年 7 月 6 日	关于进一步加强国家电子政务网络建设和应用工作的通知
2013 年 2 月 16 日	关于加强和完善国家电子政务工程建设管理的意见
2013 年 4 月 12 日	关于进一步加强政务部门信息共享建设管理的指导意见
2014 年 11 月 17 日	关于加强政府网站信息内容建设的意见
2014 年 11 月 26 日	关于促进电子政务协调发展的指导意见
2014 年 12 月 30 日	关于加强党政部门云计算服务网络安全管理的意见
2015 年 1 月 30 日	关于开展国家电子政务工程项目绩效评价工作的意见
2015 年 3 月 11 日	关于开展第一次全国政府网站普查的通知
2015 年 6 月 24 日	关于运用大数据加强对市场主体服务和监管的若干意见
2015 年 7 月 1 日	关于积极推进"互联网+"行动的指导意见
2015 年 8 月 31 日	促进大数据发展行动纲要
2016 年 4 月 14 日	推进"互联网+政务服务"开展信息惠民试点实施方案
2016 年 6 月 21 日	关于促进和规范健康医疗大数据应用发展的指导意见
2016 年 7 月 27 日	国家信息化发展战略纲要
2016 年 9 月 5 日	政务信息资源共享管理暂行办法
2016 年 9 月 25 日	国务院关于加快推进"互联网+政务服务"工作的指导意见
2016 年 12 月 15 日	"十三五"国家信息化规划
2016 年 12 月 20 日	"互联网+政务服务"技术体系建设指南

(续表 7-2)

发布时间	文件名称
2017 年 5 月 3 日	政务信息系统整合共享实施方案
2017 年 7 月 31 日	"十三五"国家政务信息化工程建设规划
2018 年 5 月 23 日	中共中央办公厅、国务院办公厅关于深入推进审批服务便民化的指导意见
2018 年 6 月 10 日	进一步深化"互联网+政务服务"推进政务服务"一网、一门、一次"改革实施方案
2018 年 7 月 31 日	国务院关于加快推进全国一体化在线政务服务平台建设的指导意见
2018 年 12 月	国务院办公厅关于推进政务新媒体健康有序发展的意见
2019 年 4 月 26 日	国务院关于在线政务服务的若干规定
2019 年 12 月 30 日	国家政务信息化项目建设管理办法
2020 年 3 月 3 日	关于依托全国一体化在线政务服务平台做好社会保障卡应用推广工作的通知
2020 年 6 月 11 日	国家电子政务标准体系建设指南
2020 年 9 月 24 日	国务院办公厅关于加快推进政务服务"跨省通办"的指导意见
2020 年 12 月 28 日	国务院办公厅关于进一步优化地方政务服务便民热线的指导意见
2021 年 9 月 29 日	全国一体化政务服务平台移动端建设指南
2021 年 12 月 14 日	"十四五"市场监管现代化规划
2021 年 12 月 22 日	加强信用信息共享应用促进中小微企业融资实施方案
2021 年 12 月 24 日	"十四五"推进国家政务信息化规划
2022 年 1 月 20 日	国务院办公厅关于加快推进电子证照扩大应用领域和全国互通互认的意见
2022 年 2 月 7 日	国务院关于加快推进政务服务标准化规范化便利化的指导意见
2022 年 6 月 6 日	国务院关于加强数字政府建设的指导意见

理能力。完善国家电子政务网络，集约建设政务云平台和数据中心体系，推进政务信息系统云迁移。加强政务信息化建设快速迭代，增强政务信息系统快速部署能力和弹性扩展能力。

（3）提高数字化政务服务效能

全面推进政府运行方式、业务流程和服务模式数字化智能化。深化"互联网＋政务服务"，提升全流程一体化在线服务平台功能。加快构建数字技术辅助政府决策机制，提高基于高频大数据精准动态监测预测预警水平。强化数字技术在公共卫生、自然灾害、事故灾难、社会安全等突发公共事件应对中的运用，全面提升预警和应急处置能力。

2021年12月，国家发展改革委印发了《"十四五"推进国家政务信息化规划》，提出深度开发利用政务大数据。深化基础信息库共享应用，建设经济治理基础数据库。发展壮大融合创新大平台。加快网络融合，升级完善国家电子政务网络体系。加快技术融合，构建智能化政务云平台体系。加快数据融合，健全国家数据共享与开放体系。加快服务融合，完善全国一体化政务服务平台体系。统筹建设协同治理大系统。提升执政能力信息化水平，强化依法治国信息化基础，优化经济治理信息化协同，完善市场监管信息化支撑，加强公共安全信息化保障，健全环境保护信息化能力。

2022年6月，国务院印发了《关于加强数字政府建设的指导意见》，提出构建协同高效的政府数字化履职能力体系。

（1）强化经济运行大数据监测分析，提升经济调节能力

将数字技术广泛应用于宏观调控决策、经济社会发展分析、投资监督管理、财政预算管理、数字经济治理等方面，全面提升政府经济调节

数字化水平。加强经济数据整合、汇聚、治理。全面构建经济治理基础数据库,加强对涉及国计民生关键数据的全链条全流程治理和应用,赋能传统产业转型升级和新兴产业高质量发展。运用大数据强化经济监测预警。加强覆盖经济运行全周期的统计监测和综合分析能力,强化经济趋势研判,助力跨周期政策设计,提高逆周期调节能力。提升经济政策精准性和协调性。充分发挥国家规划综合管理信息平台作用,强化经济运行动态感知,促进各领域经济政策有效衔接,持续提升经济调节政策的科学性、预见性和有效性。

(2)大力推行智慧监管,提升市场监管能力

充分运用数字技术支撑构建新型监管机制,加快建立全方位、多层次、立体化监管体系,实现事前事中事后全链条全领域监管,以有效监管维护公平竞争的市场秩序。以数字化手段提升监管精准化水平。加强监管事项清单数字化管理,运用多源数据为市场主体精准"画像",强化风险研判与预测预警。加强"双随机、一公开"监管工作平台建设,根据企业信用实施差异化监管。加强重点领域的全主体、全品种、全链条数字化追溯监管。以一体化在线监管提升监管协同化水平。大力推行"互联网+监管",构建全国一体化在线监管平台,推动监管数据和行政执法信息归集共享和有效利用,强化监管数据治理,推动跨地区、跨部门、跨层级协同监管,提升数字贸易跨境监管能力。以新型监管技术提升监管智能化水平。充分运用非现场、物联感知、掌上移动、穿透式等新型监管手段,弥补监管短板,提升监管效能。强化以网管网,加强平台经济等重点领域监管执法,全面提升对新技术、新产业、新业态、新模式的监管能力。

（3）积极推动数字化治理模式创新，提升社会管理能力

推动社会治理模式从单向管理转向双向互动、从线下转向线上线下融合，着力提升矛盾纠纷化解、社会治安防控、公共安全保障、基层社会治理等领域数字化治理能力。提升社会矛盾化解能力。坚持和发展新时代"枫桥经验"，提升网上行政复议、网上信访、网上调解、智慧法律援助等水平，促进矛盾纠纷源头预防和排查化解。推进社会治安防控体系智能化。加强"雪亮工程"和公安大数据平台建设，深化数字化手段在国家安全、社会稳定、打击犯罪、治安联动等方面的应用，提高预测预警预防各类风险的能力。推进智慧应急建设。优化完善应急指挥通信网络，全面提升应急监督管理、指挥救援、物资保障、社会动员的数字化、智能化水平。提高基层社会治理精准化水平。实施"互联网＋基层治理"行动，构建新型基层管理服务平台，推进智慧社区建设，提升基层智慧治理能力。

（4）持续优化利企便民数字化服务，提升公共服务能力

持续优化全国一体化政务服务平台功能，全面提升公共服务数字化、智能化水平，不断满足企业和群众多层次多样化服务需求。打造泛在可及的服务体系。充分发挥全国一体化政务服务平台"一网通办"枢纽作用，推动政务服务线上线下标准统一、全面融合、服务同质，构建全时在线、渠道多元、全国通办的一体化政务服务体系。提升智慧便捷的服务能力。推行政务服务事项集成化办理，推广"免申即享""民生直达"等服务方式，打造掌上办事服务新模式，提高主动服务、精准服务、协同服务、智慧服务能力。提供优质便利的涉企服务。以数字技术助推深化"证照分离"改革，探索"一业一证"等照后减证和

简化审批新途径，推进涉企审批减环节、减材料、减时限、减费用。强化企业全生命周期服务，推动涉企审批一网通办、惠企政策精准推送、政策兑现直达直享。拓展公平普惠的民生服务。探索推进"多卡合一"、"多码合一"，推进基本公共服务数字化应用，积极打造多元参与、功能完备的数字化生活网络，提升普惠性、基础性、兜底性服务能力。围绕老年人、残疾人等特殊群体需求，完善线上线下服务渠道，推进信息无障碍建设，切实解决特殊群体在运用智能技术方面遇到的突出困难。

（5）强化动态感知和立体防控，提升生态环境保护能力

全面推动生态环境保护数字化转型，提升生态环境承载力、国土空间开发适宜性和资源利用科学性，更好支撑美丽中国建设。提升生态环保协同治理能力。建立一体化生态环境智能感知体系，打造生态环境综合管理信息化平台，强化大气、水、土壤、自然生态、核与辐射、气候变化等数据资源综合开发利用，推进重点流域区域协同治理。提高自然资源利用效率。构建精准感知、智慧管控的协同治理体系，完善自然资源三维立体"一张图"和国土空间基础信息平台，持续提升自然资源开发利用、国土空间规划实施、海洋资源保护利用、水资源管理调配水平。推动绿色低碳转型。加快构建碳排放智能监测和动态核算体系，推动形成集约节约、循环高效、普惠共享的绿色低碳发展新格局，服务保障碳达峰、碳中和目标顺利实现。

（6）加快推进数字机关建设，提升政务运行效能

提升辅助决策能力。建立健全大数据辅助科学决策机制，统筹推进决策信息资源系统建设，充分汇聚整合多源数据资源，拓展动态监测、

统计分析、趋势研判、效果评估、风险防控等应用场景，全面提升政府决策科学化水平。提升行政执行能力。深化数字技术应用，创新行政执行方式，切实提高政府执行力。加快一体化协同办公体系建设，全面提升内部办公、机关事务管理等方面共性办公应用水平，推动机关内部服务事项线上集成化办理，不断提高机关运行效能。提升行政监督水平。以信息化平台固化行政权力事项运行流程，推动行政审批、行政执法、公共资源交易等全流程数字化运行、管理和监督，促进行政权力规范透明运行。优化完善"互联网+督查"机制，形成目标精准、讲求实效、穿透性强的新型督查模式，提升督查效能，保障政令畅通。

（7）推进公开平台智能集约发展，提升政务公开水平

优化政策信息数字化发布。完善政务公开信息化平台，建设分类分级、集中统一、共享共用、动态更新的政策文件库。加快构建以网上发布为主、其他发布渠道为辅的政策发布新格局。优化政策智能推送服务，变"人找政策"为"政策找人"。顺应数字化发展趋势，完善政府信息公开保密审查制度，严格审查标准，消除安全隐患。发挥政务新媒体优势做好政策传播。积极构建政务新媒体矩阵体系，形成整体联动、同频共振的政策信息传播格局。适应不同类型新媒体平台传播特点，开发多样化政策解读产品。依托政务新媒体做好突发公共事件信息发布和政务舆情回应工作。紧贴群众需求畅通互动渠道。以政府网站集约化平台统一知识问答库为支撑，灵活开展政民互动，以数字化手段感知社会态势，辅助科学决策，及时回应群众关切。

值得指出的是，推进数字政府建设，要"管住人"。数字政府建设是"一把手工程"，最好由地方党政一把手亲自抓。推进数字政府建设，

要"管住钱"。由信息化主管部门统一对信息化项目建设方案进行审查，审查通过后再立项，财政拨钱。要开展数字政府顶层设计，组织编制数字政府建设行动计划。要建章立制，制定数字政府相关政策法规和标准规范。要推进政务信息共享，构建整体政府。制定政务数据共享需求清单，建立政务数据交换平台。要通过政府购买服务，与专业机构合作开展数字政府建设。

第三节　典型案例

一、上海"一网统管"助力城市精细化管理

上海"一网统管"的发展经历了从区域先行逐步扩大到全局部署的过程。2017年，浦东率先建设城市运行综合管理中心，2018年建设浦东"城市大脑"，积累了"一网统管"的实践经验。在浦东探索的基础上，2019年初，为深入贯彻落实习近平总书记关于城市精细化治理的指示要求，上海市委书记李强提出了"一屏观全域、一网管全城"的建设愿景，在全市层面谋划城市运行"一网统管"的雏形。2020年2月，上海发布《关于进一步加快智慧城市建设的若干意见》，明确提出将城市运行"一网统管"作为三大建设重点之一加快推进。2020年4月，《关于加强数据治理促进城市运行"一网统管"的指导意见》提出形成城市运行"一网统管"在数据层面的集中统一管理要求和数据管理模式。2020年4月16日，上海市委常委会会议审议通过《上海市城市运行"一网统管"建设三年行动计划》。为此，上海成立了市级城市运行管理中心，各区也成立区级城市运行管理中心负责"一网统管"建设。

图 7-5　上海市静安区"一网统管"智慧平台

"一网统管"之所以能够发挥平台治理数字化、感知化、互动性、无界性、智慧化的特性，源于其运作中环环相扣、彼此支撑的多重运作逻辑。平台治理的运作主要体现了多重功能集成、全域系统架构、全面技术驱动和整体流程再造等逻辑。

1．多重功能集成

多重功能集成指将精准服务、监测预警、决策支持、全程监督、协同办公五大功能于一体，将原本不同治理领域的业务和流程统一整合起来，形成一个多功能集成系统。具体有：

第一，精准服务功能。"一网统管"打破从政府部门职能视角出发提供服务的模式，将满足人民需求作为服务出发点和落脚点。以需求为导向，通过场景的整合统筹推进平台、技术、业务、数据、流程的整合，提供更精准、智能化和人本化的服务，提升政府服务效能。

第二，监测预警功能。"一网统管"使城市治理从被动处置型向主动发现型转变。基于大数据的预测预警功能，能够对敏感指标的监测做到实时跟进，如空气质量指数、市内交通客流量、全市供水量负荷、水质达标率等。能够帮助城市管理者感知社会态势，管理痛点和潜在风险，提前预防、干预，提升风险治理和危机化解能力。

第三，决策支持功能。"一网统管"通过构建横向到边、纵向到底、互联互通的协作体系，推动多源数据充分汇聚，基于数据分析等技术，充分释放海量数据价值，推动政府决策从"经验判断型"向"数据分析型"的转变。

第四，全程监督功能。"一网统管"平台的全程监督功能，一是能够使民众知晓政府行为的进程，扩展公民监督的广度和深度。二是通过政府内部数据共享，能够对工作失职、不作为和乱作为等行为形成警示作用与监督功能，强化政府内部的相互监督。三是监督以客观数据作为衡量标准，在一定程度上能够避免传统监督的主观性、随意性和选择性，增强监督的科学性和完整性。

第五，协同办公功能。"一网统管"平台为上海市各级机关的工作人员提供了在线协同办公工具，提高组织效能的同时，为基层工作松绑减负方面成效显著。如市"一网统管"轻应用开发及赋能中心，基于基层各种个性化与定制化开发需求，上线超过200款轻应用，包括防疫管控、营商管理、协同办公等，通过统一应用平台支撑，将基层人员从繁杂、重复的手工劳动中解脱出来。

2. 全域系统架构

为实现多功能集成，"一网统管"平台需要构建多个子平台相互协作配合的全域系统架构，以保障整体平台的正常运作与功能的有效发挥。"一网统管"平台的搭建可用前台、中台、后台分工的模式来理解。

"一网统管"的前台主要是面向公民和组织的服务平台，是连接政府与服务对象的互动载体，提供一站式的公共服务，例如政务服务网站、手机端APP、微信公众号等；"一网统管"的后台是前台汇集的各种数据形成的数据库以及其他支撑服务的核心资源，主要面向政府内部的特定平台运营和管理人员开放；"一网统管"中台的建设是最为关键的因素，中台的智慧和算力，决定了治理的能级和效果。中台作为前台与后台的沟通桥梁，其目的是更好地服务前台规模化创新，将后台资源顺滑流向用户。

在前台、中台、后台全域系统架构的建设过程中，上海市采用了政企合作的模式。该模式是目前平台治理模式的一个缩影，即政府作为运营方，企业作为数字平台的开发方，以外包、众包等方式提供公共服务。这种模式有利于规避政府信息化建设部门技术能力、经费保障有限所带来的不利因素，同时利用互联网等技术密集型企业在数据和技术上的优势。

3. 全面技术驱动

"一网统管"平台治理体现了强大的全面技术驱动逻辑。平台治理的关键技术内核是物联网、人工智能、区块链、5G、云计算等技术，它们贯穿于上海城市运行体系在建的三大机制中，即城市治理数字化转型与数字孪生感知端建设的双向促进机制、城运数据集成与产业高效应用相互带动机制、新型基础设施建设与城市公共数字基座相互融合机制，真正实现数据、算力、算法在政府治理的每一个重要场景中不缺位。

4. 整体流程再造

上海市运行"一网统管"不仅是技术手段创新，更是管理模式创新、行政方式重塑、体制机制变革。"一网统管"提出要对跨部门、跨层级和跨区域的办事流程进行整体性重构，以线上信息流、数据流倒逼线下业务流程优化创新。

为推进跨层级之间协调分工和相互配合，上海城市运行管理服务平台建立了"三级平台、五级应用"的运作体系，让城市运行有了"大脑"支撑，区里有"中脑"，街镇有"小脑"，村居也有了"微脑"。三级平台主要是市、区、街镇三级，市级平台为全市提供统一规范和标准，区级发挥枢纽和支撑功能，强化本区域个性化应用的开发和叠加能力，街镇则妥善处理本辖区的具体治理问题。五级应用是在市级、区级、街镇应用的基础上，进一步细化覆盖到网格应用、小区楼宇应用等领域。

在跨部门和跨区域协同上，上海市通过对申请条件、申报方式、受理模式、审核程序、方针方式和管理架构实行"六个再造"。进一步打破了行政壁垒、信息割裂和流程断裂，让不同地域、不同部门和不同业务的工作人员达成有效的沟通、共享和协作，实现地域之间、部门之间和上下层级的一体化与无缝隙对接，实现部门业务协同能力和服务水平的全面提升。

上海"一网统管"平台治理通过技术实现治理过程的科学分解、治理部门的有效协同、治理流程的删繁就简、公共服务体验的升级迭代，全面实现治理过程的科学化、精准性、智能化与人本化，适应城市数字化发展与治理的转型要求，打造整体性、一体化与无缝隙的科学治理平台体系。

二、杭州"城市大脑"赋能治理现代化

近年来，杭州城市大脑在城市治理、交通治堵、便民服务等方面取得了明显的成效。

在城市治理方面，实现从"数字治堵"到"一网统管"综合应用，形成以"平战结合"为标志的城市治理数字化应用新路径。全面建构"一网统管"系统。平时提供运行监测、分析预警、事件流转功能。战时具备应急处置、提级指挥能力。建成城市应急指挥数字化应用33个，

建立12个专题库，归集31亿条数据，初步实现市、区、镇应用贯通。紧急信息报送及时率从25%提升至80%，信息共享率从54.5%提升至95.2%，实现突发事件接报后30分钟内现场可视化。开展地下空间智防、火车东站等重要交通枢纽、城市内涝等数字孪生应用试点。

在政务服务方面，从"最多跑一次"到"浙里民生'关键小事'智能速办"，政务服务水平有了新拓展。推出75个"一件事"，再将其中的出生、入学、就业、生活、救助、养老等业务的全生命周期中50个最高频的"关键小事"集成为一个应用。上线以来，全市政务服务办件量突破176.5万件，网办率97.5%，掌办率93.44%，平均好评率达99.93%。工业项目全流程政府审批时间控制在9个半小时。电子证照由143类增加到413类851种，累计调用1.36亿次。制发区块链电子印章8308枚，上链记录148万次。

在便民惠企方面，从"先看病后付费"到"医疗结果互认"，便民惠企水平有了新提升。实现93项医学检验、180项医学影像检查结果院际互认，现已覆盖全市250家医疗机构，累计开展互认3.5万项次，节约医保资金3931.54万元。此后该应用推广至全省，1448家医疗机构，互认1395万项次，节约医保资金6.1亿元。"亲清在线"兑付政策2499条434亿元，惠及企业54万家。开发上线"民生直达"，惠及特殊困难171万人，累计智能秒达助困资金61.1亿元。

在服务亚运会方面，着力构建普遍适用于全市动员的大型活动一体化指挥调度平台。推进"亚运在线"产品建设，为亚运赛事不同用户群体提供一站式服务。"任务在线"将亚运任务拆解为1.9万个工作包，推动攻坚行动等重大任务拆解。"工程在线"实现亚运重点工程项目临期提醒 8404 次、逾期预警 260 次，保证了工期节点有序控制。"智能亚运一站通"观赛服务平台，用户超 1800 万。"亚运 PASS"发布杭州文旅惠民卡，探索数字人民币亚运服务，用户超 6 万。"场馆在线"，已实现 86 个场馆惠民开放，为市民提供线上一站式服务，下单量 16.7 万人次。

在开拓城市大脑新领域方面，围绕特大型城市治理中的普遍性难题，提供数字化系统解决方案。"智慧交通"方面，推进"交通治理在线"建设。已建成"绿波带"345.8km，完成 1686 个信号灯配时优化，设置 510 个港湾式公交车临时停靠点。"数智宜居"方面，上线"人房地一体化智慧平台"，推进人、房、地等关键基础数据关联，盘清全市 10 个区 103 万幢 448 万余套房屋。建构"人房匹配、职住平衡、公服匹配"指标体系。"一老一小"已上线"全城通"智慧助餐场景，覆盖 61 家老年食堂，老人用餐不受地域、户籍限制，实现"全城通吃、优惠通享"。

三、长春市建设全场景城市智能体

城市智能体是一个数字化、智能化的有机体，它将视联网、物联网、互联网等信息化渠道当作"感知系统"，将各行各业的数据当作"血液"，将遍布全市的网络当作"经脉"，将基于云计算和人工智能的强大算力和算法当作"大脑"，将各领域的应用场景当作"行为"，构建了一个复杂的智能城市巨系统。

2020 年 4 月，长春市全面启动全场景城市智能体建设，着力打造智慧城市建设"长春模式"。截至 2022 年 11 月,1 个数字底座、4 个核心中枢、7 个基础能力平台的体系架构全面搭建,6 个协同应用场景、19 个行业应用场景上线运行。

1. 创新引领,强调科学的建设理念

与大多数城市秉持的"数据驱动的业务协同"理念不同,长春提出了"双轮驱动"理念:一个是"业务驱动的数据协同",即从需求侧出发,通过业务和场景需求引导数据共享交换,推动数据有效应用;二是"数据驱动的业务创新",即通过已共享的多维度数据融合,挖掘业务间关联,梳理逻辑关系,倒逼业务流程再造。长春市开展了政务数据共享"百日攻坚"行动,按照"有需求即接入"和"谁生产、谁治理,谁提供、谁负责"原则,打通了 70 家部门和单位 2284 项 100 亿条数据,接入视频点位 4.9 万路,初步实现全市政务数据跨地域、跨部门、跨层级共享,为城市治理、疫情防控等 400 多个应用场景提供了有效支撑。

2. 集约建设,构建高效的系统架构

长春按照"统一规划、统一建设、统一管理、集中使用"的原则,对"云、网、数、智、安"等基础设施和基础能力进行统筹建设,构建了低运维成本、高运行效率、保个性空间的"147"体系架构。"1"是指搭建一个"云+网+安"数字底座。重点是构建集约安全的政务云平台,实现全市非涉密系统平台全部迁入;打通覆盖全市的电子政务外网,实现市直各部门和各县(市)区、开发区全部接入;建成全市通服的安全服务平台,全面提升网络、系统、数据的安全保障能力。"4"是指建立数据中枢、事件中枢、开发中枢、应用中枢"四位一体"

中枢系统。其核心是数据中枢和事件中枢，数据中枢统筹管理各类数据的权责、流通和协同，重在形成和打通数据通道，避免形成数据壁垒；事件中枢统筹管理各类事件的权责、流转和对接，重在关联不同应用场景，避免形成数据孤岛。其中数据中枢是体，事件中枢是用，通过体用结合的方式，让各个应用场景相互触达，使城市智能体成为一个完整有机体。"7"是指集约建设人工智能、物联网、视频云、区块链、时空地理信息、大数据、融合通信等七大基础能力平台。各业务系统、各信息平台和各应用场景基于底层能力全面实行智能化升级，场景中的 AI 算法下沉到 AI 平台进行复用。

3. 整体治理，打造泛在的协同模式

建设"六个一"大协同场景，实现全市跨层级、跨地域、跨系统、跨部门、跨业务的统筹管理和协同处置。"一屏统览"场景，依权责将各类政务数据指标进行可视化分析、图表化展示和原子化管理，通过数据交换共享快速形成部门数据驾驶舱和专题数据驾驶舱辅助决策。"一网通办"场景，将全市政务服务事项统一纳入"互联网+政务服务"一体化平台，开发应用智能搜索、智能客服、智能语音、智能引导等人工智能技术，实现掌上可办、网上全办，不断提高办事便利度。"一网统管"场景，将城市管理、社会治理、经济发展、民生服务等领域的事件全部接入，依托视频、物联网、遥感、舆情等数据资源，运用大数据智能分析手段，实现事件的发现、受理、分发、处置、反馈、评价全流程统筹协同和分级处置。"一码通服"场景，对全市人、事、地、物、组织统一赋码，政府人员通过扫码实现城市的智能化管理和精细化治理；市民通过扫码享受"码上社区""码上公交""码

上路牌"等公共服务。"一键联动"场景,将协同指挥事件、相关应急资源、部门指挥平台全面接入,结合视频融合平台和融合通信平台,实现应急指挥工作中的高效协同联动。"一网协同"场景,将各部门各类办公系统全面接入统一办公门户,实现机关内部事项"网上可办、全程网办、指尖快办"。这六大协同场景,既提供了统一的基础平台和统一的标准规范,又充分发挥了各作战单元的工作职能和服务效能,实现了"对管理的管理、对指挥的指挥、对服务的服务"。

4. 以人为本,建设优质的应用场景

聚焦城市运行痛点堵点和市民生活热点难点,统筹推进优政、善治、兴业、惠民四大领域场景建设应用。在优政领域,重点是全面推进政府履职和政务运行数字化转型,统筹推进全市政务应用系统集约建设、互联互通、协同联动,创新行政管理和服务方式,全面提升政府履职效能。比如"政策直达"场景,通过建立"惠企政策库"和"审批直通车",变"人找政策"为"政策找人"。目前,204个政策196个政策服务事项已上线入库,累计兑付资金1.33亿元、减免资金17.53亿元。在善治领域,重点是推动城市治理模式从单向管理向双向互动转变、从偏重线下向线上线下融合,着力提升城市运行管理、基层社会治理等领域数字化治理能力。比如"交通治堵"场景,初步实现了城市路网运行状态的可视化监测、预报预警和分析研判;"智慧环保"场景,实现了对生态环境的实时监测、溯源分析、预报预警、协同监察、智慧调度等一体化智慧监管。在兴业领域,重点是坚持数智赋能产业发展,打造主动式、多层次创新服务场景,积极培育经济发展新动能。比如"精准招商"场景,通过引入外部数据资源、绘制产业图谱、精准锁定招商对象，变泛在式招商为精准式招商；"数智云"场景，构建了数据服务、人工智能、云计算服务等供需对接平台，有效推动数字产业集聚融合。在惠民领域，重点是聚焦群众痛点难点问题，开展多层次、多样化的数字化公共服务，不断提高群众的获得感和满意度。例如，"精准供热"场景接入10个热电厂26条支线、67个在用锅炉房、2100个换热站、6.8万余个固定测温设备，实现了对全市供热系统的实时监测和质量调度。

四、襄阳市以信息化推进城市治理现代化

湖北省襄阳市坚持"实战管用、基层爱用、群众受用"，完善"高效处置一件事"工作机制，运用信息化手段解决城市运行中"视而不见、雾里看花、盲人摸象"三大痛点问题，推动城市治理科学化、精细化、智能化水平不断提升。

1. 坚持"统"的理念，打通"信息孤岛"，推动城市运行数据"一网通联"

一是全面汇聚城市运行数据资源，推动数据资源集成共享。强力推动城市各领域业务系统与城市运行平台对接，将分散于各部门的碎片化数据进行集成化汇聚，形成城市管理、疫情防控、经济运行、交通运输、网络舆情、城市保障等27类专题数据库，打通市直31个部门70个"信息孤岛"（含21个国垂、20个省垂业务系统），获取实时业务数据24亿多条，进行统一的开发、挖掘、利用，向市、县、乡三级198个部门提供数据共享服务，推动数据全网通联、全域贯通、共享共用。

二是大力整合融通物联、视联、智能资源，统筹赋能应用。以实现城市运行管理"自动感知、快速反应、科学决策"为目标，按需接入固定视频5.6万路、移动视频4561路、可视化移动单兵2.4万多个。将生态环境、社会管控、应急管理等6大类48种AI智能算法与视频设备、物联设备进行叠加，为江河水库监管、城市综合管理、城区智能监管等8个应用场景提供精准感知、智能发现、智能分析、自动推送、高效处置的监管处置闭环。

三是积极推动"应急一张图"本地化部署，推动应急资源统筹调度。以实现应急指挥"一张图"为目标，横向整合联通政法、应急、城管、水利、卫健、住建、交警等部门应急指挥体系，纵向通过"三级平台、五级联动"城运体系，形成"统一指挥、专常兼备、反应灵敏、上下联动、平战结合"的综合性融合应急指挥体系。通过"一网汇聚"各级各部门指挥体系、应急预案、应急物资、处置力量，"一图归集"市政设施、河流水系等13个专题96类35万余个时空地图要素，"一屏统揽"事件动态、分析研判、指挥调度，逐步实现跨部门、跨层级、跨领域突发事件的及时研判分析、合理调配资源、高效指挥调度。

2. 夯实"撑"的基础，搭建"城市大脑"，实现城运平台"一体运行"

一是指挥大脑一体化。按照"六个一"（治理要素一张图、互联互通一张网、数据汇集一个池、城市大脑一朵云、系统开发一平台、移动应用一门户）的目标，快速搭建了以12个数字化基础底座为支撑的城运平台（城市大脑）。

二是运行体系一体化。按照统一的标准规范，完成市本级、12个县（市、区）、116个乡镇（街道）城运中心指挥场所和城运平台建设，并将城市事件处置力量延伸至村（社区）、网格，形成"上下贯通、左右衔接、协同联动的三级平台、五级联动"城市运行体系。

三是日常管理一体化。制定了《襄阳市三级城市运行管理中心日常运行工作制度》，落实各级政府领导带班、指挥长统筹、值班长具体落实的7×24小时值班值守制度，建立日常调度、事件处置、融合指挥、分析研判等平台运行规范，明确安全管理、运行维护等保障措施，实现市、县、乡三级城运平台一体化运行。

3. 紧扣"用"的质效，丰富应用场景，推动城市运行"一屏智理"

一是深化三级城运"首屏"，实现"一屏统览"。围绕市级城运首屏"信息汇聚、风险感知、预警预告、精准研判、资源调度、绩效监督"六大功能，全量接入天气、环境、人口、水电燃气、民生诉求等城市运行体征实时数据以及12345、12315、119、110等热线信息，将城市运行中涉及的"人、物、动、态"4大类15个模块55个核心指标1300多项城市体征整合在市级城运中心"首屏"上，建立城市运行体征指标体系，动态监测城市运行状态，对襄阳24小时运行状态进行数字化呈现。

二是开发重点应用场景，推动智能监管。通过AI智能算法赋能，让视频监控化身"前沿哨兵"，以"智能化监管"替代"人海式"巡查，智能识别发现问题、自动派单调度处置。围绕城市综合应急、社会综合治理、疫情防控、网络舆情、城市综合管理、重大项目调度等6个应用领域，加快建设多个市级应用场景和县（市、区）"小而精"特色应用场景。目前全市已完成疫情防控线上指挥平台、江河水库监管、城市综合管理、12345热线分析等56个应用场景建设。例如，通过全时段高点视频接入,实现汉江195公里"云上巡河";通过接入规划、住建部门审批数据、热线数据和违建拆除数据,实现违建房屋拆除可视化监管;通过疫情防控线上指挥平台,实现疫情常态化监测和风险人员排查工作闭环,补齐疫情防控短板。县(市、区)层面一批"小而精"特色应用场景逐步推出,例如襄城区城市智能监管平台在环保治理、违建违停等城市治理事件中发挥明显作用,谷城县的矛盾纠纷化解场景,在基层群众矛盾排查化解事件中广泛应用。

三是建立智慧感知网络,预警风险隐患。建立大数据模型,动态感知网络接入液位监测、桥梁监测、扬尘监测、电梯监测、门磁监测等19个种类6332个感知设备,实现对城市内涝、汛情、空气质量、水体水质等城市运行风险超限预警,并及时调度处置。"一网统管"平台上线运行以来,经智慧感知,发现水库水位超汛限、城市渍涝点积水、电动车入户充电、独居老人长期未出门等各类风险隐患和城市运行事件超过2万余件,通过线上线下协同作战,实现对城市治理潜在风险的早发现、早预警、早研判、早处置。

4. 再造"处"的流程,打造标准体系,推动城市运行"一网协同"

一是建立城市运行事件库,推动事件处置标准化。以"高效处置一件事"为目标,结合"高频事件、联勤联动、融合指挥"3大类别,按照事件名称、管理依据、处置力量、处置流程、处置时限等要素,梳理12大类105小类867个子类958项事件,制定线上处置流程,导入城市运行事件库。

二是统筹五级处置力量,推动事件处置协同化。全市51个市直部门和公共服务单位、12个县(市、区)所属部门及公共服务单位、116

个乡镇（街道）、2945个村（社区）、4942个网格共23464人全部安装政务微信，使用城运平台事件交互枢纽，联动处置城市事件，形成"上下贯通、左右衔接、协同联动"事件处置体系。

三是打造处置流程闭环，推动事件处置高效化。全面再造"双向"派单工作模式，市级层面发现的问题可通过三级城运平台向下派单，也可直达基层处置人员；基层工作人员发现应由行业部门解决的问题，可通过政务微信上报，城市运行事件库自动匹配处置部门，由乡镇（街道）城运中心向部门进行派单，实现"社区吹哨、部门报到"，形成"自动识别、自动派单、现场处置、事后评价"的全闭环工作流程。自2021年11月9日正式上线运行以来，各级各部门各单位通过城运平台交办处置事件81.2万余件，处置质效大幅提高。

5. 强化"保"的机制，激发各方动能，推动"一网统管"建设"一键联动"

一是高效率推动平台建设。襄阳市委市政府将"一网统管"建设作为襄阳市"头号改革工程"，成立市"一网统管"建设领导小组，由书记市长任双组长。开展"一网统管"百日攻坚，围绕"四大会战"（三级指挥场所建设大会战、一体化平台建设大会战、重点应用场景建设大会战、深化处置流程改革大会战）的主要目标奋力冲刺，确保"一网统管"平台上线运行。市"四大家"领导分工督导县（市、区）建设进度，压实各方责任，确保任务高效落实。成立了城市运行管理中心，统筹全市城市运行管理服务战略规划、组织建设、管理维护、事件处置等工作。探索"购买服务、管运协同"建设新模式，由企业提供服务清单、政府购买服务，实现系统技术和应用的快速开发、上线、迭代升级，精准响应城市治理需求。

二是高标准建立健全制度体系。遵循"整体设计一步到位、应用实施分布推进"的建设思路,在市级层面制定系统性总体规划。研究出台"一网统管"平台总体标准、使用指南等一系列标准规范,建立完善城市运行管理中心日常运行工作制度,以及融合指挥调度、快速应急响应、联勤联动处置等相关工作机制。制定出台内部安全管理暂行方案、安全监测日报告等硬性安全管理制度,确保安全管理有章可循。

三是高水平强化安全防护。围绕"系统安全、数据安全、网络安全"三个关键环节和"人、物、地、网、库"五个关键要素,狠抓安全风险管控,全生命周期保障整体城市运行体系安全。联合阿里、安恒、绿盟、华为等知名信息安全企业,组建专家咨询团队,全面跟踪数据从产生到销毁的全生命周期过程。搭建大数据安全态势感知系统,24小时不间断实施全方位监控监测,做到及时预警、快速应对。

五、株洲市以大数据推进市域治理现代化

近年来,株洲市充分发挥大数据在市域治理中的重要作用,初步解决了群众办事"跑断腿"、社会管理"粗线条"、部门信息"不并联"、政府决策"样本少"等问题,提升了市域治理现代化水平。

1. 以电力大数据破解生态监管难题

为有效破解环境监管盲区、执法死角、查处滞后等难题,株洲市通过发挥电力大数据在环境监管方面的作用,提升了全市生态环境质量。一是治污设备"线上盯"。在企业污染治理设施上安装智能监控设备,对治污设备用电数据实时24小时监测,一旦其与生产设备用电特征不匹配即自动报警,精准监测重点污染企业。二是电力数据"云端查"。

针对"散乱污"企业白天不生产、晚上偷偷干、隐蔽性强等特点，对所有企业昼夜用电负荷差等情况进行监测并和领取排污许可证的白名单企业进行数据比对，筛查出未发放排污许可证的企业。累计发现并查处900多家未领排污许可证的未批先建生产企业，查处关闭了100多家非法企业。三是环境执法"及时管"。建立了由数据触发的快速交办、快速执法联动机制，形成了从预警到交办、执法、销号、考核的闭环管理，精准打击违法排污行为。

2. 以政务大数据提升公共服务水平

株洲市以智慧城市建设为契机，加快政务大数据平台建设和统一使用，在提升公共服务水平方面取得良好效果。一是数据资源"共享化"。依托市级数据共享交换平台，建设完善全市人口、法人、自然资源和空间地理、电子证照、社会信用信息五大基础信息资源库，并实现与省、市、区县在内的47个单位部分数据归集工作，累计交换总量为5.51亿余条次，数据总量达3.67亿条，推动跨层级、跨区域、跨系统、跨部门、跨业务的政务数据共享。二是政务服务"网络化"。加快推进"互联网+政务服务"工作，按照"市级统筹开发、多级共享使用、部门协同联通、线上线下融合"的原则，推进与企业群众生产生活密切相关的重点领域和高频事项改革步伐。实现申报资料精简62%，审批环节减少85%，审批时间压缩82%，政务服务网上可办率达到96%，初步实现"一网通办"。三是便民惠民"终端化"。开发"智慧株洲·诸事达"APP，汇聚政务、医疗、教育、社区、民生、交通等服务，推进实现业务、数据、证照、支付、便民服务"一端通达"，已实现322个事项掌上"一件事一次办"，多部门联办事项121项，单部门事项

201 项，集成电子身份认证、不动产电子证照、不动产、公积金、医保、社保等 74 项服务查询或办理功能。截至 2022 年 11 月，用户总量达 43 万，日均活跃用户超 3000 户。

3. 以舆情大数据走好网上群众路线

株洲市通过开展舆情大数据分析，把党密切联系群众的政治优势延展至网络空间，解决一批群众急难愁盼问题。一是完善网络把诉求"收集好"。依托株洲市网络舆情预警与应急指挥平台，通过人民网地方留言板、红网问政湖南、12345 市长热线、"马上就办"网络问政平台等各类网络投诉渠道，以及覆盖全市 172 万人口的 2.7 万个"幸福株洲"服务与监督微信群，广泛搜集群众诉求和意见建议，建成舆情信息库。近年来，收集各类诉求 16 万多件，分门别类作了整理。二是强化研判把舆情"分析好"。充分运用云目未来、舆情秘书、网上群众路线和综合态势感知系统等舆情大数据监测软件，通过设置专题，以大数据筛选敏感舆情，进行预警和分析研判，基于舆情大数据，推动舆情指标体系的完善与落地，比如建立舆情评价模型路径图与评价模型结构，实现对舆情事件的渠道分布、关键节点、地域分布、传播路径等维度的数据分析，达到快速监测和处置突发舆情的效果。三是健全机制把问题"解决好"。建立网络舆情办理工作制度，日常舆情交办实行"挂号销号"制度，舆情交办一件，登记一件，处置一件，销号一件，回复办理情况每月通报，办理结果与各单位一把手见面。通报情况同步上网，接受网民监督。对领导做出批示的重大网络舆情，由市委、市政府督查室负责交办给有关地方和单位，增强权威性。围绕社会热点问题和网民关注焦点，组织各类网友座谈会 30 多场，变"键对键"为"面对面",网下交心,凝聚共识。

4. 以公安大数据加快推进科技强警

近年来,株洲市公安系统发挥公安战线在数据上使用最早、汇聚最多、运用最好等优势,大力推进数据强警实践探索。一是建立全时空警务管理平台。为破解实有人口不明、动态轨迹复杂等难题,株洲在全国首创以警用三维实景地图为基础的全时空警务管理平台,整合政府部门、企事业单位和警务信息317类40多亿条,接入卡口视频1.75万路、人像识别探头1505个,依托无人机倾斜摄影技术完成城区三维制图247平方千米,影像平均分辨率达到3.5厘米,标准化住址信息26万余个,单体化建筑3.8万栋,匹配上图实有人口72万。二是创新数字公安机制。以重点人口管理机制变革为突破口,推进集信访、维稳、安保、涉恐、涉众、涉个人极端等市域社会治理风险防控"N合一"数字公安机制变革。通过政法委、公安、信访、金融办等职能部门协同合作、一体运行、责任倒逼,实现了对全市安全风险防范、矛盾纠纷化解、突发事件处置等问题的高效应对。全市信访总量、进京访、到国家信访局越级访、赴省上访、到市上访分别同比下降31.6%、80.2%、74.1%、32.8%和71.5%,成功解决了市煤气公司退休职工、阳光新城业主群体上访等一批历史遗留问题。三是以大数据支撑实战。引入区块链、人工智能、数据研判等专业人才,研发资金查控、虚拟货币监管等信息系统,推进传统技侦手段与最新科技融合发展,全力防范电信网络诈骗、网络传销、P2P非法集资等新型犯罪。截至2022年11月,侦破了部督"3·15"维卡币特大网络传销案、部督"10·26"利用虚拟货币跑分洗钱案、"8·18"特大跨境电信网络诈骗专案等一批大要案。此外，针对一般盗窃、抢劫、故意伤害等案件取证难、维权难问题，制定了《株洲市公共安全视频图像信息管理条例》，全市15万个公共图像视频资源实现共享。在此基础上，编制了《株洲市公安机关视频侦查工作规范》，制作了统一的《视频侦查报告书》，极大地方便了基层办案人员。

六、鄂州市以信息化推进社会治理现代化

近两年来，鄂州市委平安办坚持"大整合、高共享、深应用"，从最短板切入、找关键处发力，不断推进公安大数据云生态建设，打造"智慧公安"，助力平安鄂州建设。

1. 新路径：同步推进数据汇聚、治理和服务

鄂州把"数据警务、智慧公安"纳入数字政府和智慧城市建设规划，开展顶层设计，高位组织实施，推进政务大数据中心与公安大数据中心一体化建设。公安大数据中心横向与政府大数据中心实时共享交换，纵向与湖北公安云实现省市一体化级联打通，实现网络、系统和数据的本地打通、省市级联。公安大数据中心共接入资源624类25亿多条，其中公安内部309类，省厅数据3类（接口9个），公安外部的政务和社会数据312类。

按照分级分类、多元采集，检校共享、及时更新的原则，建立了人员、物品、事件、案件、地址、组织、信息主题库和治安、情报、刑侦等4大类7个专题库，其中包含精神病人、房屋信息、人员轨迹、虚拟身份和电话等专题库。坚持科学、实用、安全为原则，将数据按4

级 8 类进行安全有效的管理，分级授权、按需使用。对数据资源的接入、汇聚、治理到使用的全生命周期进行安全管理，保证数据的准确性、实时性和安全性。

建成公安大数据实战应用平台。以服务总线的方式，为鄂州公安微信服务平台、智能可视化指挥调度平台、交通集成指挥平台、建模平台提供 52 项服务。建设全天候不间断人工数据中台，服务一线实战。建设云平台，打通公安网、视频网、政务网、互联网、各行业专网之间的安全通道，实现数据共享，为各种智慧应用的快速部署提供强力支撑。在公安云生态的环境下，开发了超级云搜、关系推演、数模建模等应用工具，建成情报、治安、刑侦等 7 类共 126 种模型，实现数据随用即得、战法随想集成、应用随需而变。

2. 新场景：构建"1+N"应用体系

基于鄂州公安大数据云生态，根据实战需求，开展了智慧感知、智慧指挥、智慧服务、智慧侦查、智慧办公等智慧应用。建设 5000 多个前端点位，通过一杆多用、多点叠加，实现人脸、人体、车牌、WIFI 等多维智能感知。开发了后台强大的智能分析研判系统。由传统的、静态的、单一的警情指挥转型为智能的、可视的、综合的警务指挥，实现资源一网打尽、功能一屏展示、勤务一键调度、指挥一呼百应、多方一体作战。开通鄂州公安微信服务平台，为市民提供 324 类服务事项。通过警务协同办公平台、桌面视频会商平台、警务通，实现了"三短一简"，节省了警务资源，规范了警务管理，提高了警务质效。

3. 新效能：助力平安建设

一是提升破案打击效能。从现场勘查、视频追踪、人脸识别到技网联动、专班出击、抓获案犯,实现全程信息主导、体系支撑、精兵行动、联合制胜。2022年以来,全市共刑事打处3107人,同比上升107.69%,警均刑事打处保持全省前列,全市刑事发案同比下降29.7%。其中破获非法捕捞案件83起,破获制售假药劣药案件16起,破获电诈案件601起,抓获涉赌206人、涉黄112人、涉毒137人。

二是提升治安防控效能。从报警受理、联动分流到现场处置、反馈评价,实现全程可视化、智能化、规范化。以情指勤舆一体化平台为载体,在实现"研、交、办、督、结"的公安小闭环的基础上,建设以市委平安办牵头的党政大闭环,构建全市大治安、大稳控新格局。近两年以来,实现全市刑事发案持续下降,其中电诈发案下降48%,盗窃发案下降60.3%。全市亡人交通事故同比下降32.3%,是全省唯一连续近6年没有较大及以上交通事故的市州,没有发生涉危涉爆案件事故。

三是提升优化服务效能。从实名注册、刷脸认证到网上缴费、快递送达,实现全程网上办证办事。通过建设鄂州公安微信服务平台,实现省市政务服务平台统一用户互认,统一服务事项标准,完成与"鄂汇办"、湖北公安政务服务平台的对接,目前平台共发布10个警种324项政务服务事项、17项鄂州本地特色应用,22项便民查询。

新冠肺炎疫情发生以来,鄂州检察机关面对市看守所实行封闭式管理给办案工作带来的困境,运用远程视频讯问系统,把"线下"办案延伸至"线上"办案,实现防疫和办案"两不误"。

2019年,鄂州市检察院建立了远程视频讯问系统。在市区两级检察院和市看守所分别建设远程讯问室,安装远程讯问、同步录音录像、远程示证、工作电脑、打印机等设备，在办案环节需要提讯犯罪嫌疑人并且不需要现场提讯时，办案检察官在本院提讯室对犯罪嫌疑人进行远程提讯，嫌疑人只需在看守所远程提讯室接受讯问。

2020年新冠肺炎疫情发生后，针对全市实行封控措施造成审讯不便问题，研究制定了远程视频讯问办案工作机制。对需要远程讯问的案件实行提前预约，先由办案部门向驻所检察室提出申请，驻所检察室与看守所进行对接，再由检察技术部门进行设备调试，最后确定具体提审时间，确保远程提审工作有条不紊进行。

讯问结束后，检察官通过远程打印技术，委托看守所干警送达相关法律文书，做好讯问笔录、办案告知书等材料的签字捺印工作，提高了办案效率。为进一步增强检察机关执法办案的透明度和公信力，主动邀请人民监督员、辩护律师、值班律师参与远程视频讯问。截至2022年10月，全市检察机关共使用远程视频讯问系统审讯550次。

第四节　以信息化推进应急管理现代化

　　党的二十大报告提出提高防灾减灾救灾和急难险重突发公共事件处置保障能力。2019年11月，习近平总书记在主持中央政治局第十九次集体学习时强调，要适应科技信息化发展大势，以信息化推进应急管理现代化，提高监测预警能力、监管执法能力、辅助指挥决策能力、救援实战能力和社会动员能力。

一、新一代信息技术在应急管理中的应用

　　近年来，物联网、云计算、大数据、人工智能、5G、区块链、虚拟现实等新一代信息技术快速发展，在应急管理领域得到不同程度的应用，对提升应急管理水平发挥了重要作用。

1. 物联网

　　物联网是智慧城市的"感官"。在应急管理领域，物联网技术可以应用于重大危险源自动监控、危险化学品运输车辆监控、应急抢险车辆监控、"城市生命线工程"监测、企业安全生产事故监测预警、城市轨道交通安全事故防范、台风监测预警、洪水水位自动监测、火灾自动监测、地震自动监测预警、滑坡灾害监测预警、应急抢险设备和救灾物资管理等领域。

　　2011年3月，北京市政府办公厅印发了《北京市城市安全运行和应急管理领域物联网应用建设总体方案》，提出实施十大示范工程，包括城市安全运行和应急管理物联网应用辅助决策系统工程、物联网

应用支撑平台工程、春节期间烟花爆竹综合管理物联网应用示范工程、"城市生命线"实时监测物联网应用示范工程、安全生产物联网应用示范工程、"政治中心区"综合管理物联网应用示范工程、轨道交通安全防范物联网应用示范工程、极端天气条件下保持道路交通畅通物联网应用示范工程、城市运行保障和应急抢险车辆卫星定位管理物联网应用示范工程、区县和社区综合监管物联网应用示范工程。

2013年11月22日凌晨3点,位于青岛市黄岛区某处中石化输油管线破裂,在处置过程中发生爆燃,造成62人死亡、136人受伤,直接经济损失7.5亿元。如果运用物联网技术对燃气管线、输油管线进行实时监测,一旦破裂就会监测到压力异常,就可以第一时间进行抢修,避免爆燃事故。此外,许多城市都发生过自来水管道破裂事故。如果运用物联网技术对供水管线进行实时监测,一旦水管破裂就会监测到水压异常,就可以第一时间进行抢修,避免水资源浪费。

2015年8月12日,位于天津滨海新区的瑞海国际物流公司危险品仓库发生爆炸,造成165人遇难、8人失踪、798人受伤。如果采用物联网技术对危险品仓库的温度、挥发气体浓度等进行实时在线监测,一旦超过警戒值就自动报警,也许这次特大安全生产事故就不会发生。

2020年3月7日19时5分,被用于作为新冠肺炎疫情集中隔离点的泉州欣佳酒店坍塌,造成29人死亡。如果运用物联网技术对建筑结构形变进行实时监测,一旦到警戒值就预警,组织人员疏散,一些建筑物倒塌导致的人员伤亡事故就会避免。

2020年6月13日,沈海高速浙江省温岭市大溪镇良山村附近高速公路上发生槽罐车爆炸事故,造成20人死亡,172人受伤。如果该危险化学品运输车辆的定位监测系统没有坏,悲剧也许能够避免。

政务网络、应急通信网络和物联网这"三张网"是应急管理的信息基础设施。目前,越来越多的城市运用物联网技术建立城域物联网,对影响城市安全的安全生产类、自然灾害类等突发事件进行自动监测、监控和预警,提高城市综合防灾减灾救灾能力。

2. 云计算

云计算的技术特点是具有很好的弹性和可扩展性,用户可以按需使用。当发生突发公共事件时,应急管理信息系统的访问量会短时间内剧增。如果采用传统机房建设模式,计算资源有限,应急管理部门的服务器很可能会承载不了而宕机。云计算平台具有丰富的计算资源,可以从容应对短时间的大规模并发访问。例如,浙江省水利厅建立了台风路径实时发布系统,把该系统部署在阿里云。有一次某台风过境浙江,165万人同时访问该系统查看台风路径,系统都可以顺畅运行。

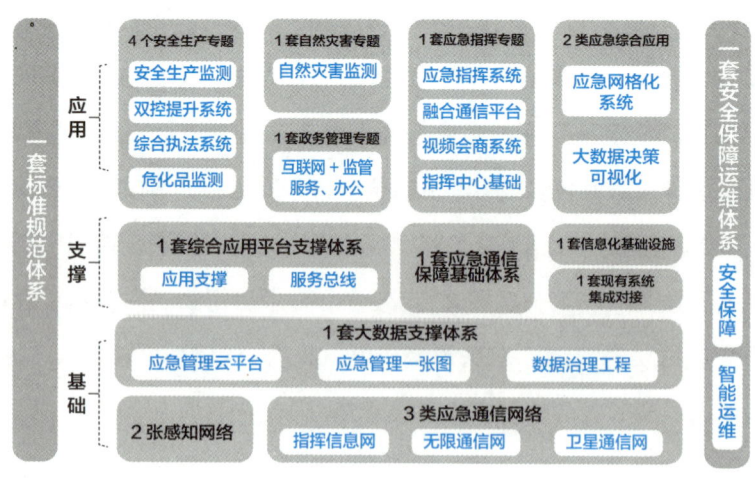

图 7-6 贵州省应急管理云的总体结构

应急管理往往牵涉很多部门，如应急管理、公安、交通运输、卫生健康等。对于城市应急管理部门，建设云计算平台或运用市级政务云平台，把各类应急管理信息系统逐步迁移到云平台，可以促进跨部门信息共享和业务协同。目前，贵州等一些地方政府建立了专门的"应急管理云"。

在新冠肺炎疫情防控中，一些地方政府建立了疫情防控云平台。例如，2020年2月，青岛市城阳区建成战"疫"云平台，形成"人防+技防、管控+服务"四位一体的防控新模式。通过采集社区居民、企业员工的基本信息，在后台形成基础数据库，重点关注人群可每日上报体温、身体症状等动态信息，并进行分析研判。云平台分析出的疫情防控重点信息，通过微信三级联动体系及时推送给相关街道、部门、社区、企业第一时间进行处置，实现"区+街道+片区+社区+网格"五级数据共享。

3. 大数据

目前，许多城市都建立了城市应急联动系统等应急管理信息系统，积累了大量的数据。在应急管理中运用大数据技术，可以提高应急管理的精细化水平，实现智慧应急、精准应急。例如，可以发现安全事故发生的规律，以便有针对性地采取措施；可以发现城市安全隐患，避免发生重大事故。

在应急管理方面，大数据技术可以应用于大型活动踩踏预警、洪涝灾害预警、地质灾害预警、城市火灾预警等领域。

2022年10月29日晚，韩国首尔龙山区梨泰院地区发生大规模踩踏事故。截至10月30日下午，踩踏事故已造成153人死亡，100多人受伤,其中死亡人员中有4名中国公民。在历史上,我国青岛、北京、上海等地也发生过踩踏事故,造成重大人员伤亡。党的二十大报告提出推进国家安全体系和能力现代化,推动公共安全治理模式向事前预防转型。为此,要吸取韩国首尔踩踏事故教训,以信息化推进国家安全体系和能力现代化,尽快建立踩踏预警信息系统,运用大数据开展踩踏预警,提升踩踏事故应急管理水平。

一是建立踩踏预警信息系统。建议人口超过500万的特大城市、超大城市以及计划举办大型活动的城市,要求由当地公安机关或应急管理部门采用地理信息系统(GIS)、大数据等技术,尽快建立踩踏预警信息系统。系统应具备手机信号数据接入、大数据分析、人口热力图生成、踩踏风险评估、应急救援资源查询等功能。或者在城市大脑、应急管理平台等现有相关信息系统中增加踩踏预警方面的功能模块。

二是强化有关部门数据支撑。由当地通信管理局协调,把中国移动、中国电信、中国联通的用户手机信号数据实时接入踩踏预警信息系统,生成动态变化的人口热力图。结合智慧城市建设,推进踩踏预警信息系统与相关政务系统的信息共享,掌握踩踏高风险区域内人口、经济、社会等有关方面的情况,如人口、道路、医院、警力等分布情况,为有关部门开展人员疏散、应急处置提供数据支持。

三是完善有关方面政策法规。制定或修订有关政策法规,加强对大型活动和人群集聚的管理,明确有关部门的责任和义务,构建"制度+技术"的人员踩踏风险防控体系。严格限定不同区域的人群密度,科学设置踩踏预警信息系统的人群密度警戒值。要求各级地方政府制定《踩踏应急预案》,明确踩踏应急流程和各个环节所需的信息系统或相关数据支撑。开展踩踏应急演练，不断完善踩踏预警信息系统。

4．人工智能

在应急管理方面，人工智能技术可以应用于人脸识别、车牌号识别、应急救援、智能测温、视频结构化、网络舆情管控等方面。

在突发事件应急处置过程中，通过人脸识别，可以掌握现场的人员身份信息。通过车牌号识别，可以掌握应急抢险车辆信息，利用交通信号灯智能管控手段保障应急抢险车辆一路畅通。

近年来，随着人工智能技术的发展，应急救援等方面的特种机器人越来越多。在火灾、爆炸等充满危险的突发事件现场，采用机器人进行灭火、排除爆炸物，可以减少消防官兵、武警指战员等人员伤亡。

在火车站、汽车站、飞机场、商场、超市、医院等人员密集场所对流动人员进行快速体温筛查，有利于及时发现疑似病例，避免交叉感染。例如，四川德阳火车站安装了智能测温系统。该系统以非接触式体温测量方式，对大规模移动人群进行快速测温。一旦发现温度异常个体，系统会自动抓拍并自动触发声光报警，提醒现场工作人员核查。

目前，许多城市都建立了视频监控系统。通过视频分析，把视频中的结构化数据进行处理集和分析，并将其转化为结构化数据，继而对态势进行事前感知，达到事前预警的效果。基于人工智能技术的第三代事前预警系统以视频为报警源，用视频结构化分析技术来监测、判断是否符合要预定的报警条件并检测到触发设定条件时启动报警，实现从原来的人工查找到自动推送，从以前的事后查找向事前预测、预防、预警发生根本性的转变。例如，通过视频结构化，可以自动发现城市火灾，让应急指挥人员更好地了解火灾现场情况。

在群体性事件中，网络舆情往往影响事态发展。在互联网时代的城市应急管理中，通过网络舆情监测和网上舆论引导来控制事态很重要。采用人工智能技术，以"网络抓手"的身份出现在各大网络平台中，根据相关关键词对将造成不良舆论的言语或资讯进行自动捕捉和删除，可以避免不良舆论的滋生，有利于控制事态。

5. 5G

在应急管理中，5G 技术可以应用于应急通信、医疗救助等领域。当城市发生突发性公共事件时，通过 5G 网络，可以将现场情况实时传回应急指挥大厅。例如，湖南联通与长沙市应急管理局共同打造的陆空一体 5G+ 无人机综合管理平台是全国首个应用 5G 网络的综合应急救援平台。2019 年 9 月，长沙市应急管理局开展了"无人机 + 卫星空地一体化"应急指挥演练活动。湖南联通全程为演练提供 5G 网络保障。本次应急演练模拟灾害事件发生时依托 5G 网络与无人机进行综合应急救援的情景，设置了大范围通信中继和通信快速覆盖，受灾现场巡查搜救，向被困群众定点抛投应急物资，人机搭载高空喊话，卫星通话及视频传输等五个演练科目。

当城市发生疫情，运用 5G 网络可以开展远程医疗，及时救助病毒感染者。2020 年 2 月，北京武汉两地医护人员使用 5G 技术实现了远程病例讨论，这是新型冠状病毒肺炎疫情出现以来，北京医疗队利用 5G 技术的首次实战。

6. 区块链

区块链技术具有自治性、难篡改、可信任、可追溯、智能化、隐私性、容错性等特点，可以应用于疫情防控、应急救援物资管理、应急救援资金管理等方面。

在应急管理中,运用区块链技术有利于解决物资、人员调配等关键性难题。根据应急预案,通过智能合约,可以实现对突发事件的快速响应,提供点对点的应急救援服务,保障救援物资供应,调配专业救援人员,提高应急管理效率。发展区块链金融,可以对救援资金进行快速结算,避免发生传统救灾模式下的"一笔糊涂账"问题。发展"区块链+物流",可以追踪救援物资流向,有效调配救援物资。此外,运用区块链技术可以加强捐赠物资管理,解决重复捐赠和冒领等问题。

7. 虚拟现实

在应急管理中,VR 技术可以应用于应急演练、应急培训、心理治疗等领域。例如,运用 VR 技术,可以提高应急演练的逼真度。通过佩戴沉浸式头盔,让参与应急演练的官兵有一种身临其境的感觉,提高应急演练效果。

2019 年 9 月,上海化工区消防体验馆投入试运营,包括医疗救护区、烟热逃生区以及 VR 体验区。VR 体验区拥有高层火灾逃

图 7-7 虚拟现实技术在应急演练中的应用

生、地震灾害逃生、居民火灾逃生、商场火灾逃生、地铁火灾逃生 5 个 VR 虚拟场景,参观者不仅可以直观感受到不同空间火场中的火势变化,还能自主选择逃生路径和逃生方式,并与场景中的灭火器等消防安全设施进行互动。

运用 VR 技术,可以优化应急救援方案。通过 VR 技术建立突发事

件现场的三维虚拟场景，进行模拟救援。通过比较不同应急救援方案的实施效果，选取最佳应急救援方案，最大限度地减少人员伤亡和财产损失。

此外，VR技术还可以用于灾后心理疏导和心理治疗。许多人会在突发事件中受到惊吓。运用VR技术，可以构建一个舒缓的虚拟场景，抚慰有关人员。有的人患有"恐高症"等心理疾病，运用VR技术建立虚拟场景，对有"恐高症"的人员进行训练，使其不再恐高。

二、国外应急管理信息化发展情况

在西方发达国家，纽约、芝加哥、伦敦、巴黎、柏林、东京等许多城市都很重视应急管理信息化建设，运用信息化手段提高应急管理水平，值得我们学习、借鉴。

1. 美国

1967年，美国国会通过立法规定911作为紧急求助特服电话，改变了过去多个特服号码共存的状况。911中心也因此成为紧急事件的接警单位和指挥部门。

目前，美国有2.2万个911中心，多数设在警察局，少数是独立政府部门。911中心以警方接处警平台为主，配备消防、医疗及公用事业处理平台，各部门派员24小时值班。接到报警求助电话后，按照刑事案件、火灾、交通事故、医疗急救等性质分别转到相关部门处理。目前，911中心已经形成比较完善的工作运行机制，拥有科技含量很高的装备设施和经过严格培训素质较高的接处警队伍。

每个911中心接处警工作都配有先进的信息系统，可以指导接警人员如何接受报警，为接警人员设计具体、规范的询问内容提供向导，还可对报警情况的紧急程度自动分类，然后转到相关部门处理。属于警方管辖范围的，可按地区自动转到相对应的处警平台，并提供处警程序和相关信息以及电子地图。

美国许多大城市的911中心还有自动翻译系统。例如，芝加哥市911接警平台能自动翻译144种语言。

美国积极运用人工智能技术开展防灾减灾工作。2018年5月，美国马里兰州埃利科特市发生了洪水灾害。环保组织切萨皮克保护协会联合微软公司和佛蒙特大学绘制了一张高分辨率地图，他们利用人工智能使得航拍图像生成的地图能够显示小于3平方英尺的物体，使地图精确度提高了1000倍。

在美国，IBM、谷歌、Facebook、Silvia Terra、One Concern等公司积极运用人工智能技术研发防灾减灾工具，提供防灾减灾服务。例如，IBM公司与美国安大略省电力公司合作研发了一款能够预测飓风路径和破坏程度的软件工具，帮助电力公司做好飓风防范工作，灾后快速恢复供电。谷歌公司联合哈佛大学研究人员构建了一个能够在大地震之后预测余震的人工智能模型，比传统余震预测方法更加准确。Facebook公司开发出一种可以快速评估某地区自然灾害破坏程度的新技术，建立了"灾害影响指数"，可以快速评估灾害损失，帮助政府科学地确定重灾区。

在森林防火方面，Silvia Terra公司利用人工智能技术建立森林火灾风险评估模型，可以根据树木密度、种类和大小等情况帮助当地政府找出森林火灾风险最高的区域，从而提前采取森林防火措施。

在防震减灾方面，One Concern 公司利用城镇中的建筑类别、建筑年龄、建筑材料等数据进行地震模拟，推断房屋倒塌情况，从而实现快速救援。

此外，美国还运用物联网、大数据技术进行防灾减灾。例如，2011 年 3 月 11 日，日本大地震发生后仅 9 分钟，美国国家海洋和大气管理局（NOAA）就发布了详细的海啸预警。随即，NOAA 通过对海洋传感器获得的实时数据进行计算机模拟，其制作的海啸影响模型出现在 YouTube 等网站。NOAA 的快速反应得益于其全球范围内庞大的海洋传感器网络。通过这些置于海面和海底的传感器，NOAA 源源不断地获取全球海洋信息。为了在更短时间内分析出准确的海啸活动趋势，NOAA 一直在努力提升大数据分析能力。

2018 年 5 月，美国联邦应急管理署（FEMA）发布了《应急管理战略规划 2018—2022》，提出了三大战略目标，包括防灾减灾的风险文化建设，做好重特大灾害应急准备，简化风险防控、应急管理和灾后恢复的流程。该规划对应急管理信息化建设作了一系列部署。

2. 日本

日本是个自然灾害频发的国家。因此，日本利用信息通信技术建立了覆盖全国的自然灾害预警系统，布设了中央—都道府县—市町村三级防灾行政无线系统，通过与全国瞬时警报系统（J-alert）相联，实现灾害信息瞬间直接传达。在 2017 年应对台风"兰恩"和 2018 年应对"西日本暴雨"灾害中，防灾行政无线系统发挥了重要作用。

近年来，日本不断改进其灾害预警系统。随着互联网的普及，日本开始利用 Twitter 等网络社交媒体发布灾害预警信息，并开发"YAHOO！防灾速报"等灾害预警 APP。

2003 年 4 月，东京都建立了知事直管型危机管理体制。该体制主要设置局长级的"危机管理总监"，改组灾害对策部，成立综合防灾部。综合防灾部由信息统管部门和实际行动指令部门组成。其中信息统管部门主要负责信息收集、分析和研判。

东京都防灾中心负责对灾害信息进行收集、传达和处理、分析；对灾害对策进行审议、决定和协调；向各防灾机构发出各种指示和请求。东京都防灾中心配有防灾行政无线通讯、数据通信系统和图像通信信息系统。

为了防止在灾害发生后有线通信被中断，东京都设有防灾行政无线。这套系统有国家主管的消防防灾无线和东京都防灾行政无线。消防防灾无线是总务省消防厅与都道府县之间为了收集大地震等灾害的信息而建设的。

东京都政府吸取了阪神大地震的教训，加强了东京都政府大楼及东京都派出机构在与灾害现场观察的车辆、携带式的无线手机之间的信息收集和传递。为了能够通过图像了解灾害现场，东京都政府还配备了卫星中转车和多重移动无线车。

三、国内应急管理信息化发展情况

1. 应急管理信息基础设施不断完善

许多城市在应急管理局成立前，应急管理相关部门都开展了网络基础设施建设，包括政务内网和政务外网。一些政府部门还建设了政

图 7-8 南宁市城市应急联动中心

务专网。许多城市开展平安城市建设，公安、城管等部门建立了视频监控系统。有的城市把视频监控系统互联互通，建立了"视联网"。有些城市还建立了城域物联网，一些政府部门把物联网技术应用于应急管理。不少城市都建立了人口、法人单位、自然资源和地理空间基础信息库，有的城市还建立了应急管理专题数据库。

2. 应急管理信息系统建设不断深入

近十多年来，许多城市建立了应急联动系统，把公安、交通、通信、电力、市政等部门纳入一个统一的指挥调度体系，实现跨部门统一指挥、快速反应、联合行动，提高了对突发事件的应急处置能力。

2001 年 11 月，南宁在全国率先建成城市应急联动系统。该系统应用 C4I（指挥、控制、通信、计算机、信息）集成技术，将公安 110、消防 119、急救 120、交警 122 等接处警调度系统，12345 市长热线电话、防洪、防火、防震、防空以及水电气等公共事业的应急救助纳入统一的指挥调度系统,实现跨部门、跨警区、跨警种的统一指挥。2002年9月中旬,在南宁市大学路,一辆液化气运输车翻倒在地,车上装有37吨液化气体,随时可能爆炸。应急联动中心接警后立即派各路救援人员赶赴现场,疏散人员,决定用大吊车将液化气罐吊走。可现场联系不到吊车,南宁市应急联动中心立即从数据库中查到市某工程公司有这种吊车,发出指令紧急调用,不到20分钟吊车就开到现场,吊起液化气罐,排除了险情。2010年底,南宁市政府对南宁城市应急联动系统进行了升级改造,主要内容是扩大数字集群网络覆盖范围。

3. 新一代信息技术初步应用于应急管理

近年来,物联网、云计算、大数据、人工智能、5G、区块链、虚拟现实等新一代信息技术在城市应急管理领域得到初步应用,促进了城市应急管理现代化,提升了城市应急管理水平。例如,运用物联网对危化品进行自动监测,建立应急管理云平台,对城市安全风险进行大数据分析,研制应急救援机器人,用5G网络进行现场应急指挥,用区块链管理救灾物资、用虚拟现实技术开展应急演练等。

4. 应急管理信息化市场不断发展

随着全国各地应急管理部门的组建完成,许多地方积极开展应急管理信息化建设,对应急管理信息化产品、服务和解决方案的需求大量增加,吸引大量IT厂商进入应急管理信息化市场,使应急管理信息化产品越来越丰富,服务模式不断创新,整体解决方案越来越健全。应急管理信息化市场规模不断增加,市场竞争日趋激烈,为应急管理信息化建设提供了产业支撑。

5. 应急管理信息化政策不断健全

2018年1月，中办、国办印发了《关于推进城市安全发展的意见》，提出强化安全科技创新和应用，加快实现城市安全管理的系统化、智能化。2018年4月，应急管理部成立后，在应急管理信息化方面，相继发出了《关于加快编制地方应急管理信息化发展规划的通知》《关于实现应急平台互联互通的通知》《关于加强应急基础信息管理的通知》等文件。

拓展阅读：

乐山市公共突发事件应对系统

为有效应对洪水等自然灾害，乐山市委网信办以"智"赋"治"，建立了公共突发事件应对系统，实现了从"人防"到"技防"的转变。

2020年6月，乐山市建成"1+3+N"平台，作为"城市大脑"。截至2022年10月，平台已接入28个部门的核心业务系统，汇聚10亿

图7-9 消防机器人

多条数据，解决了全市数据归集、汇聚、治理等问题。

2021年，乐山市开展"1+3+N"平台的深化应用建设，新建了乐山市公共突发事件应对系统，提出了"能看、能用、能指挥"的建设目标。该系统与乐山各地各部门自然灾害业务系统和数据资源对接，汇聚了森林防火、防汛防涝和地质灾害基础数据，构建了森林防火、防汛防涝和地质灾害等应用场景。通过对城市运行状态监测数据实时汇聚、突发公共事件智能预警，不断丰富优化展示界面，提升中枢指挥调度能力，快速调动和分配救援物资。

乐山市公共突发事件应对系统由部门业务系统模块、资源要素模块和公共功能模块组成。下面以防汛抢险专题为例介绍各功能模块。

1. 部门业务系统模块

主要解决部建、省建、自建业务系统接入问题，包括水利工程动态监管系统、四川省水情信息服务平台、乐山防汛指挥系统、乐山河（湖）长制信息管理平台4个系统。把各系统资源要素呈现在电子地图上，实现"一图观全域、一令达全城"。为解决部建、省建、市建系统难以对接或对接成本过高的问题，采用投屏、分屏、悬浮窗技术，解决了部门业务系统接入和数据归集问题，实现上下贯通。

2. 资源要素模块

汇集车辆、物资、人员等应对公共突发事件资源要素，依托全市政务信息资源共享交换平台，将所有应急救援资源要素统一展示在一张图上，包括21000多路天网、雪亮、交通、城管视频和569个应急物资仓库，569个应急避难点，2051支应急队伍，近7000应急人员和全部医院、救护车资源。把业务部门推送的事件原发点点位信息展示在资源要素一张图上，可以最大范围调动可利用资源对事件原发点进行指挥调度。

3. 公共功能模块

公共功能模块包括视频会议系统、一体化联动平台、视频资源监控模块、AI智算中台。其中视频会议系统联通乐山市11个县市区和16个重要部门，主要解决点对点调度和指挥。

通过一体化联动平台，指挥员可在应急指挥大厅发号施令，通过GPS定位实时掌握事件原发点附近可用人员和可用物资，对附近抢险人员在线组建群组，实现单点和组群的视频会议指挥，实时上传现场灾情画面，下达抢险救灾指令和应急处置方案。

视频资源监控模块整合了全市公安、政法、城管、住建、水务、自然资源、交通、教育、卫健等部门视频监控点位和前端各类感知源点位共计2万多个，通过政务云视图库交互，实现各部门各类场景共享共用。

AI智算中台具有人脸识别、车牌识别、防汛点位监测预警、森林防火预警监测、地质灾害预警监测、区域车辆闯入预警等功能，通过分析水情、天气等信息，研判可能出现的重大自然灾害，通过"智乐山"APP及时发布预警信息，引导人民群众紧急避险自救。

乐山市公共突发事件应对系统提高了政府部门对灾害风险因素的感知、预测和防范能力，具有如下四个特点。

一是以信对突。城市内涝监测点发生积水时，系统自动预警并通过资源要素"一张图"自动呈现应急要素资源以供调配，同时将预警信息通过"智乐山"APP及时发给广大群众，全民参与应对突发事件。

二是以数治难。通过大数据应用解决在应急管理中遇到的各种痛点难点，提高政府部门的应急管理能力，增强人民群众安全感。

三是以统管散。整合有关单位信息资源，破除部门之间的数据壁垒，实现跨部门、跨地区调动人力和物力，提高应急指挥效率。

四是以巧解困。通过整合信息平台、利用悬浮窗分屏联动调度等技术，巧妙地构建乐山市公共突发事件应对系统，实现了"花小钱办大事"，化解了财政资金紧张的问题。

四、应急管理信息化问题与对策

1. 我国应急管理信息化建设存在的主要问题

（1）应急管理信息资源缺乏整合共享

2018年国务院机构改革组建应急管理部，之后几乎所有城市都整合了原安监局、应急办职责以及公安局的消防、民政局的救灾、国土资源局的地质灾害防治、水利局的水旱灾害防治、农业局的草原防火、林业局的森林防火、地震局的震灾应急救援职责，成立了应急管理局。而这些单位之前都建立了各种各样的数据库和信息系统，由于数据格式、系统接口五花八门，许多相关信息系统难以互联互通，造成应急管理信息无法共享。此外，与公安、交通运输、卫生健康等外单位的信息共享和业务协同有待加强。

（2）应急管理领域亟待加强数据治理

虽然许多城市应急管理主管部门建立了应急管理专题数据库，应急管理信息系统积累了大量数据，但数据的全面性、及时性、准确性、一致性有待提高。例如，有的数据不全，有的数据没有及时更新，有的数据不准确，有的数据项、字段不一致。不同的应急管理信息系统由不同IT厂商开发，数据格式、数据接口都不一样。许多城市应急管理主管部门尚未建立涉及数据采集、归集、存储、管理、加工、分析、应用等一整套应急管理数据治理体系。

（3）应急管理信息平台重建设轻运营

许多应急管理信息平台建成后，后续运行维护、宣传推广等工作没有跟上，版本没有及时升级，缺乏平台运行的配套规章制度。应急管理信息平台虽然积累了海量数据资源，但缺乏大数据分析功能。一些应急管理信息平台建成后，由于可用性差、缺数据、缺运维经费、运行机制不健全等原因，过段时间就闲置或废弃不用了。在面对自然灾害或突发性公共事件时，应急管理信息平台无法有效发挥作用。

（4）新一代信息技术的应用有待深化

物联网、云计算、大数据、人工智能、5G、区块链、虚拟现实等新一代信息技术在应急管理部门的应用刚起步，目前以单项应用为主，综合集成和融合创新应用很少。有不少城市（特别是中西部城市和东部经济欠发达城市）在新型智慧城市建设方面滞后，市应急管理局尚未建立智慧政府。

（5）应急管理和信息化"两张皮"

目前许多应急管理部门缺少信息化专业人才，应急管理信息化建设思路不清、目标不明。有的把应急管理信息化当作一个技术问题，应急管理信息化建设工程项目管理水平低，被IT厂商"牵着鼻子走"或"技术绑架"，工作被动。而许多IT厂商不太了解应急管理业务，开发的应急管理信息系统华而不实。有些IT厂商不深入调研用户需求就盲目地进行软件开发和系统建设,无法满足应急管理部门的实际需求。

(6)应急管理信息化环境有待优化

我国应急管理信息化方面的政策法规和标准规范不健全,应急管理信息化专业人才匮乏。我国虽然出台了《突发事件应对法》《安全生产法》《防震减灾法》《防洪法》《消防法》等法律法规,但这些法律法规很少涉及信息化方面的内容。应急管理信息化建设缺乏统一的标准规范,相关国家标准、行业标准和地方标准不完善。不少应急管理部门领导干部知识结构老化,思想观念保守,对信息化缺乏认识。目前,开设应急管理专业的高校并不多,培养的应急管理信息化专业人才很少。在已开设应急管理专业的高校中,许多高校缺少应急管理信息化方面的师资力量和课程。市面上应急管理信息化方面的教材很少,编写水平不高。

2. 推进应急管理信息化需要做的工作

(1)夯实应急管理信息基础设施

结合"新基建",完善应急管理信息基础设施。加快 5G 网络建设,运用"5G+无人机"实时获取突发事件现场的高清影像,运用"5G+物联网"实时感知城市安全风险。建立基于 5G 的应急通信网络,保障应急通信。完善人口、法人单位、自然资源和地理空间、电子证照、社会信用等基础信息库和应急管理专题数据库,建设应急管理数据中心和应急管理大数据平台。加快建设"城市大脑",把城市应急指挥调度智能化作为"城市大脑"的重要功能。

(2)加强应急管理信息资源共享开放

坚持"整体政府"理念,制定应急管理数据共享需求清单,实现跨部门、跨地区、跨层级的应急管理数据共享。通过建立应急管理信息平台，使现有应急管理信息系统接入平台，推进应急管理部门内部处（科）室的信息资源整合。通过全市政务数据交换平台，加强应急管理局与公安局、交通运输局、卫健委等有关单位之间的信息共享和业务协同。整合应急管理相关社会数据资源。加强应急管理数据治理，通过数据清洗等提高应急管理数据库的数据质量，建立覆盖数据采集、归集、存储、管理、加工、分析、应用等环节的应急管理数据治理体系。加快应急管理领域公共数据资源开放。把应急管理相关数据资源脱敏后定向开放给有资质的专业机构，通过政府购买服务等方式为城市应急管理部门提供大数据分析服务。

（3）强化应急管理信息系统的运行管理

加强应急管理信息系统建成后的运行维护、宣传推广等工作，保障应急管理信息系统运维经费。对现有应急管理信息系统进行升级改造，增加大数据分析等功能，提高可靠性、用户响应速度等系统性能，改善用户界面友好性，保障网络安全和数据安全。应急管理信息系统正式上线运行后，要及时制定配套的规章制度，建立应急管理信息系统运行的长效机制。

（4）推进新一代信息技术集成融合应用

把"智慧应急"作为新型智慧城市建设的重要内容。建立一批应用场景，鼓励应急管理部门开展新一代信息技术综合集成和融合创新应用，发展"智慧应急"。例如，运用物联网技术对房屋、桥梁等建筑结构安全进行实时监控，自动报警异常情况。采用云计算技术提高应急管理信息系统的数据处理速度，为应急救援工作争取时间。通过

5G 网络开展掌上办公、掌上办事和掌上执法，提高应急管理部门工作效率。建立应急管理云平台，整合社会组织、企业、新闻媒体、慈善机构、专家学者、自愿者等社会力量，形成社会力量共同参与应急救援的局面。

（5）通过信息化手段防范城市安全问题

目前，许多城市都是在发生突发事件后才仓促应战。运用大数据技术开展城市安全风险评估，编制城市安全风险地图，有利于分级分类做好应急管理工作。例如，对高风险地区有针对性地采取整改和安全防范措施，减少人员伤亡和财产损失。针对当地城市安全问题，针对影响城市安全的自然灾害、安全事故、疫情和群体性事件，完善应急预案和应急管理信息系统，形成线上线下相结合（O2O）的城市应急联动机制，并进行必要的应急演练。

（6）优化应急管理信息化发展环境

完善应急管理信息化方面的政策法规和标准规范，加快培育应急管理信息化专业人才。修订现有应急管理相关法律法规，增加信息化方面的条款。尽快制定应急管理信息化方面的国家标准、行业标准和地方标准。组织开展"以信息化推进应急管理现代化"方面的干部培训，强化应急管理部门领导干部的信息化思维。鼓励高校开设应急管理专业，在研究生培养方面设置应急管理信息化研究方向，壮大师资力量，开设相关课程，编写相关教材，培养应急管理信息化专业人才。重点培养既懂应急管理又懂信息化的复合型人才，破解应急管理和信息化"两张皮"的问题。

第八章 数字经济

2021年10月18日,习近平总书记在主持中央政治局第34次集体学习时强调,要站在统筹中华民族伟大复兴战略全局和世界百年未有之大变局的高度,不断做强做优做大我国数字经济。党的二十大报告提出加快发展数字经济,促进数字经济和实体经济深度融合,打造具有国际竞争力的数字产业集群。

第一节　什么是数字经济

1994年，美国学者唐·泰普斯科特（Don Tapscott）在《数字经济：网络化智能时代的希望与危机》（The Digital Economy: Promise and Peril In The Age of Networked Intelligence）中正式提出了"数字经济"（Digital Economy）这一概念。

数字经济是以数据、信息、知识作为关键生产要素，以现代信息网络作为重要载体，以信息通信技术应用作为效率提升和结构优化重要推动力的一系列经济活动。

数字经济是典型的新经济。数字经济是继农业经济、工业经济之后的主要经济形态，将促进人类社会生产方式的变革、生产关系的再造、经济结构的重组、生活方式的巨变。数字经济与工业经济区别如表8-1所示。

表8-1　工业经济和数字经济的区别

	工业经济	数字经济
生产要素	劳动力、土地、资本	技术、数据、信息、知识
劳动工具	普通机器	数字化设备、计算机、互联网
劳动者	工人	工人、工业机器人
生产方式	机器加工，以产定销	3D打印，以销订产
生产资料所有制	独享	共享
雇佣关系	1—1	1—N
产品形式	标准化	大规模定制
企业资产	厂房、设备、资金	厂房、设备、资金、数据
消费形态	有形（实物）	无形（数据、信息、知识）

数字经济的两大核心是数字产业化和产业数字化。推进数字产业化,就是要培育和发展电子信息制造业、软件和信息服务业、互联网产业,建立物联网、云计算、大数据、人工智能、3D打印、5G、区块链、虚拟现实、元宇宙等新一代信息技术产业,以及数字内容和数字创意产业、共享经济、平台经济、在线经济、智能经济等新业态新模式。推进产业数字化,就是推进工业、农业、服务业的数字化转型。

大力发展数字经济,是全球各国共识,是中央战略部署。发展数字经济,领导干部要认清如下五个误区:

(1)误以为数字经济就是互联网产业。数字经济包括数字产业化和产业数字化,互联网产业只是数字产业化一个领域。数字产业化还包括电子信息制造业、软件和信息服务业。数字经济绝不是特指阿里巴巴、百度、腾讯等少数互联网领军企业,而是要大力推进全产业、全主体、全要素、全业务、全渠道的数字化转型。

(2)误以为数字经济就是新一代信息技术。近年来,物联网、云计算、大数据、人工智能、区块链等新一代信息技术快速发展,极大地推动了数字经济发展。新一代信息技术产业是数字经济的核心产业,但不是数字经济全部。

(3)误认为发展数字经济就是两化融合。产业数字化包括农业数字化、工业数字化和服务业数字化。可见,发展数字经济,不只是推进信息化和工业化深度融合,还要推进农业农村信息化,如发展智慧农业、农村电商,建设数字乡村;还要推进商贸流通、金融、文化旅游等服务业信息化,如发展跨境电商、数字贸易、数字金融、数字文化和智慧旅游。

（4）误认为中小城市没有条件发展数字经济。许多领导干部（特别是区县领导）错误地认为数字经济"高大上"，只有北上广深等大城市才有条件发展数字经济，中小城市没有条件也没有必要发展数字经济。数字经济包括数字产业化和产业数字化两大方面。数字产业化需要有数字技术企业和人才，要求比较高。对于中小城市来说，推进数字产业化有难度。但任何地方都有产业，都可以推进产业数字化。哪怕是以农业为主的地方，也可以发展智慧农业、农村电商，这些都属于数字经济范畴。

（5）误认为数字经济包含数字化治理。有研究机构认为数字经济包括产业数字化、数字产业化、数字化治理和数据价值化。其实数字化治理不属于数字经济范畴，而是属于数字政府范畴。数据价值化则属于数字产业化范畴，如开展数据交易，培育数据要素市场，发展大数据产业。

数字经济正在成为全球新一轮产业变革的核心力量，世界各国对发展数字经济已经达成广泛共识。发展数字经济的重大意义突出体现在以下三个方面：

（1）数字经济是人类社会发展新的历史阶段

随着人类从农业社会、工业社会步入信息社会，数字经济已经成为引领科技革命和产业变革的核心力量，世界经济发展正在进入以数字化生产力为主要标志的新阶段。数字经济不仅在生产力层面推动劳动工具数字化、劳动对象服务化、劳动机会大众化，而且在生产关系层面促进资源共享化、组织平台化等。

（2）数字经济是全球经济一体化的重大机遇

随着世界经济结构经历深刻调整，许多国家都在寻找新的经济增长点，以期在未来发展中继续保持竞争优势，更有效地提高资源利用效率和劳动生产率。在全球范围内，跨越发展新路径正逐步形成，新的产业和经济格局正在孕育，数字贸易成为国际贸易新方向，数字经济对全球经济增长的引领作用不断显现。发展数字经济已在国际社会凝聚了广泛共识，为促进加深世界各国合作，构建以合作共赢为核心的新型国际关系提供了重大机遇。

（3）数字经济是推动高质量发展的重要支撑

大力发展数字经济，是深化供给侧结构性改革、建设现代化经济体系、推动高质量发展的重要举措。数字经济以数据、信息、知识作为关键生产要素，将有效驱动劳动力、资本、土地、技术、管理等要素网络化共享、集约化整合、协作化开发和高效化利用。同时，促进新一代信息技术加速与经济社会各领域深度融合，孕育了新技术、新产业、新业态、新模式，成为驱动生产方式变革的新动力。发展数字经济将进一步减少信息流动障碍，提升经济运行效率和全要素生产率，提高供需匹配效率，有效推动高质量发展。

以数字经济引领高质量发展，是加快建设现代化经济体系的重要举措。党的二十大报告提出加快建设现代化经济体系。建设现代化经济体系的关键是建设现代化产业体系。推进数字产业化，大力发展物联网、云计算、大数据、人工智能、3D打印、5G、区块链、量子科技、虚拟现实、元宇宙等新一代信息技术产业以及数字创意产业，有利于培育新兴产业。推进产业数字化，推动农业、工业和服务业数字化转型，有利于促进传统产业转型升级。

第二节　数字经济相关政策

党的十八以来，党中央、国务院和有关部委出台了一系列数字经济方面的政策法规，推动了我国数字经济的发展。

一、综合性政策

2018年7月，国务院制定了《国家数字经济发展战略纲要》。2018年9月，国家发改委等19个部委联合出台了《关于发展数字经济稳定并扩大就业的指导意见》，提出加快培育数字经济新兴就业机会，持续提升劳动者数字技能，大力推进就业创业服务数字化转型。2021年3月，党中央、国务院发布的《国民经济和社会发展第十四个五年规划和2035年远景目标纲要》提出打造数字经济新优势。2021年12月，国务院印发了《"十四五"数字经济发展规划》，提出优化升级数字基础设施，充分发挥数据要素作用，大力推进产业数字化转型，加快推动数字产业化，持续提升公共服务数字化水平，健全完善数字经济治理体系，着力强化数字经济安全体系，有效拓展数字经济国际合作。

二、新一代信息技术产业相关政策

2013年2月，国务院印发了《关于推进物联网有序健康发展的指导意见》。2015年1月，国务院印发了《关于促进云计算创新发展培育信息产业新业态的意见》。2015年8月底，国务院印发了《促进大数据发展行动纲要》。2017年1月，中办、国办印发了《关于促进移动互联网健康有序发展的意见》。2017年7月，国务院印发了《新一代人工智能发展规划》。2017年11月，工信部等12个部委联合印发了《增材制造产业发展行动计划（2017—2020年）》。2018年12月，工信部制定了《关于加快推进虚拟现实产业发展的指导意见》。2020年3月，工信部发出了《关于推动5G加快发展的通知》。2021年5月，工信部、中央网信办联合印发了《关于加快推动区块链技术应用和产业发展的指导意见》。

三、"互联网+"相关政策

2015年7月，国务院印发了《关于积极推进"互联网+"行动的指导意见》。2016年2月，国家发改委、国家能源局、工信部联合出台了《关于推进"互联网+"智慧能源发展的指导意见》。2016年4月，国办印发了《关于深入实施"互联网+流通"行动计划的意见》。2016年4月，农业部制定了《"互联网+"现代农业三年行动实施方案》。2016年5月，国务院印发了《关于深化制造业与互联网融合发展的指导意见》。2017年11月，国务院印发了《关于深化"互联网+先进制造业"发展工业互联网的指导意见》。2018年4月，国办印发了《关于促进"互联网+医疗健康"发展的意见》。

四、电子商务相关政策

2015年5月，国务院出台了《关于大力发展电子商务加快培育经济新动力的意见》。2015年6月，国办印发了《关于促进跨境电子商务健康快速发展的指导意见》。2015 年 10 月底，国办印发了《关于促进农村电子商务加快发展的指导意见》。

五、新业态新模式相关政策

2019 年 8 月，国办印发了《关于促进平台经济规范健康发展的指导意见》。2020 年 7 月，国务院印发了《关于支持新业态新模式健康发展激活消费市场带动扩大就业的意见》。2020 年 9 月，国办印发了《关于以新业态新模式引领新型消费加快发展的意见》。

此外，2020 年 7 月，国务院印发了《新时期促进集成电路产业和软件产业高质量发展若干政策》。

第三节 国内外数字经济发展情况

一、国外数字经济发展情况

数字经济成为全球经济增长的重要驱动力,世界各国对发展数字经济达成广泛共识。2016年9月,杭州G20峰会发布了《二十国集团数字经济发展与合作倡议》。2019年6月,24个国家和地区首脑在日本发布了《数字经济大阪宣言》。

1. 美国

20世纪90年代,互联网在美国的商业化应用催生了"新经济"现象。2011年6月,美国政府确立了为智能制造搭建工业建模与仿真平台、可负担的工业数据采集和管理系统、工厂和供应商企业级集成、智慧制造教育培训等4个方面的智慧制造优先行动计划。2018年,美国政府发布了《数据科学战略计划》《美国国家网络战略》和《美国先进制造业领导力战略》,提出加强大数据专业技术人才培养,大力发展互联网产业和智能制造。2020年,美国数字经济规模达到13.6万亿美元,蝉联世界第一。目前,美国信息技术领域基础研究、应用型专利、技术的商业转化能力、产品全球化程度等均处于全球领先地位。在全球十大互联网公司中,有7个是美国公司。作为全球最发达的经济体,美国产业发展成熟、配套设施完善。美国传统行业巨头经过几十年持续的信息化建设,已经完成了数字化转型。

2. 德国

2010年12月,德国联邦政府发布了"数字德国2015"战略,提

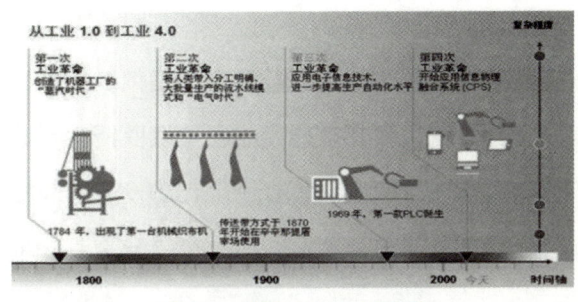

图 8-1 德国工业 4.0 示意图

出通过数字化获得新的经济增长和就业机会，具体内容包括发展电子能源（E-Energy）和智能电网；研发电动汽车，建设智能交通系统；在工业领域推广云计算技术等。2013 年 4 月，德国联邦政府提出实施"工业 4.0"战略。通过大力发展智能制造，构建信息物理系统（Cyber-Physical System，CPS），进一步提高德国制造业的竞争力，在新一轮工业革命中占领先机。2016 年 3 月，德国联邦政府发布了"数字战略 2025"，提出推进设备智能联网，支持中小企业创新商业模式，利用工业 4.0 推进德国工业现代化，将数字化技术的研发和创新带入全球顶尖水平。

3. 英国

2015 年 2 月，英国政府发布了《2015—2018 数字经济战略》，旨在帮助英国业界用数字化技术进行创新。2016 年，英国数字经济总量约为 1.43 万亿美元，约占 GDP 的 54.5%。2017 年 3 月，英国政府发布了《英国数字化战略》，提出帮助每一家英国企业顺利转化为数字化企业，释放数据在英国经济中的重要力量。2017 年 5 月，英国政府制定了《数字经济法案》。2018 年，英国政府发布了《数字宪章》《国家计算战略实施计划》和《产业战略：人工智能领域行动》，制定了数字经济规则，提出大力发展云计算产业和人工智能产业。

4. 俄罗斯

2017年6月，俄罗斯总统普京指出，发展数字经济是俄罗斯经济领域第一要务。2017年7月，俄罗斯联邦政府发布了《俄罗斯联邦数字经济规划》，明确了规范性管理、人才和教育、培育研发能力和技术储备、信息基础设施、信息安全等五个基本方向。2017年8月，俄罗斯成立数字经济委员会。

5. 澳大利亚

2011年7月，澳大利亚政府发布了数字经济战略，确定了网上零售、智慧电网和智慧城市等16个方面的行动计划。2016年10月，澳大利亚工业、创新和科学部发布《澳大利亚数字经济升级报告》，从高速宽带网络、政府数字化转型、科技创新、网络安全、国际合作、市场监管等6个方面概述了澳大利亚近年来数字经济的相关政策和发展情况。2018年12月，澳大利亚工业、创新与科学部发布了题为《澳大利亚技术未来：实现强大、安全和包容的数字经济》的战略报告，从技能、包容性、数字政府、数字基础设施、数据、网络安全和监管等7个方面提出了澳大利亚发展数字经济的对策措施。

6. 日本

2001年，日本政府制定了《e-Japan战略》，集中力量开展宽带网络基础设施建设。2004年，日本政府制定了《u-Japan战略》，提出建设泛在网络社会。2009年，日本政府制定了《i-Japan战略》，提出面向数字经济新时代的战略政策。2011年，日本制定了《推进ICT维新愿景2.0版》，提出打造强大的数字经济。2012年，日本政府制定了《日本复兴战略》，明确将通过发展数字经济来振兴日本经济。2013年6月，日本政府发布了《创建最尖端 IT 国家宣言》，提出以公共数据资源开放和大数据应用为核心，把日本建设成为世界最高水准、信息技术广泛应用的社会。2016 年 1 月，日本政府制定了超智能社会 5.0 战略。

二、我国数字经济发展情况

数字经济为我国经济发展提供了新动能，在调整经济结构、转变发展方式、促进产业转型升级等方面的作用日益凸显。

1. 数字经济规模不断扩大

近年来，我国数字经济快速发展。2021 年，我国数字经济总量达 45 万亿元，占 GDP 的比重为 39.8%。

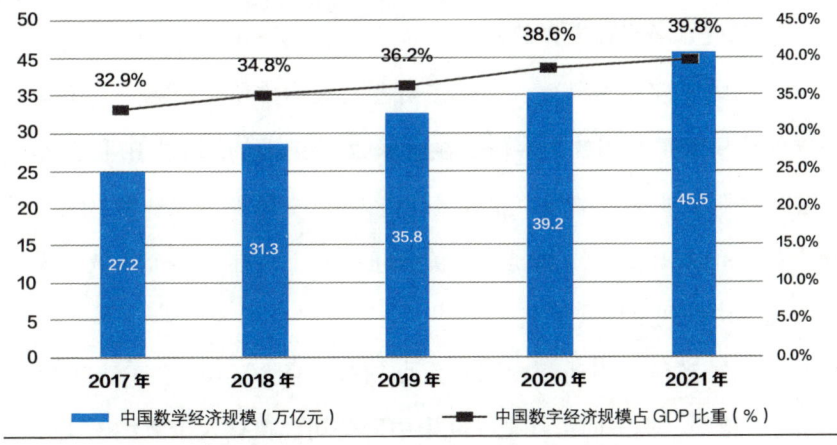

图 8-2　2017—2021 年我国数字经济规模及占 GDP 比重

2. 数字产业化快速推进

2021 年，计算机、通信和其他电子设备制造业增长 15.7%；软件和信息服务业、互联网产业业务收入分别增长 17.7% 和 16.9%；全国软件和信息技术服务业规模以上企业超 4 万家，累计完成软件业务收入 94994 亿元，同比增长 17.7%。全年完成电信业务总量 16960 亿元，比上年增长 27.8%。

3. 产业数字化深入发展

2021 年，全年网上零售额 130884 亿元，比上年增长 14.1%。全年实物商品网上零售额 108042 亿元，比上年增长 12%，占社会消费品零售总额的比重为 24.5%。

4. 吸纳就业能力显著提升

2018 年，我国数字经济领域提供就业岗位为 1.91 亿个，占当年总就业人数的 24.6%。2019 年，国内数十家主流招聘平台发布数字经济方面的招聘信息超过 168 万条，招聘人次近 5200 万。

5. 某些领域走在世界前列

中国电子商务交易额、网购消费者人数均排名全球第一，中国移动支付交易额是美国的十多倍。在全球 260 多家估值超过 10 亿美元的"独角兽"企业中，中国企业数量约占 1/3。中国在虚拟现实、无人驾驶汽车、3D 打印、工业机器人、无人机、人工智能等多个领域的风险投资规模均位列全球前三名。

数字经济是美国遏制中国的重点领域。从 2018 年 3 月至 2023 年 3 月的 5 年中，美国商务部把 639 家中国公司、机构及个人纳入实体清单（Entity List）。许多都是数字技术企业，涉及集成电路、光电、通信、互联网、人工智能、超级计算和网络安全等行业。2022 年 2 月 7 日，美国商务部将 33 个总部在中国的实体列入"未经核实名单"（Unverified List)，其中不少是数字技术企业。中国数字经济发展面临的最大问题是核心技术受制于人。

第四节　数字经济发展对策

对于地方政府来说，要加快新型信息基础设施建设，大力发展新一代信息技术产业，积极培育数字经济新业态、新模式，推进工业、农业、服务业数字化转型，优化数字经济发展环境。

一、大力推进数字产业化

大力发展电子信息制造业、软件和信息服务业，积极培育物联网、云计算、大数据、人工智能、3D打印、5G、区块链、虚拟现实、元宇宙等新一代信息技术产业，加快发展数字内容和数字创意产业，积极发展共享经济、平台经济、在线经济。

1. 物联网产业

加强物联网核心技术研发，推动传感器件、仪器仪表等传统行业转型升级。深化物联网技术在企业和政府部门的应用。引导传统工业企业应用物联网技术，研制智能化产品，发展服务型制造。依托当地特色农业，发展农业物联网。推进物联网在工业、农业、水利、交通、环保、市政、安防等领域的应用，推进物联网技术在电子政务领域的深度应用。

2. 云计算产业

建设云计算中心，推进"政府上云"和"企业上云"。加快建设政务云，推动政府数字化转型。实施"企业上云"行动计划，通过"企业出一点，厂商让一点，政府补一点"的方式，推进中小企业上云，建立"云—网—

端"数字化应用体系。

3. 大数据产业

规划引领，政策引导。组织编制大数据产业，制定大数据产业发展政策。夯实数据基础设施，加快建设人口、法人单位、自然资源和地理空间、宏观经济等基础信息库以及电子证照、社会信用等专题数据库。积极推进大数据技术在党政机关、企事业单位的应用，以用促业。开放公共数据资源。制定公共数据资源开放政策，建立公共数据资源开放目录，开通政府数据网站，依法依规向社会开放公共数据资源。规划建设大数据产业园区和产业基地，促进大数据产业集聚发展。结合当地实际情况，确定大数据产业发展重点。建立和完善涵盖数据采集、数据存储、数据加工、数据分析、数据可视化、数据交易等环节的大数据产业链。

4. 人工智能产业

大力发展机器人、智能汽车、智能家居等产业，推进人工智能与实体经济融合。加强与相关高校和科研院所合作，建设人工智能创新载体。进一步加大机器人关键零部件的研发力度，建立一批机器人协同创新中心。培育智能制造装备、机器人、无人机等重点产品和龙头企业，形成人工智能产业集群。围绕智能制造、智慧城市建设，构建人工智能应用场景，推动人工智能技术在经济社会各领域大规模应用。

5. 3D 打印产业

着力突破 3D 打印专用材料，加快提升 3D 打印工艺技术水平，加速发展 3D 打印装备及核心器件，在纺织服装、汽车零部件、医疗卫生、建筑、食品加工、摄影等领域推广应用 3D 打印技术。

6. 5G 产业

加快 5G 网络设施建设，搭建一批 5G 产业发展载体和创新平台，推进"5G+"，支持 5G 重点产品开发，培育壮大 5G 骨干企业。开展基于 5G 的窄带物联网（NB-IoT）应用示范。实施 5G 在车联网、智慧物流、智慧医疗等领域示范应用工程，实现 5G 大规模商用。

7. 区块链产业

推进区块链技术政产学研用相结合，加强区块链技术创新和成果转化。实施"区块链+"行动计划，推动区块链技术在工业、农业、服务业以及智慧党建、政务服务、市场监管、自然资源、生态环境、公检法司、海关、财税、公益慈善等领域的应用。

8. 虚拟现实产业

编制虚拟现实产业发展规划，规划建设虚拟现实产业园区，在财税、金融、用地等方面对虚拟现实产业进行扶持。支持有条件的高校设立虚拟现实专业，开设虚拟现实相关课程，建立虚拟现实研究机构，与企业合作建立实训基地。实施"VR+"行动计划，在工业、教育、文化旅游、卫生健康、商贸流通等行业大力推广应用虚拟现实技术。

9. 元宇宙产业

完善产业链条，开展示范应用，培育相关产业。实行"链长制"，开展产业链招商，推动元宇宙产业链、创新链、金融链"三链融合"。发展元宇宙党建，建设城市元宇宙，构建应急元宇宙。推动虚拟现实、数字内容、智能视听和新型显示等元宇宙相关产业融合发展，推进元宇宙产教科一体化。

10. 数字内容和数字创意产业

加强数字内容产品开发利用，构建便捷、安全、低成本的数字内容服务体系。促进数字内容和信息通信技术融合创新，拓展网络新闻、网络音乐、网络文学、网络游戏、网络视频、网络直播、自媒体等数字内容服务。完善数字内容策划、制作、传播、交易、消费等产业链，加强数字内容版权保护。鼓励企业研制数字内容视听设备，建立数字内容商店。

以数字技术和先进理念推动文化创意与设计服务业发展，促进文化和科技深度融合、相关产业相互渗透。

图 8-3　服装三维数字化设计

发展数字文化创意技术和装备，丰富数字文化创意内容和形式。推动数字创意在工业、农业、商贸流通、科技教育、文化旅游、卫生健康、展会等领域的应用。实施文化创意产品扶持计划，打造一批优秀数字文化创意产品。

11. 共享经济

有序发展网络预约出租车、共享单车、共享民宿以及家政服务和办公空间共享、旧物交换利用、知识技能共享、教育资源共享等生活类共享经济，积极发展产能设备共享、科研仪器共享、备品备件共享等生产类共享经济。制定财税、金融、办公场所、政府购买服务等方面的共享经济扶持政策，激发基于互联网的大众消费需求，支持共享经济模式创新。

12. 平台经济

强化平台思维，善于找平台、建平台、用平台，在更高层次、更大空间整合行业资源和发展要素。培育一批全国知名的云计算平台、工业互联网平台、供应链协同平台、B2B 电商平台等生产性服务平台，发展一批国内领先的家政服务、医养健康、在线教育等生活性服务平台。结合 27 个千亿产业集群，建立产业互联网平台，打通产业链上下游，提高供应链协同水平。

二、大力推进产业数字化

围绕当地主导产业和特色优势产业，实施"互联网+"行动计划，推广应用新一代信息技术，推动工业、农业、服务业等传统产业转型升级。

1. 推动工业数字化转型

大力发展智能制造、网络化协同制造、大规模定制、服务型制造、云制造、共享制造等先进制造业，推进新型工业化，助力制造强国建设。

图 8-4　无人工厂

把智能制造作为信息化与工业化深度融合的主攻方向，着力发展智能装备和智能产品，推进生产过程智能化，全面提升企业研发、生产、管理和服务的智能化水平。实施"机器换人"计划。制定融资租赁、财政补贴等方面的政策,支持企业应用工业机器人。加快发展工业互联网和工业大数据。开展工业互联网集成创新应用试点示范,形成一批面向中小企业的典型应用。深化新一代信息技术在研发设计、生产制造、经营管理、市场营销、售后服务等企业生产经营关键环节的应用,分析感知用户需求,提升产品附加值,打造数字化车间和智能工厂,构建智慧企业。

拓展阅读:

广东省佛山市推动制造业智能化发展

佛山市委市政府坚持"制造业当家"。2021年,佛山规上工业总产值达2.68万亿元,居全国第六位,占GDP的比重达52.8%,形成了"三五成群""十有八九"的独特产业现象。"三五成群"是指佛山有8个千亿级产值的产业集群,其中3个是新兴产业,包括通用设备制造、专用设备制造、汽车及零部件制造;5个是传统产业,包括电气机械和器材制造、金属制品、非金属矿物质制品、橡胶和塑料制品、化工制品。"十有八九"是指在全部31个制造业大类中,佛山应有尽有,十全十美,其中80%的产品与人民群众的生活密切相关,"有家就有佛山造"享誉全球;佛山产业链健全,90%产业可以自我配套。

佛山制造业规模大,转型升级任务非常艰巨、非常迫切。传统制造业堆头大、分量重,不少企业生产工艺、管理模式落后,不实行数字化转型,就没有出路,就无法在激烈的市场竞争中取胜。近年来,佛山市把推动制造业智能化作为高质量发展的必由之路,作为数字经济与实体经济融合发展的关键一招。截至2022年9月底,全市近40%的规上工业企业实现了数字化转型，生产效率平均提升 16.5%，产品不良率降低 8.4%，生产成本平均降低 17.3%，人均产值平均提升 15.2%，产品交付周期缩短 20.2%。

1. 以观念转变为基础，凝聚制造业智能化发展共识

制造业智能化发展不是"选择题"，而是"必答题"。佛山在这个问题上采取一系列措施，推动全社会形成广泛共识。一是高规格组织发动。2021 年，佛山召开全市制造业数字化智能化转型发展大会，2022 年又成立推进转型发展工作领导小组，组建转型发展专业团队和工作专班，出台 25 项支持企业数字化智能化转型的措施，设立总规模 300 亿元、首期 100 亿元的广东（佛山）制造业转型发展基金，累计提供财政扶持近 20 亿元。二是沉浸式观摩体验。分批组织企业家到美的集团等数字化标杆企业进行现场观摩，亲身感受转型可行路径、直观效益，增强企业家转型信心，从"要我转"向"我要转"转变。三是多维度宣传引导。常态化举办民营企业家培训班，推动企业家转变思想观念、坚定转型发展信心。定期举行转型供需对接活动、交流会，动态发布转型成功经验、典型案例，授牌表彰示范工厂、示范车间，营造浓厚的转型氛围。自数字化智能化转型政策发布以来，开展宣传与服务企业转型活动超 220 场次，服务企业超 4000 家次。

2. 以立体推进为路径，拓宽制造业智能化发展渠道

坚持以标杆企业为引领、以产业链为主轴、以产业集群为圈层，"点、线、面"立体推进。一是树立标杆企业"示范转"。支持龙头企业率先转型、高位引领，累计打造 48 家数字化智能化示范工厂、64 个示范车间、标杆项目超 100 个，为不同行业、不同规模、不同转型阶段的企业提供

参考样本。美的集团一家企业就有"灯塔工厂"2个（广东省为5家），通过数字化智能化转型，净利润和资产总额提升近3倍。海天味业以工业互联网为抓手，近3年投入数字化改造资金超10亿元，开展按需制造和定制化生产，人均产值提升62%、综合能耗降低30%。二是强化产业链条"协同转"。支持链主企业发挥头雁效应，带动产业链供应链中小企业数字化转型。例如，联塑科技通过搭建产供销一体化平台，带动产业链上下游2000多家企业实施数字化转型。三是促进产业集群"联合转"。围绕产业集聚度高的特色产业园区，以"工业互联网平台+园区"赋能中小企业抱团数字化转型。例如，在传统的纺织印染产业集群搭建行业级工业互联网平台，企业年产值平均提升约15%，能耗平均下降约30%。超高清视频和智能家电产业集群、机器人及智能装备产业集群入选国家先进制造业集群，佛山成为全国8个获得国家新型工业化产业示范基地（工业互联网）的城市之一。

3. 以要素保障为支撑，构建制造业智能化发展生态

聚焦制造业智能化发展的基础性、关键性要素需求，整合资源助力企业轻装上阵转型。一是强化基础支撑。加快产业园区5G、千兆光纤等信息基础设施建设，累计建成5G基站近1.8万座，信息基础设施建设水平居全国地级市前列。二是强化空间支撑。构建"中部强核、东西两带、南北两圈"高效联动产业格局，高标准规划建设"十大创新引领型特色制造业园区""十大现代服务业产业集聚区"，破解产业不成带、工业不连片问题。三是强化金融支撑。在全国首创"数字贷"，通过风险补偿、全额贴息两大政策，覆盖工业企业数字化转型项目1737个、投资总额588亿元。四是强化技术支撑。引进培育一批熟悉工业场景、

集成能力强的服务商，推广现有成熟技术和典型经验，为企业量身打造转型整体方案。目前，已集聚美云智数、华润数科、腾讯工业互联网等100多家优秀数字化转型服务商。五是强化人才支撑。完善招才引智常态化机制，瞄准高层次专家人才、数字技术与产业经验融合型人才、数字技能人才，主动对接、精准服务、梯队培育，千方百计把专业人才引进来、留下来、用起来。

2. 推动农业数字化转型

把推动农业农村数字化转型作为实施乡村振兴战略的重要内容，发展新型农业、乡村旅游和农村电商，建设数字乡村，助力农业强国建设。发展设施农业、精准农业、"互联网＋农业"、智慧农业等新型农业，建设智能大棚、数字化养殖车间等。采取线上线下相结合的方式，发挥互联网在乡村旅游中的作用。发展农村电子商务，推动农

图 8-5　智能大棚改变农业靠天吃饭

产品上行，促进农民增收。让农民不但把农产品卖出去，而且卖个好价钱。鼓励农民通过电子商务平台团购化肥、农药、农机具等农业生产资料，节约农业生产成本。发展农业农村大数据，引导农民生产，助力精准扶贫。

拓展阅读：

农田机井智慧大脑

高标准农田建设是保障粮食安全、促进乡村振兴的重要举措。2021年4月，针对"高标准农田机井建成三四年不通电、出水口坏了没人修"等问题，山东电视台问政栏目报导了山东省鄄城县、滕州市等高标准农田建设项目中机井损坏严重，老百姓"望井兴叹"的事。

农田机井智慧大脑是后稷数农（杭州）科技有限公司推出的产品，通过物联网技术和大数据管护平台，可以实时监测农田机井运行状态、实现全域机井可视化管理，做到问题提前预警、故障实时上报、机井健康度综合分析、维修进度实时掌握，推进农田机井建、管、护一体化，解决高标准农田建设中机井管护难、使用寿命短、老百姓使用不方便、运维成本高等问题。

"农田机井智慧大脑"项目在山东省菏泽市定陶区马集镇先期试点并获得圆满成功，之后在山东、河南、甘肃等地推广，有效解决了"灌溉难、灌溉贵、效率低"问题。2022年2月，中国农科院农田灌溉研究所把"农田机井智慧大脑"项目作为水利技术转化成果在全国推广。

3. 推动服务业数字化转型

要推动电子商务、网络货运、数字金融、数字文化、智慧旅游等现代服务业发展，构建优质高效、结构优化、竞争力强的服务产业新体系。

在商贸流通行业，大力发展电子商务和新零售等。结合"一带一路"倡议，发展跨境电商和数字贸易，助力贸易强国建设。发展新零售，促进消费升级。在交通行业，大力发展"互联网＋交通"和智慧交通等。在物流行业，大力发展以无车承运、网络货运为代表的"互联网＋物流"、智慧物流等。培育和发展无车承运人，促进物流资源供需对接，减少货运汽车空驶率。在金融行业，规范发展互联网金融、供应链金融、众筹等。开展数字人民币试点。在文化旅游行业，大力发展数字文化和智慧旅游。开展旅游目的地网络营销，为游客随时随地提供一体化信息服务。在医养健康行业，大力发展"互联网＋医疗健康"、健康大数据、智慧医疗、智慧养老等。

三、优化数字经济发展环境

要加强组织管理，完善政策法规，加大资金投入，壮大人才队伍，强化项目推进，强化监督考核，营造良好氛围。

1. 加强组织管理

切实强化对数字经济工作的组织领导，精心谋划推进，狠抓工作落实。在区县（市）设立信息化主管部门，让大数据管理部门负责人／数字办主任兼任同级政府办副主任／副秘书长。充实人员配备，健全工作制度，创新推进机制，做好数字经济发展工作的统筹协调、组织推进和考核督导。建立数字经济联席会议制度，研究重大事项，解决重大问题。组织编制数字经济发展规划，制定数字经济专项政策。

2. 完善政策法规

建立和完善数字经济扶持政策，加大财税、金融、土地、人才等方面的政策扶持。统筹地方政府相关专项资金，加大对数字经济发展重点平台、重大项目和重点企业的支持力度。设立数字经济引导基金，通过以奖代补、贴息贷款、政府采购、PPP、政府购买服务等方式，支持数字技术企业发展。落实高新技术企业和创业投资企业税收优惠、研发费用加计扣除、股权激励税收优惠以及科技企业孵化器、固定资产加速折旧等创新激励税收优惠政策。利用好老厂房、闲置写字楼以及"大拆大整"置换出来的新空间，建设数字经济孵化器、众创空间。

3. 加大资金投入

积极争取上级资金，统筹相关专项资金。建立和完善适应数字经济发展的多元化投融资体系，发展科技金融。积极引进国内外战略投资、风险投资、私募股权投资等机构到当地设立法人机构，促进技术和资本对接。鼓励金融机构针对数字技术企业特点，创新金融产品和服务，探索知识产权、数据资产质押融资。鼓励社会资本建设数字经济孵化器、众创空间、产业园区等。支持数字技术企业上市融资。

4. 壮大人才队伍

结合当地人才计划，引进一批数字经济领域的高层次人才和急需紧缺人才。支持国内外知名高校、科研院所来当地设立分院(所)、新型研发机构，探索产学研合作新模式，培养数字经济专业技术人才。鼓励校企合作共建实习实训基地，采取订单制、现代学徒制等方式培养应用型、技术技能型人才。组织开展针对领导干部、企业负责人的数字经济专题培训，把数字经济纳入专业技术人员公需科目。鼓励企业加强数字经济方面的内部培训，提升员工业务水平。

5. 强化项目推进

建立数字经济重大项目库，形成"谋划一批、开工一批、在建一批、投产一批"项目滚动发展机制。完善项目论证、评审、验收、后评估等机制。围绕当地主导产业和特色优势产业，谋划、遴选一批引领作用强、技术含量高、市场前景好、行业影响大的数字经济重大项目。对数字经济重大项目，定期召开重点项目调度会，强化跟踪服务和督导考核，建立绿色通道，确保早开工、早达效。坚持多措并举，破解资金、土地等要素瓶颈，保障数字经济重大项目顺利推进。引进金融投资机构，加大数字经济重大项目融资力度。盘活低效闲置用地，优先满足数字经济重大项目的用地需求。

6. 强化监督考核

开展数字经济发展水平评估，编制数字经济发展年度报告。把数字经济发展列入重点督导内容，对发现的问题及时督促整改。完善考核内容、考核方式和考核程序，强化考核结果的运用，充分调动各级干部的积极性。健全问责机制，对不作为、慢作为、乱作为的领导干部，根据情节严重程度，给予警告、调离岗位、降职、免职等处分。建立容错机制，鼓励领导干部大胆创新，先行先试。完善激励机制，大力提拔重用那些真抓实干、成效突出的领导干部。

7. 营造良好氛围

加大对数字经济的宣传力度，提高社会各界对数字经济的认识。通过广播、电视、报刊等传统媒体和网站、"两微一端"等网络新媒体，广泛宣传报道数字经济相关政策、工作动态、典型案例等。组织召开数字经济发展大会，及时总结推广各部门、各地区的发展数字经济的做法、成效和经验。组织举办数字经济专题培训班，邀请专家学者为领导干部和企业家授课。组织举办数字经济领域的展会、赛事等。

拓展阅读：

诸暨市规范发展直播电商行业

浙江省诸暨市开展"浙里直播共富"应用，一体化推进直播电商监管和服务改革，促进直播行业健康规范、商家经营降本增收、群众消费安全放心、电商产业提质增效。自2022年3月上线以来，全市实现直播销售额246亿元，同比增长21.3%，直播违法违规行为发生率从改革前的46%降低至5%以下，累计带动本地特色农产品销售8.6亿元。

1. 做法和成效

诸暨市珍珠、袜业、香榧等产业非常适合直播电商，仅珍珠产业2022年上半年直播销售额就达170亿元，占产销总额78%以上。但直播电商发展面临监管滞后、人才短缺、产品质量参差不齐、市场推广渠道受限等问题，诸暨市以问题为导向，聚焦行业健康规范发展，主要从以下三个方面进行改革。

（1）创新监管模式，促进直播电商规范发展

聚焦直播主体底数不清、违规证据难以固定、传统监管盲区较多等问题，强化信息归集、技术创新，推动实现从"人治"向"智治"、从"静态抓取"向"动态捕捉"的转变。

一是归集直播信息。通过线下自主申报、平台数据共享和程序自动

采集等多种方式抓取数据，建立集直播间、商户、主播、商品服务等经营要素的直播主体档案，为日常监管提供数据支撑。目前已归集抖音、快手、淘宝等6个主要直播平台6027个活跃直播间相关信息，关联主播7286人。同时，明确市场监管、公安、网信等部门相关职能，归集直播电商相关法律法规19部、违法判定条目335条，设置涉及国家安全、公平竞争、知识产权、产品质量等领域的敏感字段15978个，为违法违规行为识别提供规则依据。

二是开展直播监测。全天候无感监测直播间的直播行为、商品、成交量及评价等，运用AI切片分析、图像比对、语音识别、人工复审等方式，自动抓取并定位直播过程中的敏感词条，并经人工复审，精准输出违法线索。运用区块链技术将线索固证存证，自动生成具有法律效力的规范固证文书。各监管部门可根据线索性质对行为人分别予以预警、指导、约谈和立案调查，形成线索"发现—派发—处理—反馈"闭环机制。

三是掌握直播态势。运用大数据技术对已发现的违法违规线索进行综合分析、研判、评价，自动生成直播地图和监测报告，输出违规走势图，对直播间按照正常、轻微违规、普通违规和严重违规进行"绿、蓝、黄、红"四色分类标注，实时展示全市直播业态分布情况，为政府部门了解直播电商发展态势提供数据支撑。

（2）重塑成长体系，加强网络主播职业化管理

针对网络主播水平良莠不齐、行为规范意识不强等问题，重点打通招聘应聘、培训考证及行为规范等环节的堵点，完善网络主播职业化管理的工作体系。

一是入职信息集成匹配。创设供本地商家招聘、直播人才应聘的集

成平台,自动抓取"58同城""boss直聘"等网站有关直播行业招聘应聘信息,支持本地招聘单位和求职人员自主发布信息,实现人职精准匹配、供需精准推送。

二是职业资格线上评定。设置主播专业培训课程,推行主播职业资格等级考试在线评定服务模式,推进国家职业技能标准在基层落地,提高主播从业水平。配套出台直播电商人才扶持政策,制定人才认定标准和正向激励措施。

三是从业风险源头防控。推行主播直播脚本预检服务,主播可事先上传试播视频或直播脚本,系统自动抓取识别违规信息并提出有针对性的修改建议,在正式直播前化解潜在风险。针对合同纠纷多发问题,制定直播电商秘密保护、竞业限制、劳动关系等合同样本,规避合同不规范、条款不完备等风险。

(3)打造公益平台,创新直播带货服务模式

针对本土产品产销对接不畅、推广渠道受限等问题,在具有超40万粉丝的本地融媒体"西施眼"APP上打造县域直播平台,实现选品、带货、引流一体化高效服务。

一是开设选品超市。通过"官宣"优品、"自荐"优品两种方式打造优品橱窗,支持口碑好、获认证的品牌优先入驻,鼓励资质认证良好的供货商自行入驻,并提供检测报告查询入口及检验机构检测服务,保障产品质量。聚焦产品销售过程中包装运营、视频制作、物流仓储等方面需求,入驻一批评价度高的上下游企业,畅通信息对接渠道,帮助好产品找到好市场。

二是推行公益带货。开设公益直播间,供政府部门、慈善机构、商

家等群体"免流量""零成本"开展直播带货、带艺、带课、带游等活动,解决了"同山烧""枫桥香榧"等特色农产品缺乏线上销售途径的问题。同时,依托"邮乐购""快递进村"等载体,打通乡村物流"最后一公里"。

三是打造网红专场。引导"诸暨农创客""庄园下乡"等本土网红直播品牌为特色产品带货引流,带动普通商户学习尝试直播、短视频等新型销售模式,助力本土带货主播和产业项目孵化成长,有效发挥直播电商在助力乡村振兴方面的作用。

2. 经验总结

(1)变单打独斗为多跨联动,重塑"协同化"多元共治格局

诸暨市建立了跨部门信息共享、联合检查、协同监管机制,促进直播经济在规范中发展、在发展中规范。探索信用监管、柔性监管、首违不罚、以教代罚、行业自律、示范创建等机制,构建了"市场主导、政府引导、行业参与、社会监督"的多元共治格局,实现了直播电商治理从割裂到统一、从粗放向精准、从单一向多元转变。

(2)变人工巡查为无感监测,重塑"智慧化"高效监管机制

采用全国领先的直播营销监测技术,打造集无感监测、切片分析、上链固证、闭环处置等功能为一体的全流程直播电商智慧监管模式,固证存证时间从15天缩短至1天,破解了海量直播数据的监管盲区和证据提取固定难题。

(3)变发展瓶颈为市场潜力,重塑"集成化"行业帮扶模式

坚持有效市场和有为政府相结合,围绕直播电商"人、物、场"三大核心要素,在人才培育、选品保障、公益推广等方面提供精准服务,壮大了直播电商人才队伍,完善了直播电商品控机制。诸暨市上线了全

国首个县域公益直播平台，发挥本土网红品牌优势，加强流量支持和技能传授，降低商家直播成本，破解低、小、散户的流量依赖和规则制约，孵化了一批带货主播和产业项目。

（4）变经验判断为数据分析，重塑"精准化"决策支撑体系

通过大数据分析研判，明晰突出问题、预测行业发展趋势、监测产业风险、评估发展质量，为直播电商高质量发展提供决策依据。

此外，诸暨市参与制定了《直播营销行为规范》国际标准，出台了《珍珠商品电子商务直播销售员服务规范》《网络直播营销活动合规指南》《网络直播营销活动负面清单》《促进直播电商经济高质量发展的实施意见》等政策文件。

第五节　培育数据要素市场

《中共中央 国务院关于构建更加完善的要素市场化配置体制机制的意见》提出加快培育数据要素市场。2022年6月22日，习近平总书记主持召开中央深改委第26次会议，专题研究了数据要素市场。目前，我国数据要素市场面临数据确权难、数据定价难，市场主体互信难、政府部门监管难等一系列问题。加快培育数据要素市场，必须建立和完善数据确权机制、数据定价机制和数据交易规则三大机制。

一、建立和完善数据确权机制

加快培育数据要素市场，首先要建立数据产权制度。数据产权包括数据所有权、数据使用权、数据管理权、数据经营权、数据收益权等。

明确数据所有权。关于数据所有权的归属，要看数据的具体类型。对于公共数据，数据所有权归属政府。例如，澳大利亚政府明确规定，政府部门掌握的公共数据资源属于政府资产，所有权归政府。有的专家学者有不同看法，认为政府部门的公共数据是在政府部门开展政务服务过程中获取的，所有权应该归企业或社会公众。但如果公共数据的所有权归企业或社会公众，容易造成公共数据资源的所有权分割，难以进行公共数据资源交易和开发利用。为此，公共数据所有权应归属政府，由政府独资或控股的数据公司代表政府行使公共数据所有权。目前，一些地方政府成立了数据公司。例如，2021年8月26日，福建省大数据有限公司在福州正式注册成立。2022年5月23日，上海市政府批复同意组建上海数据集团有限公司。对于企业数据,由企业在生产经营过程中产生,数据所有权归属企业。对于个人数据,由社会公众在工作、生活中产生,如自行撰写的自媒体文章、自行制作的短视频,数据所有权归属个人。

明确数据使用权。对于数据使用权,由数据所有权拥有者对数据使用进行授权。例如,政府部门把公共数据资源定向开放给专业大数据公司进行开发利用,如根据应用场景进行大数据分析。那么,这样的公共数据资源使用权归专业大数据公司。对于企业数据,企业把数据资源委托给专业大数据公司进行大数据分析。这样的企业数据使用权也归专业大数据公司。当然,企业也可以自己对数据进行开发利用,来优化生产经营管理。那么,企业既拥有所有权,又拥有使用权。对于个人数据,一般存在于微博、微信、抖音等互联网平台,可以授权相关互联网企业使用个人数据。

明确数据管理权。对于数据管理权,公共数据的管理权归属政府及代表政府的数据公司。一般来说,企业数据的数据管理权归属企业。另外,企业也可以委托第三方机构对其数据进行管理。个人数据的数据管理权归属个人,也可以委托互联网企业代管。

明确数据经营权。数据经营权一般归属数据经营方,如大数据交易机构、大数据公司。目前,一些地方成立了大数据交易机构,如贵阳大数据交易所、上海数据交易所、福建大数据交易有限公司、广州数据交易有限公司、武汉东湖大数据交易中心等。数据交易后,数据所有权拥有者可以获得收益。

明确数据收益权。数据在使用、经营过程中产生的收益,有关各方可以约定获得相关收益。例如，大数据公司对数据资源进行开发利用，提供大数据分析服务，可以获得商业利润。大数据交易机构通过撮合数据交易，可以获得佣金。

建立数据产权制度之后，需要利用技术手段对数据确权。对于公共数据资源，要建立基于区块链的数据注册登记系统，颁发公共数据资产凭证，以凭证声明权益。例如，2021年10月16日，广东省数据资产凭证化启动会在广州召开，发布了全国首张公共数据资产凭证。

二、建立和完善数据定价机制

要开展数据交易，关键是要建立数据定价机制。数据定价的理论基础包括信息经济学、博弈论和计算机科学等。例如，可以根据博弈论的合作博弈理论来确立不同数据对决策模型的贡献度，贡献度大的数据更有价值。通过经济主体功效函数与决策模型贡献度的耦合，就可以对不同数据发挥的经济价值进行公平、合理的定量评估，来计算数据要素在经济社会活动中产生的价值。2021年12月，在深圳召开的首届中央企业数字化转型峰会上，中科院院士姚期智发布了全球首个数据要素定价算法及要素收益分配平台。

根据数据对象，数据定价包括数据产品定价和数据服务定价。其中数据产品定价方法主要包括基于数量的定价方法、基于版本的定价方法和基于效用的定价方法。基于数量的定价方法是指根据数据量大小、多少进行定价，如每GB数据多少钱、每条数据多少钱。基于版本的定价方法是指根据数据质量、颗粒度等不同划分不同版本，如初级版、中级版、高级版等，数据质量越好，颗粒度越细，价格越高。基于效用的定价方法是指根据数据使用效果进行定价，使用效果越好，价格越高。数据服务定价一般用于党政机关、企事业单位购买大数据分析服务，定价方法包括基于服务时长定价、基于服务内容定价等。基于服务时长定价是指按天、按月、按季度、按年等收取服务费。基于服务内容定价是指根据大数据服务的难易程度、重要性、预期收益等收取服务费。

在数据交易过程中，可以按成本或收益进行定价。按成本定价是指根据数据采集、加工、分析等成本进行定价。实际成本越高，价格越高。按收益定价是指根据数据产品或数据服务使用之后产生的预期收益进行定价。预期收益越高，价格越高。

此外，还可以采用协议定价法或拍卖定价法。协议定价法是指数据交易双方可以讨价还价，最终确定成交价格。拍卖定价法是指采用拍卖的方法，数据出售方先报基准价格，潜在数据购买者竞拍，由出价最高者购得数据。贵阳大数据交易所就采用数据拍卖的定价方法。

三、建立和完善数据交易规则

俗话说，"没有规矩，不成方圆"。要开展数据交易业务，数据交易机构就要建立一套数据交易规则，对数据买卖双方进行约束，规范数据交易过程。一般来说，数据交易规则包括数据交易市场准入制度、数据交易合法合规性审查制度、数据交易安全保障制度、数据交易方式、数据交易过程管理制度等。

制定数据交易规则，要坚持"公平、公开、公正"的原则，遵循"自愿、平等、诚信"，遵守商业道德。通过制定数据交易规则，明确数据交易双方和数据交易机构的权利、责任和义务。

2022年5月27日，贵阳大数据交易所发布了数据交易规则体系，包括数据流通交易规则、数据商准入指南、数据交易合规性审查指南、数据交易安全评估指南、数据产品成本指引、数据价值评估指引等。

数据交易平台是数据交易规则的固化方式。数据交易平台应实现原始数据"可用不可见"、数据产品"可控可计量"、交易过程"可信可追溯"。

第九章 数字社会

　　数字社会是指推进社会事业领域的信息化建设，增进民生福祉。党的二十大报告提出推进教育数字化，实施国家文化数字化战略。数字生态是指信息化发展环境。营造良好的数字生态，有利于顺利推进数字中国建设。

第一节　加快数字社会建设步伐

一、发展现状

2017年到2021年，我国网民规模由7.72亿增长到10.32亿，互联网普及率由55.8%上升到73%，特别是农村地区互联网普及率提升到57.6%，城乡地区互联网普及率差异缩小11.9个百分点。2021年移动互联网月户均流量（DOU）达13.36 GB/户·月，是2017年的7.7倍。从宽带成本支出占人均GDP比例来看，我国固定宽带价格可负担性全球排名从2017年的第71位上升至2021年的第3位，移动宽带价格可负担性5年来持续低于全球平均水平。"互联网+教育"深入推进，国家智慧教育平台加快建设，我国所有中小学（含教学点）全部实现联网。电子社保卡线上线下应用加快融合覆盖人数超过5亿，形成400多个APP、小程序等组成的服务生态。国家全民健康信息平台基本建成，100%的省份、84%的地级市、69%的县建立区域全民健康信息平台。在线挂号、预约就诊广泛普及，远程医疗县区覆盖率超过90%。全国统一的医保信息平台建成，实现跨省异地就医自助备案和住院直接结算，全国门诊费用跨省直接结算949.6万人次。数字化出行服务更加便利，电子客票在铁路、民航领域基本实现了全覆盖，318个地级以上城市实现交通一卡通互联互通。互联网应用适老化及无障碍改造行动深入开展。网络扶贫和数字乡村建设接续推进，城乡居民共享数字化发展成果。

二、相关政策

2021 年 3 月，中央发布的《国民经济和社会发展第十四个五年规划和 2035 年远景目标纲要》提出加快数字社会建设步伐。适应数字技术全面融入社会交往和日常生活新趋势，促进公共服务和社会运行方式创新，构筑全民畅享的数字生活。

1. 提供智慧便捷的公共服务

聚焦教育、医疗、养老、抚幼、就业、文体、助残等重点领域，推动数字化服务普惠应用，持续提升群众获得感。推进学校、医院、养老院等公共服务机构资源数字化，加大开放共享和应用力度。推进线上线下公共服务共同发展、深度融合，积极发展在线课堂、互联网医院、智慧图书馆等，支持高水平公共服务机构对接基层、边远和欠发达地区，扩大优质公共服务资源辐射覆盖范围。加强智慧法院建设。鼓励社会力量参与"互联网＋公共服务"，创新提供服务模式和产品。

2. 建设智慧城市和数字乡村

以数字化助推城乡发展和治理模式创新，全面提高运行效率和宜居度。分级分类推进新型智慧城市建设，将物联网感知设施、通信系统等纳入公共基础设施统一规划建设，推进市政公用设施、建筑等物联网应用和智能化改造。完善城市信息模型平台和运行管理服务平台，构建城市数据资源体系，推进城市数据大脑建设。探索建设数字孪生城市。加快推进数字乡村建设，构建面向农业农村的综合信息服务体系，建立涉农信息普惠服务机制，推动乡村管理服务数字化。

3. 构筑美好数字生活新图景

推动购物消费、居家生活、旅游休闲、交通出行等各类场景数字化，打造智慧共享、和睦共治的新型数字生活。推进智慧社区建设，依托社区数字化平台和线下社区服务机构，建设便民惠民智慧服务圈，提供线上线下融合的社区生活服务、社区治理及公共服务、智能小区等服务。丰富数字生活体验，发展数字家庭。加强全民数字技能教育和培训，普及提升公民数字素养。加快信息无障碍建设，帮助老年人、残疾人等共享数字生活。

第二节　推进教育数字化

教育是民族振兴、社会进步的基石,是提高国民素质、促进人的全面发展的根本途径。以教育数字化推进教育现代化,破解制约我国教育发展的难题,促进教育的创新与变革,是加快从教育大国向教育强国转变的必然要求。

一、教育数字化发展现状

根据国家互联网信息办公室发布的《数字中国发展报告(2021年)》,我国数字校园建设稳步推进,搭建无线网络的学校数量超过21万所,86.2%的学校实现了多媒体教学设备全覆盖,学校统一配备的师生终端数量近3000万台,各级各类学校已基本具备信息化教学环境。国家数字教育资源公共服务体系不断完善,已接入各级平台233个,社会优质教育资源加速汇聚,累计上架176个教育服务应用,资源覆盖小学、初中、高中共85个学科,总数达5000余万条,供广大师生免费获取,助力教育公平惠及更大群体。慕课在线教学成为"新常态",累计上线慕课数量超过4.75万门,注册用户达3.64亿,选课人次达7.55亿,数量和应用规模均居世界第一。国家中小学网络云平台有力支撑"停课不停学"工作,云平台浏览次数达35.38亿。

二、教育数字化相关政策

2019年2月,中共中央、国务院印发了《中国教育现代化2035》,

提出加快信息化时代教育变革。建设智能化校园，统筹建设一体化智能化教学、管理与服务平台。利用现代技术加快推动人才培养模式改革，实现规模化教育与个性化培养的有机结合。创新教育服务业态，建立数字教育资源共建共享机制，完善利益分配机制、知识产权保护制度和新型教育服务监管制度。推进教育治理方式变革，加快形成现代化的教育管理与监测体系，推进管理精准化和决策科学化。

2021年7月，中共中央办公厅、国务院办公厅印发了《关于进一步减轻义务教育阶段学生作业负担和校外培训负担的意见》，提出做强做优免费线上学习服务。教育部门要征集、开发丰富优质的线上教育教学资源，利用国家和各地教育教学资源平台以及优质学校网络平台，免费向学生提供高质量专题教育资源和覆盖各年级各学科的学习资源，推动教育资源均衡发展，促进教育公平。各地要积极创造条件，组织优秀教师开展免费在线互动交流答疑。各地各校要加大宣传推广使用力度，引导学生用好免费线上优质教育资源。

2021年10月，中共中央办公厅、国务院办公厅印发了《关于推动现代职业教育高质量发展的意见》，提出推动现代信息技术与教育教学深度融合，提高课堂教学质量。

2021年12月底，国务院办公厅关于转发教育部、国家发改委、民政部、财政部、人力资源和社会保障部、国家卫健委、中国残联等七部门制定的《"十四五"特殊教育发展提升行动计划》，提出鼓励有条件的地方充分应用互联网、云计算、大数据、虚拟现实和人工智能等新技术，推进特殊教育智慧校园、智慧课堂建设。推动残疾儿童青少年相关数据互通共享。开发特殊教育数字化课程教学资源，扩大优质资源覆盖面。

2022年2月，教育部、中央网信办、工业和信息化部、公安部、国家市场监管总局等五部门联合印发了《关于加强普通高等学校在线开放课程教学管理的若干意见》，提出高校要切实履行在线开放课程教学管理责任，要严格学生在线学习规范与考试纪律，完善在线开放课程平台自我监督机制，健全课程平台监管制度，建立多部门协同联动机制。

三、教育数字化发展对策

今后，要加快智慧校园建设，大力发展网络教育和智慧教育，积极打造下一代课堂，增强教师教学能力和学生学习能力，提高教育质量和教育水平。

图9-1 下一代课堂

第一，夯实教育信息基础设施。结合新基建，推进全国教育系统的新型信息基础设施建设。支持东部地区的学校建设无线校园，实现5G网络覆盖。提高中西部地区中小学的网络带宽，更新网络设备，满足在线教学等需求。改造提升国家基础教育云平台，推进全国优质教育资源在线共享和开放，扩大优质教育资源覆盖面，缩小区域、城乡、校际差距。鼓励有条件的中小学建设未来校园和未来教室，构建智能化学习环境。

第二，深化教育大数据应用。对教师队伍进行大数据分析，优化教师队伍年龄、性别、学历等结构。对学生进行大数据分析，根据每个学生年龄、性别、性格、特长、家庭状况等情况进行因材施教。对教育资源进行大数据分析，优化教育资源空间布局。鼓励大学、中小学运用大数据对全校人、财、物进行精细化管理，提高管理效率，降低管理成本，维护校园安全。

第三，推广新一代信息技术。鼓励大学、中小学运用物联网技术打造电子围栏，提高安防水平。推进中小学"上云上平台"实现优质教育资源共建共享。加快人工智能进校园，提高教学智能化水平。运用区块链技术加强师生知识产权保护，防止作业、论文抄袭。运用虚拟现实技术提高教学的临场感，使教学更生动有趣。

第三节 实施国家文化数字化战略

一、文化数字化发展现状

我国数字文化体系加快建设，涌现出更多高质量、特色化数字文化产品，线上线下文化传播体系更加完备高效，社会文化生活服务质量进一步提升，数字文化消费市场空前活跃，推动我国特色文化传播力、影响力、生命力更加强大。

1. 数字文化供给更加丰富多元

国家公共文化云服务模式加快创新，云展览、云阅读、云视听等新服务方式陆续推出，整合全民艺术普及慕课资源，组织开展"唱支山歌给党听"大家唱群众歌咏活动，开设"乡村网红"专题展示新时代"乡村网红"的精神风貌，2021年国家公共文化云总访问量超1.92亿人次。网络视听庆祝建党百年主题作品亮点纷呈，以《觉醒年代》《山海情》《功勋》为代表的主旋律影视作品在各大视频平台广泛热播，受到各个年龄段观众的喜爱，并引发热烈讨论。网络文学成为中国文化出海最大的IP来源，国际影响力逐步扩大。互联网企业积极建设数字文化服务平台，推出众多高品质数字文化产品。数字阅读产品蓬勃发展，我国数字阅读用户规模首次突破5亿。高品质视听内容供给能力大幅增强，4K/8K超高清、互动视频、沉浸式视频、VR视频、云游戏等高新视频新业态大量推出，不断丰富群众的数字文化体验。

2. 数字文化传播实现立体覆盖

智慧广电服务体系持续完善，截至2021年11月底，我国直播卫星用户超过 1.48 亿户。高清电视发展步伐加快，我国已有高清频道 1003 个、4K 超高清频道 8 个，8K 超高清频道 2 个，有线电视高清用户超过 1 亿。主流媒体加快数字化渠道建设升级，人民日报社形成报、刊、网、端、微、屏等 10 多种载体的新型媒体方阵。新华社加快构建涵盖报刊、电视、网络、经济信息、图书出版的全媒体业务格局，探索中国特色的数字媒体发展新模式。中央广播电视总台不断完善全媒体传播网络，截至 2021 年 6 月，"央视新闻"新媒体全网用户量超 4.82 亿次。博物馆馆藏资源数字化持续推进，线上线下相融合的博物馆传播体系逐步建立。我国 76.7 万处不可移动文物和 1.08 亿件（套）国有可移动文物完成普查登记。《文物的数字漫游体验展》等"互联网＋中华文明"示范项目和一批优质线上展览广受好评。各地推出一批地域特色鲜明的数字文化产品，如广东的《海丝路上的南粤古驿道》、安徽的《热土家园》红色动漫、甘肃的《云游敦煌》、河南的《唐宫夜宴》、宁夏的《宁夏黄河故事》。

3. 数字文化消费市场发展动力强劲

疫情防控常态化下数字文化消费逆势兴起，云演出、云会展、云观影等一批"云文化经济"形态快速涌现，数字影视、线上社交、电子竞技、直播购物等细分领域增长迅速，成为驱动我国文化旅游产业发展的重要动力。2021 年，我国数字出版、互联网文化娱乐平台等数字文化新业态特征较为明显的 16 个行业小类实现营业收入 39623 亿元，比上年增长 18.9%，两年平均增长 20.5%，高于文化企业平均水平 11.6 个百分点，占文化企业营业收入比重的三分之一。网络视频日益成为网民数字文化生活的重要组成部分。截至 2021 年 12 月，我国网络视频（含短视频）用户规模达 9.75 亿，较上年同期增长 4794 万，占网民整体的 94.5%。数字文化 IP 与实体产业或场景加速融合，激活新消费潜力。

拓展阅读：

山东省实施文化数字化战略

近年来，山东省加快实施文旅数字化战略，推进数字技术在文旅领域广泛应用，促进文化和旅游高质量发展。

山东省文化和旅游厅成立了推进实施文旅数字化战略工作领导小组，厅领导任组长。领导小组办公室设在科技教育处，负责制定具体工作方案，加强协调和督导，重大问题及时请示报告，确保各项任务落到实处。

1. 建立山东文旅融合大数据中心。统筹利用现有数字化载体平台，关联文字、音频、视频等不同形态的文旅资源数据，建立山东文旅融合大数据中心。建设齐鲁文化、泰山文化、黄河文化、运河文化、红色文化、海洋文化等特色全域文化创意主题库，建设文博资源、革命文物、研学资源、演艺资源等文化产业生态链专题库。汇集文物、古籍、美术、戏曲剧种、农耕文明遗址等数据资源，提取具有历史传承价值的齐鲁文化元素、符号和标识。

2. 推进优质文旅资源数字化。面向全省各级各类舞台艺术创作生产单位，开展影音资源公益征集活动，推动舞台艺术影音资源、美术品资源数字化转化工作。支持文艺院团、文化场馆、文娱场所、景区景点、街区园区开发数字化产品和服务，加快创作、生产和传播等重点环节向云上拓展。加强文化遗产资源数据共享、开发利用。支持各地组织开展原创数字内容大赛，打造一批具有鲜明地方特色的原创文旅IP。提升剧目数字化展示水平，依托"齐鲁云剧场"数字演艺服务平台，加大优秀剧目线上展演力度。

3. 发展数字化文旅消费新场景。推广VR/AR、全息呈现、数字孪生等新型体验技术，大力发展线上线下一体化、在线在场相结合的数字化文旅新体验。运用3D全息投影技术，将舞台艺术与现代科技有机融合，让观众深刻感受到戏剧舞台的新魅力、新体验。打造全国首个省级文旅数字藏品专区—数字文创"山东馆"，推出一批重磅级数字文创IP。

4. 丰富数字文旅产品供给。支持文化文物单位、A级景区、主题公园、特色街区、乡村旅游区等，运用VR/AR、4K/8K、无人机等技术开发体验项目，发展无人机表演、夜间光影秀等产品。鼓励各地依托传统文化产业优势，发展动漫、云展览、云娱乐、数字艺术、线上演播等新兴业态。加快数字文化产品和服务在公共文化场馆的应用，丰富公共文化空间体验内容和形式。推动国家文化公园、旅游景区、景点、民宿等传统旅游业态的线上呈现、虚拟体验。建设"互联网＋演艺"平台，支持演艺机构举办线上直播活动。推广电子票、云排队等网络消费新方式，提高文旅消费便捷度。

5. 提升公共服务信息化水平。根据文化馆、博物馆、图书馆、美术馆、剧院等文化场馆功能，分别制定智慧场馆建设标准。深化新一代信息技术应用，实现在线预约、客流监测、无感通行、线上展览、在线讲解、网上阅读等功能，提供虚拟展厅、高清直播、沉浸式体验等新型文化服务。推进山东公共文化云建设，打造全省联动的文化公共服务平台。

整合全省博物馆的文物数字化资源，完善"文物山东"平台。加强智慧图书馆建设，打造智慧化知识服务运营系统。

山东全影网络科技股份有限公司建立了全国婚嫁产业版权大数据运营平台，有效解决了婚嫁行业人员流动大、缺乏创意、摄影侵权、影楼营销等问题。目前，该平台的影楼用户达28万家，约占全国影楼的93%，个人会员突破1600万。

针对行业内人员流动性大的问题，建设招聘求职模块，在线发布影楼招聘信息及人才求职信息，进行数据匹配，推荐最佳影楼企业或行业人才，提高求职招聘效率。

针对婚嫁行业文化创意单一，不能满足新人个性化婚礼需求的问题，推出了全影请柬、全影微影像专栏，汇集行业婚嫁创意，使新人能够自主个性化定制电子请柬及微影像，替代传统的纸质请柬。建全全影数码、摄影、化妆等大数据专栏，使新人能够结合自身需求，多方位选择、设计不同风格的婚礼。

针对婚嫁摄影作品侵权问题，推出了版权登记模块，采用大数据、人工智能、区块链技术，实现智能化的图片比对，自动发放版权证书，加强了婚嫁摄影作品知识产权保护。

针对影楼营销问题，推出了日常维护类、爆款活动类、管理考核类共40多款影楼营销软件，包括全影抓客、全影微投票、全影晒客领礼系统、全影新拼团软件、商家联盟、全影拓客系统等，汇集成为微营销专栏。为影楼开放自主建站功能，使其独立进行会员管理、模板更换、作品展示、接收订单等功能。

二、文化数字化相关政策

2022年5月,中办、国办印发了《关于推进实施国家文化数字化战略的意见》,提出关联形成中华文化数据库,夯实文化数字化基础设施,搭建文化数据服务平台,促进文化机构数字化转型升级,发展数字化文化消费新场景,提升公共文化服务数字化水平,加快文化产业数字化布局,构建文化数字化治理体系。

（1）关联形成中华文化数据库

统筹利用文化领域已建或在建数字化工程和数据库所形成的成果,全面梳理中华文化资源,推动文化资源科学分类和规范标识,按照统一标准关联零散的文化资源数据,关联思想理论、文化旅游、文物、新闻出版、电影、广播电视、网络文化文艺等不同领域的文化资源数据,关联文字、音频、视频等不同形态的文化资源数据,关联文化数据源和文化实体,形成中华文化数据库。

依托信息与文献相关国际标准,在文化机构数据中心部署底层关联服务引擎和应用软件,按照物理分布、逻辑关联原则,汇集文物、古籍、美术、地方戏曲剧种、民族民间文艺、农耕文明遗址等数据资源。开展红色基因库建设。贯通已建或在建文化专题数据库,聚焦社会主义先进文化、革命文化、中华优秀传统文化,提取具有历史传承价值的中华文化元素、符号和标识,丰富中华民族文化基因的当代表达,增强对伟大祖国、中华民族、中华文化、中国共产党、中国特色社会主义的认同。

（2）夯实文化数字化基础设施

依托现有有线电视网络设施、广电 5G 网络和互联互通平台，部署提供标识编码注册登记和解析服务的技术系统，完善结算支付功能，形成国家文化专网以及国家文化大数据体系的省域中心和区域中心，服务文化资源数据的存储、传输、交易和文化数字内容分发。规划建设国家文化大数据体系全国中心。

建设具备云计算能力和超算能力的文化计算体系，布局具有模式识别、机器学习、情感计算等功能的区域性集群式智能计算中心，构建一体化算力服务体系，为文化数字化建设提供低成本、广覆盖、可靠安全的算力服务。

（3）搭建文化数据服务平台

鼓励多元主体依托国家文化专网，共同搭建文化数据服务平台，汇聚文化数据信息，集成同文化生产适配的各类应用工具和软件，提供文化资源数据和文化数字内容的标识解析、搜索查询、匹配交易、结算支付等服务，实现跨层级、跨地域、跨系统、跨业态的数据流通和协同治理，并与互联网消费平台衔接，为文化数字内容提供多网多终端分发服务，对平台消费数据进行分析加工，提供精准数据分析服务。支持法人机构和公民个人在文化数据服务平台开设"数据超市"，依法合规开展数据交易。

文化产权交易机构要充分发挥在场、在线交易平台优势，推动标识解析与区块链、大数据等技术融合创新，为文化资源数据和文化数字内容的确权、评估、匹配、交易、分发等提供专业服务。公共文化资源数据要依法向公众开放，公共文化资源数据开发后的交易要把社会效益放在首位。

（4）促进文化机构数字化转型升级

鼓励和支持文化旅游、文物、新闻出版、电影、广播电视、网络文化文艺等领域的各类文化机构接入国家文化专网，利用文化数据服务平台，探索数字化转型升级的有效途径，改造提升传统动能，培育发展新动能。

推动文化机构将文化资源数据采集、加工、挖掘与数据服务纳入经常性工作，将凝结文化工作者智慧和知识的关联数据转化为可溯源、可量化、可交易的资产，分享文化素材，延展文化数据供应链，推动不同层级、不同平台、不同主体之间文化数据分享，促进关联数据评估和交易的专业化、公开化、市场化，以及文化数据解构、重构和呈现的社会化、专业化、产业化。

鼓励和支持文化机构拓宽文化数字内容分发渠道，加强供需调配和精准对接，培育新用户群体，扩大经营业务规模。加强对文化数字内容需求的实时感知、分析和预测，探索发展平台化、集成化、场景化增值服务。

（5）发展数字化文化消费新场景

集成全息呈现、数字孪生、多语言交互、高逼真、跨时空等新型体验技术，大力发展线上线下一体化、在线在场相结合的数字化文化新体验。

创新数字电视、数字投影等"大屏"运用方式，提升高新视听文化数字内容的供给能力，增强用户视听体验，促进"客厅消费"、亲子消费等新型文化消费发展。为移动终端等"小屏"量身定制个性化多样性的文化数字内容，促进网络消费、定制消费等新型文化消费发展。推动"大屏""小屏"跨屏互动，融合发展。

利用现有公共文化设施，推进数字化文化体验，巩固和扩大中华文化数字化创新成果的展示空间。充分利用新时代文明实践中心、学校、公共图书馆、文化馆、博物馆、美术馆、影剧院、新华书店、农家书屋等文化教育设施，以及旅游服务场所、社区、购物中心、城市广场、商业街区、机场车站等公共场所，搭建数字化文化体验的线下场景。

（6）提升公共文化服务数字化水平

推动公共图书馆、文化馆、博物馆、美术馆、非遗馆等加强公共数字文化资源建设，统筹推进国家文化大数据体系、全国智慧图书馆体系和公共文化云建设，增强公共文化数字内容的供给能力。

依托文化数据服务平台，优化基层公共数字文化服务网络，扩大服务覆盖面，推动服务普惠应用，提升公共文化服务的到达率、及时性，增强人民群众获得感。

通过数字化手段促进城乡公共文化服务一体化发展。创新公共阅读和艺术空间，实施智慧广电固边工程，推进广播电视直播卫星公共服务升级，升级完善电影数字节目管理平台，探索公益电影多样化供给方式，加快农家书屋数字化建设，加强面向困难群体的公共数字文化服务。

（7）加快文化产业数字化布局

创新文化表达方式，推动图书、报刊、电影、广播电视、演艺等传统业态升级，调整优化文化业态和产品结构。鼓励各种艺术样式运用数字化手段创新表现形态、丰富数字内容。培育以文化体验为主要特征的文化新业态，创新呈现方式，推动中华文化瑰宝活起来。

在文化数据采集、加工、交易、分发、呈现等领域，培育一批新型文化企业，引领文化产业数字化建设方向。以企业为主体、市场为导向，推动文化产业与新型农业、制造业、现代服务业以及战略性新兴产业融合发展，培育新型文化业态，加快文化产业结构调整。发展乡村文化新产业，延续乡村文化根脉，助力乡村全面振兴。

（8）构建文化数字化治理体系

构建与文化数字化建设相适应的市场准入、市场秩序、技术创新、知识产权、安全保障等政策法规体系。提高文化数字化政务服务效能，全面推进政府运行方式、业务流程和服务模式数字化，实现文化数字化治理。

完善文化市场综合执法体制，强化文化数据要素市场交易监管。深化文化行业协会、商会和中介机构改革，充分发挥行业协会等社会组织的行业协调、自律作用，做好文化数字化信用评价，营造良好市场发展环境。健全文化数字化统计监测体系。

2022年8月，中共中央办公厅、国务院办公厅印发了《"十四五"文化发展规划》，提出构建主流舆论新格局，建设全媒体传播体系，鼓励引导网络文化创作生产，加强版权保护和开发利用，提升公共文化数字化水平，加快文化产业数字化布局，健全现代文化产业体系。

（1）构建主流舆论新格局

加强顶层设计，注重总体布局，强化整体推进，构建网上网下一体、内宣外宣联动的主流舆论格局。持续推进网络内容建设，建设具有广泛影响力的国家级新闻信息内容聚合发布平台。

（2）建设全媒体传播体系

加快推进媒体深度融合发展，有效整合各种媒介资源、生产要素，推动在信息内容、技术应用、平台终端、管理手段等方面共融互通，打造一批具有强大影响力、竞争力的新型主流媒体。统筹处理好传统媒体和新兴媒体、中央媒体和地方媒体、主流媒体和商业平台、大众化媒体和专业性媒体的关系，建立以内容建设为根本、先进技术为支撑、创新管理为保障的全媒体传播体系。强化新一代信息技术支撑引领作用，支持主流媒体重塑采编流程、建设平台终端、优化管理手段、强化版权保护、打造媒体资源数据库、提升内容生产力、占据传播制高点。

（3）建好用好管好网上舆论阵地

把党管媒体原则贯彻到新媒体领域，坚持正能量是总要求、管得住是硬道理、用得好是真本事。压实网络平台主体责任、属地管理和主管主办责任，加强和改进内容监管。强化对网络平台的分级分类管理，加快完善平台企业数据收集、使用、管理等方面的法律规范，重点管好影响力大、用户数多的网络新技术新应用。规范建设运营政府和其他公共服务部门新媒体，提高政务信息发布质量。完善互联网管理法律法规，强化新闻信息采编转载管理，规范网站转载行为和网络转载版权秩序。加强网络信息内容生态治理，打击网络谣言、有害信息、虚假新闻、网络敲诈、网络水军、有偿删帖等违法违规行为。

（4）鼓励引导网络文化创作生产

鼓励文化单位和广大网民依托网络平台依法进行文化创作表达，推出更多优秀的网络文学、综艺、影视、动漫、音乐、体育、游戏产品和数字出版产品、服务，推出更多高品质的短视频、网络剧、网络纪录片等网络视听节目，发展积极健康的网络文化。实施网络精品出版、网络音乐产业扶持计划。加强各类网络文化创作生产平台建设，鼓励对网络原创作品进行多层次开发，引导和规范网络直播等健康发展。加强和创新网络文艺评论，推动文艺评奖向网络文艺创作延伸。

（5）加强版权保护和开发利用

加强数字版权保护，推动数字版权发展和版权业态融合，鼓励有条件的机构和单位建设基于区块链技术的版权保护平台。

（6）提升公共文化数字化水平

加强规划引导和政策指导，打通各层级公共文化数字平台，打造公共文化数字资源库群，建设国家文化大数据体系。统筹推进公共文化数字化重点工程建设，把服务城乡基层特别是农村作为着力点，不断缩小城乡之间的数字鸿沟。建设智慧图书馆体系和国家公共文化云，建设智慧博物馆，打造智慧广电、电影数字节目管理等信息数字化服务平台。积极发展云展览、云阅读、云视听、云体验，促进供需在"云端"、"指尖"对接。推进农家书屋数字化建设，建立智能化管理体系。

（7）加快文化产业数字化布局

以国家文化大数据体系建设为抓手，坚持统一设计、长期规划、分步实施，统筹文化资源存量和增量的数字化，以物理分布、逻辑关联、快速链接、高效搜索、全面共享、重点集成为目标聚集文化数字资源，推动文化企事业单位基于文化大数据不断推出新产品新服务，提升文化产品和服务的质量水平。

（8）健全现代文化产业体系

加快发展数字出版、数字影视、数字演播、数字艺术、数字印刷、

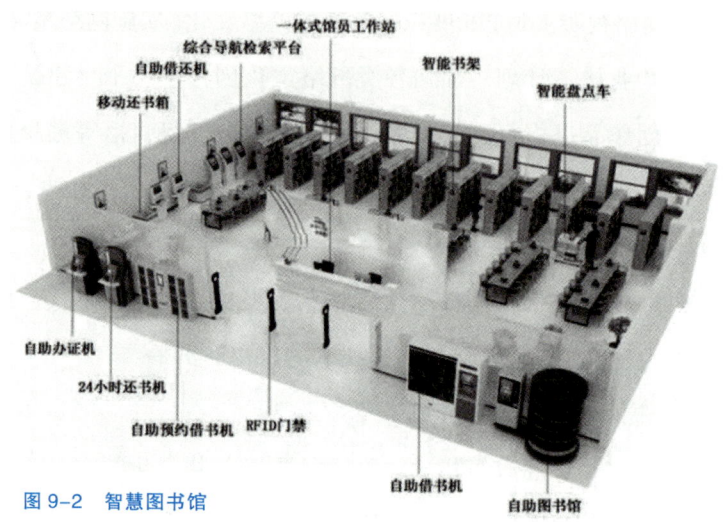

图 9-2 智慧图书馆

数字创意、数字动漫、数字娱乐、高新视频等新型文化业态，改造提升传统文化业态，促进结构调整和优化升级。推动文化与旅游、体育、教育、信息、建筑、制造等融合发展，延伸产业链。建设国家文化产业发展项目库、全国广播电视和网络视听产业公共服务平台。

（9）促进乡村文化振兴

开展"互联网+中华文明"行动计划，推进数字文化资源进乡村。探索建立乡村文化交流交易平台，活跃乡村文化市场。

三、文化数字化发展对策

党的二十大报告指出，全面建设社会主义现代化国家，必须坚持中国特色社会主义文化发展道路，增强文化自信，围绕举旗帜、聚民心、育新人、兴文化、展形象建设社会主义文化强国，发展面向现代化、面向世界、面向未来的，民族的科学的大众的社会主义文化，激发全民族文化创新创造活力，增强实现中华民族伟大复兴的精神力量。

数字文化是数字中国的重要组成部分。实施国家文化数字化战略，是繁荣发展我国文化事业和文化产业、建设社会主义文化强国的重要举措。

1. 推进文化产品数字化

党的二十大报告提出加大文物和文化遗产保护力度。我国历史悠久，中华民族拥有灿烂的文化，出土的文物非常丰富，流传下来许多优秀的文化作品。书籍、字画、工艺品等文化作品对保存环境要求很高，导致保存成本很高，占地方，人们阅读、参观不方便。如果把文化作品扫描数字化，一张光盘就能存储很多作品，占地很小。文化作品在网上展出，就可以让全国人民在线浏览、欣赏。通过网络超链接，可以关联相关历史文献、专家解读等，使人们更容易理解。现在懂古文的人很少，普通人阅读古文很费劲。如果把古籍翻译成白话文，就可以让更多的人欣赏。如果把古籍的主要内容以动漫、数字视听等形式表现出来，就能做到通俗易懂，让人们喜闻乐见，改变古籍过于"小众化"的局面。此外，要建立文物和文化遗产档案数据库。如果遇到战争、火灾或洪水、地震等自然灾害，文物和文化遗产很容易被毁坏，如果之前相关文物和文化遗产有数字化档案，就可以按照原来样子进行修复，或重新创作或修建。要通过信息化手段加强非物质文化遗产保护传承。例如，把非遗作品创作过程通过录音录像全程记录，就可以避免非遗失传。

2. 推进文化场馆数字化

党的二十大报告提出健全现代公共文化服务体系。要支持传统文化场馆信息化建设，建设一批数字文化馆、智慧图书馆、智慧博物馆、数字美术馆等，扩大文化作品的受众，提升文化影响力。许多地方都有文化馆、图书馆、博物馆、美术馆等文化类场馆，收藏了大量的文化作品。有的地方建有比较有特色的文化场馆，如茶叶博物馆、陶瓷博物馆、黄河文化馆等。对于实体展馆，需要人们去实地参观。这些场馆空间有限，每年能够接待的人数有限。如果建设数字化文化场馆，把有关文化作品、藏品进行扫描数字化，建立多媒体的网上文化展馆，就可以打破时间、空间、参观人数等限制，让全国各地的人们足不出户就可以欣赏有关文化作品。在城市，推动博物馆、剧院等文化场馆数字化改造，采取多媒体、声光电、虚拟现实（VR）等方式，可以让观众增强体验感，更加吸引少年儿童。在农村地区，有些书籍难以买到，购书成本过高。依托农村党群服务中心、县级融媒体中心、新时代文明实践中心、农家书屋等，建设一批电子阅览室，可以更好地满足人们的文化需求。

3. 推进文化服务数字化

党的二十大报告提出创新实施文化惠民工程。推进公共文化服务领域信息化建设，通过信息化创新实施文化惠民工程，提高公共文化服务覆盖面和实效性。推动"互联网＋文化服务"发展，构建覆盖全国的、网络化的公共文化服务体系，丰富人们的业余文化生活。以"互联网＋"扩大优质公共文化资源的覆盖面，推动优质公共文化资源向农村地区、革命老区、民族地区、边疆地区倾斜，缩小城乡和地区之间公共文化服务差距。建设公共文化资源库和公共文化服务信息平台，提升公共文化服务能力。实施"数字文化下乡行动计划"，为农民播放数字电影、数字广播，促进乡村文化振兴。建设国家公共文化云，积极发展云展览、云阅读、云视听和云体验。通过大数据分析人们对文化产品和服务的需求和偏好，如对哪些方面的文化作品感兴趣，提供个性化、精准化的文化服务。推动直播卫星电视频道高清化进程，对大型群众文化活动进行网络直播。

4. 推进文化产业数字化

党的二十大报告提出健全现代文化产业体系和市场体系。推动"互联网+文化"发展，加快发展数字出版、数字影视、数字演播、数字艺术、数字印刷、数字创意、数字动漫、数字娱乐、高清视频等文化新业态。建立网络视听产业公共服务平台，加强数字文化作品的著作权保护。推动文化类电子商务发展，支持专业机构建立文化产品和服务电子交易平台，鼓励文化创作者在京东、淘宝、天猫等大型电商平台开设网店，在网上销售自己创作的文化作品。推进新闻、出版、广播、电视、电影、娱乐等文化行业数字化转型，以适应互联网、大数据时代的发展要求。鼓励广播电台、电视台、报刊社、出版社、文艺演出团体、文化创意企业等文化类企事业单位开展信息化建设，运用物联网、云计算、大数据、人工智能、5G、区块链、虚拟现实、元宇宙等新一代信息技术创新文化创作方式、管理方式和商业模式。

5. 推进文化传播数字化

党的二十大报告提出加强国际传播能力建设，全面提升国际传播效能，形成同我国综合国力和国际地位相匹配的国际话语权。在互联网时代，要通过运用Facebook、Twitter等国际流行的网络新媒体开展中华文化国际传播，让更多的外国人了解中国这个文明古国。例如，在海外建立一批文化传播网络公司，聘用外国人运用网络新媒体开展中华文化国际传播。此外，要强化互联网思维，推动传统媒体和新兴媒体融合发展，建设全媒体传播体系。通过互联网推广互动式、服务式、场景式传播方式，运用大数据评估文化传播效果。

6. 推进文化研究数字化

2022年8月，中共中央办公厅、国务院办公厅印发了《"十四五"文化发展规划》，提出加强中华优秀传统文化和革命文化研究阐释。哈佛大学根据《史记》、二十四史和其他重要历史典籍等中国历史文献上的历史人物信息，建立了中国历史人物数据库，把中国每个重要历史人物与其他历史人物、历史事件关联起来，通过大数据分析来研究中国历史重大事件的发生发展规律。我国文化领域的专家学者也要善于运用大数据、人工智能等先进的分析方法和工具软件，提升文化研究水平。例如，运用大数据技术对中华文明、中华文化进行溯源，分析中国文化基因谱系、民族民间文化和中医药文化传承和发展规律等。

综上所述，实施国家文化数字化战略，可以更好地发展社会主义先进文化，弘扬革命文化，传承中华优秀传统文化，满足人民日益增长的精神文化需求。

第十章　数字生态

数字生态不是指生态环境领域的信息化建设,而是指信息化建设的发展环境,包括信息化组织管理、政策法规、标准规范、人才队伍、国际合作等方面。

第一节 组织管理

一、国家层面

2014年2月,中央成立了网络安全和信息化领导小组,由习近平总书记担任组长。设立了中央网络安全和信息化领导小组办公室(简称"中央网信办"),把原工业和信息化部信息化推进司、网络安全司划归中央网信办。

2018年3月,中共中央印发了《深化党和国家机构改革方案》,中央网络安全和信息化领导小组改为中央网络安全和信息化委员会。为维护国家网络空间安全和利益,将国家计算机网络与信息安全管理中心由工业和信息化部管理调整为由中央网信办管理。

许多中央国家机关都设有信息化部门。例如,中共中央办公厅设有信息中心,国务院办公厅设有电子政务办公室,农业农村部设有市场与信息化司,商务部设有电子商务和信息化司,教育部设有科学技术与信息化司,应急管理部设有科技和信息化司。

国家发展和改革委员会内设创新和高技术发展司,负责组织拟订推进创新创业和高技术产业发展的规划和政策,推进创新能力建设和新兴产业创业投资。会同有关方面提出国家重大科技基础设施规划布局建议。提出国家技术经济安全和培育经济发展新动能政策建议,推动技术创新和相关高新技术产业化,组织重大示范工程。统筹推进战略性新兴产业和数字经济发展,组织实施国家大数据战略,衔接平衡信息化发展规划与国家发展规划。

国家信息中心、国家地理空间信息中心、国家公共信用信息中心是国家发展和改革委员会的直属单位。其中国家信息中心负责国家发展改革委政务信息化建设，国家电子政务外网管理，国家政务信息系统整合共享等技术支撑工作；承担宏观经济监测预测与国民经济和社会发展等重大问题研究工作；开展信息化战略规划、顶层设计与制造业等产业的决策咨询；开展大数据决策支持、发展战略、总体规划及核心算法模型等研究；承担信息安全政策咨询、风险评估、等级保护、安全监测、数据安全服务及相关理论研究；协调指导全国经济信息系统和国家电子政务外网系统相关业务发展；开发建设"中国经济信息网"，与中经社联合主办"一带一路"官网。

国家地理空间信息中心于2017年正式成立，主要职责是研究提出地理空间信息整合共享的政策措施和标准规范；承担国家自然资源和地理空间基础信息库建设与运行的具体工作；为国家及有关部门和社会提供地理空间信息产品及相关服务；指导地方开展自然资源和地理空间基础信息库建设与应用服务。

国家公共信用信息中心于2017年正式成立，主要职责是为社会信用体系建设提供公共信用信息服务。全国信用信息共享平台建设运维；公共信用信息归集、共享与公开；跨地区部门联合奖惩信息共享；相关信用信息提供与咨询服务；相关服务标准规范制定；各地区各部门信用信息共享平台建设指导；相关业务培训与国际交流；社会信用体系建设重大问题研究。

工业和信息化部内设信息技术发展司负责统筹推进工业领域信息化发展；研究拟订信息化和工业化融合发展战略、规划、政策和标准；

指导推进工业数字化、智能化、网络化制造和应用，负责工业互联网平台体系相关工作；促进工业领域电子商务和现代流通体系建设。承担软件和信息服务业行业管理工作，指导推进软件和信息服务业发展；拟订行业发展战略、规划、政策、标准，协调发展中的重大问题和重大事项，承担行业基本情况、重要信息等调查研究工作；组织推进软件技术、产品和系统研发与产业化，促进产业链供应链能力提升；指导有关测评和质量工作；指导行业公共服务体系建设；推进软件知识产权保护和正版化。统筹推进数字经济和大数据产业发展，研究拟订并组织实施相关发展战略、规划、政策和标准。指导信息技术应用创新能力建设；组织实施信息技术推广应用；推进行业软件和系统解决方案推广应用。推动信息服务业创新发展；组织推进信息技术服务工具、平台研发和产业化；推动新技术、新产品、新业态发展和应用；依法管理电子认证服务业。审核信息化、软件和信息服务业固定资产投资项目（含利用外资、境外投资和技术改造投资），提出项目安排建议；提出行业投资指南；承担有关国家科技重大项目中软件项目的管理工作；参与相关战略性新兴产业专项的组织实施。

二、地方层面

目前，我国不同地方的信息化管理职能归属情况不太一样。有的在办公厅或办公室，如新疆维吾尔自治区人民政府办公厅电子政务办公室。有的在发展改革部门，如福建省数字福建建设领导小组办公室。2018年政府机构改革，许多地方政府成立了大数据管理部门，负责数字政府等工作，不过单位名称、单位性质、隶属关系、行政级别等不尽相同。

在单位名称方面，有的称为大数据局，如内蒙古自治区大数据发展管理局、浙江省大数据发展管理局、山东省大数据局、河南省大数据管理局、广西壮族自治区大数据发展局、海南省大数据管理局、重庆市大数据应用发展管理局、贵州省大数据发展管理局。有的称为大数据办，如贵阳市大数据发展工作领导小组办公室。有的称为大数据委，如福州市大数据发展管理委员会。有的称为大数据中心，如天津市大数据管理中心、河北省大数据中心、黑龙江省政务大数据中心、上海市大数据中心、江苏省大数据管理中心、江西省大数据中心、四川省大数据中心。

在单位性质方面，有的是行政机关，如山东省大数据局、河南省大数据管理局等。有的是事业单位，如天津市大数据管理中心、河北省大数据中心、内蒙古自治区大数据发展管理局、上海市大数据中心、江苏省大数据管理中心、江西省大数据中心、四川省大数据中心、黑龙江省政务大数据中心等。

在隶属关系方面，有的是政府组成部门，如浙江省大数据发展管理局、山东省大数据局、河南省大数据管理局等。有的隶属于办公厅，如上海市大数据中心、浙江省大数据发展管理局、河南省大数据管理局、广东省政务服务数据管理局。有的隶属于发展改革部门，如福建省大数据管理局、江西省大数据中心。有的隶属于工业和信息化部门，如河北省大数据中心。有的隶属于网信办，如天津市大数据管理中心。有的隶属于政务办，如江苏省大数据管理中心。有的隶属于营商局，如黑龙江省政务大数据中心。

在行政级别方面，有的行政级别是正厅级，如贵州省大数据发展管理局是贵州省政府的正厅级直属事业单位。大多数是副厅级。例如，浙江省大数据发展管理局局长兼任浙江省政府办公厅副主任，上海市大数据中心主任兼任上海市政府办公厅副主任，广东省政务服务数据管理局局长兼任广东省政府副秘书长。

此外，一些地级市、县级市和区县在推进智慧城市建设过程中，专门成立了智慧城市建设工作领导小组办公室，简称"智慧办"。值得指出的是，许多区县没有成立专门的信息化主管部门，导致许多上级部门部署的信息化工作难以落实。虽然许多省市成立了大数据主管部门，但国家层面没有专门成立类似"国家大数据局"的大数据主管部门，导致许多信息化工作难以衔接。

要切实强化对信息化工作的组织管理，精心谋划推进，狠抓工作落实。建议在区县（市）设立信息化主管部门，让大数据管理部门负责人/数字办主任兼任同级政府办副主任/副秘书长。充实人员配备，健全工作制度，创新推进机制，做好信息化工作的统筹协调、组织推进和考核督导。

第二节　政策法规

一、国家层面

党的十八大以来，党中央、国务院在信息化方面制定了《国家信息化发展战略纲要》等一系列政策文件，全国人大制定了《网络安全法》《数据安全法》等一系列法律法规，许多国家部委也制定了信息化方面的专项政策。

2016年7月，中共中央办公厅、国务院办公厅印发了《国家信息化发展战略纲要》，提出大力增强信息化发展能力，着力提升经济社会信息化水平，不断优化信息化发展环境。

2021年3月，中央发布的《国民经济和社会发展第十四个五年规划和2035年远景目标纲要》，把"加快数字化发展，建设数字中国"列为专门篇章。

在数字党建方面，一些中央文件都提及数字党建。例如，2019年1月，中共中央印发的《关于加强党的政治建设的意见》提出积极运用互联网、大数据等新兴技术，创新党组织活动内容方式，推进"智慧党建"。2019年3月，中共中央印发的《关于加强和改进中央和国家机关党的建设的意见》提出"积极推进机关党建信息化建设"。2019年5月，中共中央印发的《中国共产党党员教育管理工作条例》把"党员教育管理信息化"作为专门一章；中办印发的《关于加强和改进城市基层党的建设工作的意见》提出推广"互联网+党建""智慧党建"等做法。

在数字政府方面，国务院出台了《国务院办公厅关于促进电子政务协调发展的指导意见》《国务院关于加快推进全国一体化在线政务服务平台建设的指导意见》《国务院办公厅关于加快推进政务服务"跨省通办"的指导意见》《国务院办公厅关于加快推进电子证照扩大应用领域和全国互通互认的意见》《国务院关于加强数字政府建设的指导意见》等一系列政策文件。

在数字经济方面，2018 年 7 月，国务院制定了《国家数字经济发展战略纲要》。2018 年 9 月，国家发改委等 19 个部委联合出台了《关于发展数字经济稳定并扩大就业的指导意见》。2021 年 12 月，国务院印发了《"十四五"数字经济发展规划》。此外，在新一代信息技术产业、"互联网+"、电子商务等方面，国务院都出台了一系列政策文件。

在数字社会方面，我国在教育、文化、卫生健康等方面都制定了信息化政策。例如，2018 年 4 月，教育部发布了《教育信息化 2.0 行动计划》。2022 年 5 月，中共中央办公厅、国务院办公厅印发了《关于推进实施国家文化数字化战略的意见》。2022 年 11 月，国家卫健委、国家中医药局、国家疾控局联合发布了《"十四五"全民健康信息化规划》。

在法律法规方面，全国人大制定了《电子商务法》《网络安全法》《数据安全法》《个人信息保护法》等。

二、地方层面

许多地方政府都把信息化工作纳入当地国民经济和社会发展五年

规划，有的还专门制定信息化方面的五年规划，如《河北省"十四五"信息化规划》《福建省"十四五"数字福建专项规划》《河南省"十四五"数字经济和信息化发展规划》《湖南省"十四五"信息化发展规划》。

一些地方人大专门制定了信息化方面的地方法规。北京、江苏、河南、湖北、贵州等地人大都制定了信息化条例，而山西、安徽、广东、云南等地人大制定了信息化促进条例，有的省市对之前制定的信息化条例或信息化促进条例进行了修订。例如，2021年12月3日，湖南省人大常委会第27次会议通过了《湖南省网络安全和信息化条例》。

第三节　标准规范

一、国家层面

国家市场监督管理总局对外保留国家标准化管理委员会牌子，下达国家标准计划，批准发布国家标准，审议并发布标准化政策、管理制度、规划、公告等重要文件；开展强制性国家标准对外通报；协调、指导和监督行业、地方、团体、企业标准工作。

在数字政府方面，我国在电子政务元数据、基于云计算的电子政务公共平台等方面制定了《电子政务数据元 第1部分：设计和管理规范》（GB/T19488.1—2004）、《电子政务系统总体设计要求》（GB/T21064—2007）、《基于云计算的电子政务公共平台服务规范 第4部分：应用服务》（GB/T34079.4—2021）等一系列国家标准。

2020年6月11日，国家市场监管总局办公厅、中共中央办公厅机要局、国务院办公厅电子政务办公室、中央网信办秘书局、国家发展改革委办公厅、工业和信息化部办公厅联合印发了《国家电子政务标准体系建设指南》，提出电子政务标准体系包括总体标准、基础设施标准、数据标准、业务标准、服务标准、管理标准、安全标准等，如图10-1所示。

在数字经济方面，我国在制造业信息化、两化融合、化学品管理信息化等方面制定了《制造业信息化技术术语》（GB/T18725—2008）、《企业信息化系统集成实施指南》（GB/T26327-2010）、《制造业信息化服务平台参考体系结构》（GB/T34046-2017）等一系列国家标准。

在数字社会方面，我国在教育、卫生健康、社会保障等方面制定了《信息技术学习、教育和培训电子书包总体框架》（GB/T37957—2019）、《信息技术社会保障卡生物特征识别应用系统 第1部分：通用要求》（GB/T41803.1—2022）等一系列国家标准。

目前，我国信息化领域的国家标准偏重技术标准，对信息系统或信息平台的功能模块、数据标准、接口标准等方面，缺乏统一的国家标准。

二、地方层面

一些地方政府积极制定信息化方面的标准规范。例如，2018年7月，浙江省政府办公厅印发了《浙江省数字化转型标准化建设方案（2018—2020年）》，提出围绕大系统、大数据、大平台、大集成建设，构建涵盖经济调节、市场监管、公共服务、社会治理、环境保护、政府运行等领域的数字政府标准体系，加快总体要求、政务服务、数据共享、业务管理和技术应用等标准研制。

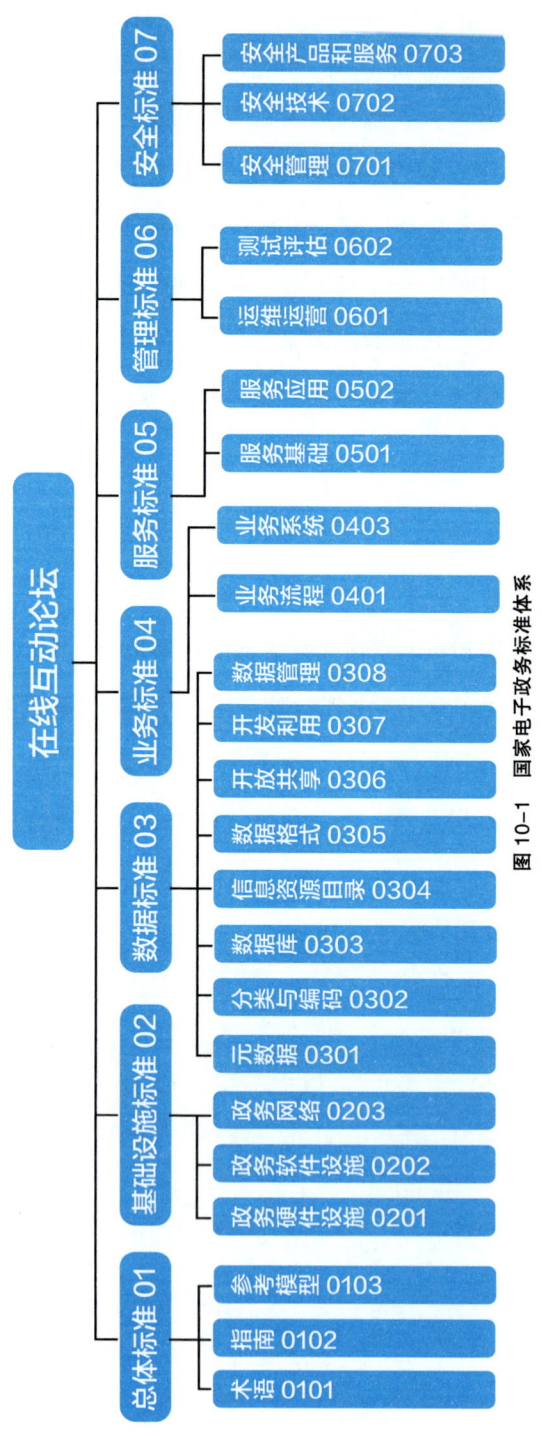

图 10-1 国家电子政务标准体系

第四节　人才队伍

一、我国信息化人才培养情况

我国高校积极培养信息化专业人才。目前，许多高校都开设了电子科学与技术、通信工程、信息工程、软件工程、网络工程、数字媒体技术、空间信息与数字技术等本科专业，越来越多的高校开设了物联网工程、数据科学与大数据技术、人工智能、虚拟现实技术、区块链工程等新工科专业。近年来，不少专业院校开设了具有特色的信息化类本科专业，如智能建造与智慧交通、智慧水利、智能采矿工程、智慧海洋技术、智能飞行器技术、数据警务技术等。

在信息化领域，许多高校都开设了电子科学与技术、信息与通信工程、计算机科学与技术、软件工程、网络空间安全、电子信息、信息资源管理等研究生专业。不少高校在相关硕士或博士研究生专业设立了信息化方面的研究方向。

2022年9月，国务院学位委员会、教育部印发了《研究生教育学科专业目录（2022年）》和《研究生教育学科专业目录管理办法》。在经济学领域设立了数字经济硕士专业，在交叉学科领域设立了集成电路科学与工程、遥感科学与技术、智能科学与技术。

二、信息化人才的问题和对策

1. 我国信息化人才队伍建设存在的问题

（1）人才结构问题

在我国信息化人才队伍中，存在"四多四少"问题，即普通人才多，高端人才少；理论型人才多，实战型人才少；单专业人才多，复合型人才少；传统领域人才多，新兴领域人才少。虽然我国信息化人才基数很大，但全球、全国顶尖人才很少，取得重大理论和技术成果的"大师"凤毛麟角。在高校，撰写学术论文的信息化人才多，能够开发软件、研制硬件设备的很少。只懂信息通信技术的人才多，既懂信息通信技术又懂特定行业业务的人才少。软件开发、系统集成等传统领域信息化人才多，集成电路、人工智能、区块链、元宇宙等新兴领域的人才匮乏。例如，根据《中国集成电路产业人才白皮书》，我国芯片人才缺口超过30万。许多数字技术企业都反映难以招聘到合适的专业技术人才。

（2）产教脱节问题

尽管许多高校都开设了信息化方面的专业，但由于绝大多数专业任课老师自研究生毕业后就到高校担任教师，从学校到学校，并没有在数字技术企业从事过实际的软件开发、系统集成等工作，教学内容脱离产业实际，教条主义、本本主义较为严重，难以培养实用型人才。例如，许多集成电路专业老师没有运用 EDA 软件设计过芯片，许多网络工程专业老师没有组过网，许多软件工程专业老师没有开发过实际应用软件。目前高校教师职称评审、科研考核依然以论文为主，没有考虑专利、软件著作权等实际科研成果，导致有关专业教师把主要精力用于发表论文，而不是有现实价值的科技成果转化。

（3）人才流失问题

根据《美国博士学位调查》，2020学年，来自中国大陆和香港地区的博士学生90%攻读的是科学与工程（S&E）领域，非S&E领域的中国留学生不到700人。自2010年以来，中国留学生毕业后留美工作的意向持续上升，超过81%的中国大陆博士学位获得者意向留美工作。在40年间，仅硅谷就吸纳了大约2万名清华、北大的学生。在硅谷工作的半导体人才中，有近25万是美籍华人。5nm、3nm三极管的解决方案和光刻机的技术难题均由华人攻克。在全球半导体材料科学家中，前6名中有5名是华人。在美国，不少IT企业的高管和技术骨干都是美籍华人。

2. 做好信息化人才队伍建设工作

（1）加强人才培养

一是加强学科建设。支持高校优化信息化类专业课程体系，招聘有实际工作经验的优秀人才担任专业教师。鼓励信息化类专业学生选修其他专业的课程，培养复合型人才。二是强化校企合作。支持高校与IT企业联合培养工程硕士，成立联合实验室，建立实训基地，推进国产软硬件"进课堂"。鼓励IT企业高管和技术骨干到高校授课，与高校老师合作编写教材。三是办好大型赛事。分专业组织举办信息化类的全国大学生竞赛，鼓励IT企业赞助竞赛，为获奖团队和个人提供优厚的资金奖励或奖学金，发掘优秀人才。

（2）创新人才体制

一是改进院士遴选制度。围绕解决"卡脖子"问题，由国家发布科学、技术和工程难题清单。将解决所列科技难题，作为推选院士的重要依据。二是改进人才评价方法。坚决"破四唯"，改革高校职称评审制度，把发明专利、软件著作权情况等作为信息化类专业技术人才职称评定的重要条件。三是完善人才服务体系。建立全国信息化人才数据库，完善信息化人才服务体系。对信息化领域的高端人才，给予多方面的优惠政策。对特殊网信人才实行"一人一策"。

（3）引进海外人才

一是改善学术环境。深化教育、科技领域的体制机制改革，营造良好的学术氛围，吸引海外优秀的信息化专业技术人才回国担任高校教师，与IT企业开展产学研合作，推进"产教科一体化"。二是鼓励学成回国。建立信息化相关专业留学生数据库并向高校和企业开放。鼓励留学生回国从事信息化领域创新创业。三是引进国外人才。建立外国信息化专家库。制定特殊签证政策，吸引外国信息化工程师来中国工作、定居，在中国企业担任技术顾问。

第五节　国际合作

一、发展现状

近年来，数字化领域国际合作稳步拓展。我国倡导发起《携手构建网络空间命运共同体行动倡议》《"一带一路"数字经济国际合作倡议》《全球数据安全倡议》《中国—东盟关于建立数字经济合作伙伴关系的倡议》等国际合作倡议。积极参与多边多方数字经济治理机制活动，为网络空间国际规则和技术标准制定贡献中国智慧和中国方案。

习近平总书记多次强调加强数字经济领域的国际合作，在参加许多国际会议、会见外国元首或与外国元首通电话时都提出加强数字经济方面的合作。我国积极申请加入《数字经济伙伴关系协定》（DEPA），推动全球数字领域交流合作。2022年6月23日，国家主席习近平在北京以视频方式主持金砖国家领导人第14次会晤，达成《金砖国家数字经济伙伴关系框架》。

"数字丝绸之路"建设成果显著，截至2021年底，已与17个国家签署"数字丝绸之路"合作谅解备忘录，与23个国家建立"丝路电商"双边合作机制。数字贸易竞争力持续增强，国家数字服务出口基地等加速建设。2021年，我国跨境电商进出口规模达1.98万亿元。2020年，我国可数字化交付服务贸易进出口总额达2939.8亿美元，位居全球第五。

我国发起成立世界互联网大会国际组织。2022年7月12日，世界互联网大会国际组织正式成立，由全球移动通信系统协会、中国国家计算机网络应急技术处理协调中心、中国互联网络信息中心、阿里巴巴、腾讯、浙江之江实验室等六家单位共同发起，总部设于北京。自2014年起，世界互联网大会乌镇峰会已连续成功举办八年，每年都会迎来约80个国家和地区的千余名代表。世界互联网大会通过会议论坛、"携手构建网络空间命运共同体精品案例"发布展示、世界互联网领先科技成果发布活动、"互联网之光"博览会、"直通乌镇"全球互联网大赛等形成了"1+4"功能架构，在增进理念共识、加强对话交流、促进产业发展、助推科技创新等方面取得了丰硕成果，成为全球互联网共享共治和数字经济交流合作的高端平台。目前，已有来自近20个国家的百家互联网领域的机构、组织、企业及个人加入，成为初始会员。

延伸阅读：

数字经济伙伴关系协定

2020年6月12日，新加坡、智利、新西兰在线签署《数字经济伙伴关系协定》（DEPA），以电子商务便利化、数据转移自由化、个人信息安全化为主要内容，并就加强人工智能、金融科技等领域的合作进行了规定。DEPA包括初步规定和一般定义、商业和贸易便利化、数字产品及相关问题的处理、数据问题、广泛的信任环境、商业和消费者信任、数字身份、新兴趋势和技术、创新与数字经济、中小企业合作、数字包容、联合委员会和联络点、透明度、争端解决、例外和最后条款等16个模块。2021年11月1日，中国正式提出申请加入DEPA。2022年8月18日，中国加入DEPA工作组正式成立，全面推进中国加入DEPA的谈判。

二、相关政策

2021年3月,中央发布的《国民经济和社会发展第十四个五年规划和2035年远景目标纲要》提出推动构建网络空间命运共同体。推进网络空间国际交流与合作,推动以联合国为主渠道、以联合国宪章为基本原则制定数字和网络空间国际规则。推动建立多边、民主、透明的全球互联网治理体系,建立更加公平合理的网络基础设施和资源治理机制。积极参与数据安全、数字货币、数字税等国际规则和数字技术标准制定。推动全球网络安全保障合作机制建设,构建保护数据要素、处置网络安全事件、打击网络犯罪的国际协调合作机制。向欠发达国家提供技术、设备、服务等数字援助,使各国共享数字时代红利。积极推进网络文化交流互鉴。

2021年10月,习近平总书记在主持中央政治局第34次集体学习时强调,要积极参与数字经济国际合作,主动参与国际组织数字经济议题谈判,开展双多边数字治理合作,维护和完善多边数字经济治理机制,及时提出中国方案,发出中国声音。

2021年12月,国务院印发了《"十四五"数字经济发展规划》,提出有效拓展数字经济国际合作。

(1)加快贸易数字化发展

以数字化驱动贸易主体转型和贸易方式变革,营造贸易数字化良好环境。完善数字贸易促进政策,加强制度供给和法律保障。加大服务业开放力度,探索放宽数字经济新业态准入,引进全球服务业跨国公司在华设立运营总部、研发设计中心、采购物流中心、结算中心,积极引进优质外资企业和创业团队，加强国际创新资源"引进来"。依托自由贸易试验区、数字服务出口基地和海南自由贸易港，针对跨境寄递物流、跨境支付和供应链管理等典型场景，构建安全便利的国际互联网数据专用通道和国际化数据信息专用通道。大力发展跨境电商，扎实推进跨境电商综合试验区建设，积极鼓励各业务环节探索创新，培育壮大一批跨境电商龙头企业、海外仓领军企业和优秀产业园区，打造跨境电商产业链和生态圈。

（2）推动"数字丝绸之路"深入发展

加强统筹谋划，高质量推动中国—东盟智慧城市合作、中国—中东欧数字经济合作。围绕多双边经贸合作协定，构建贸易投资开放新格局，拓展与东盟、欧盟的数字经济合作伙伴关系，与非盟和非洲国家研究开展数字经济领域合作。统筹开展境外数字基础设施合作，结合当地需求和条件，与共建"一带一路"国家开展跨境光缆建设合作，保障网络基础设施互联互通。构建基于区块链的可信服务网络和应用支撑平台，为广泛开展数字经济合作提供基础保障。推动数据存储、智能计算等新兴服务能力全球化发展。加大金融、物流、电子商务等领域的合作模式创新，支持我国数字经济企业"走出去"，积极参与国际合作。

（3）积极构建良好国际合作环境

倡导构建和平、安全、开放、合作、有序的网络空间命运共同体，积极维护网络空间主权，加强网络空间国际合作。加快研究制定符合我国国情的数字经济相关标准和治理规则。依托双边和多边合作机制，开展数字经济标准国际协调和数字经济治理合作。积极借鉴国际规则和经验,围绕数据跨境流动、市场准入、反垄断、数字人民币、数据隐私保护等重大问题探索建立治理规则。深化政府间数字经济政策交流对话,建立多边数字经济合作伙伴关系,主动参与国际组织数字经济议题谈判,拓展前沿领域合作。构建商事协调、法律顾问、知识产权等专业化中介服务机制和公共服务平台,防范各类涉外经贸法律风险,为出海企业保驾护航。

第十一章　网络安全和数据安全

党的二十大报告提出推进国家安全体系和能力现代化。习近平总书记在中央网络安全和信息化领导小组第一次会议上指出，"没有网络安全就没有国家安全"。信息安全有一定的特殊性，它既是国家安全的重要组成部分，又是国家安全的基石。在互联网、大数据时代，采取有效措施，切实保障网络安全和数据安全至关重要。

第一节　网络安全内涵及类型

网络安全是指通过采取必要措施,防范对网络的攻击、侵入、干扰、破坏和非法使用以及意外事故,使网络处于稳定可靠运行的状态,以及保障网络数据的完整性、保密性、可用性的能力。网络安全包括内容安全、技术安全、应用安全、资本安全和攻防安全等方面。

一、内容安全

网络内容涉及意识形态,网络内容安全关系政治安全。目前,互联网已经成为意识形态领域斗争的主战场,数字化已经成为颜色革命的新特征。

意识形态都是通过一定的信息表达出来,而特定的信息在一定程度上又负载着一定的意识形态。网络信息常常是信息发布者带着一定的意识形态倾向发布的。意识形态安全是指在互联网时代通过各种方式维护马克思主义在国家思想政治体系中的主导地位,继续走中国特色的社会主义道路。

颜色革命是指用颜色命名的以和平的、非暴力方式进行的政权变更方式。进入 21 世纪以来,中亚、中东、北非等地区出现了一系列颜色革命,如格鲁吉亚的玫瑰革命、乌克兰的橙色革命、吉尔吉斯斯坦的柠檬革命(又称"郁金香革命")。在这些颜色革命中,互联网起到了推波助澜的作用。"阿拉伯之春"运动被称为"键盘敲出来的革命"。

互联网是一把"双刃剑",它既强烈冲击着意识形态安全,又为加强和改进意识形态工作提供了难得的机遇和新的技术手段。因此，要坚持"趋利避害，为我所用"的方针，积极适应新形势，尽快掌握新技术、新业务，使互联网成为传播主流意识形态的重要渠道。

（1）加强国际互联网治理

一是加强国际网络社交平台监测。对全球知名网络社交平台内容进行监测，及时抓取鼓吹颜色革命的相关内容并追溯发布者。如果一个境外发布者多次对中国鼓吹颜色革命，就将其列入不友好人士名单，在入境旅游、留学等活动时对其进行限制。加强对有关平台中国公民注册用户的自媒体内容监测。二是加强境外非政府组织网站监测。如果某个非政府组织经常在其网站发布反华言论，可将其主要负责人列入不友好人士名单，限制其入境。三是提升国际网络传播能力。支持爱党爱国人士在全球知名网络社交平台注册并发布信息，宣传中国发展成就和我们党的光辉形象，驳斥境外敌对势力的网络言论，揭露事件真相。

（2）加强国内互联网治理

一是加强网络舆情监测。随着5G发展，网络内容以视频为主。除了常规的关键词检索等技术，要加快研发新型网络舆情监测技术，如视频内容检测技术、特殊关键字检索技术、网络谣言溯源技术等。利用技术手段及时截获不良信息并进行溯源，追查有关人员的责任。二是加强网络舆情引导。要对抹黑党和政府的负面信息、虚假信息等不良信息进行正本清源，发动广大党员对有关信息进行驳斥。利用网络新媒体积极宣传党和政府为国为民的光辉形象，传播正能量。三是加强网络平台管理。网民量大面广，难以管理。要加强对互联网平台企业的监管，由互联网企业对网络内容承担主体责任，严禁境外资本操控网络舆论。

（3）加强数字化技术支撑

一是对颜色革命工具进行破坏。研究和破解翻墙软件、暴动软件等数字颜色革命工具软件。通过植入木马、病毒等，破坏这些数字颜色革命工具。二是运用技术识别以正视听。积极研究假视频检测技术、深伪检测技术，及时识别伪造的视频、音频、图片等，避免被敌对势力颠倒黑白。三是深化大数据应用。对发布不良信息的网民进行标记，通过大数据分析网民发布的内容和频次，对危害严重的列入重点监控名单。深化互联网领域的社会信用体系建设，把发布不良信息行为作为网络用户的不良信用记录进入个人信用数据库，对主观恶意的"网络内奸"进行跨部门惩戒。

二、技术安全

技术安全是指保证人们使用的互联网接入、通信等技术手段和网络路由器等软硬件设备是安全的。掌握计算机芯片、操作系统、数据库管理系统等信息技术领域的核心技术，并在政府部门、企事业单位、社会公众中实现大规模应用，是确保我国网络安全的关键。

国外软硬件产品普遍存在"后门"。CNVD验证了D-LINK、Cisco、Linksys、Netgear、Tenda等多家厂商的路由器产品存在"后门"，黑客可由此直接控制路由器，进一步发起DNS劫持、信息窃取、网络钓鱼等攻击，直接威胁用户网上交易和数据存储安全。路由器等网络设备作为网络公共出口，往往不引人注意，但其安全不仅影响网络正常运行，而且可能导致企业和个人信息泄露。虽然我国已经拥有自主研发的CPU、操作系统和数据库管理系统，但在性能方面与发达国家存在很大差距，而且还停留在实验室或小范围应用，实现大规模商用还比较遥远。

目前，中国还没有掌握互联网控制权。根域名服务器（Root Name Server）是互联网域名解析系统（DNS）中最高级别的域名服务器，负责返回顶级域名的权威域名服务器的地址。全球现有13台根服务器，其中一台在日本，两台分别在欧洲的荷兰和瑞典，其余10台根服务器都在美国，中国没有根服务器，只有根镜像服务器。

中国在北京有两台编号为L的镜像，编号为F、I、J的镜像各一台，共5台；在香港有编号为D、J的镜像各2台，编号为A、F、I、L的镜像各一台，共8台；在台湾有编号为F、I、J各一台，共3台。所有13台根服务器均由美国政府授权的互联网域名与号码分配机构ICANN统一管理，负责全球互联网域名根服务器、域名体系和IP地址等的管理。

在特殊情况下，特定的国家可能被掌控互联网根服务器的国家驱除出互联网世界。例如，2002年，美国与伊拉克交恶，伊拉克顶级域名".iq"一度被美国封杀，伊拉克因此一度在互联网世界中消失。直到2005年，互联网域名与地址管理机构ICANN才将".iq"重新交回伊拉克人民手中。

三、应用安全

应用安全是指基于互联网的各种信息系统、应用程序能够正常运行，人们可以正常地使用这些应用系统或应用程序。随着物联网、云计算、移动互联网、大数据等新一代信息技术的发展，中国信息化建设正进入一个新时期，应用安全形势更加严峻。

物联网是指物体与物体之间的联网。物联网技术在带来数据自动采集、远程控制等便利的同时，也存在巨大的安全隐患。如果恐怖分子或敌对势力占领城市控制中心或入侵信息系统后进行遥控，可以对交通信号灯、市政管道等重要设施进行远程操控，造成交通混乱、管道爆裂，使城市无法正常运转。

采用云计算技术，可以把软硬件设备统一部署在云计算平台，有利于信息化建设的集约化。但这种"把鸡蛋放在一个篮子里"的信息化建设模式，面临的风险比以前要大得多。一旦出现信息安全问题，许多政府部门的业务可能同时瘫痪。

四、资本安全

资本安全是指中国大型互联网企业应由中国人或中资企业控股，避免境外资本控制中国互联网行业。中国许多互联网企业都有外资的身影，有不少已经被外资控股。据统计，在互联网百强企业中，有78家互联网企业被境外资本控股。百度、阿里巴巴、腾讯是中国最大的三家互联网企业，简称"BAT"。目前，百度的最大股东是美国的德丰杰风险投资公司 (Draper Fisher Jurvetson，DFJ)，阿里巴巴的最大股东是日本的软银公司,腾讯的最大股东是南非的米拉德国际控股集团公司(MIH)。外资控制中国互联网企业大致分为三种形式:一是互联网企业本身就是外资直接投资控制的;二是通过各种途径运作互联网企业在国外上市;三是境外风险资本投资中国互联网企业。

我国许多互联网企业在美国纳斯达克或纽约证券交易所上市。例如,阿里巴巴、滴滴等公司在纽约证券交易所上市,百度、京东、新浪、金山、世纪互联等公司在纳斯达克上市。2021年3月,美国证券交易委员会通过了《外国公司问责法案》最终修正案,美方可以以"保护投资者利益"为借口让在美国上市的中国互联网企业交出各种敏感数据。

五、攻防安全

攻防安全是指自身的网络系统能够抵御黑客的网络攻击,同时能够根据需要有组织地发动网络攻击,实现攻防兼备。

我国政府网站安全隐患多,是境外黑客攻击的"重灾区"。每逢我国有重大活动,境外敌对势力就疯狂攻击我国党政机关的网站。

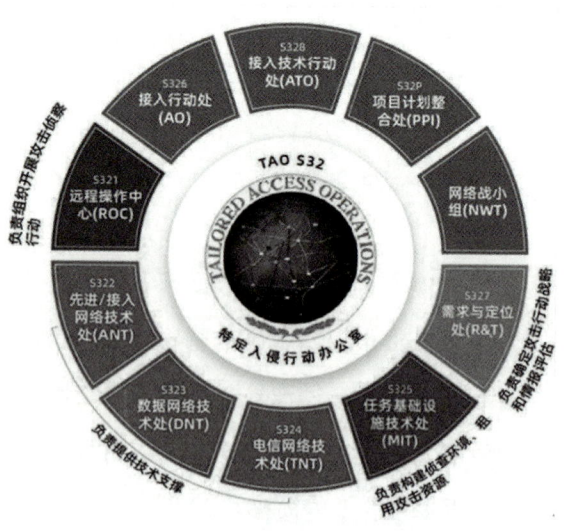

图11-1 美国国家安全局
特定入侵行动办公室(TAO)的组织结构

第二节　没有网络安全就没有国家安全

国家安全是指国家政权、主权、统一和领土完整、人民福祉、经济社会可持续发展和国家其他重大利益相对处于没有危险和不受内外威胁的状态，以及保障持续安全状态的能力，包括政治安全、国土安全、军事安全、经济安全、文化安全、社会安全、科技安全、信息安全、生态安全、资源安全、核安全等。

党的二十大报告提出，我们要坚持以人民安全为宗旨、以政治安全为根本、以经济安全为基础、以军事科技文化社会安全为保障、以促进国际安全为依托，统筹外部安全和内部安全、国土安全和国民安全、传统安全和非传统安全、自身安全和共同安全，统筹维护和塑造国家安全，夯实国家安全和社会稳定基层基础，完善参与全球安全治理机制，建设更高水平的平安中国，以新安全格局保障新发展格局。

没有网络安全就没有国家安全，这是因为网络安全还关系到政治安全、经济安全、军事安全、文化安全等其他方面的国家安全。

一、政治安全

互联网是西方国家进行国际政治斗争的新工具。一些西方国家利用网络新媒体对他国进行意识形态渗透和攻击，干涉别国内政，甚至颠覆他国政权。例如，美国大力鼓吹"互联网自由"，开发"翻墙"技术，反对其他国家的互联网管制政策，旨在以自由畅通的网络渠道推销其价值观。

在许多颜色革命和街头政治中，互联网起到了推波助澜的作用。2008年以来，以 Facebook、Twitter 为代表的网络新媒体在一系列国际政治事件中发挥了重要作用。从摩尔多瓦议会选举引发的政权更迭，到伊朗大选后抗议活动引发的暴力骚乱，以及"阿拉伯之春"运动，互联网都发挥了重要作用。

美国不仅在国务院设立了网络民主行动办公室，协调 Facebook、Twitter 研制翻墙软件、绕道技术，还在全球秘密筹建影子网络系统，通过手提箱互联网、栅栏计划、边境手机等，全力推进所谓的民主化进程。

随着社交网络出现，互联网在中国、俄罗斯、伊朗、中东、中亚等国家和地区，正成为组织和动员抗议者的重要力量。极端组织和民族分裂组织把 BBS 论坛、博客、微博、维基百科、视频分享网站等作为教室，把 Twitter、Facebook、YouTube 作为活动的指挥中心。例如，乌克兰年轻的政治活动分子利用 Facebook 组织大规模抗议集会。

近年来，"占领"运动在各国都有出现，已经成为一种街头政治的主要表现形式。在 2013-2014 年香港"占中"事件中，西方敌对势力为占中分子提供即时通讯软件 FireChat，可在断网情况与外界联系。还提供 Telegram Messenger，通过加密聊天内容防止政府截获。国际黑客组织"匿名者"发起代号为"香港行动"的网络攻击，攻击香港多个政府网站。

二、经济安全

随着"互联网+"的发展,越来越多的经济活动都在网上进行,如电子商务、互联网金融等。互联网平台积累了大量数据,一旦泄露或被盗取,就会威胁到国家的经济安全。一旦互联网受到黑客攻击,网络瘫痪,许多经济活动就无法正常开展。

我国经济领域相关主管部门的信息系统和数据库里存储着大量经济数据,而这些部门采用的服务器基本上都是国外厂商提供的,数据库管理系统也是国外厂商提供的。由于网络安全无法得到保障,经济数据泄露事件时有发生。每月11日都是我国宏观经济数据集中发布的日子,此前一天通常是上月外贸数据公布的时间。然而就在2010年6月8日,路透社报道我国5月份出口同比增长约50%,达1300亿美元左右。6月9日,路透社披露了5月份居民消费价格指数(CPI)同比上涨3.1%、工业品出厂价格指数(PPI)同比上涨7.1%等一系列我国宏观经济数据。这些数据与后来我国海关总署和国家统计局公布的数据惊人地一致。

此外,我国工业、金融等领域大量采用欧美、日本等国的进口设备,如数控机床、ATM机等。这些进口设备大多都是数控的,可以通过远程控制。一旦发生战争,就可能造成我国工厂停工、金融系统瘫痪。

数据采集与监控(SCADA)、分布式控制系统(DCS)、过程控制系统(PCS)、可编程逻辑控制器(PLC)等工业控制系统广泛运用于工业、能源、交通、水利以及市政等领域,用于控制生产设备的运行。一旦工业控制系统出现安全漏洞,将对工业生产运行和国家经济安全造成重大隐患。

随着计算机和网络技术的发展,特别是信息化与工业化深度融合以及物联网的快速发展,工业控制系统产品越来越多地采用通用协议、通用硬件和通用软件,以各种方式与互联网等公共网络连接,病毒、木马等威胁正在向工业控制系统扩散,工业控制系统网络安全问题日益突出。

三、核安全

核武器、核电站等核设施都包含一定数量的信息化装备。如果信息安全得不到保障,即便拥有核武器,核威慑也会失去作用。而核电站如果被病毒攻击、远程控制,造成核泄漏,后果也非常严重。

伊朗首都德黑兰以南100公里的布什尔核电站从2007年9月奠基动工之日起,就是由伊朗国防军参与保卫的机密地带。2010年7月的一天,核电站里正在工作的8000台离心机突然出现故障,电脑数据大面积丢失,其中的上千台离心机被物理性损毁。侵犯者不是能行走的特工,也不是成群结队的士兵,而是被命名为"震网"(Stuxnet)的网络病毒。这种病毒可以悄无声息地潜伏和传播,并对特定的西门子工业电脑进行破坏。震网病毒导致伊朗纳坦兹铀浓缩工厂大约1/5的离心机报废,拖延了伊朗的核计划。

四、军事安全

互联网引发了新军事变革,改变了战争形态。网络战成为新的战争形式,"网军"成为新的军事力量。随着越来越多的武器系统通过网络连接,战场信息通过网络传输,武器通过网络遥控。军事网络一旦被敌方突破并控制,必败无疑。

美军早已将网络空间列为继陆、海、空、天之后的第五作战域,将其视为确保国家安全、增强国防实力的重要领域之一。

美军"电脑病毒武器计划"耗资15亿美元,其中一项任务是把"病毒源"固化在出口的计算机或电器中。一旦发生经济、外交、军事冲突,就远程激活"病毒源",使敌方雷达失控,指挥失灵,甚至自相残杀。

在第一次海湾战争期间,美国中央情报局获悉伊拉克从法国购得一批网络打印机,就派特工将一块固化病毒程序的芯片与某打印机中的芯片调了包,并且在空袭发起前,以遥控手段激活了病毒,使得伊拉克防空指挥中心主计算机系统瘫痪,战斗机无法正常起飞,结果让伊军陷入了极度的被动。

美军的"舒特"系统是网络空间和电磁空间一体化作战的典型手段。2007年9月6日傍晚,以色列18架F-16I战斗机突破俄制"道尔-M1"导弹防御系统,进入叙利亚纵深,成功轰炸了位于土叙边境的疑似核设施建筑,并原路返回,整个过程完全未被叙军防空系统发现。据分析,以军在此次行动中使用了美军的"舒特"系统,成功侵入叙军防空雷达网,"接管"其控制权,使之完全处于失效状态。

2011年3月25日,北约联军动用大量网络战武器,对利比亚实施了"无线网络入侵"作战计划。卡扎菲直接统领的第 32 和第 9 特种旅是北约联军网络渗透、攻击的关键部门。美国通过向接收天线发送数据串的方式侵入网络，利用嵌入式程序窃取了网络中的情报信息，并以系统管理员的身份接管整个网络，为北约空袭提供了准确信息，为指导反政府武装作战提供了依据，并干扰了卡扎菲政府的指挥和决策。

一些军事领域的专家认为，网络战争在几秒钟甚至更短时间内造成的破坏作用不亚于核弹。2012 年 5 月，一种名为"火焰"的计算机病毒攻击了伊朗等国家的许多计算机，其威力是 2010 年网络炸弹"震网病毒"的 20 倍。

在现实世界，我们要维护国家主权和领土完整，守卫边防。在网络世界，也要维护网络主权，保护网络疆界的完整，守卫网络边防。

第三节 我国网络安全发展情况

一、网络安全基本状况

根据中国互联网络信息中心发布的第 50 次《中国互联网络发展状况统计报告》，截至 2022 年 6 月，63.2% 的网民表示过去半年在上网过程中未遭遇过网络安全问题，较 2021 年 12 月提升 1.3 个百分点。此外，遭遇个人信息泄露的网民比例最高，为 21.8%；遭遇网络诈骗的网民比例为 17.8%；遭遇设备中病毒或木马的网民比例为 8.7%；遭遇账号或密码被盗的网民比例为 6.9%。除冒充好友诈骗、钓鱼网站诈骗和利用虚假招工信息诈骗外，网民遭遇其他网络诈骗的比例均有所下降。其中，虚拟中奖信息诈骗仍是网民最常遭遇的网络诈骗类型，占比为 37.5%，较 2021 年 12 月下降 3.2 个百分点；遭遇网络购物诈骗的比例为 33.5%，较 2021 年 12 月下降 1.8 个百分点；遭遇网络兼职诈骗的比例为 23.7%，较 2021 年 12 月下降 4.8 个百分点；遭遇冒充好友诈骗的比例为 27.4%，较 2021 年 12 月上升 2.4 个百分点；遭遇钓鱼网站诈骗的比例为 24.7%，较 2021 年 12 月上升 0.9 个百分点；遭遇利用虚假招工信息诈骗的比例为 21.5%，较 2021 年 12 月上升 1.7 个百分点。

在分布式拒绝服务攻击方面，2022 年上半年，中国电信、中国移动和中国联通总计监测发现分布式拒绝服务攻击 31.65 万起，较 2021 年同期下降 14.1%。

2022 年上半年，工业和信息化部网络安全威胁和漏洞信息共享平台总计接报网络安全事件 15654 件，较 2021 年同期下降 68.4%。截至 2022 年 6 月，全国各级网络举报部门共受理举报 8601.4 万件，较 2021 年同期增长 14.3%。

二、网络安全面临形势

习近平总书记深刻指出"没有网络安全就没有国家安全"。网络安全不仅是国家安全的重要组成部分，而且关系到政治安全、经济安全、社会安全、军事安全等其他国家安全重大领域。当今世界正经历百年未有之大变局，新一轮科技革命和产业变革深入发展，国际环境日趋复杂，不稳定性、不确定性明显增加，我国网络安全面临更加严峻的形势。

一是网络安全引发的国家安全风险增多。网络安全可以引发非传统安全，影响航空安全、工业安全、金融安全、社会安全等。例如，由于飞机、机械装备等都是可以被远程操控的，从西方国家进口飞机，乘坐西方国家生产的飞机，使用西方国家的飞机发动机，威胁我国航空安全。使用从西方国家进口的生产设备，威胁我国工业安全。使用从西方国家进口的 ATM 机，威胁我国金融安全。近年来，电信诈骗、网上黄赌毒等涉网违法犯罪案件增多。此外，国产视频监控系统、人脸识别系统等芯片依赖进口，可能泄露我国党政军的重要信息。

二是我国党政机关面临严重网络安全隐患。我国许多党政机关虽然采购的是国产硬件设备，但国产硬件设备里面的芯片是从西方企业进口的。虽然党政机关划分了保密电脑和非保密电脑，但只要电脑芯片是进口的，都没有安全可言。实验证明，即便在电脑关机的情况下，电脑里面的文件一样可以被盗取，因为电脑芯片里面还有微电源。一些地方政府实行"掌上办公",虽然使用国产手机,但许多手机芯片是西方国家公司生产的。进口芯片和元器件一般都有"后门",西方国家可以轻而易举地获取信息。因为手机容易成为窃听器,所有重要会议都不让参会人员带手机。我国党政机关电脑、服务器等存储着许多涉密、涉敏数据和文件,一旦被西方国家盗取,对我国国家安全是个巨大隐患。即便是非涉密、涉敏信息,通过大数据分析,西方国家也可以掌握我国经济社会运行情况,对国家安全也是个威胁。

三是新一代信息技术带来新的安全问题。随着物联网、云计算、大数据、人工智能、5G 等新一代信息技术的发展,我国信息化建设进入一个新时期。新一代信息技术带来许多好处的同时,也带来许多新的安全问题。例如,运用物联网技术可以对设施设备进行远程操控。目前我国物联网系统许多传感器需要从西方国家进口,而进口的传感器可以远程操控,如对交通信号灯、管道阀门等重要设施进行远程操控,可能造成交通混乱、管道爆裂,使城市无法正常运转。我国许多政务云等云计算平台采用的是 IBM、惠普、戴尔等国外厂商的服务器,而国产服务器芯片是进口的,目前许多政府部门把信息系统迁移到云平台,这好比"把鸡蛋放在一个篮子里",一旦国外厂商的服务器被远程关停,许多政府信息系统就瘫痪了,许多部门将无法正常运转。机器人、人脸识别终端等许多人工智能设备芯片依赖进口,机器人可以被远程关停,人脸信息可能被获取。5G 提高了数据传输速度,但也提高了数据被在线窃取的速度。

三、网络安全存在问题

1. 关键核心技术受制于人

如果信息化领域"卡脖子"问题不解决,芯片、操作系统、数据库管理系统等关键核心技术受制于人,就没有网络安全可言。

虽然我国已经拥有自主研发的CPU、操作系统和数据库管理系统,但在性能方面与发达国家存在很大差距,而且停留在实验室或小范围应用,实现大规模商用还比较遥远。目前,我国从事计算机芯片、操作系统、数据库管理系统研发的企业生存状况普遍堪忧。与国外厂商相比,规模小,研发经费少,而且主要依靠国家科技经费支持。企业市场化能力很弱,还没有形成"造血功能"。国内从事计算机芯片、操作系统、数据库管理系统研发实力最强的企业人数一般只有几百人,而国外同类企业人数在10万人以上。国内企业每年的研发投入一般只有几千万元人民币,而国外同类企业每年的研发投入高达几百亿美元,折合人民币上千亿。我国"核心电子器件、高端通用芯片及基础软件产品"国家科技重大专项虽然取得了一些成绩,但缺乏顶层设计,项目安排过于分散,目前产品仍然处于中低端,市场竞争力弱。由于国产软硬件产品性能差,特别是稳定性、可靠性差,导致许多政府和企业用户不敢用,产品难以进行市场推广。而这又导致国产软硬件厂商销售收入少,无力在技术、产品研发方面大量投入资金,造成恶性循环。可见,无论是企业规模、研发投入,还是市场占有率、用户数量,国内厂商都无法与国外厂商相比,差距不在一个数量级。

近些年来,我国在科技创新方面投入了大量资金,但仍存在一些问题。

一是科技创新力量分散。目前我国科技创新存在机构分散、资金分散、时间精力分散、人员团队分散等问题。我国网信领域科研力量分散在许多高校和科研院所，有的单位内部力量也很分散。虽然国家在集成电路等网信科技领域投入大量资金，但存在"撒芝麻盐"问题，有关高校和科研院所平均获得的资金量并不大。我国科研人员每天都有大量事务性工作，如开会、教学、指导研究生、参加学术会议、参加社会活动等，无法集中时间和精力进行关键核心技术攻关。据统计，某著名大学教授平均起来真正用于科研的时间不到1/3。我国科技创新通常采用项目申报制，不同单位的科研人员和团队之间往往缺乏协作，重复申报、重复研究等情况时有发生。

二是科技创新资源分配不公。目前高校和科研院所的科研考核指标以论文（特别是SCI论文）为主，科技创新成果基本上都是论文，而不是可以现实转化的发明专利，导致我国科技成果转化率很低。民营企业获得的科技经费少，创新能力弱，阻碍了实体经济发展。

三是科技创新环境有待净化。科技项目申报存在唯职称、唯头衔问题，资历浅的青年人才很难申请到项目。科技创新"挂名"现象非常普遍。一些人利用权力沽名钓誉，把他人成果据为己有，而真正有才能的人反而得不到应有的待遇。

2. 网络安全产业有待发展

目前，地方政府优惠政策仅体现在入驻园区的企业，不能覆盖全部的网络安全企业。网络安全企业政府项目占比高，付款不及时、欠款现象时有发生，存在招投标过程不规范现象，低价中标问题突出。网络安全行业资质要求多、重复测评认证现象严重。测评周期长，证书有效期短。缺乏体系化引导，网络安全企业同质化竞争严重。对网络安全企业开展海外合作缺乏具体指导，对拓展海外业务缺乏有力支持。企业融资难，融资贵，研发基于国产CPU、操作系统的网络安全产品成本较高，市场前景不明朗。

3. 网络安全人才有待培养

我国网络安全专业人才严重匮乏，培养周期长、成本高。根据工信部发布的《2022年网络安全产业人才发展报告》，随着合规性要求和业务安全需求的增加，网络安全人才将供不应求。到2027年，我国网络安全人员缺口将达327万，而高校人才培养规模为3万/年。许多行业面临着网络安全人才缺失的困境，不少网络安全企业反映难以招到合适的网络安全技术人才。

四、网络安全发展对策

1. 尽快掌握关键核心技术

充分发挥"集中力量办大事"的社会主义制度优势，借鉴"两弹一星"成功经验，加快构建社会主义市场经济条件下关键核心技术攻关新型举国体制。要坚决破除"四唯"，集中全国相关专业优秀科技人才，建立先进的研发设施，充分保障研发经费，尽快掌握芯片、操作系统、数据库管理系统等网信领域的核心技术，并在党政机关、企事业单位、人民群众中大规模应用。通过实际应用发现问题，对有关产品进行迭代升级，不断提高产品成熟度。

2. 大力发展网络安全产业

制定网络安全产业发展规划，加强统筹协调，完善相关政策法规和标准规范。严格落实《网络安全法》有关要求，提高信息化建设中网络安全投入比重，激发网络安全产品和服务需求。建立畅通的政企沟通渠道，从政策、资金、人才等方面为网络安全企业排忧解难。拓宽网络安全企业融资渠道，减轻网络安全企业税费等负担。促进网络安全领域的国际交流与合作，支持网络安全企业"走出去"，为其他国家提供网络安全产品和服务。

3．加强网络安全人才培养

支持设有网络安全学院的高校加强网络安全专业和学科建设，引进高水平师资力量，完善网络安全课程体系，编写网络安全教材。推进网络安全领域的产教融合，让国产网络安全软硬件产品进课堂、进实验室，邀请网络安全企业的高管和技术骨干来校授课。通过以奖代补等方式，鼓励网络安全企业与有关高校开展实质性合作，联合培养实用型人才。鼓励高校网络安全专业师生参与本校网络安全建设，把现实难题作为研究课题，提高动手能力。

第四节 高校网络安全问题和对策

一、西北工业大学网络安全事件

2022年9月5日，国家计算机病毒应急处理中心和360公司分别发布了关于西北工业大学（以下简称"西工大"）遭受境外网络攻击的调查报告。近年来，美国国家安全局（NSA）下属的特定入侵行动办公室（TAO）多次对我国发起网络攻击，控制了相关网络设备，窃取了超过140GB的高价值数据。

为掩盖此次针对西工大的网络攻击行动，TAO在开始行动前开展了跳板机和代理服务器等匿名化攻击基础设施建设。先后使用了54台跳板机和代理服务器，主要分布在日本、韩国、瑞典、波兰、乌克兰等17个国家，其中70%位于日本、韩国等中国周边国家。

在针对西工大的网络攻击中，TAO使用了41种不同的NSA专属网络攻击武器。这些网络攻击武器主要分为四类，即漏洞攻击突破类武器、持久化控制类武器、嗅探窃密类武器和隐蔽消痕类武器。其中漏洞攻击突破类武器包括"剃须刀""孤岛""酸狐狸"等，持久化控制类武器包括"二次约会""NOPEN""怒火喷射""狡诈异端犯""坚忍外科医生"等，嗅探窃密类武器包括"饮茶""敌后行动"等，隐蔽消痕类武器包括"吐司面包"等。

二、我国高校网络安全存在的主要问题

1. 网络安全意识不强

从调查情况来看，许多高校领导缺乏网络安全方面的知识，对网络安全的重要性认识不足。有的认为高校没有重要信息，对网络安全工作不够重视，疏于管理。许多高校师生缺乏网络安全意识，没有严格遵守网络安全相关规定。有的学生甚至充当黑客，随意入侵本校的信息系统。有的师生随意使用U盘，而许多U盘携带计算机病毒。不少高校只有1人具体管理网络安全，以兼职居多。

2. 网络安全建设滞后

近年来，许多高校推进信息化建设，但没有同步推进网络安全建设。许多高校停留在落实有关部门的网络安全等级保护要求，没有对网络安全进行常态化运营，尚未建立完善的网络安全防护体系。不少高校对于重要数据、涉密涉敏数据的权限设置和管理方式较为落后，没有实行分级分类管理。网络存在大量安全漏洞，容易造成信息泄露。各个高校孤军奋战，导致许多网络安全孤岛，没有建立联防联控机制。

3. 网络安全投入不足

据统计，我国的网络安全投入只占信息化投入的1%。而在高校中，这个比例更低。许多高校花费大量资金搞基建、修建豪华校门，但很少投资网络安全。

4. 专业人才培养落后

网络安全专业教育理论与实践脱节。许多网络安全专业的教师没有参与实际网络安全项目，课程教学偏理论。网络安全实验室建设滞后，

与国内网络安全企业缺乏合作。网络安全专业师生很少参与本校的网络安全工作，没有发挥应有的作用。

三、保障我国高校网络安全的对策措施

1. 明确重点防护高校

确定需要重点开展网络安全防护的高校名单，由国家出资进行网络安全加固，抵御境外网络攻击。加强相关高校网络安全方面的人员配备，加大网络安全建设资金投入力度。对于列入重点防护名单的高校，建立校园网络安全监测平台，开展网络安全常态化运营。

2. 开展网络安全测评

通过购买服务的方式，由教育主管部门指定实力强的专业机构对高校网络安全情况进行全面、系统的测评，及时发现网络安全问题，找出网络安全漏洞，提出保障网络安全方面的措施建议。对于在网络安全评测中发现的问题，要采取措施弥补。研究制定高校网络安全标准规范，对不达标的高校进行通报批评并限期整改。

3. 加强网络安全教育

一是加强干部培训，对高校党政主要负责人进行培训。二是加强宣传教育。结合每年国家网络安全宣传周，举办"网络安全进校园"系列活动，提升广大高校师生的网络安全意识。

4. 推进网络安全建设

一是落实"三同步"。在高校信息化建设过程中，加强网络安全建设，保证安全技术措施同步规划、同步建设、同步使用。网络安全

投入占信息化项目投资比例不低于3%。二是开展常态化运营。把网络安全常态化运营纳入高校运转保障资金预算，购置先进适用的网络安全软件和硬件设备，购买网络安全测评、等级保护等配套服务，构建"设备+平台+服务"的网络安全体系。实行数据分级分类管理和异地灾备，及时堵住网络安全漏洞。三是建立联防联控机制。各高校的网络安全平台与教育、公安部门的网络安全平台对接，及时上报信息，开展安全预警。

5. 提升风险防护能力

一是落实责任制。建立和完善网络安全管理制度，落实网络安全一把手责任制。在网络安全方面被有关部门通报批评，对有关责任人以渎职处理。二是应用新技术。运用大数据、人工智能等新技术构建集威胁检测、实时防护、动态响应、态势预测于一体的网络安全主动防御体系，实现网络安全态势的动态感知、预警信息的自动分发、安全威胁的智能分析、响应措施的联动处置。三是提升应急管理水平。制定网络安全事件应急预案，提升网络安全应急响应和事件处置能力。

第五节　数据安全及其产业发展

一、什么是数据安全

数据安全是指通过采取必要措施，确保数据处于有效保护和合法利用的状态以及具备保障持续安全状态的能力。随着信息化建设的推进，许多党政机关每天产生大量的数据，政务云存储大量经济社会数据。数据安全属于非传统安全，关系国家安全，国家相继出台了《数据安全法》《个人信息保护法》等法律法规。保障数据安全需要产业支撑。发展数据安全产业，有利于保障我国各级党政机关的数据安全。

云计算、移动互联网、社交网络等互联网新技术、新业务正在改变个人信息的收集和使用方式，个人信息的可控性逐步削弱，姓名、住址、电话、身份证号、消费记录等个人隐私信息泄露的网络泄密事件时有发生。

2013年10月，"查开房"网站公开曝光了2000万条酒店入住信息，包含姓名、性别、国籍、民族、身份证号、生日、地址、邮编、手机、固话、传真、邮箱、公司、住宿时间等个人隐私信息，严重影响社会公众生活。

大数据对政府行政管理、企业市场营销等都很有好处，但也存在巨大风险。随着国家部委推进数据大集中，政府部门建设数据中心，如果网络安全得不到保障，政府部门存储的数据容易被"一锅端"。随着5G的发展，数据传输越来越快，移动电子政务和移动电子商务等移动应用逐渐兴起，如果网络安全得不到保障，数据窃取也会越来越快。

二、数据安全产业发展

目前,我国数据安全产业产值规模小,相关企业少。

(1)用户需求有待激发

一些领导干部缺乏数据安全意识,在数字党建、数字政府建设中不重视数据安全问题,没有同步开展数据安全建设,数据安全方面的经费投入少甚至没有投入。不少高校等事业单位和国有企业领导认为自身单位的数据不涉密涉敏、不重要,无需保障数据安全。党政机关、企事业单位的数据安全产品和服务需求没有激发出来,导致数据安全产业发展缓慢。

(2)专业人才有待培养

全国高校开设数据安全专业的很少。数据安全企业普遍反映难以招聘到高水平的数据安全专业技术人才,企业招聘进来的技术人员要经过长时间培训和实践才能完全胜任工作岗位。

我国数据安全产业发展对策建议如下:

(1)加强宣传教育

一是加强政策宣贯。组织开展《数据安全法》《个人信息保护法》宣贯活动,提高领导干部和社会各界的数据安全意识。明确党政机关数据安全达标要求,对党政机关、事业单位和国有企业开展数据安全专项检查,对不合规的单位责令整改。建立数据安全"一把手"责任制,完善数据管理制度。二是加强干部教育。各党政机关要把数据安全纳入党政机关理论中心组学习内容,或组织举办数据安全专题培训班。鼓励各级党校开设数据安全方面的干部培训课程。三是营造良好范围。利用网络新媒体普及数据安全知识。在每年网络安全周期间，组织开展数据安全宣传专场活动。支持专业机构举办数据安全领域的全国性赛事。

（2）完善产业链条

一是建立产业基地。建立一批国家级数据安全产业基地，整合数据安全产业链上游（芯片、操作系统、数据库、服务器、中间件等）、中游（数据安全基础防护、数据安全服务等）、下游（集成商、云厂商等），组建数据安全产业联盟。二是完善供给体系。引导网络安全企业研发数据安全产品，鼓励数据安全企业完善产品线，提供行业整体解决方案。鼓励数据安全企业为用户提供一条龙服务。扶持一批数据安全测试评估、系统集成企业。三是加强科技创新。支持数据安全龙头企业建设数据安全国家重点实验室，研制数据安全基础元器件、基础软件，提高核心竞争力。鼓励数据安全企业申报科技部国家科技重大专项等国家级项目，对承担国家级项目的企业提供配套资金支持。

（3）壮大人才队伍

一是加强人才培养。支持高校设置数据安全本科专业或在计算机相关研究生专业设置数据安全研究方向，引进数据安全领域高水平师资力量，完善数据安全课程体系，加强数据安全学科建设。二是推进产教融合。支持相关高校和数据安全企业加强校企合作，成立联合实验室、实训基地、产教融合中心、现代产业学院等，联合培养数据安全专业技术人才。三是加强培训认证。支持培训机构开展数据安全工程技术人员职业培训，根据培训人次提供一定的资金补贴。鼓励相关专业大学生、研究生考取数据安全工程技术人员资格证书，对取得资格证书的给予一定的资金奖励。

第六节　加强互联网治理

一、加强算法推荐服务治理

许多互联网企业为了自身利益，提供算法推荐服务，导致信息茧房、算法歧视、算法压榨等问题，损害了广大人民群众的切实利益。为此，必须多措并举，加强算法治理。

1. 算法推荐服务无序发展引发多重问题

近年来，互联网平台的算法推荐服务无序发展引发了信息茧房、算法歧视、算法压榨、价值扭曲等问题。

（1）信息茧房问题

互联网平台的算法推荐容易导致用户只能看到自己希望看到的，陷入"信息茧房"。算法推荐服务会根据用户网络浏览记录、网上发布内容、网上购物记录等行为数据，主动推送个性化的商品和信息，而过滤掉其他商品和信息，导致人们往往只能看到自己想购买的商品和喜欢的信息。算法推荐服务的"信息过滤"使人们容易以偏概全、思想狭隘、性格偏执。特别是如果一个用户有负面情绪，且经常在手机上看一些负面信息，会加剧他的负面情绪，加深对社会的不满，甚至引发恶性案件，影响社会稳定。

（2）算法歧视问题

算法推荐容易导致大数据"杀熟"。互联网平台对不同用户进行区别对待，购买相同的商品被收取不同价格。互联网平台通过大数据分析对用户精准画像，采取差异化的定价策略。例如，使用一些打车软件,网约车行驶相同的里程,老用户的价格往往高于新用户。在一些网络订票平台,如果用户多次浏览某订票信息,价格就会自动上涨。

(3)算法压榨问题

随着平台经济的发展,越来越多的人成为自由职业者,如滴滴司机、外卖骑手。算法推荐导致互联网平台对这些劳动者进行最大限度的压榨。例如,许多网络订餐平台借助大数据和算法模型,可以对骑手每单的送餐时间以分钟为单位进行严格控制,使骑手疲于奔命。

(4)价值扭曲问题

未成年人正处在身心发育阶段,需要社会为其树立健康向上的价值观。与成年人相比,未成年人的鉴别能力、自我控制能力较弱。如果一味任由互联网平台按算法向未成年人推荐游戏动漫、娱乐八卦、性感照片等方面的内容,很容易让未成年人沉迷其中,滋生拜金主义、享乐主义、游戏人生等扭曲的价值观,突破道德底线,甚至走上犯罪道路。

2. 算法推荐服务治理面临的现实矛盾和困境

2022年年初,国家互联网信息办公室、工业和信息化部、公安部、国家市场监督管理总局联合发布了《互联网信息服务算法推荐管理规定》,自2022年3月1日起施行。但从调研情况来看,该规定的执行情况并不理想。微信、抖音、京东、美团等许多互联网平台依然提供算法推荐服务,信息茧房、算法歧视、算法压榨、价值扭曲等问题并没有得到有效解决,算法推荐依然在损害消费者利益,破坏数字经济市场秩序,影响社会公共治理。

(1)政策法规有待完善

虽然《互联网信息服务算法推荐管理规定》从信息服务规范、用户权益保护、监督管理和法律责任方面作了明确规定，但主要针对具有舆论属性或者社会动员能力的算法推荐服务提供者。对其他算法推荐服务提供者没有备案要求。传统法律更多关注侵权、色情等硬性违法问题，而如何防止信息茧房、算法歧视、算法压榨等软性违法则无先例可循。

（2）市场监管难度较大

算法都是由各互联网企业自行研发的，追求"流量为王、利益至上"。互联网企业往往以商业秘密为由对算法保密，有关监管部门无法获取算法。算法推荐服务具有很强的专业技术性，算法治理对有关监管部门的技术鉴别能力和执法纠错能力提出了很高的要求。算法不是有形的实物，而是无形的程序。目前在我国各级网信部门的执法人员中，计算机专业毕业的不多，懂算法模型的更少。在算法推荐服务执法和司法过程中，有关监管部门可能存在对算法"看不懂、搞不清、摸不透"的问题。

（3）企业违规成本过低

互联网行业是一个高收入行业。2021年，腾讯公司营业收入达5601.18亿元，字节跳动公司营业收入达4391亿元。对于互联网企业违反算法推荐服务管理制度，《互联网信息服务算法推荐管理规定》第31条"拒不改正或者情节严重的，责令暂停信息更新，并处一万元以上十万元以下罚款"。不到10万元的罚款对于那些年营业收入达到几千亿元的互联网企业来说可以忽略不计，起不到什么作用。

（4）个人信息缺乏保护

算法模型本质上是"用数据训练的模型"，算法运行需要数据支撑。因此，算法治理的关键是个人信息保护。尽管我国已经出台了《数据安全法》《个人信息保护法》，但在巨大利益的驱使下，个人信息被非法采集、买卖、滥用的情况依然很普遍。许多互联网平台未经用户同意采集用户数据，用于算法推荐。一些移动客户端（APP）甚至有监听功能，非法监听手机用户。当用户谈及某些物品，这些APP就会推荐相关商品。

3. 算法推荐服务治理路径优化的对策建议

算法推荐服务治理是互联网治理的重要内容。要加强系统治理、源头治理和末端治理，保障数据安全，实现算法的可验证、可审核、可监督、可追溯、可预测、可信赖，使算法具有普惠性、公平性和非歧视性。

（1）坚持系统治理

一是完善制度体系。对互联网平台的算法推荐服务，加快构建科学有效、系统完备的制度体系。统筹抓好备案、审查、审计、监测、评估、执法等关键环节，制定互联网信息服务算法推荐管理细则。二是强化技术支撑。采取"以技术对技术"的策略，招聘一批计算机专业的人员充实到有关监管部门的执法队伍，提升有关执法人员的技术鉴别和执法纠错能力。建立推荐算法数据库，研制推荐算法评测工具，为有关执法人员提供专业技术装备。三是开展评估维权。由第三方评估机构对各互联网平台的算法模型进行评估，出具算法评估报告，作为有关监管部门的审查和执法依据。当用户权益受到互联网平台侵犯时，可以由第三方评估机构进行举证，通过采取集体诉讼等方式替用户主张权利。

（2）推进源头治理

一是加强市场主体监管。除了具有舆论属性或者社会动员能力的算法推荐服务提供者，对其他算法推荐服务提供者的算法要进行备案、审查。相关企业应提供算法模型及其说明，包括算法研制时间、版本、责任人以及相关参数含义、依据等。健全算法审查机制，对算法进行合规性审查。二是提高企业违法成本。深入推进互联网行业的社会信用体系建设，构建以信用为基础的新型监管机制。加大罚款力度，把算法歧视、算法压榨等作为不良信用记录纳入法人信用数据库，对严重失信企业，进行跨部门联合惩戒，对有关高管采取限制乘坐飞机、高铁等限制性措施。三是增强企业社会责任。全面落实互联网企业的主体责任，签订算法合规承诺书，引导企业通过数据筛选、算法设计、模型优化等技术手段将伦理原则嵌入到算法中，促进算法向善。对《互联网信息服务算法推荐管理规定》落实情况开展随机检查，要求不合规的企业限时整改。

（3）加强末端治理

一是保障用户权益。对互联网平台采用的算法模型，用户应该有知情权和选择权。互联网企业不得以商业秘密为由对算法保密，而要公开公示，打破"技术黑箱"。用户有权选择是否接受算法推荐，有权调整算法模型中的参数和权重。二是提升群众数字素养。引导人们对网络平台推荐的信息进行质疑，通过质疑提高鉴别能力。例如这些信息来自哪里？信息完整吗？权威吗？可信吗？三是加强未成年人保护。对未成年人的互联网信息服务算法推荐，应由教育、文化、网信等部门制定标准规范。对不利于未成年人成长的算法，坚决予以取缔，并对有关企业进行严厉处罚。

（4）保障数据安全

一是做好法规宣贯。运用网络新媒体等手段，通过"以案说法"等方式，加大对《数据安全法》《个人信息保护法》的普法宣传力度，提高社会各界的数据安全意识。建立和完善个人数据维权机制，提高维权效率，降低维权成本。二是严打违法犯罪。组织实施个人信息保护专项行动，严厉打击非法采集、买卖、滥用个人数据的违法犯罪行为。禁止网络平台未经用户同意采集用户数据，禁止手机 APP 非法监听用户，禁止承建信息系统的 IT 企业非法转卖个人数据。三是加强信用监管。对于企业，把非法采集、倒卖、滥用个人信息等行为作为不良信用记录纳入法人信用数据库，对严重失信企业进行跨部门联合惩戒。对于个人，把非法窃取、买卖、使用个人信息等行为作为不良信用记录纳入自然人信用数据库，对严重失信人员进行跨部门联合惩戒。网络平台、承建信息系统的 IT 企业应签订数据安全承诺书，并承担违约责任。

二、加强短视频治理

近年来，抖音、快手等短视频平台快速发展。截至 2022 年 6 月，我国短视频用户规模为 9.62 亿，占网民整体的 91.5%。目前，短视频平台在网络舆论中影响力很大，存在内容质量不高、负面内容偏多，成为舆情发酵策源地，亟待加强监管。

1. 短视频舆论影响力分析

（1）短视频平台成为舆论引导的重要阵地

短视频为主流媒体提升传播力提供了新契机，各大媒体纷纷把短视频作为数字化转型突破口。主流媒体与短视频平台在内容、技术、渠道上的深度融合，可以更好地发挥网上舆论引导作用。截至2022年6月，微博、抖音、快手、哔哩哔哩四大平台共有媒体号8028个，平均粉丝量138万人，百万粉丝账号占19.5%，千万粉丝账号占2.8%。其中人民日报抖音号、央视新闻抖音号的粉丝数量分别达1.55亿、1.44亿，排在前两位。在热门短视频中，社会、时政类内容占到近半数，表明短视频成为网民获取新闻资讯的重要渠道。

（2）抖音和快手是短视频平台的头部企业

抖音、快手、微视、微信视频号、西瓜视频、好看视频、美拍、小红书、皮皮虾是我国排名前十的短视频平台。抖音于2016年9月上线，是由字节跳动公司推出的一款短视频APP。截至2022年10月，抖音注册用户数量约为8.09亿，占全国人口的57%，其中日活跃人数超过7亿。快手于2011年3月上线，是北京快手科技有限公司推出的短视频APP。截至2022年10月，快手注册用户数量约为5.98亿，占全国人口的42%，其中日活跃人数超过3.47亿。

（3）抖音和快手成为舆情发酵的策源地

短视频平台是网络舆情的催化剂和放大器。近年来，抖音、快手等短视频平台逐渐成为网络舆情的首发地、频发地。抖音和快手平台上的一些视频内容所涉及的弱势群体、教育、医疗、执法等话题社会关注度高，很容易被推上热搜，造成网络舆情爆发。例如，2022年6

月 10 日凌晨 2 点 40 分许，河北省唐山市公安局路北区分局机场路派出所辖区某烧烤店发生一起寻衅滋事、暴力殴打他人案件，女子王某某、刘某某等 4 人被殴打，打人视频随即在抖音、快手等短视频平台疯传，在网上引起轩然大波，引起社会各界关注。

2. 短视频存在的主要问题

（1）内容质量有待提高

虽然短视频平台有后台监控系统和第三方机构的辅助监控，但由于用户群体过大、视频数量过多，而监控人手有限，导致存在大量"色、丑、怪、假、俗、奢、赌"等不良的违规短视频。一些抖音注册用户为搏眼球，不惜发布触碰社会道德底线、低俗、低级趣味的视频内容，扭曲人们的世界观、人生观、价值观。根据中国青少年研究中心发布的中小学生短视频使用情况调查报告，65.6% 未成年人使用过短视频，不良内容的短视频严重影响未成年人健康成长。随着农村用户的大量增加，快手中的短视频多以农村趣事为主，但很多所谓农村趣事其实是恶搞。2022 年以来，中央网信办在专项行动中清理违规短视频 235 万余条，处置处罚违规主播、短视频账号 22 万余个。

（2）虚假视频混淆视听

一些抖音、快手等短视频平台用户通过编造、剪辑、摆拍等手段制造内容虚假的短视频，如贵州省威宁县的"虎啸龙吟"闹剧。由于短视频的现场感、即时性，使用户很容易轻信这类视频。有的短视频平台用户甚至编造涉及国家和地方政策的短视频，误导人民群众。境外敌对势力通过收买内奸等方式，发布和传播抹黑我党和政府形象的短视频，煽动不明真相的群众。

（3）社会负面内容偏多

俗话说，"好事不出门，坏事传千里"。负面短视频容易得到网民的关注和转发。一些抖音用户为了吸粉和追求点击率，经常发布一些负面的短视频。据统计，74%的网民在短视频舆情事件中产生负面情绪。不少短视频平台往往从商业利益角度考虑问题，为了通过流量变现获利，对于负能量的短视频往往疏于管理，甚至纵容。在平台算法推荐服务的作用下，经常浏览负面短视频容易陷入"信息茧房"，加剧负面情绪，甚至产生极端行为，影响社会稳定。

（4）网络暴力问题泛滥

由于时间成本低、经济成本低、违法成本低，短视频平台的网络暴力现象呈泛滥态势。近年来，网络暴力事件频发，引发社会公众广泛关注。2022年以来，抖音处罚网络暴力账号11348个，拦截9218万条不当信息。据统计，50%以上的网络暴力行为由重大灾难、悲剧人物等引发。如今，法不责众的心态被网络放大。一些不法分子把网暴当作一门生意，通过操控网暴获取流量，再进行流量变现获利。

（5）知识产权有待保护

短视频创作门槛低，网络侵权案件频发。2018年9月至2022年2月，北京互联网法院共受理短视频著作权纠纷案件2812件，收案量从2019年的540件快速增加到2021年的1284件。抖音和快手等短视频平台的许多注册用户知识产权意识淡薄，采取切条长视频、搬运短视频、添加背景音乐等方式制作短视频。例如，剪辑长视频画面配以文字内容制作解说类短视频，模仿他人短视频拍摄主题、内容及方式制作相似短视频等。2022年10月26日，西安市中级人民法院就《云南虫谷》

案做出一审判决。该法院认为，抖音平台上有大量用户对涉案作品实施了侵权行为，虽然抖音采取措施减少了侵权作品的数量，但侵权行为仍未得到有效遏制，要求抖音赔偿腾讯 3240 多万元。

（6）新型违法犯罪增多

一些不法分子利用短视频进行诈骗、销售假冒伪劣产品甚至违禁物品，甚至从事"黄赌毒"活动。例如，有的发布"充话费送手机"等虚假视频，吸引人们直接在短视频平台缴费。有的在短视频平台上发布办理银行贷款广告，再以收取手续费等名义实施诈骗。有的网络主播积累一定流量和受众后，对目标受众通过其他社交软件实施诈骗。有的在短视频平台发布"高薪""零门槛"等虚假广告吸引求职者，再以培训费、会员费等方式骗取钱财，甚至诱奸女性求职者。有的在短视频平台进行直播带货，销售假冒伪劣产品甚至违禁物品。有的在短视频平台上招嫖、网络赌博、兜售毒品。

3. 加强短视频监管对策

（1）加强视频内容监管

一是开放数据接口。要求短视频平台开放数据接口，使宣传和网信部门可以对短视频平台的内容进行实时监管。例如，根据通过关键词等从短视频平台抓取的内容以及网民投诉、举报情况，责令短视频平台删除有关视频，封禁有关视频发布用户的账号。二是实行分级分类监管。运用大数据技术，评估短视频的舆论风险，根据风险等级进行分级分类监管。根据短视频转发量、转载量、价值导向、真实性、负面程度、社会关注度等，评估短视频的舆论影响力和舆论风险。对高风险的短视频进行重点监控、监管。三是加强信用监管。深入推进互联网行业的社会信用体系建设，构建以信用为基础的新型监管机制。把制作发布违法违规短视频、网络暴力、侵权、诈骗、销售假冒伪劣产品和违禁物品、"黄赌毒"等作为不良信用记录纳入信用数据库，对于情节严重的，采取跨部门信用惩戒措施。

（2）加强舆情监测引导

一是做好网络舆情监测。建立短视频舆情监测系统，运用大数据技术，对涉及舆情的短视频，根据其转发量、转载量增速等，确定重点监测视频。运用人工智能技术，自动识别含有敏感内容的短视频。建立重点创作者库，对重点关注的短视频创作者，持续监测其发布内容。二是开展网上舆论引导。强化互联网思维，推动传统媒体和新兴媒体在内容、渠道、平台、经营、管理等领域深度融合。鼓励主流媒体机构和记者在抖音、快手等短视频平台注册用户，发布正能量的短视频。三是强化网络舆情管控。建立和完善跨部门的短视频舆情应急联动机制，制定短视频舆情应急预案。由宣传部门牵头，网信、公安、教育、卫生健康、民政等部门参与，及时处置重大网络舆情，回应社会关切，平息网络舆情。

（3）加强知识产权保护

一是提高用户意识。通过宣传、教育培训等方式，提高短视频创作者的著作权保护意识。通过以案说法，做好《著作权法》的普法工作。依托短视频平台向短视频创作者进行普法教育。二是加强平台管控。强化短视频平台的管理义务，对首页首屏、热搜、精选、榜单、弹窗等环节进行重点把关，对于持续、反复侵权的用户采取限权、封号等措施。支持短视频平台运用区块链技术对内容进行存证，实现"发布即确权",保护创作者合法权益。二是开展协同治理。健全互联网领域的知识产权保护制度,建立针对短视频领域的"行政—司法—行业"协同治理机制。由版权部门牵头,联合网信、广电、公安、工信等部门,开展短视频侵权专项整治。鼓励人们对侵权短视频进行举报、标记,为行业主管部门监管和执法提供线索。

(4)严厉打击违法犯罪

一是开展专项行动。由公安部组织开展打击短视频违法犯罪专项行动。强化系统观念,加强制度建设,注重源头治理,坚持群防群治,开展宣传教育,坚决遏制短视频违法犯罪多发高发态势。二是做好技防技侦。针对短视频平台使用的 VPN、TOR 等相关网络隐秘技术软件,联合通信主管部门和电信运营商,运用区块链等新技术对网络匿名的违法犯罪行为进行追溯,为公安机关侦破有关案件提供线索。三是壮大网警队伍。依托中国人民公安大学和各地警察学院,加强打击涉网违法犯罪方面的学科建设、人才培养和干部培训。邀请专家举办打击短视频违法犯罪方面的讲座,开阔学生学员视野。建立涉网违法犯罪案件数据库及短视频违法犯罪子库,加强破案经验交流,提高网警案件侦破水平。

三、加强深度伪造问题治理

近年来,深度伪造(Deepfake)技术快速发展。通过换脸、对嘴型、动作迁移等,可以篡改或生成高度逼真、难以甄别的假视频,进行虚假宣传、煽动、诈骗等。2021 年 5 月,美国国会发布了《深度伪造与国家安全报告》，将深度伪造技术风险上升到国家安全高度。在我国，深度伪造技术可能被敌对势力和不法分子滥用，威胁政治安全、军事安全、经济安全和社会安全，必须防范和化解深度伪造技术给国家安全带来的各种风险和挑战。

1. 深度伪造技术对国家安全的潜在威胁

（1）对政治安全的威胁

深度伪造技术可以用于制作虚假新闻。例如，2018年5月，时任美国总统特朗普宣布中止全球气候变化协议，随后被比利时某政党利用深度伪造技术制作了一个"特朗普宣告比利时政府也应退出"的假视频，引起比利时人民的公愤。通过对嘴型、视频剪辑等方式，美国多名官员被深度伪造的视频恶搞。如果敌对势力利用深度伪造技术制作国家领导人或高级领导干部等政治人物发表不当言论的假视频，可能引发外交风波，损害我党和政府的形象。敌对势力会利用深度伪造技术进行虚假宣传，鼓吹推翻国家政权，煽动宗教极端主义，宣扬民族分裂思想。

（2）对军事安全的威胁

俗话说，"兵不厌诈"。迷惑敌人是战争取胜的重要策略。著名军事理论家克劳塞维茨提出了"战争迷雾论"。深度伪造技术已被初步应用于俄乌冲突。今年3月，推特上出现了一段被广为分享的假视频——俄罗斯总统普京在视频中宣布已实现和平。YouTube网站下架了乌克兰总统泽连斯基说对俄罗斯投降的假视频。敌对势力可能散布我军袭击民用船只、屠杀平民、虐待俘虏等假视频，抹黑我军的国际形象。

（3）对经济安全的威胁

一些不法分子利用深度伪造技术进行诈骗、商业诋毁、敲诈勒索等违法犯罪活动。例如，2019年3月，有人利用深度伪造技术合成某公司总裁的声音，诈骗了22万欧元。深度伪造技术可能被商家用来制作假视频、假新闻抹黑竞争对手，进行不正当竞争。

（4）对社会安全的威胁

深度伪造技术被不法分子用于网络色情。深度伪造技术可能被不法分子用来制作假裸照、性爱视频，向受害人勒索钱财。有人运用深度伪造技术冒充他人进行谩骂、诋毁等。在民族地区，如果不法分子散布虚假视频进行煽动，可能激化民族矛盾，甚至引发社会暴乱。

2. 防范深度伪造技术安全风险的对策建议

（1）完善政策法规

美国等国制定了针对深度伪造的法案。例如，2018年12月，美国参议院提出《恶意深度伪造禁令法案》，对制作深度伪造内容引发犯罪和侵权的个人以及明知内容为伪造还继续分发的社交平台，进行罚款和两年监禁。如果煽动暴力、扰乱选举并造成严重后果的，可处以10年监禁。2019年6月，美国众议院提出《深度伪造责任法案》，要求必须用不可删除的数字水印来标识该视频是假的，否则就是犯罪，最高处以5年监禁。虽然我国制定了《网络音视频信息服务管理规定》，但还没有专门针对深度伪造的法律法规。现有相关法律法规对深度伪造没有明确的处罚措施，没有对深度伪造图片、笔迹等行为作出明确规定。建议研究制定《深度伪造信息管理条例》和《深度伪造负面清单》，明确规定对不同深度伪造行为及其后果的不同处罚措施。

（2）发展检测技术

研究深度伪造检测技术，快速识别假视频、假音频、假图片等。例如，假视频中人物的眨眼频率与正常人不同，假音频难以完全模拟人的语速和语调，假图片难以反映光的微小变化。通过神经网络检测法、眨眼频率分析法、基频统计量法等，识别深度伪造的图片和音视频。建议加大对深度伪造检测技术研究和相关软硬件设备研制的资助力度，及时制定检测标准。组织举办"全国反深度伪造挑战赛"，发掘一批深度伪造检测方面的优秀人才。

（3）加强政府监管

加强对淘宝等各大电商平台的监管，严禁网店销售深度伪造工具和教程。加强人脸、声音等人体特征数据保护，避免被滥用。在互联网行业推行信用监管，把滥用深度伪造技术的行为作为不良信用记录纳入信用数据库，对严重失信行为开展联合惩戒，提高违法成本。组织开展打击深度伪造违法犯罪专项行动，加强案件线索、信息共享和破案经验交流，联合打击跨区域的犯罪集团。

（4）强化平台责任

深度伪造的图片和音视频一般都是通过互联网平台进行发布和传播的，特别是抖音、快手等短视频平台。为此，要明确平台在用户管理、内容审核等方面的职责。用户在发布深度伪造作品时，平台要求用户通过人脸识别进行真实身份识别，签订信用承诺书，向平台说明情况，进行特殊标注。如用户违反规定，平台可将用户注销。平台要开放数据接口，把发布深度伪造图片和音视频的用户信息推送给有关监管部门。运用区块链技术，对深度伪造行为进行在线存证，以便有关部门根据情节轻重对责任人进行处罚。

（5）加强宣传教育

利用网络新媒体开展普法工作，通过"以案说法"等方式，告诫人们滥用深度伪造技术的法律后果。通过培训提升全民数字素养，提高警惕性和鉴别能力，不要轻信。对于网上的图片和音视频，要多方核实，避免上当。引导人们在浏览器中安装应用插件，及时发现深度伪造的图片和音视频，不要转发。

（6）推进全球治理

互联网是一个国际化平台。要将深度伪造纳入人工智能全球治理框架，纳入全球互联网治理范畴，推动世界各国在打击滥用深度伪造技术方面的交流与合作，联合打击跨国犯罪和跨国恐怖主义组织。强化深度伪造视频网站以及推特、Facebook、YouTube、WhatsApp 等全球知名网络平台的社会责任，加强行业自律，避免恶意伪造的图片和音视频在世界范围内肆意扩散。

总之，要通过构建"制度＋技术"的互联网治理体系，防范和化解深度伪造技术风险，维护国家安全。

第十二章 芯片产业

芯片是电子产品、机械装备、汽车、船舶等许多产品的核心元器件。芯片产业是一个国家高端制造能力的综合体现，是全球信息技术发展的战略制高点。棱镜门事件表明许多国外芯片都留有后门，严重威胁我国国家安全。"十四五"期间，要推动科技自立自强，加快发展国产芯片产业，解决我国信息产业"缺芯失魂"这个卡脖子问题，切实保障国家安全。

第一节　芯片及其主要类型

集成电路（Integrated Circuit，IC）又称为微电路（Microcircuit）、微芯片（Microchip）、晶片/芯片（Chip），在电子学中是一种将电路小型化的方式，并时常刻在半导体晶圆表面上。

一、电脑芯片（CPU）

电脑上有很多的芯片，内存条上一块一块的黑色长条是芯片，主板、硬盘、显卡等上都有很多的芯片。CPU 也是块电脑芯片，只不过他比普通的电脑芯片更加的复杂更加的精密。

中央处理器（Central Processing Unit，CPU）作为计算机系统的运算和控制核心，是信息处理、程序运行的最终执行单元。

CPU 发展已有 50 多年的历史了。通常分成六个阶段。

（1）第一阶段（1971—1973 年）

这是 4 位和 8 位低档微处理器时代，代表产品是美国英特尔公司（Intel）的 4004 处理器。 1971 年，Intel 生产的 4004 微处理器将运算器和控制器集成在一个芯片上，标志着 CPU 的诞生； 1978 年，8086 处理器的出现奠定了 X86 指令集架构，随后 8086 系列处理器被广泛应用于个人计算机终端、高性能服务器以及云服务器中。

（2）第二阶段（1974—1977 年）

这是 8 位中高档微处理器时代，代表产品是 Intel 8080。此时指令系统已经比较完善了。

（3）第三阶段（1978—1984年）

这是16位微处理器的时代，代表产品是Intel 8086。相对而言已经比较成熟了。

（4）第四阶段（1985—1992年）

这是32位微处理器时代，代表产品是Intel 80386，可以胜任多任务、多用户的作业。1989年发布的80486处理器实现了5级标量流水线，标志着CPU的初步成熟，也标志着传统处理器发展阶段的结束。

（5）第五阶段（1993—2005年）

这是奔腾系列微处理器的时代。1995年11月，Intel发布了Pentium处理器，该处理器首次采用超标量指令流水结构，引入了指令的乱序执行和分支预测技术，大大提高了处理器的性能。因此，超标量指令流水线结构一直被AMD的锐龙、Intel的酷睿系列等后续出现的现代处理器所采用。

（6）第六阶段（2005年至今）

CPU逐渐向更多核心，更高并行度发展。典型的代表有英特尔的酷睿系列CPU和AMD的锐龙系列CPU。

"龙芯"系列芯片是由中国科学院中科技术有限公司设计研制的，采用MIPS体系结构，具有自主知识产权，产品现包括龙芯1号小CPU、龙芯2号中CPU和龙芯3号大CPU三个系列，此外还包括龙芯7A1000桥片。龙芯1号系列32/64位处理器专为嵌入式领域设计，主要应用于云终端、工业控制、数据采集、手持终端、网络安全、消费电子等领域，具有低功耗、高集成度及高性价比等特点。其中龙芯1A 32位处理器和龙芯1C 64位处理器稳定工作在266—300 MHz，龙芯1B

处理器是一款轻量级 32 位芯片。龙芯 1D 处理器是超声波热表、水表和气表的专用芯片。2015 年，新一代北斗导航卫星搭载着我国自主研制的龙芯 1E 和 1F 芯片，这两颗芯片主要用于完成星间链路的数据处理任务。

龙芯 2 号系列是面向桌面和高端嵌入式应用的 64 位高性能低功耗处理器。龙芯 2 号产品包括龙芯 2E、2F、2H 和 2K1000 等芯片。龙芯 2E 首次实现对外生产和销售授权。龙芯 2F 平均性能比龙芯 2E 高 20% 以上，可用于个人计算机、行业终端、工业控制、数据采集、网络安全等领域。龙芯 2H 于 2012 年推出正式产品，适用计算机、云终端、网络设备、消费类电子等领域需求，同时可作为 HT 或者 PCI-e 接口的全功能套片使用。2018 年，龙芯推出龙芯 2K1000 处理器，它主要是面向网络安全领域及移动智能领域的双核处理芯片，主频可达 1 GHz，可满足工业物联网快速发展、自主可控工业安全体系的需求。

龙芯 3 号系列是面向高性能计算机、服务器和高端桌面应用的多核处理器，具有高带宽，高性能，低功耗的特征。龙芯 3A3000/3B3000 处理器采用自主微结构设计，主频可达到 1.5 GHz 以上；2019 年面向市场的龙芯 3A4000 为龙芯第三代产品的首款四核芯片，该芯片基于 28nm 工艺，采用新研发的 GS464V 64 位高性能处理器核架构，并实现 256 位向量指令，同时优化片内互连和访存通路，集成 64 位 DDR3/4 内存控制器，集成片内安全机制，主频和性能将再次得到大幅提升。

龙芯 7A1000 桥片是龙芯的第一款专用桥片组产品，目标是替代 AMD RS780+SB710 桥片组，为龙芯处理器提供南北桥功能。它于 2018 年 2 月份发布，目前搭配龙芯 3A3000 以及紫光 4G DDR3 内存应用在一款高性能网络平台上。该方案整体性能相较于 3A3000+780e 平台有较大提升，具有高国产率、高性能、高可靠性等特点。

上海兆芯集成电路有限公司是成立于 2013 年的国资控股公司，其生产的处理器采用 x86 架构，产品主要有开先 ZX-A、ZX-c/ZX-C+、ZX-D、开先 KX-5000 和 KX-6000；开胜 ZX-C+、ZX-D、KH-20000 等。其中开先 KX-5000 系列处理器采用 28 nm 工艺，提供 4 核或 8 核两种版本，整体性能较上一代产品提升高达 140%，达到国际主流通用处理器性能水准，能够全面满足党政桌面办公应用，以及包括 4K 超高清视频观影等多种娱乐应用需求。开胜 KH-20000 系列处理器是兆芯面向服务器等设备推出的 CPU 产品。开先 KX-6000 系列处理器主频高达 3.0GHz，兼容全系列 Windows 操作系统及中科方德、中标麒麟、普华等国产自主可控操作系统，性能与 Intel 第七代的酷睿 i5 相当。

申威处理器简称"Sw 处理器"，出自于 DEC 的 Alpha 21164，采用 Alpha 架构，具有完全自主知识产权，其产品有单核 Sw-1、双核 Sw-2、四核 Sw-410、十六核 SW-1600/SW-1610 等。神威蓝光超级计算机使用了 8704 片 SW-1600，搭载神威睿思操作系统，实现了软件和硬件全部国产化。而基于 Sw-26010 构建的"神威·太湖之光"超级计算机自 2016 年 6 月发布以来，已连续四次占据世界超级计算机 TOP 500 榜单第一，"神威·太湖之光"上的两项千万核心整机应用包揽了 2016、2017 年度世界高性能计算应用领域最高奖"戈登·贝尔"奖。

二、手机芯片

手机芯片通常是指应用于手机通讯功能的芯片,包括基带、处理器、协处理器、RF、触摸屏控制器芯片、Memory、无线 IC 和电源管理 IC 等。

1. 美国苹果公司

2020 年 9 月 16 日,苹果公司在 2020 秋季新品发布会上发布了 A14 芯片,这是世界第一款量产的 5nm 芯片,采用 Cortex A72 核心,运算速度比 7nm 芯片快 15%,功耗下降 30%。苹果 A16 采用台积电的 3nm 制程工艺,是目前性能最高的手机芯片。

2. 美国高通公司

目前,全球 40% 手机芯片来自高通,使用骁龙芯片的手机用户超过 20 亿。高通骁龙 888 芯片采用三星 5nm 工艺制造,搭载 X60 5G 集成调制解调器组。2021 年 12 月 1 日,高通公司发布了骁龙 8 Gen 1 芯片,这是高通首款使用 ARM 最新 Arm v9 架构的芯片。

3. 韩国三星公司

Exynos 2200 是由三星电子与 AMD 合作研发的。这款芯片采用了三星电子最先进的 4nm 制造工艺,以三星 Xcliope 图形处理器 (GPU) 为基础,采用了 AMD 的 rDNA2 架构,它也是首批使用最新 Armv9 中央处理内核的芯片之一。

4. 台湾省联发科公司

2021 年 12 月 16 日,联发科(MediaTek)在"天玑旗舰战略暨新平台发布会"上发布了天玑 9000 这款芯片。它采用台积电 4nm 工艺制程,CPU 采用"1+3+4"三丛集 Armv9 架构,采用 Mali-G710 十核 GPU,

搭载 R16 5G 调制解调器。

5. 华为公司

麒麟9000是华为公司设计的手机芯片，于2020年10月份发布。原先华为的麒麟芯片由台积电代工生产，但在美国的施压下，台积电不再为华为公司代工，导致麒麟芯片无法生产，后续华为手机改用高通芯片。

三、汽车芯片

汽车原本属于机械产品，但随着汽车功能的增多以及更多高科技配置的使用，汽车上搭载的芯片也越来越多，从动力系统，到车机系统，再到安全系统，都能看到芯片的大量应用。

汽车芯片对于新能源汽车是一个很重要的组成部分，尤其是高端汽车。自动驾驶，新功能的增加，都是需要汽车芯片来控制。一辆新能源汽车芯片从几十个上升到几百个。汽车芯片短缺，导致我国新能源汽车行业发展放缓。在某种程度上，汽车芯片关系新能源汽车的未来。

汽车芯片主要分为三大类：功能芯片（Microcontroller Unit，MCU）、功率半导体、传感器。功能芯片主要是指处理器和控制器芯片。一辆车能在路地上奔跑，离不开电子电气架构进行信息传递和数据处理。在传统燃油汽车中，MCU价值量占比最高，为23%；在纯电动车中，MCU占比仅次于功率半导体，为11%。车辆控制系统主要包括车身电子系统、车辆运动系统、动力总成系统、信息娱乐系统、自动驾驶系统等几大部分，这些系统下面又存在着众多子功能项，每个子功能项背后都有一个控制器,控制器内部会有一颗功能芯片。功率半导体主要负责功率转换,多用于电源和接口,例如电动车用的 IGBT 功率芯片,以及可以广泛使用在模拟电路与数字电路的场效晶体管 MOSFET 等。传感器则主要用于各种雷达、安全气囊、胎压检测等。

今年以来,芯片短缺导致的全球汽车减产速度已有所减缓。根据汽车行业数据预测公司 Auto Forecast Solutions 发布的数据,截至 2022 年 10 月 23 日,由于芯片短缺,2022 年全球汽车市场累计减产约 361.56 万辆,其中中国地区因缺芯减产 17.29 万辆车,约占总减产量的 4.8%。到 2022 年年底,全球汽车市场累计减产量将攀升至 426.2 万辆。

四、图形芯片(GPU)

图形处理器(Graphics Processing Unit,GPU)又称显示核心、视觉处理器、显示芯片,是一种专门在个人电脑、工作站、游戏机和一些移动设备(如平板电脑、智能手机等)上做图像和图形相关运算工作的微处理器。

GPU 使显卡减少了对 CPU 的依赖,并进行部分原本 CPU 的工作,尤其是在 3D 图形处理时 GPU 所采用的核心技术有硬件 T&L(几何转换和光照处理)、立方环境材质贴图和顶点混合、纹理压缩和凹凸映射贴图、双重纹理四像素 256 位渲染引擎等。GPU 的知名产商主要有英伟达(NVIDIA)和 ATI。

NVIDIA 公司在 1999 年发布 Geforce256 图形处理芯片时首先提出 GPU 的概念。从此 NVIDIA 显卡的芯就用 GPU 来称呼。NVIDIA 笔记本电脑显卡产品主要包括 GeForce 900M 系列移动显卡、GeForce 800M 系列移动显卡、GeForce 700M 系列移动显卡等。

ATI 公司成立于 1985 年。1985 年 10 月，ATI 使用 ASIC 技术开发出了第一款图形芯片和图形卡。1992 年 4 月，ATI 发布了 Mach32 图形卡集成了图形加速功能，1998 年 4 月，ATI 被 IDC 评选为图形芯片工业的市场领导者。在很长的一段时间，ATI 都是把图形处理器称为 VPU，直到被 AMD 收购之后其图形芯片才正式采用 GPU 的名字。AMD 笔记本电脑显卡产品主要是 Mobility Radeon 系列，该系列产品具备一定的 3D 性能，其产品主要有 R9（高端）、R7（中端）、R5（低端）三个系列。

第二节 我国芯片产业发展历程

一、艰难创业期（1965—1978年）

我国芯片产业起步于20世纪60年代中期。1965年，第一批国内研制的晶体管和数字电路在河北半导体研究所鉴定成功。1968年，上海无线电十四厂首家制成PMOS（P型金属—氧化物—半导体）集成电路。1970年，北京878厂、上海十九厂建成投产。1972年，中国第一块PMOS型LSI电路在四川永川1424研究所制成。1976年，中科院计算所采用中科院109厂（现中科院微电子研究所）研制的ECL（发射极耦合逻辑电路），研制成功1000万次大型电子计算机。

二、探索前进期（1978—1989年）

党的十一届三中全会开启了中国改革开放历史新时期。1980年，中国第一条3英寸线在878厂投入运行。1982年，江苏无锡724厂从东芝引进电视机集成电路生产线，这是中国第一次从国外引进集成电路技术；国务院成立电子计算机和大规模集成电路领导小组，制定了中国IC发展规划，提出"六五"期间要对半导体工业进行技术改造。1985年，第一块64K DRAM在无锡国营724厂试制成功。1988年，上海无线电十四厂建成了我国第一条4英寸线。1989年，机电部在无锡召开"八五"集成电路发展战略研讨会，提出振兴集成电路的发展战略；724厂和永川半导体研究所无锡分所合并成立了中国华晶电子集团公司。

三、重点建设期（1990—2000年）

20世纪90年代是我国芯片产业的重要发展期。1990年8月，国务院决定实施"908"工程。总投资约20亿，其中15亿用于投资建设华晶电子的六英寸晶圆厂12000片产能，其余用于成立数家集成电路产品设计中心。1991年，首都钢铁公司和日本NEC公司成立中外合资公司—首钢NEC电子有限公司。1992年，上海飞利浦公司建成了我国第一条5英寸线。1993年，第一块256K DRAM在中国华晶电子集团公司试制成功。1994年，首钢日电公司建成了我国第一条6英寸线。1995年，国务院决定继续实施集成电路专项工程（"909"工程），集中建设我国第一条8英寸生产线。1996年，英特尔公司投资在上海建设封测厂。1997年，由上海华虹集团与日本NEC公司合资组建上海华虹NEC电子有限公司，主要承担"909"主体工程超大规模集成电路芯片生产线项目建设。1998年，华晶与上华合作生产MOS圆片合约签定，开始了中国大陆的Foundry时代；由北京有色金属研究总院半导体材料国家工程研究中心承担的我国第一条8英寸硅单晶抛光生产线建成投产。1999年，上海华虹NEC的第一条8英寸生产线正式建成投产。

四、发展加速期（2000—2011年）

进入21世纪以后，我国芯片产业加快发展。2000年，中芯国际在上海成立，国务院18号文件加大对集成电路的扶持力度。2002年，中国第一款批量投产的通用CPU芯片"龙芯一号"研制成功。2003年，台积电（上海）有限公司落户上海。2004年，中国大陆第一条12英寸线在北京投入生产。2006年，设立"国家重大科技专项"；无锡海力士意法半导体正式投产。2008年，中星微电子手机多媒体芯片全球销量突破1亿枚。2009年，国家"核高基"重大专项进入申报与实施阶段。2011年，《关于印发进一步鼓励软件产业和集成电路产业发展若干政策的通知》。

五、高质量发展期（2012年至今）

党的十八大以来，我国芯片产业进入高质量发展时期。2012年，《集成电路产业"十二五"发展规划》发布；韩国三星70亿美元一期投资闪存芯片项目落户西安。2013年，紫光收购展讯通信、锐迪科；大陆IC设计公司进入10亿美元俱乐部。2014年，《国家集成电路产业发展推进纲要》正式发布实施；"国家集成电路产业发展投资基金"（大基金）成立。2015年，长电科技以7.8亿美元收购星科金朋公司；中芯国际28纳米产品实现量产。2016年，大基金、紫光投资长江储存；第一台全部采用国产处理器构建的超级计算机"神威·太湖之光"获世界超算冠军。2017年，长江存储一期项目封顶；存储器产线建设全面开启；全球首家AI芯片独角兽初创公司成立；华为发布全球第一款人工智能芯片麒麟970。2018年，紫光量产32层3D NAND（零突破）。2019年，全球首款5G SoC芯片海思麒麟990面世，采用了全球先进的7纳米工艺；64层3D NAND闪存芯片实现量产；中芯国际14纳米工艺量产。

第三节　西方国家在芯片领域对中国的遏制

近年来，以美国为首的西方国家不断对中国芯片产业进行遏制，阻碍我国汽车、通信、电子信息制造、机械装备、航空、船舶等相关产业发展，严重威胁我国国家安全，制约我国数字经济发展。

一、组建芯片四方联盟

2022年3月，美国提出组建"芯片四方联盟"（Chip 4），包括美国、日本、韩国和中国台湾。Chip 4是全球半导体产业最强联盟。2021年全球十大半导体企业都在Chip 4。在2021年全球半导体公司市值20强中，Chip 4占85%。在全球芯片产量中，Chip 4占71%。

Chip 4是美国实施印太战略的重要举措。美国总统拜登在谈及印太战略和印太经济框架时多次提及半导体。2021年10月，美国要求三星、台积电等半导体知名厂商向美国提供涉及供应链的商业数据。2022年7月29日，美日首次召开了"经济2+2"会谈，会后发表联合声明，将共建一个先进半导体联合研发中心，并在2025年前投产2nm芯片生产线。

Chip 4是美国半导体全球供应链重组政策的延伸。拜登就任美国总统后不久，就提出由美国来主导全球半导体供应链。美国三番五次逼迫三星、台积电等半导体知名厂商在美国建厂。台积电投资120亿美元在亚利桑那州建厂，计划在2024年生产5nm芯片；三星投资170亿美元在德克萨斯州建厂，计划两年后开始量产。

Chip 4 威胁我国半导体供应链安全。我国芯片严重依赖进口。从 2014 年起，芯片超过石油成为我国第一大进口商品。2020 年，中国大陆的芯片自给率只有 6%。2021 年，纯国产的芯片产能只占全球的 8% 左右。Chip 4 企业不在我国设厂，我国芯片进口成本将会攀升，而且面临芯片断供风险，影响汽车、手机等相关产业发展。

二、制定美国芯片法案

2022 年 8 月 10 日，美国总统拜登签署了《芯片和科学法案》，提出了 527 亿美元的紧急拨款、370 亿美元的财政补贴以及 240 亿美元的税收抵免，禁止联邦激励基金的接受者在 10 年内对美国构成国家安全威胁的特定国家扩大或建设某些先进半导体的新制造能力。

美国成立了四大基金来分配 527 亿美元。一是分拨给"美国芯片基金"500 亿美元，其中"半导体激励计划"将花费 390 亿美元用以支持芯片制造，"商业研发与劳动力发展计划"将在未来五年内向国家半导体技术中心（NSTC）、国家先进封装制造计划等投资 110 亿美元；二是分拨给"美国芯片国防基金"20 亿美元，旨在更快将实验室成果转化；三是"美国芯片国际科技安全和创新基金"5 亿美元，用于促进与国际企业的合作，建立安全可靠的半导体供应链；四是分拨给"美国芯片劳动力和教育基金"2 亿美元，用以培育半导体行业人才。

《芯片和科学法案》的主要受惠对象是英特尔、格芯等美国本土芯片制造巨头，美光等具有芯片制造能力的 IDM 公司与芯片制造相关的美国设备公司，台积电、三星等国际芯片制造企业以及美国芯片设计公司。

2022年8月3日,美国国会众议院议长佩洛西在窜访台湾期间会晤了台积电董事长刘德音,讨论了台积电在美国亚利桑那建厂问题。台积电亚利桑那工厂投资高达120亿美元,在2024年启用后立即开始生产4nm芯片。

图12-1　建设中的台积电亚利桑那工厂

三、把中国芯片企业列入实体清单

近年来,美国为了在科技领域遏制中国,把我国多家高新技术企业列入实体清单,其中包括华为、中芯国际、长江存储、晋华、杭州中科微电子、湖南国科微电子、新华三半导体、苏州云芯等芯片企业。

美国禁止全球各大芯片厂商向华为供应5G芯片,导致华为手机的出货量从全球前三跌至2021年的第九位。随着库存的芯片用完,华为再也无法生产5G手机。华为能够设计芯片,但自己无法制造芯片。以前华为芯片由台积电代工,但在美国的施压下,台积电不再给华为代工,导致华为芯片无法制造,只好采用高通芯片。

四、对中国实行芯片领域出口管制

在半导体制造设备、电子设计自动化（EDA）软件和 GPU 等领域，美国对中国采取出口限制措施。例如，美国禁止 14nm 及以下半导体制造设备出口中国。荷兰 ASML 公司已被美国控股，其最先进的 EUV 极紫外光光刻机（可用于生产 3–10nm 芯片）对我国禁售。

图 12-2　用于制造芯片的光刻机

EDA 软件是进行芯片设计的基础性工具。从 2022 年 8 月 15 日起，美国对设计全栅场效应晶体管（GAAFET）结构集成电路所必须的 EDA 软件等四项技术实施新的出口管制，而 GAAFET 是芯片制程突破 3nm 及以下的关键技术。这样，我国就无法设计出 3nm 芯片。

2022 年 9 月，美国英伟达和 AMD 公司被要求停止向中国出口用于云数据中心的高性能 AI 芯片。其中包括英伟达的 A100 和 H100 芯片以及 AMD 的 M1250 芯片。阿里巴巴、腾讯、百度、浪潮、联想等几乎所有的云服务提供商都采用 A100 芯片来支持其数据中心的 AI 计算，蔚来、小鹏等都在采用英伟达 A100 打造自动驾驶训练中心。英伟达 GPU 的断供，将影响我国云计算产业和智能网联汽车行业。

五、中美在芯片领域进行科技脱钩

近年来，一些美国芯片研发机构陆续离开中国大陆。2022年1月，美国芯片公司美光科技解散了约150人的上海研发中心旗下的DRAM设计团队，并将产品的设计和研发转移到中国大陆以外的地区。2022年5月，美国德州仪器裁撤了位于上海研发中心的MCU中国区研发团队，把原MCU产品线的研发全部迁往印度。2022年10月，美国芯片厂商Marvel宣布裁撤上海和成都的研发团队。

我国芯片产业面临被以美国为首的西方国家"卡脖子"的风险。我国芯片产业在高端半导体材料、高端芯片生产设备、芯片设计软件等方面存在短板。硅晶片、光刻胶、CMP抛光液、溅射靶材、电子气体等高端半导体材料主要被欧美、日韩等国垄断，我国自给率均不足30%。我国自主生产的晶片以6英寸和8英寸为主，12英寸的大尺寸晶片严重依赖进口。用于芯片设计的EDA软件由Cadence、Synopsys、Mentor三家公司垄断，占据95%的市场份额。生产芯片所需要的光刻机、离子注入机、薄膜沉积设备、热处理成膜设备等关键设备由荷兰ASML公司、美国应用材料公司和日本东京电子公司等企业垄断。

第四节　我国芯片产业发展现状、问题和对策

一、发展现状

从2011年起，我国就成为全球最大的半导体市场。2021年，中国半导体市场规模为1925亿美元，同比增长27.1%，占全球的34.6%。高通、博通、美光等半导体企业有一半以上的销售额是在中国大陆实现的。

我国有比较完善的芯片设计、制造和封测体系。2018—2020年全球投产62座晶圆厂，其中26座在中国大陆，占比达42%。根据SEMI和Techsearch发布的数据，全球有360多家芯片封装厂，其中100多家在中国大陆。长电科技成为全球第三大芯片封测企业。

我国芯片产业结构逐步优化。2019年我国集成电路产业产值规模达7562亿元，其中IC设计产业规模为2947.7亿元（占39%），芯片制造产业规模为2149.1亿元（占28%），封装测试产业规模为2494.5亿元（占33%），逐步从过去"大封测、小制造、小设计"到现在的"大设计、中封测、中制造"演进。

核心技术加快突破。华为发布国产5G手机芯片，中芯国际的14纳米工艺实现量产，刻蚀机等高端装备和靶材等关键材料取得突破。2020年10月，中科院上海微系统所推出了国产9英寸石墨烯单晶晶元。

硅片、镓等半导体材料主要来自中国。截至2021年底，中国大陆企业硅片产能占全球的97.3%。我国是全球镓的最大生产国，约占全球总产量的75%。

中国发展芯片产业具有成本优势。建设芯片工厂的成本，中国大陆只有美国的一半。此外，中国大陆在劳动力、土地等方面具有成本优势。

二、主要问题

我国芯片严重依赖进口。我国是芯片消费大国。从2011年起，我国就成为全球最大的芯片市场。从2014年起，芯片超过石油成为我国第一大进口商品。根据海关总署发布的数据，2021年我国芯片进口量达到6355亿片，金额高达4400亿美元，约占GDP的2.45%，高于原油、铁矿石和粮食三者进口总额。目前，国产芯片自给率不足30%，绝大部分高端芯片依赖进口。

1. 国产程度低

美国半导体企业在我国市场占有率达48%，高通、Microchip、美光、Qorvo等美国芯片企业在华收入占比超过50%。2019年，国产芯片企业营业收入超过3000亿元，只占全球芯片市场份额的10%左右。我国芯片产业主要集中在设计和封测，芯片制造是短板。

2. 研发投入少

我国芯片企业研发投入不足，每年用于集成电路研发投入约45亿美元，仅占全行业销售额的6.7%，不到美国英特尔公司年研发投入的一半。2021年，美国半导体公司研发投入占全球的55%，而中国大陆仅占3.1%。

3. 专业人才缺

我国芯片人才缺口很大。根据中国电子信息产业发展研究院发布的《中国集成电路产业人才白皮书（2019—2020年版）》，2020年我国芯片人才缺口超过30万。2020年第二季度，集成电路企业需求人数是申请人数的2.6倍。芯片行业高端人才严重短缺。在现有芯片从业人员中，本科生占73.8%，研究生学历仅占6.5%。2020年全国21万的集成电路专业毕业生，仅有13.77%选择进入该行业。

4. 创新能力弱

我国芯片领域的光刻机等核心设备、光刻胶等关键原料、EDA等工具软件依赖进口，面临"卡脖子"的窘境。我国芯片产业发展起步晚，基础研究和技术创新薄弱。与国外芯片企业相比，我国芯片企业技术积累少。目前，全球芯片市场格局已经固化。很多芯片企业考虑到产品很难抢占市场，很难盈利，不愿意冒险涉足新领域、投资研发新技术，导致技术越来越落后，形成恶性循环。我国计算机、服务器芯片95%依赖进口，智能终端芯片70%依赖进口，严重威胁云计算、5G、数据中心等新基建安全。

5. 产业生态差

我国芯片领域腐败案件多发，产业发展比较浮躁。20世纪80年代，有的国有电子企业领导干部以引进技术名义出国考察，收受高额回扣，安排子女出国，出现引进落后技术的怪现象。2006年，上海交通大学微电子学院院长陈进伪造"汉芯一号"芯片被网友揭发。2019年底，德淮半导体公司董事董淮陈接受组织调查。据报道，德淮半导体公司每个月仅烟酒费用要高达几十万，高管一顿年夜饭就能吃掉200多万。国家集成电路产业投资基金股份有限公司总经理丁文武、华芯投资管理有限责任公司原总裁路军、副总裁高松涛、投资三部副总经理杨征帆、紫光集团董事长赵伟国和前总裁刁石京等人被查。目前，国内很多地方政府和投资人对芯片的热情很高，一些地方芯片项目"一哄而上"，但有些投资人目光短浅，注重追求短期回报。有的甚至利用地方政府芯片热，骗取、套取政府财政资金，出现"芯骗"现象。一些地方缺资金、缺技术、缺人才，不具备条件也盲目上马芯片项目。

三、发展对策

党的二十大报告提出确保重要产业链、供应链安全。芯片是许多产品的核心元器件，芯片产业是数字经济的核心产业，在目前复杂的国际局势下，保障芯片产业链、供应链安全、对推进中国式现代化具有重要意义。

对于发展芯片产业，要丢掉"以市场换技术"的幻想，加强统筹协调，完善生态系统，推进芯片人才、资金和产业"三集中"，推动芯片产业链、创新链、金融链"三链融合"，壮大专业人才队伍，加强国际交流合作。

1. 推进芯片人才、资金和产业集中

在人才方面，从全国各地选拔芯片设计、制造、封装、代工以及相关材料、设备、软件、零部件等领域的优秀人才，集中精力开展核心技术攻关。在资金方面，改变国家集成电路产业投资基金运作方式，从企业并购转变为研发投入，支持相关企业、高校和科研机构在芯片领域开展基础研究和技术创新。在产业方面，规划建设国家级芯片产业园，集聚一批优秀企业，完善产业链。鼓励国产芯片企业与新一代信息技术产业中的优势企业强强联合，提高国产芯片自给率。

2. 推动产业链、创新链和金融链融合

在产业链方面，实行"链长制"，实施芯片产业链竞争力提升工程，通过建链、补链、强链和延链，完善我国芯片产业链。完善芯片设计、制造、封装、测试、应用、服务体系，形成芯片产业生态圈。实施"换道超车"策略，在 AI 芯片、碳基芯片、光电芯片、量子芯片、生物芯片等领域开辟新赛道。在创新链方面，建设一批芯片公共技术服务平台，为芯片企业提供共性、基础技术服务。组建芯片技术创新联盟，促进芯片企业之间技术协作，开展协同创新。在金融链方面，统筹相关专项资金加大对芯片共性基础技术研发、芯片人才培养、国产芯片试用的补助力度。建立芯片研发保险制度，鼓励社会资本进入芯片产业。

3. 壮大专业人才队伍

鼓励有关高校加强芯片专业和学科建设，在现有电子科学与技术、计算机科学与技术、材料科学与工程等研究生专业基础上设置芯片设计、芯片制造、芯片封测、半导体材料、芯片工艺制程等研究方向。支持国产芯片企业与高校合作建立联合实验室、实训基地、产教融合中心和现代产业学院。支持国产芯片企业在海外设立研发机构，聘用外籍芯片高端人才。制定特殊签证政策，吸引海外芯片工程师来中国工作、定居。建立芯片专业留学生数据库，鼓励留学生回国从事芯片研发。

4. 加强国际交流合作

支持国内高校与国际上在芯片领域走在前列的国外高校加强学术交流，联合举办学术活动，开展科研项目合作，互派留学生。支持国产芯片企业入股、并购外国芯片公司，参与芯片行业国际标准制定，拓展海外市场。

5. 规范芯片行业发展

加大芯片领域反腐败、反间谍力度。深入推进数字经济领域的社会信用体系建设,构建以信用为基础的新型监管机制,提高芯片企业和从业人员的违法成本,防止一些投资人骗取、套取政府资金。加强行业市场准入和芯片项目论证,避免芯片投资一哄而上。

第五节　我国 EDA 软件发展问题和对策

目前，全球的 EDA 软件主要由铿腾电子（Cadence）、新思科技（Synopsys）、明导国际（Mentor）这三家美国企业垄断，其中 Mentor 于 2016 年被德国西门子收购。这三家公司拥有全流程 EDA 产品，占据全球 EDA 软件 78% 的市场份额，占据中国大陆 EDA 软件 85% 以上的市场份额，属于第一梯队。此外，ANSYS、Silvaco、Aldec 等 EDA 软件厂商拥有特定领域全流程产品，在局部领域技术较为领先，属于第二梯队。Altium、概念工程集团（Concept Engineering）、Down Stream 科技公司等企业主要布局点工具，属于第三梯队。

一、存在问题

1. 我国 EDA 软件产业基础薄弱

在 20 世纪 80 年代，由于巴统协议的禁令限制，我国无法买到芯片设计所需的最新 EDA 软件，就动员了全国 17 个单位，200 多名专家聚集北京集成电路设计中心研制国产 EDA 软件。1993 年，我国第一款具有自主知识产权的 EDA 软件问世，并在 20 家芯片设计公司和研究机构得到应用，价格仅为同类产品的 1/10。1994 年巴统禁令取消，美国 EDA 软件三巨头进入中国市场。由于没有市场和政策的支持，国产 EDA 软件发展在此后的 15 年间基本处于停滞状态，与国外 EDA 软件差距进一步拉大。2008—2020 年，在"核高基"专项的支持下，国产 EDA 软件产业发展才有新的起色。2022 年 7 月 29 日，华大九天登陆创业板。8月5日,广立微登陆创业板。

2. 国产 EDA 软件厂商有待发展

我国 EDA 软件行业"小而散",还处于初级发展阶段。目前,国产 EDA 软件厂商有 50 多家,大多数企业规模小、技术实力弱。2021 年,国产 EDA 软件销售额仅占全球市场的 7%,占国内市场的 11.5%。国产 EDA 软件厂商主要包括华大九天、概伦电子、广立微、思尔芯、芯和半导体等。国产 EDA 软件厂商无法提供全流程的产品,只是在个别点工具或部分细分领域具有一定优势。国外 EDA 软件三巨头已实现 40 个细分领域全覆盖,华大九天只覆盖了 40%,其他国产厂商多为点工具。

3. EDA 软件投入严重不足

我国 50 多家 EDA 软件企业,2020 年研发投入累计只有 5 亿元,而 Synopsys 一家公司研发投入就达 86 亿元。2018—2020 年,Synopsys 公司研发投入累计达 228 亿元,是华大九天近 60 倍。

4. EDA 软件人才严重匮乏

全球 EDA 软件从业人员约 3 万多人,其中 Synopsys 一家就有 1.5 万人,而我国只有 2000 人。目前,我国高校几乎都没有设置 EDA 相关培养方向、开设 EDA 相关课程。我国高校编写的 EDA 教材少,不仅内容跟不上时代发展,而且重点介绍国外 EDA 软件,很少介绍国产 EDA 软件。半导体专业和软件专业的毕业生,很少从事 EDA 软件研发。

二、发展对策

1. 加强科技创新

建立国产 EDA 软件协同创新机制,支持相关企业、高校和科研院所联合开展 EDA 软件关键核心技术攻关,加强基础研究和技术创新。制定 EDA 软件关键核心技术难题清单,实行"揭榜挂帅"制度和悬赏机制,对率先攻克 EDA 软件关键核心技术的专家学者和专业团队进行重金奖励,在院士评选、职称职级职务晋升、评优评先等方面予以优先考虑。

2. 构建生态系统

加快构建 EDA 软件厂商、芯片设计公司和芯片代工厂的"铁三角",为国产 EDA 软件厂商提供试错机会,加快产品迭代升级,不断完善产品线、工具链和 IP 库。对购买并使用国产 EDA 软件的芯片设计公司,政府予以资金补贴。组建中国 EDA 软件产业联盟,成员包括 EDA 软件厂商、芯片设计企业、芯片代工厂和芯片最终用户。支持国产 EDA 软件厂商之间相互合作、优势互补、抱团发展,共建开放、共享的产业生态圈。

3. 促进企业发展

从财税、金融、科技、人才等方面支持国产 EDA 软件厂商发展。对产品被芯片设计公司购买的国产 EDA 软件厂商,根据采购合同金额进行资金奖励。为国产 EDA 软件厂商提供贴息贷款,支持它们上市融资。支持国产 EDA 软件厂商申报国家级、省级科技项目。为国产 EDA 软件厂商的研发人才提供岗位补助。为国产 EDA 软件厂商提供水电、办公场地租赁等方面的资金补助。支持行业龙头企业发展，为芯片设计公司提供全流程产品。

4. 培养专业人才

实施 EDA 软件人才培养计划，形成 EDA 软件人才梯队。支持北京大学等 9 所示范性微电子学院建立国家级的 EDA 软件人才培养基地，加强 EDA 软件专业和学科建设，重点培养 EDA 软件开发人才。鼓励其他高校的微电子学院开设 EDA 软件相关专业和课程，重点培养 EDA 软件应用人才。引导各微电子学院与国产 EDA 软件厂商合作，采取订单式、学徒制等方式，联合培养 EDA 软件专业人才。对校企合作建立 EDA 实验室、实训基地的，提供专项经费支持。

参考文献

1. 中共中央党史和文献研究院：《习近平关于网络强国论述摘编》，北京：中央文献出版社 2021 年版。
2. 中央党校采访实录编辑室：《习近平在正定》，北京：中共中央党校出版社 2019 年版。
3. 中央党校采访实录编辑室：《习近平在厦门》，北京：中共中央党校出版社 2020 年版。
4. 中央党校采访实录编辑室：《习近平在宁德》，北京：中共中央党校出版社 2020 年版。
5. 中央党校采访实录编辑室：《习近平在福州》，北京：中共中央党校出版社 2020 年版。
6. 中央党校采访实录编辑室：《习近平在福建》，北京：中共中央党校出版社 2021 年版。
7. 中央党校采访实录编辑室：《习近平在浙江》，北京：中共中央党校出版社 2021 年版。
8. 中央党校采访实录编辑室：《习近平在上海》，北京：中共中央党校出版社 2022 年版。
9. 金江军：《智慧党建》，北京：电子工业出版社 2021 年版。
10. 金江军：《领导干部的互联网思维》，北京：党建读物出版社 2018 年版。
11. 金江军、郭英楼：《互联网时代的国家治理》，北京：中共党史出版社 2016 年版。

12. 张伟、金江军：《智库研究与管理方法》，北京：中共中央党校出版社 2017 年版。
13. 金江军：《大数据党政领导干部一本通》，北京：中信出版社 2018 年版。
14. 金江军：《智慧城市：大数据、互联网时代的城市治理（第 5 版）》，北京：电子工业出版社 2021 年版。
15. 金江军：《电子政务理论与方法（第五版）》，北京：中国人民大学出版社 2022 年版。
16. 金江军：《互联网时代的新型政府》，北京：中共党史出版社 2017 年版。
17. 金江军、郭英楼：《中国式跨越：新经济引领新常态》，北京：中国人民大学出版社 2016 年版。
18. 金江军：《网络安全和信息化党政领导一本通》，北京：中信出版社 2017 年版。
19. 金江军：《新旧动能转换读本》，北京：中共中央党校出版社 2018 年版。
20. 金江军：《数字经济引领高质量发展》，北京：中共中央党校出版社 2019 年版。
21. 大卫·西格尔：《Web 3.0：互联网的语义革命》，北京：科学出版社 2013 版。
22. 《万山磅礴看主峰——习近平总书记掌舵领航网信事业发展纪实》，载《中国网信》，2022 年第 1 期。
23. 《习近平总书记指引我国信息化发展纪实》，载《中国网信》，2022 年第 3 期。
24. 《勇立潮头，建设"数字福建"——习近平总书记在福建的探索与实践信息化篇》，载《福建日报》，2017 年 8 月 28 日。
25. 《"数字福建"建设的重要启示——习近平同志在福建推动信息化建设纪实》，载《人民日报》，2018 年 4 月 20 日。
26. 袁家军：《以习近平总书记重要论述为指引全方位纵深推进数字化改革》，载《学习时报》，2022 年 5 月 18 日。
27. 刘国旺、严馨：《用新基建构筑数字时代的新结构性力量》，载《中国财经报》，2019 年 12 月 17 日。

28. 蒋雅丽：《抗"疫"之下"新基建"的意与益》，载《通信世界》，2020年第7期。

29. 曹红丽、黄忠义：《区块链：构建数字经济的基础设施》，载《网络空间安全》，2019年第5期。

30. 史丹：《新基建加速我国经济由大向强转变》，载《人民日报》，2020年4月8日。

31. 李毅中：《准确把握内涵外延 精准有序推进"新基建"》，载《中国电子报》，2020年4月3日。

32. 何自力：《"新基建"助力抗疫情稳增长正当其时》，载《光明日报》，2020年3月13日。

33. 郭凯明、潘珊、颜色：《新型基础设施投资与产业结构转型升级》，载《中国工业经济》，2020年第3期。

34. 马荣、郭立宏、李梦欣：《新时代我国新型基础设施建设模式及路径研究》，载《经济学家》，2019年10月。

35. 盛磊、杨白冰：《新型基础设施建设的投融资模式与路径探索》，载《改革》，2020年第3期。

36. 钞小静：《新型数字基础设施促进我国高质量发展的路径》，载《西安财经学院学报》，2020年第2期。

37. 俞喆、何训：《新型数字基础设施发展之道》，载《中国电信业》，2020年第1期。

38. 李珂：《人工智能：加速赋能高质量发展》，载《福建日报》，2019年10月7日。

39. 那什：《日本芯片产业的前车之鉴》，载《人民邮电》，2021年8月24日。

40. 熊缨、王伊：《全球芯片产业人才发展现状及主要发展战略》，载《中国事科学》，2021年第5期。

41. 刘赟、周爽：《芯片产业发展现状与展望》，载《现代商业》，2021年第3期。

42. 朱晶：《全球工业芯片产业现状及对我国工业芯片发展的建议》，载《中国集成电路》，2021年第30期（Z1）。

43. 钟厚涛：《台湾芯片产业现状与两岸合作前景展望》，载《统一论坛》，2020年第6期。

44. 高青松、刘惠玲：《全球供应链深度互嵌下芯片产业关键节点的产业链安全研究》，载《经济论坛》，2020年第3期。

45. 张玺、陈祺、王会方：《关于我国芯片产业发展的思考》，载《中国发展观察》，2020年(Z7)。

46. 孙永杰：《中国芯崛起最需中国心 中国芯片产业频曝烂尾背后的冷思考》，载《通信世界》，2020年第29期。

47. 李晓光、石丹：《中国芯片产业"烂尾"调查：谁为冲动买单》，载《商学院》，2020年第11期。

48. 张猛、尹其其：《从华为中兴事件看我国芯片产业安全发展的问题与建议》，载《网络空间安全》，2020年第11期。

49. 应媚、张华、李闽慧：《从台积电的成长看台湾芯片产业崛起之路》，载《特区经济》，2019年第6期。

50. 张国宝：《中国芯片产业为什么不尽如人意》，载《企业观察家》，2019年第7期。

51. 付丽丽：《〈人脸识别应用公众调研报告（2020）〉出炉 六成受访者认为人脸识别技术有滥用趋势》，载《科技日报》，2020年10月19日。

52. 周进、杜彦辉：《人脸识别技术应用的风险与防范》，载《中国社会科学报》，2019年2月19日。

53. 郑伟彬：《人脸识别技术使用存在三种风险，静态识别系统风险最大》，《新京报》，2022年2月22期。

54. 严耕、陆俊：《关注网络信息的意识形态功能》，载《前线》，2008年第10期。

55. 杨军：《互联网已成意识形态交锋的主战场》，载《中国社会科学报》，2014年4月18日。

56. 张强：《积极回应互联网对意识形态工作的挑战》，载《求是》，2010年第10期。

57. 王洪涛：《国外主要国家网络安全战略的特点及其动向》，中直党建网，2012年5月21日。

58. 马利：《互联网：治国理政新平台》，北京：人民日报出版社2012年版。

59. 中国B2B研究中心：《中国互联网外资控制调查报告》，www.b2byj.com，2009年6月11日。

60. 户才和：《百度背后的德丰杰》，新华网，2005年11月2日。

61. 于萍：《银行业发展点亮金融机具业"钱途"》，载《中国证券报》，2011年12月2日。

62. 贾宗智：《聚焦网络战》，载《解放军报》，2000年4月12日。

63. 张烨：《透视外军的网络攻击》，载《解放军报》，2011年10月25日。

64. 苏进昌、王东华：《利比亚再成试验场 无线网络入侵开联军网战先河》，载《中国青年报》，2011年10月16日。

65. 候自强：《美"量子"计划窃密中国军方网络》，人民网，2014年5月20日。

66. 夏宾：《中国掀起智算中心"落地潮"，算力基建为何引发各地共鸣？》，中国新闻网，2022年8月5日。

67. 庞鑫：《我国数据中心的建设还存在"四重四轻"的问题》，载《新京报》，2022年8月6日。

68. 邓聪：《我国工业互联网平台应用呈现稳中向好发展态势》，载《人民邮报》，2022年7月15日。

69. 李芄达：《信息通信业平稳增长 基础设施建设成绩显著》，央广网，2021年12月31日。

70. 刘艳：《信息基础设施打牢数字经济底座》，载《科技日报》，2022年8月20日。

71. 余昕：《"数字浙江"建设的历史回顾》，浙江省委党史和文献网，2021年7月2日。

后 记

党的二十大报告提出以中国式现代化全面推进中华民族伟大复兴。习近平总书记多次强调"没有信息化就没有现代化"。显而易见,中国式现代化离不开信息化,必须要以信息化推进中国式现代化。本书第1章阐述了什么是信息化、什么是中国式现代化以及如何以信息化推进中国式现代化。

党的二十大报告提出加快建设网络强国、数字中国。本书第2-3章围绕党的二十大报告相关表述,紧扣习近平总书记关于网络强国的重要思想,全面、系统、深入地阐述了网络强国和数字中国。

物联网、云计算、大数据、人工智能、3D打印、移动互联网、区块链、量子科技、虚拟现实和元宇宙等新一代信息技术是建设网络强国和数字中国的关键技术,本书第4章论述了这些技术在党政机关的应用以及产业发展。

党的二十大报告提出着力推动高质量发展,加快发展数字经济,构建现代化基础设施体系;推进教育数字化,实施国家文化数字化战略;深入推进新时代党的建设新的伟大工程。数字中国包括数字基建、数字党建、数字政府、数字经济、数字社会和数字生态 6 个方面，本书第 5—10 章对这六个方面分别进行了阐述，围绕构建现代化基础设施体系阐述数字基建，围绕深入推进新时代党的建设新的伟大工程阐述数字党建，围绕推进国家治理体系和治理能力现代化阐述数字政府，围绕高质量发展阐述数字经济，围绕教育数字化和文化数字化阐述数字社会。从组织管理、政策法规、标准规范、人才队伍、国际合作等 5 个方面阐述了数字生态。

党的二十大报告提出推进国家安全体系和能力现代化。习近平总书记多次强调"没有网络安全就没有国家安全"。本书第 11 章阐述了网络安全和数据安全。芯片是建设网络强国和数字中国的核心技术，关系中国式现代化和国家安全，本书第 12 章专门阐述了芯片产业。

本书的编写得到许多领导干部和专家学者的鼓励、支持、指导和帮助，上海、山东、长春、杭州、襄阳、株洲、佛山、鄂州、乐山、诸暨等地党委政府提供了很好的案例。感谢所有对本书编写做出贡献的人。

欢迎读者与我们进行互动交流，在进一步深化本课题研究方面与我们开展合作，提出宝贵意见建议：jinjj20220215@163.com。

金江军
2022 年 12 月 31 日

图书在版编目 (CIP) 数据

信息化与中国式现代化 / 金江军著 . -- 北京：中央编译出版社，2023.6

ISBN 978-7-5117-4320-6

Ⅰ.①信… Ⅱ.①金… Ⅲ.①现代化建设—研究—中国 Ⅳ.① D61

中国版本图书馆 CIP 数据核字 (2022) 第 211221 号

信息化与中国式现代化

责任编辑	李媛媛
责任印制	刘 慧
出版发行	中央编译出版社
地 址	北京市海淀区北四环西路 69 号（100080）
电 话	（010）55627391（总编室） （010）55627362（编辑室）
	（010）55627320（发行部） （010）55627377（新技术部）
经 销	全国新华书店
印 刷	佳兴达印刷（天津）有限公司
开 本	710 毫米 ×1000 毫米 1/16
字 数	378 千字
印 张	32.5
版 次	2023 年 6 月第 1 版
印 次	2023 年 6 月第 1 次印刷
定 价	88.00 元

新浪微博：@中央编译出版社　　　微　　信：中央编译出版社（ID：cctphome）
淘宝店铺：中央编译出版社直销店（http://shop108367160.taobao.com）（010）55627331

本社常年法律顾问：北京市吴栾赵阎律师事务所律师　闫军　梁勤
凡有印装质量问题，本社负责调换，电话：（010）55626985